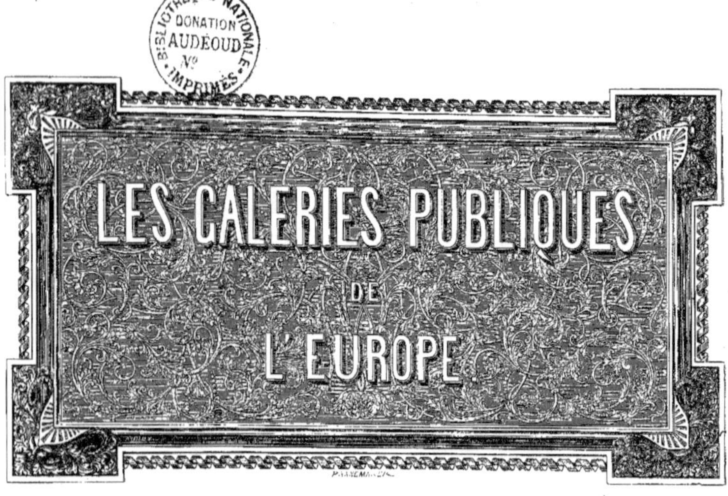
LES GALERIES PUBLIQUES
DE
L'EUROPE

PARIS — IMPRIMERIE GÉNÉRALE DE CH. LAHURE

RUE DE FLEURUS, 9

LES
GALERIES PUBLIQUES
DE L'EUROPE

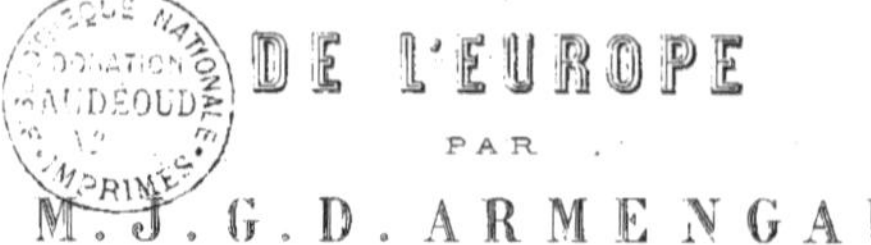

PAR

M. J. G. D. ARMENGAUD

COMMANDEUR DE L'ORDRE DE S^T STANISLAS DE RUSSIE, CHEVALIER DE S^T GRÉGOIRE LE GRAND ETC

ITALIE

FLORENCE, NAPLES, POMPEÏ.

TOME 3

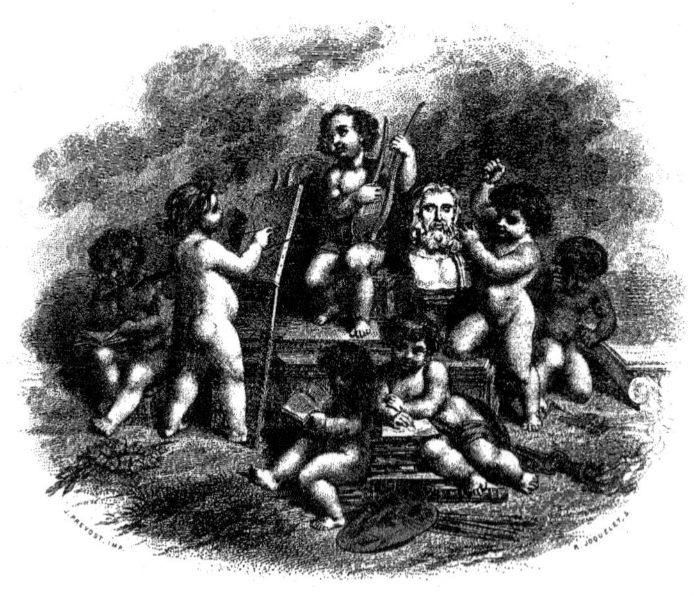

Paris.

TYPOGRAPHIE DE CH. LAHURE,

Imprimeur du Sénat.

1862 – 1866

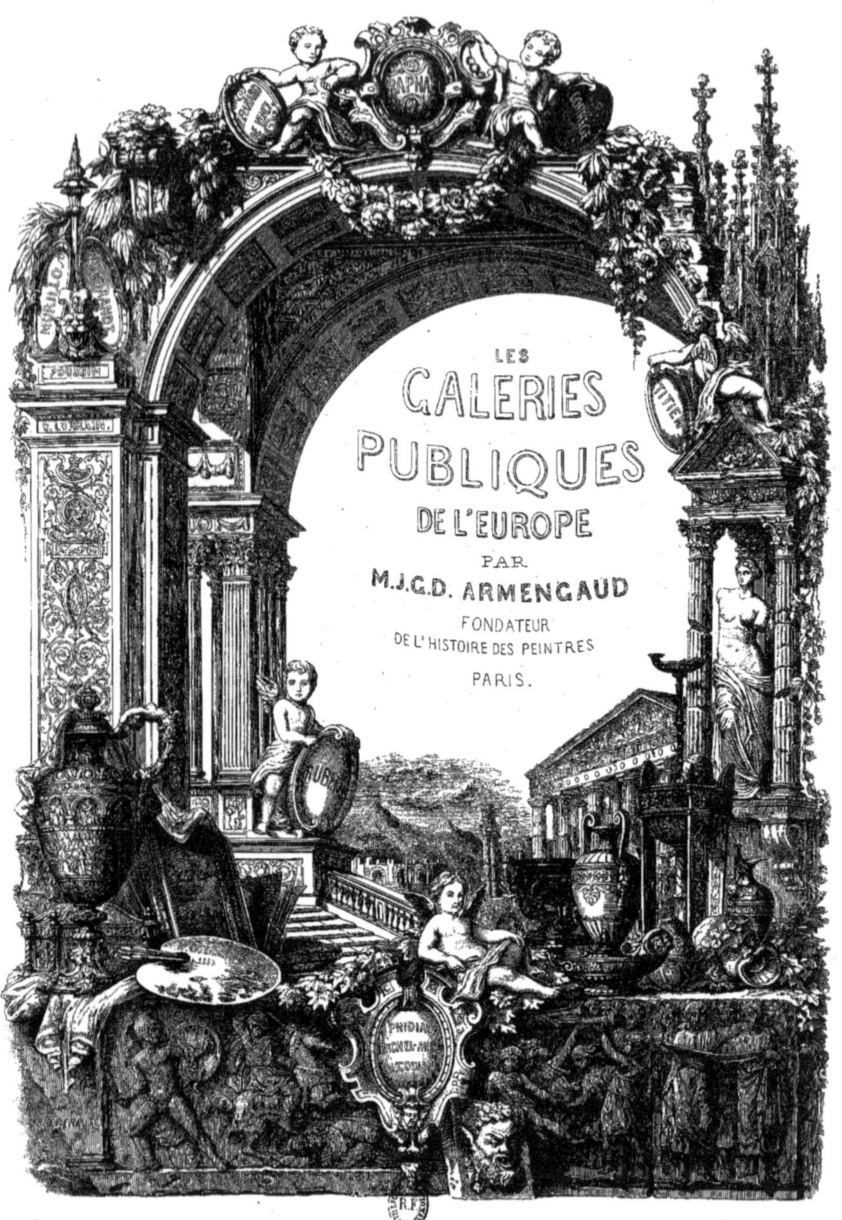
LES
GALERIES
PUBLIQUES
DE L'EUROPE
PAR
M.J.G.D. ARMENGAUD
FONDATEUR
DE L'HISTOIRE DES PEINTRES
PARIS.
POUSSIN
TITIEN

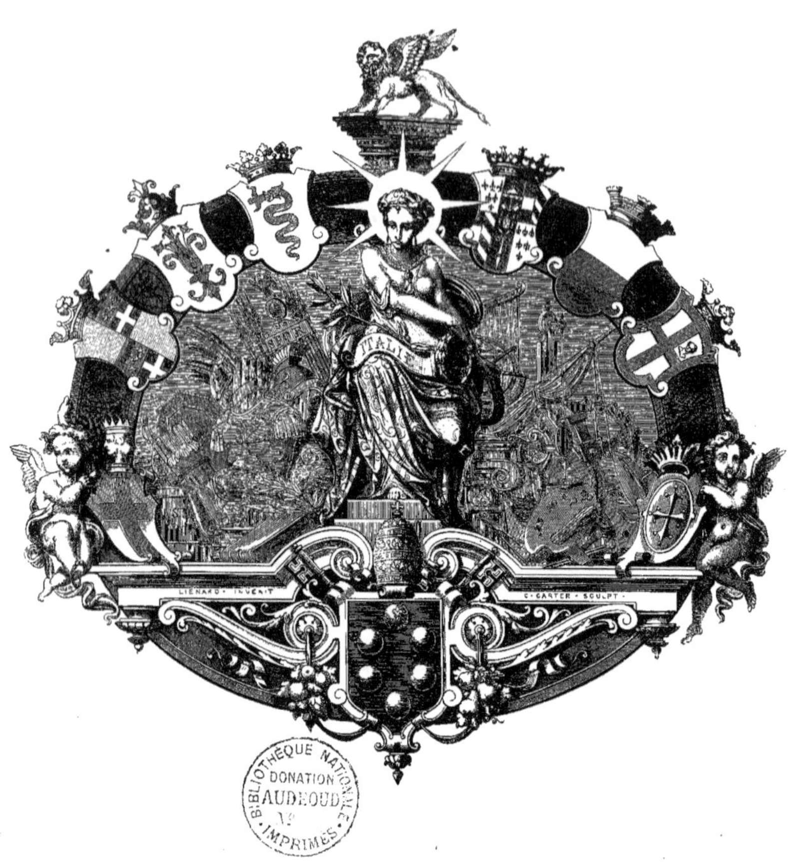

A L'ITALIE.

De même que parvenu au sommet d'un versant des Pyrénées ou des Alpes, le voyageur aime à s'arrêter et à s'enivrer une dernière fois du tableau de ce panorama magique qui s'étend à ses pieds; de même qu'au milieu d'un de ces concerts religieux qui prêtent aux cérémonies de la Semaine Sainte, à Rome, d'inénarrables délices, le chrétien *dilettante*, fermant un moment ses oreilles charmées et ses yeux éblouis, se recueille dans ses impressions et voit se dérouler en lui, en palpitantes images, toute une religion, toute une histoire, toute une poésie; de même arrivés à la fin de notre tâche, nous nous sentons irrésistiblement entraînés à dominer d'un regard d'ensemble, d'un enthousiaste salut, la route parcourue et, à la pensée de l'Italie à laquelle nous devons de contempler cette série de grands hommes, ce cortége de maîtres de la pensée et de l'art et d'écouter ce magnifique concert de chefs-d'œuvre, nous ne pouvons retenir un hymne débordant de foi, d'admiration et de reconnaissance.

Cette histoire des hommes et des œuvres, nous l'avons apprise enfants, avant la nôtre même, tant il est vrai que l'Italie, théâtre des grandeurs et des fiertés romaines, asile des premiers chrétiens, arène des premiers martyrs, port hospitalier des naufragés de la Grèce, rendez-vous des porteurs de flambeaux de la Renaissance, champ de bataille, pendant deux siècles, des ambitions françaises, est comme la première patrie, la patrie intellectuelle et héroïque de quiconque est digne de faire le bien et de sentir le beau. C'est à elle que nous devons cette éducation du goût, cette émotion féconde de l'admiration, les plus beaux modèles pour les yeux, les meilleurs exemples pour le cœur. C'est à elle que tous nos grands hommes doivent une partie de leur gloire, et nous tous une partie de nos mœurs. C'est elle enfin qui toujours fidèle à sa mission, civilise les générations scolaires, et polit ce qui reste au Français enfant de l'âpreté celtique ou de la rudesse germaine. Aussi ce que nous aimons tous le mieux, après la France, c'est l'Italie.

Qui de nous ne sent palpiter son cœur d'une émotion filiale, à la vue de ces tableaux émouvants que déroule l'antiquité romaine, au nom de ces héros et surtout de ces poëtes dont l'ombre vénérée hante nos colléges, et dont les exploits et les vers ont la place d'honneur dans nos souvenirs? Passons rapidement sur ces temps légendaires et fabuleux dont le génie critique des Beaufort, des Niebuhr et des Mümsen a soulevé et déchiré les voiles. Arrachons-nous aux enseignements et aux déceptions de cette période de guerres civiles et de conquêtes étrangères qui agrandissent le berceau de Rémus jusqu'à y faire contenir le monde entier. Laissons dormir de ce repos qu'ils goûtèrent si peu, durant leur vie agitée, les Camille, les Sylla et les Marius. Arrivons aux temps Césariens et Impériaux, à la grandeur définitive, à l'apogée de la domination de Rome étendant tour à tour sur l'Europe, l'Afrique et l'Asie, l'épée victorieuse du divin Jules, le sceptre pacificateur d'Auguste, ou le bâton philosophique de Marc-Aurèle. Et maintenant, Muses qu'effraye le bruit des combats, quittez vos refuges sacrés, et chantez vos favoris au front couronné de myrte et d'olivier.

Voici Virgile et Horace, Pline et Tite-Live, Tacite et Juvénal, Lucain et Ovide, Perse et Térence, Cicéron et Quintilien, Catulle et Properce, Plaute et Martial; voici Senèque, Salluste et Suétone. Voici, avant eux, Varron et Lucrèce, succédant à Lucile et à Ennius, ces premiers poëtes, ces premiers critiques, ces premiers philosophes, ces premiers thésauriseurs de la science, ramassant un fumier où brillent des perles, ces âpres et gauches courtisans de la Muse étonnée de doutes téméraires et de baisers hardis[1]. C'est Virgile qui sera le sublime lapidaire des perles d'Ennius, le mélodieux évocateur des ombres légendaires, le glorificateur des plaisirs idylliques, des travaux agrestes et des arts de la paix ; le chantre de la grandeur de Rome et de la clémence d'Auguste, héritier d'Énée. C'est Virgile qui, né à la vie virile le jour même de la mort de Lucrèce, composera le poëme national de son pays, destiné à survivre à cet empire qui semble éternel. Aujourd'hui, le côté fort de Virgile nous échappe, mais le côté tendre de cette poésie

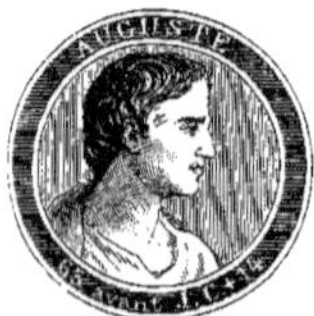
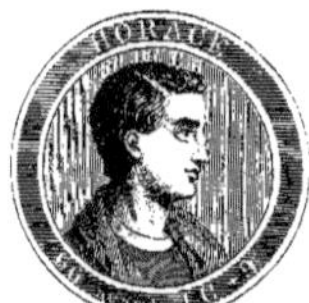
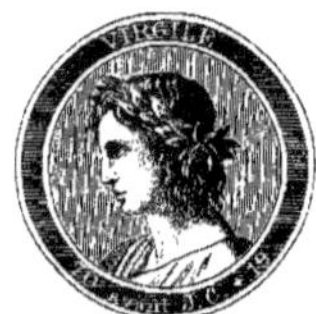
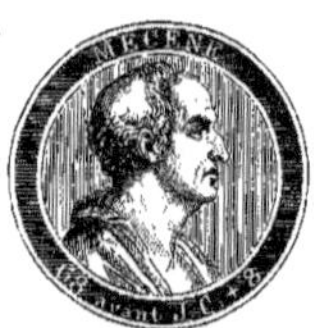

où l'expression de la douleur, de la pitié et de l'amour semble avoir à son service les cordes mêmes de l'âme humaine, aura toujours un écho dans les cœurs sensibles et généreux. Oui, encore même, les vers harmonieux de ce troisième livre, où se lamente Didon, que saint Augustin s'accusait de n'avoir jamais pu lire sans larmes, et ceux où il déplore le trépas précoce d'un Marcellus, font encore pleurer, comme saint Augustin et comme Octavie, les vieillards lettrés qui revoient passer leur jeunesse.

Horace, contemporain de Virgile et d'un génie si différent, ne se sépare pas de lui. Tous deux maudirent Bellone, tous deux fermèrent en beaux vers le temple de Janus, tous deux célèbrent Auguste et admirent Mécène; mais Virgile a chanté l'amour et Horace seulement le plaisir. La philosophie d'Horace est un peu égoïste

1. Un voyage n'est pas soumis à la précision d'un catalogue. Or, c'est un voyage à vol d'oiseau à travers les gloires italiennes que nous avons entrepris, avec la fantaisie plus que la logique pour guide. Qu'on ne s'étonne donc pas de la rencontre des noms anciens et des noms nouveaux, même contemporains, ni du contraste piquant de certains voisinages. Bien loin de fuir ces bonnes fortunes de notre sujet, nous leur avons souri, et le lecteur leur sourira comme nous, et se figurera traverser une galerie de vues et de portraits épars. »

et sa sagesse un peu vulgaire. Mais personne, depuis Anacréon, n'a versé avec cette verve, cette douce ironie, le Falerne couronné de roses, personne n'a mieux raillé la sottise et l'envie, personne enfin n'a eu, en indiquant les préceptes de l'art, plus de bon sens mêlé à plus d'esprit, et n'a mieux joint l'exemple au précepte. Horace et Virgile, pour la plupart des lecteurs et des artistes, représentent toute l'antiquité païenne, avec Homère et Lucien. Peu ont pénétré plus avant dans cette mine aux trésors sévères. De Pline le Jeune, ce que l'on sait le mieux dans le monde auquel nous nous adressons, c'est peut-être la dramatique lettre où il nous raconte l'ensevelissement de Pompéï et la mort de son oncle. L'art a laissé intacts les modèles que pouvait lui offrir l'histoire de Tacite et la comédie de Plaute. Mais Horace et Virgile, il n'est pas un des grands peintres de l'Italie qui ne les ait sus par cœur. Souvenez-vous de Cimabuë, ami de Lascaris; de Giotto, ami de Dante; souvenez-vous des études profondes des Léonard, des Michel-Ange et des Raphaël; des fresques

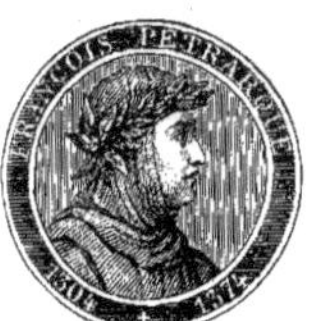

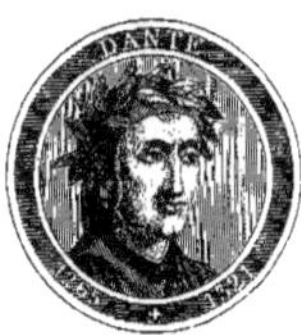

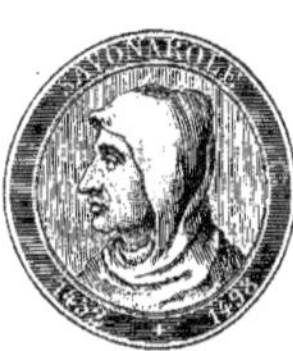

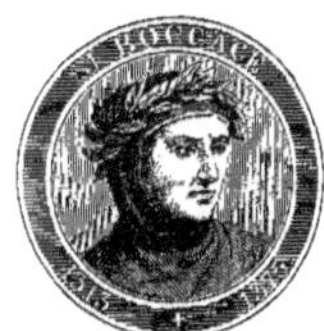

de ce couvent de Saint-Paul où le pinceau du Corrége a traduit Homère et Hésiode avec une si savante inspiration; des tableaux énergiques où Salvator a commenté Salluste; souvenez-vous enfin des merveilleux travaux de ce palais du Té ou Jules Romain et le Primatice ont épuisé le génie de la décoration et de la traduction, et vous comprendrez pourquoi, dans cette revue des grands hommes de l'Italie, de ceux surtout qui se rattachent à l'histoire de l'art, nous ne pouvions négliger Virgile et Horace, les initiateurs par excellence, les inspirateurs favoris de tout ce qui, en Italie, a tenu avec honneur le pinceau ou l'ébauchoir, les maîtres de cette académie présidée par Laurent de Médicis, d'où est sortie, comme d'un moule, la première empreinte du génie florentin lui-même. C'est cette forte et salutaire éducation classique qui est un des caractères essentiels de la physionomie de tous les grands artistes de l'Italie. C'est l'inspiration païenne, qui, mêlée à l'inspiration chrétienne, a fécondé toutes ces imaginations grandioses, a dirigé toutes ces mains illustres.

Mais nous avons prononcé là un mot plein de choses et qui évoque tant de glorieuses figures et de sublimes tableaux : le mot de chrétien. Si les grands artistes dont nous allons parler furent à la fois païens et chrétiens; s'ils puisèrent à la double source de leur érudition et de leur foi, et s'inspirèrent à la fois de leurs souvenirs et de leurs espérances, disons-le hautement, c'est qu'ils furent surtout chrétiens. C'est le christianisme sous sa forme romaine, le christianisme pontifical, qui a été, avec l'antiquité, le maître par excellence de tous ces maîtres. Et c'est pour cela que Rome, où le trône du successeur des apôtres est fondé sur les débris de l'histoire des Césars et des Empereurs, et où le Vatican touche au Capitole, est à la fois le chef-lieu du catholicisme et la capitale de l'art. L'art ne peut pas plus se passer de protection que d'inspiration. Homère et Virgile, la Bible, l'Évangile et la *Divine Comédie* fournissaient les sujets; les Papes et les glorieux tyrans de Florence fournissaient la protection, l'émulation, le courage, la récompense. C'est là aussi un des traits essentiels de l'histoire de l'art italien, un des secrets peut-être de son inépuisable fécondité et de sa supériorité sur tous les autres. Non-seulement il

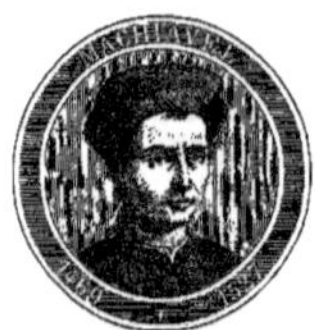
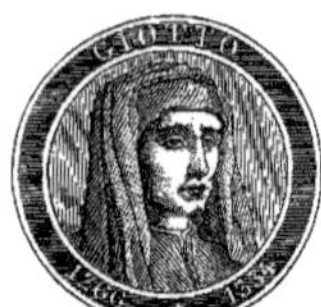
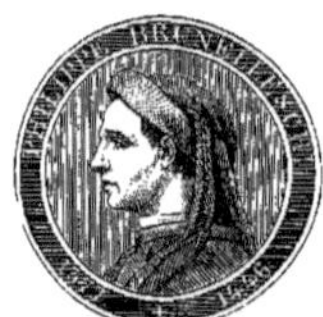
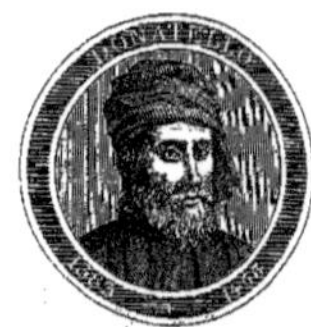

a eu le premier ces inimitables modèles de la sculpture antique, et ces musées inspirateurs, et ces monuments exhumés de Rome et de Pompéï, mais il a eu affaire à des papes, à des cardinaux, à des princes, à de simples gonfaloniers ou marchands, convaincus que « le propre de la puissance », pour parler le langage de Pascal, est de « protéger. » Jamais l'art italien n'a manqué de Mécènes. Jamais il n'a été abandonné aux hasards de la fantaisie ou du besoin. A Rome, à Florence, un grand peintre, un grand sculpteur étaient une puissance. Michel-Ange recevait des ambassadeurs de François Ier et de Jules II. Raphaël frayait de pair avec les cardinaux. Léonard de Vinci était le favori de son prince, l'empereur Charles-Quint ne dédaignait pas de ramasser le pinceau du Titien.

Nous avons maintenant déterminé, dans ces considérations d'ensemble, le triple enseignement que nous apporte toute méditation consacrée à rechercher les traits généraux de l'art, et on peut le dire, du génie italien, puisque l'art d'un pays résume forcément son génie. Nous avons constaté, chez tous les grands maîtres dont nous avons admiré les ouvrages, la trace d'une éducation classique souvent profonde. Nous les avons vus obéir dans leurs ouvrages à un double courant d'inspiration, venu à la fois du Pinde et du Golgotha. Enfin nous les avons vus conserver au sein de la protection intelligente et féconde des papes et des princes toute l'indépendance du génie, et répondre à des bienfaits par des chefs-d'œuvre. Il nous reste à développer par les preuves, à fortifier par les exemples, ces leçons instructives, ces inévitables moralités de tout travail d'ensemble sur les caractères et les destinées de l'art italien. Il nous reste à montrer à Rome, et surtout à Florence, les muses fraternelles marchant ensemble aux mêmes concerts et aux mêmes triomphes, et les lettres, les sciences et les arts, sous l'impulsion des pontifes généreux et des tyrans libéraux, s'avançant à la fois, comme un chœur harmonieux, au-devant de la postérité.

Car c'est un fait remarquable que partout en Italie, le réveil des arts, des sciences et des lettres a été simultané. Mais nulle part ce caractère de simultanéité n'a été plus remarquable qu'à Florence, la ville italienne par excellence, où il se

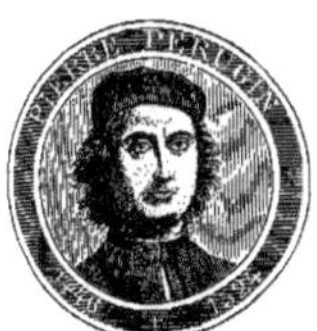
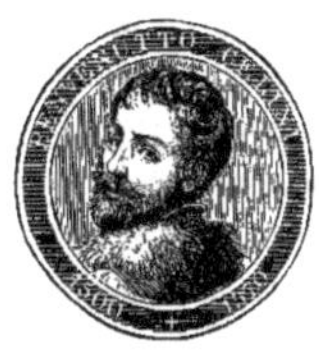
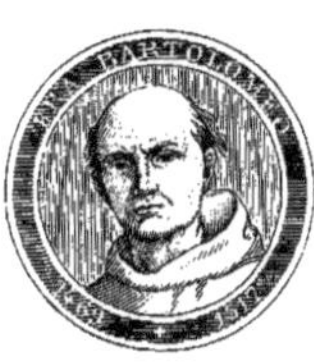
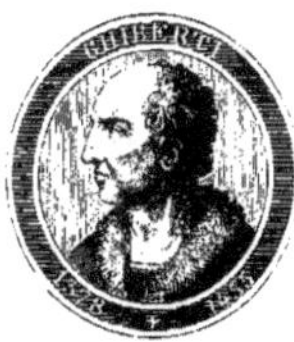

trahit par l'aptitude encyclopédique héréditaire, pendant près de deux siècles, chez tous ses grands hommes. Après que le flux brutal de l'invasion s'est retiré, lorsque, au milieu des ténèbres de la barbarie victorieuse, se rallume comme un phare la lanterne du pêcheur suspendue à la chaire de saint Pierre, lorsque enfin, du fond des cloîtres où s'est cachée la civilisation, elle ressort en tremblant, à la *Renaissance*, pour tout dire en un mot, il semble que la vigueur intellectuelle si longtemps stérilisée, se soit doublée ou triplée, et que partout des génies doués de forces héroïques soient appelés à réparer le temps perdu. A Florence, les trois premières générations artistiques sont composées de peintres qui sont en même temps architectes, sculpteurs, ciseleurs, graveurs, musiciens et poëtes. A côté de Pétrarque et de Dante, de Pétrarque le grand latiniste et hébraïsant, de Dante le grammairien subtil et le philosophe encyclopédique, dont les robustes épaules n'ont pas fléchi sous le poids de tout le monde scientifique de son temps; à côté de Boccace, le premier conteur véritablement italien, de Guicciardini son premier historien, de Marsile Ficin, son premier philosophe, de Machiavel son premier diplomate, fondateur du culte sanglant de la raison d'État, nous voyons passer successivement un Giotto, un Alberti, un Orcagna, un Brunelleschi, un Donatello, un Ghiberti, un Lucca della Robbia, un Benvenuto Cellini, pouvant manier à la fois comme Michel-Ange, le Florentin par excellence, le pinceau et le ciseau, la plume et la lyre. Arrive, à la suite des malheurs de la République et des prédications de Savonarole, la réaction de l'art catholique et chaste contre l'art païen et épicurien. L'école des Ghirlandajo, des Lorenzo di Credi, des Botticelli, s'avance de progrès en progrès dans cette voie unique, jusqu'à la vigueur profonde et à la grâce pénétrante des fra Bartholommeo et des Pérugin. Raphaël qui est à Florence, y passe quatre années à étudier le génie florentin sous sa triple forme : forme byzantine et exclusivement chrétienne de Cimabuë à Masaccio, en passant par Beato Angelico de Fiésole, le type le plus accompli de cette phase; forme encyclopédique et critique, avec des hardiesses toutes païennes, de Masaccio à Michel-Ange; et depuis Savonarole, forme essentiellement sévère, de foi orthodoxe et de dessin inflexible, où l'énergie d'une

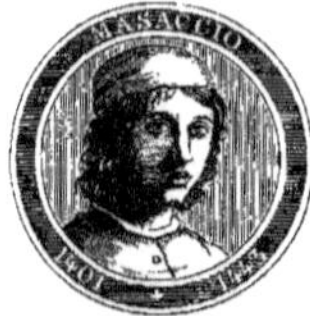

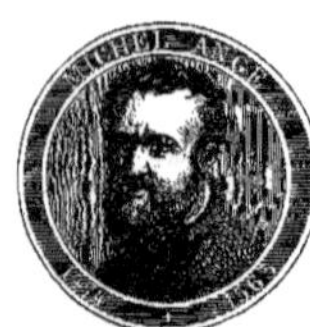

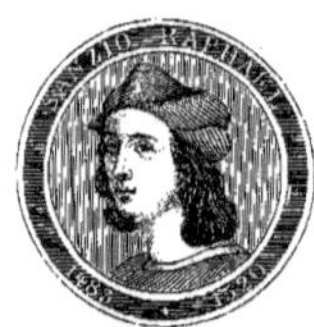

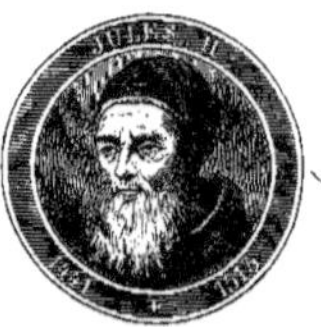

peinture monacale a perdu le charme de la naïveté ombrienne, et ne s'est pas encore dilatée au divin sourire de la grâce raphaélique.

L'avénement de Raphaël est le signal de la décadence florentine. L'empire de l'art passe de Florence à Rome. Les derniers héritiers des Cosme et des Laurent n'ont succédé qu'à leur pouvoir et non au génie protecteur et inspirateur par lequel ils se le faisaient pardonner. La dynastie Lorraine aura encore des princes capables de recueillir des chefs-d'œuvre, mais avec Cosme et Laurent est descendu dans la tombe l'art d'en faire naître. Michel-Ange déserte lui-même l'ingrate patrie qui ne lui a pas épargné plus qu'à Dante les injustices de la proscription, et il va construire le dôme de Saint-Pierre, rival de celui de Sainte-Marie-de-la-Fleur, et le tombeau de Jules II, rival de celui des Médicis. Tandis qu'à Florence tombent sous des despotes inférieurs l'ancienne grandeur et l'ancien orgueil, Rome, au contraire, devenue sous des pontifes ambitieux et magnifiques, les Jules II, les Léon X, les Paul et les Clément, le rendez-vous des meilleurs artistes de l'Italie, élève une sorte d'arc de triomphe de chefs-d'œuvre à la gloire du catholicisme et de la papauté. Tout ce qui a un nom ou ce qui veut s'en faire un vient recevoir la consécration de cette hospitalité romaine dont les Raphaël, les Bramante, les Michel-Ange, les Sébastien del Piombo, les Titien, les Carrache, les Guerchin, les Salvator Rosa, les Dominiquin, les Guide ont tour à tour porté et ennobli le joug. Qu'on nous pardonne ces développements si naturels que l'esprit a de la peine à en maîtriser et à en discipliner l'impérieuse abondance. Quand on parle de Rome et de Florence, la pensée prend au plus haut de son ciel un irrésistible essor. Ce sont les deux points triomphants de la civilisation italienne, les deux urnes colossales d'où elle s'est répandue sur le monde avec le goût du beau et la politesse des mœurs. C'est de là que sont parties toutes les nobles contagions qui ont embrasé l'Europe. C'est là que brûle encore le feu sacré de l'Italie. Il était tout naturel que nous accordions une sorte de prédilection à ces deux cités héroïques, à ces deux capitales de la foi et de l'art, autour desquelles gravite, comme les étoiles secondaires autour des planètes supérieures, le

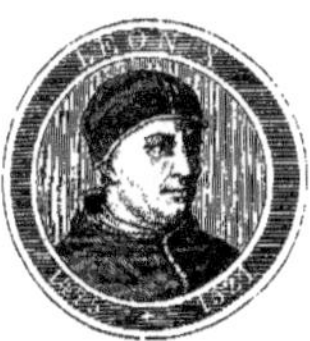

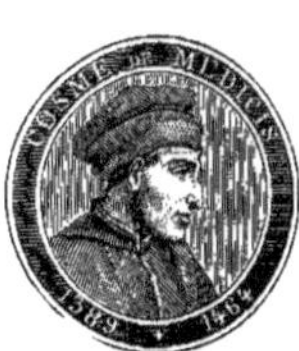

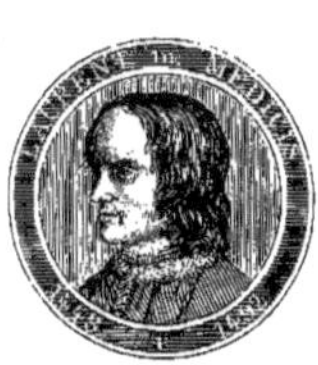

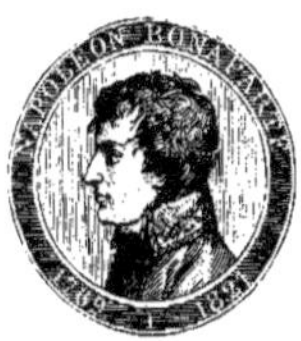

chœur des villes illustres. Et encore, que de noms oubliés par nous dans ce double Panthéon, qui domine tous les autres! Il faudrait des volumes pour faire, seulement à la façon homérique, le dénombrement des grands hommes de Florence et de Rome dans les sciences, les lettres, et surtout dans les arts. Et nous n'avons que des lignes pour résumer cette histoire qui résume celle du monde tout entier. Il n'y a qu'une gloire que l'Italie, si longtemps froissée par la guerre civile, et déchirée par les attentats de l'esprit de conquête, tour à tour proie de l'Allemagne, de la France, de l'Espagne, n'ait pas eue, parce qu'elle l'a dédaignée. L'Italie n'a pas eu de grands capitaines, de sublimes généraux. Ses meilleurs soldats, ce sont encore ces Michel-Ange, ces Léonard de Vinci, ces Salvator Rosa, qui ont tour à tour, ingénieurs patriotes, employé leurs talents à défendre Florence, Milan ou Naples, après les avoir consacrés à les illustrer. Hors de là, des héros mercenaires ou des condottieri usurpateurs, des Carmagnola, des Colleoni, des Farnèse, des Montecuculli, des Spinola, des Colloredo, des Piccolomini, des Pallavicini, ou bien des Can Grande, des Malatesta, des Castruccio Castracani, des Rovère, des Gonzague, des Sforza, des Visconti, à Milan, à Urbin, à Ravennes, à Lucques, à Mantoue. Le Piémont pourrait citer ses princes soldats et surtout diplomates. Gênes a les Doria, Venise les Dandolo, navigateurs conquérants, marchands, hommes de guerre. Mais pas un capitaine digne de ce nom, qui soit né à Florence ou à Rome, villes sacrées, vouées, pour ainsi dire, aux gloires de l'art et de la paix. Trivulce et Strozzi appartiennent à la France. Nous nous trompons. Il est un nom essentiellement florentin, sous la rudesse corse, c'est celui de Napoléon Bonaparte, le seul grand capitaine issu de l'Italie, mais le plus grand capitaine qui ait jamais existé. L'homme qui a écrit et vaincu comme César, et qui eût, si on lui en eût laissé le temps, gouverné comme Auguste, suffit à jamais à la gloire de l'Italie.

Mais dans les sciences, dans les lettres, dans les arts, quelles mères inépuisablement fécondes que Rome et Florence, Florence surtout. Rome a été de bonne heure le rendez-vous privilégié de tous les grands artistes de l'Italie et

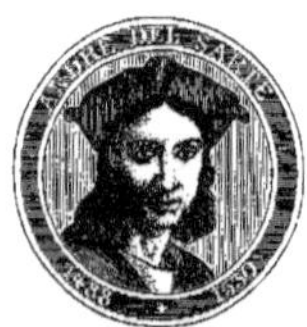

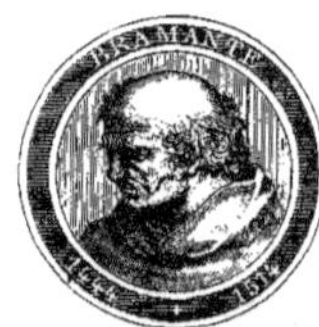

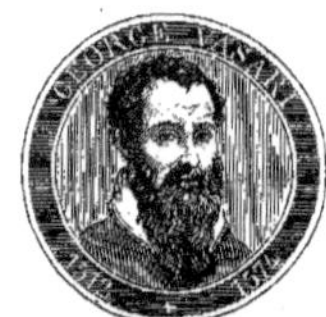

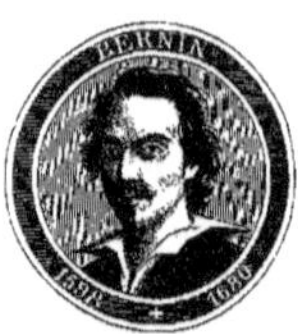

du monde. Tous n'y sont pas nés, mais tous y sont passés, sur ce sol héroïque, au milieu de ces souvenirs qui rendent plus grand. Nous y retrouvons successivement tous les maîtres que nous avons admirés ailleurs. Jusqu'à la Révolution française, Rome seule a donné à la gloire la consécration définitive qu'elle vient aujourd'hui chercher à Paris. C'est là que, sous la protection de pontifes aussi grands pour l'art que pour la foi, et qui se considèrent aussi comme les chefs de cette autre religion, depuis Jules II et Léon X jusqu'à Pie IX, comme eux ami et protecteur des arts, sous les auspices de ce collége illustre des cardinaux, depuis Bibiena, ami de Raphaël, jusqu'à Consalvi, ami de Canova, nous avons vu passer tous les chefs des diverses écoles. A côté de ces maîtres plus spécialement Romains, depuis les Caravage et les Baroccio et l'heureux et magnifique cavalier Bernin, génie de décadence, indigne de ce nom de *second Michel-Ange*, que la postérité n'a pas ratifié, jusqu'à Carle Maratte et Raphaël Mengs, c'est là que peignait notre Poussin, sous les grands cieux dont s'inspirait aussi le Lorrain. C'est là que peint encore Owerbeck, le représentant de cette réaction allemande qui copie Angelico. C'est là qu'est allé mourir Hippolyte Flandrin.

C'est là qu'est cette Académie de France qu'ont dirigée dans ce siècle les Ingres et les Vernet.

Si Rome s'enorgueillit surtout de gloires universelles, Florence a conservé jusqu'au bout le privilége des gloires nationales. Que de nobles enfantements, outre ceux que nous avons célébrés, que ceux qui ont donné à l'Italie, à côté des Cosme, des Laurent et des Ferdinand de Médicis, les Arnolfo di Lappo, les San-Gallo, les Maso Finiguerra, les Ghiberti, les Taddeo Gaddi, les Pontormo, les Andrea del Sarto, les Pic de la Mirandole, les Améric Vespuce, les Ange Politien, les Benedetto Varchi, les Villani, les savants comme Magliabecchi, les historiens de l'art comme Vasari et Lanzi! Mais il faut s'arrêter. D'autres patries jalouses nous appellent et nous citent aussi leurs plus illustres fils. Entre Florence et Rome se placent Milan et Venise, où des gouvernements et des mœurs si différents ont favorisé également un admirable épanouissement intellectuel et artistique.

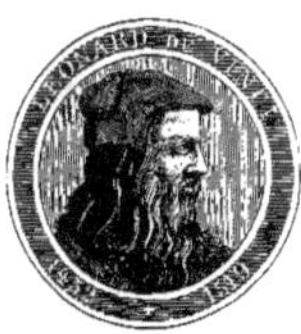
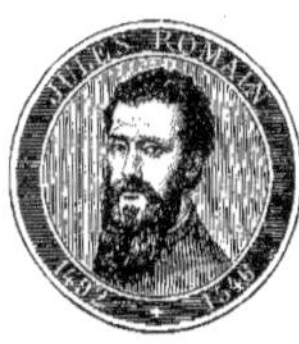
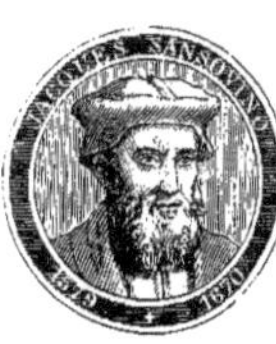
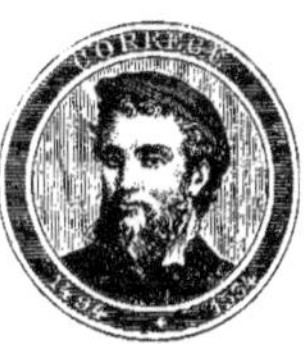

Milan serait grande dans l'art quand même elle ne lui aurait donné que Léonard de Vinci. Mais comment oublier que la Lombardie fut aussi la patrie ou du moins le principal atelier (car la plupart des maîtres italiens sont, par leurs origines ou leurs travaux nomades, concitoyens de toutes les capitales) de ce groupe illustre des Luini, des Cesare da Sesto, des Marco d'Uggione, des Morazzone, des Daniel Crespi et des Procaccini, groupe dont Lomazzo sera le Vasari? C'est à Milan encore qu'appartient cette grande famille des Borromée, qui lui a fourni le saint national. C'est à Milan qu'appartiennent l'historien Paul Jove et le grand sculpteur Verrocchio. La capitale lombarde peut encore citer avec un juste orgueil Beccaria, l'illustre adversaire de la peine de mort, le mathématicien Oriani, que Napoléon voulut faire sénateur, l'homme d'État Melzi, le physicien Volta, dont le nom demeure attaché à celui même de l'électricité. Dans ce siècle, le mouvement littéraire italien semble avoir de préférence allumé son flambeau à Milan, patrie de Pindemonte, de Monti, de Prati, de Nota, et surtout du grand poëte Alexandre Manzoni, le Walter Scott italien, et du grand historien César Cantù.

De chaque côté du grand centre Lombard se déploient les deux ailes Mantouanes et Parmesanes de notre armée illustre. Mantoue est la patrie de Virgile (*Mantua me genuit*) et de l'imprimeur Virgilien Bettinelli, de Mantegna, de Jules Romain et de cette école, dont le sanctuaire fut le palais du Té, monument éternel de la gloire des Gonzague. A Mantoue le Primatice a peint à côté du maître qui fut le meilleur élève de Raphaël. Et quand ils ne peignaient pas, ils assistaient à ces Décamérons de cour qu'a si élégamment décrits le courtisan par excellence, le comte Balthasar Castiglione, qu'immortalise l'amitié de Raphaël.

Parme est toute parfumée d'un grand nom, d'un génie modeste et moelleux comme ses violettes. Le Corrége est à lui seul toute son école. Il n'a eu ni ancêtres ni successeurs. Le Parmesan tint un moment son sceptre, qu'une mort précoce lui arracha des mains. Cette principauté, gouvernée par les Farnèse, et qui fut le dernier royaume de celle qui s'était assise à côté de Napoléon sur le

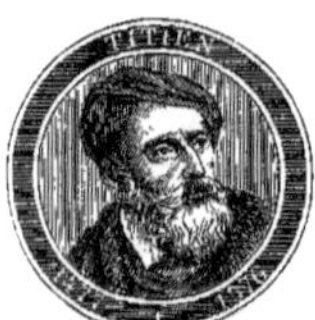
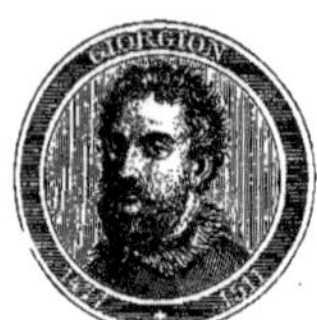
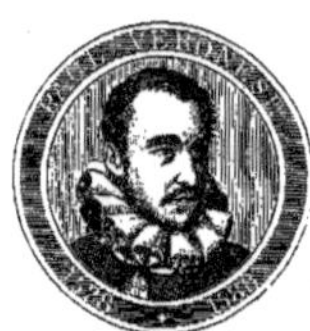
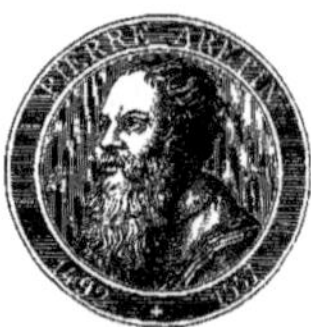

premier trône du monde, pourrait citer encore avec orgueil les traces du séjour de Pétrarque, le grand nomade qui a partout une maison en Italie, le grand historien et archéologue Muratori, un des chefs de la science moderne, le Père Affò, qui s'est fait une gloire en glanant, dans la biographie stérile du Corrége, quelques maigres épis, et Bodoni, le grand typographe italien. Mais si le gouvernement oligarchique de Venise, où l'arbitraire se corrigeait par l'arbitraire même, n'était guère favorable au développement de l'esprit critique ou philosophique; si l'on n'était pas impunément ambitieux ou frondeur dans cette cité qui mit si poliment Montesquieu à la porte, du moins ne peut-on pas refuser à la tyrannique et féerique République d'avoir été féconde en grands artistes et en hommes d'esprit et de leur avoir été hospitalière. Si Venise n'était pas illustre à jamais par sa situation et ses charmes uniques, par ses grands citoyens et ses grands peintres, elle le serait par le reflet de la gloire des voyageurs célèbres qui ont parcouru ses canaux, et se sont enivrés de ses enchantements. Pour ne parler que de nos jours, quel autre livre d'or que celui de cette noblesse errante de l'esprit, depuis Jean-Jacques Rousseau jusqu'à lord Byron! Mais Venise n'a pas besoin de la gloire des autres; la sienne lui suffit. Il n'est peut-être pas de ville qui puisse lui disputer le prix sous le rapport de l'universalité, de la variété et de la durée. Cette ville des délateurs, des bravi, des lettres anonymes et des bouches de bronze vomissant la calomnie, est aussi la patrie des Alde et des Manuce, les grands imprimeurs, les grands vulgarisateurs de la pensée, c'est-à-dire de la liberté. Cette ville des palais a eu parmi sa pléiade d'architectes étrangers son grand magicien du marbre et de la perspective, Sansovino. Mais quelle plus belle liste que celle de ses grands peintres depuis le Pordenone? Les citerons-nous encore tous? Non, nous répèterons seulement les noms qui, à ce seul mot, Venise, viennent bourdonner autour de vous comme un essaim d'abeilles : Giorgione, les Bellini, les Palma, les Tintoret, les Titien, les Véronèse, les Pâris Bordone, les Canaletto. L'école vénitienne dure jusqu'au dix-huitième siècle. La Rosalba apporte en France cette radieuse et aérienne peinture au pastel, si bien faite pour les

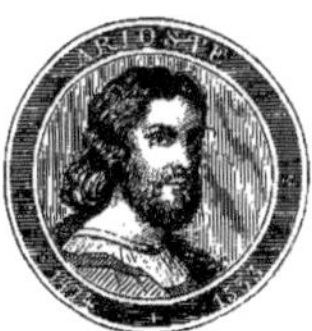

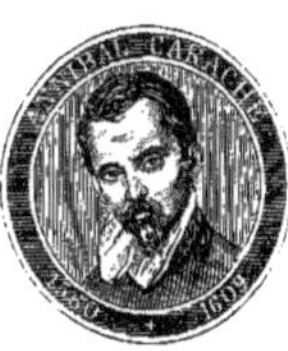

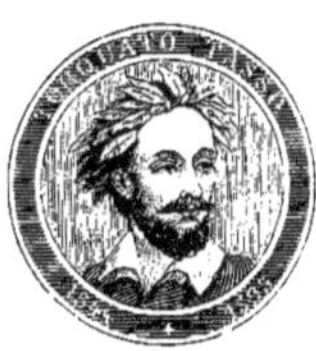

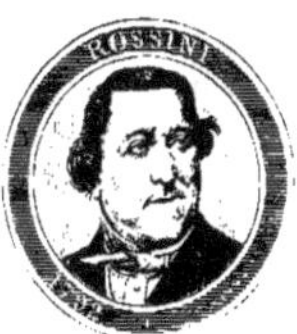

figures, les modes et les mœurs du siècle de Voltaire et de madame de Pompadour. Aujourd'hui l'école vénitienne n'existe plus; elle ne se compose que de faméliques copistes. Est-ce le joug étranger qui a tué dans ses dernières fleurs cette prodigieuse fécondité? Non, nous croirions plutôt que l'école vénitienne est morte le jour de ce sacrilége attentat de Morosini bombardant l'Acropole d'Athènes, et brisant les métopes du Parthénon. Venise est la patrie du cardinal Bembo, si spirituel et si galant, du magnifique cardinal Bessarion, de L'Arétin, le Voltaire du seizième siècle. Elle peut citer encore les Goldoni, les Gozzi, les Da Ponte, les Buratti, imité par Byron. Un amateur des beaux-arts ne peut oublier le comte Cicognara, historien de la sculpture; enfin Canova, le plus grand sculpteur des temps modernes, est un enfant de Venise : elle a eu de grands citoyens, et dans ces derniers temps, entre autres, Manin.

Mais que de stations encore dans ce voyage de circumnavigation sur la carte de la gloire italienne. Partout des anses célèbres à côté des golfes illustres et des ports glorieux. Là, c'est Ferrare, qui nous crie ces grands noms de l'Arioste et du Tasse. Ici c'es Vérone ou Vicence, qui nous parlent des Scaliger, des Fracastor, des Palladio, des Merlin Coccaïe, des Bassans, du Trissino. La petite République de Saint-Marin elle-même a son savant illustre, Borghesi. Et cependant il faut se borner, il faut, dans une dernière étape, remonter par Bologne, Gênes, Pise et Turin jusqu'à Naples, où nous nous arrêterons. Adieu donc Bologne aux tours penchées, Bologne, d'où sortirent les Carrache, le Guerchin, le Guide, le Dominiquin et le grand Rossini. Adieu donc Pise, ville mélancolique, nécropole illustre, patrie monumentale de cette dynastie de faiseurs et de décorateurs de monuments, les Nicolas, les Jean, les Nino de Pise. Adieu donc Pise, où peignit Gozzoli, où médita Galilée, où Algarotti, l'ami de Voltaire et de Frédéric, vint se retirer. Salut, Gênes la Superbe, Gênes, semée de palais aux grands noms, Gênes, patrie des Doria et des Christophe Colomb, Gênes, patrie du poëte Chiabrera. Salut, Turin, capitale de cette grande maison de Savoie, féconde en princes diplomates et guerriers,

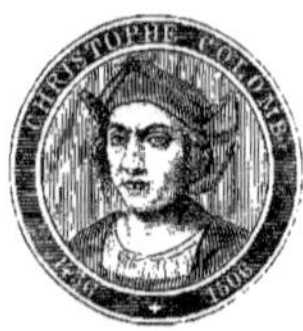

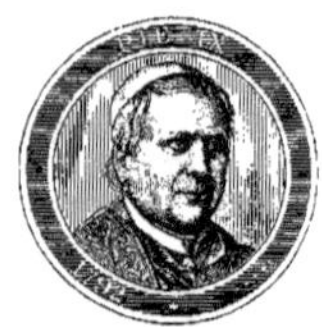

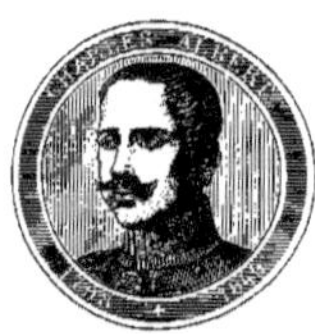

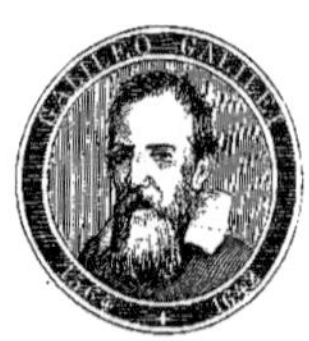

séjour d'une des cours les plus hospitalières pour les beaux-arts, dont la collection particulière a pu devenir, par l'initiative généreuse de Charles-Albert, une des plus belles galeries de l'Italie et de l'Europe! Salut! patrie des Alfieri, des de Maistre, des Gioberti, des Pellico, des Cavour! Et salut enfin, Naples, la ville qu'il faut voir avant de mourir, la ville des enchantements des yeux, de l'ivresse des sens, la ville spirituelle, amoureuse, harmonieuse, voluptueuse, où la tolérante école de Salerne a fondé l'hygiène des épicuriens. Salut, Naples aux belles perspectives qui ont éveillé le génie de Vitruve; Naples, patrie de Vico, fondateur de la philosophie de l'histoire; Naples, patrie de Sannazar. Pas de poëtes à Naples. La poésie est une action, et le Napolitain rêve seulement. La poésie est un enthousiasme, une espérance, un appel. Mais l'enthousiasme est une fatigue, l'espérance, une obligation d'attendre. Le Napolitain, peuple mobile et inconstant, n'a jamais eu que des mouvements, que des accès. Jamais pays n'a eu plus de révolutions et de révolutions moins durables. Les Masaniello n'y vivent que quelques jours et meurent assassinés par leurs propres soldats. Mais si Naples a peu de poëtes et peu d'historiens, Naples, la ville des beaux spectacles,

Naples, héritière des trésors de l'art antique exhumés de Pompéi, d'Herculanum et de Stabies. Naples a toute une école de peintres plus habiles qu'originaux, et tour à tour d'une fougueuse énergie ou d'une charmante mollesse. Naples est le séjour, sinon la patrie du farouche Ribera, du facile et fécond Luca Giordano, du rapide Schidone, du moelleux Solimène, du spirituel Sodoma, du Bolonais Lanfranc, le peintre des vastes voûtes et des fresques gigantesques. Mais la vraie gloire de Naples, de ce beau ciel où tout est harmonie et où tout se change en hymne, c'est la musique. Quel chant à l'honneur de l'Italie que celui qui, destiné à célébrer ses gloires, à faire faire au lecteur, non plus sur une froide prose, mais sur des flots de brûlante mélodie, cet itinéraire que nous avons esquissé, aurait une strophe de Cimarosa, une strophe de Paisiello, une strophe de Caraffa, une strophe de Mercadante, une strophe de Bellini, ces grands maîtres de Naples, à laquelle se joindrait le tribut du Bergamasque Donizetti, du Florentin Cherubini, du Parmesan Verdi, et que pourraient chanter les Farinelli, les Rubini, les Pasta, les Catalani ! Ce serait là la seule introduction digne de notre sujet, la seule capable d'exprimer au lecteur les beautés de ce voyage à travers les grands hommes et les grandes œuvres qu'il a salués dans nos deux premiers volumes, qu'il va saluer dans le troisième, humbles monuments de piété et de reconnaissance élevés à cette variété inépuisable de génies divers unis dans un commun patriotisme, et portant triomphalement à la postérité le drapeau du génie de la science et des arts.

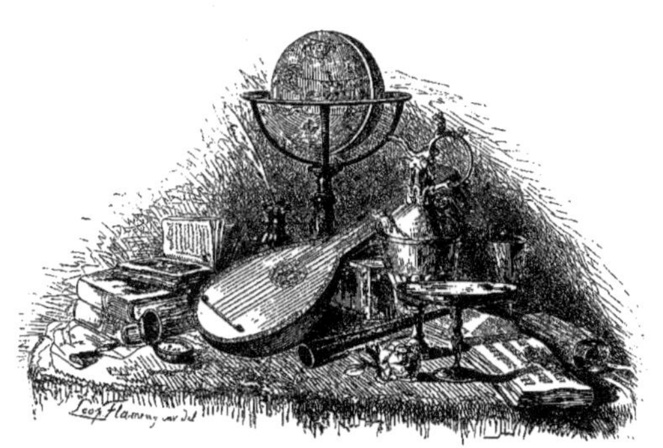

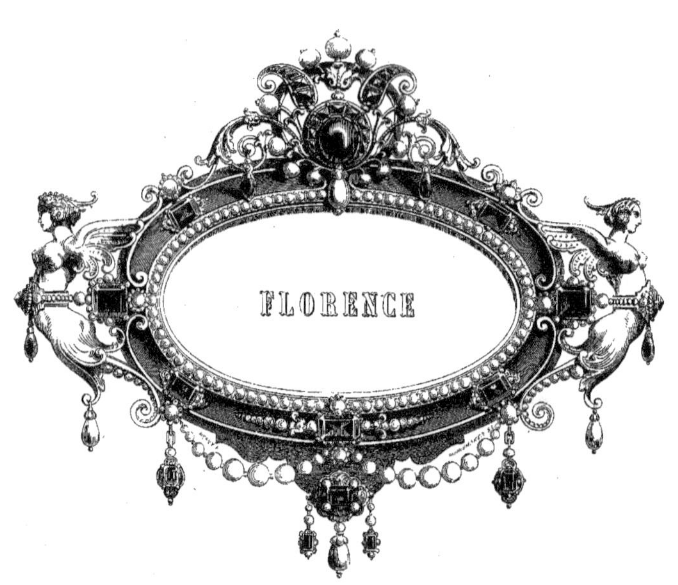
FLORENCE

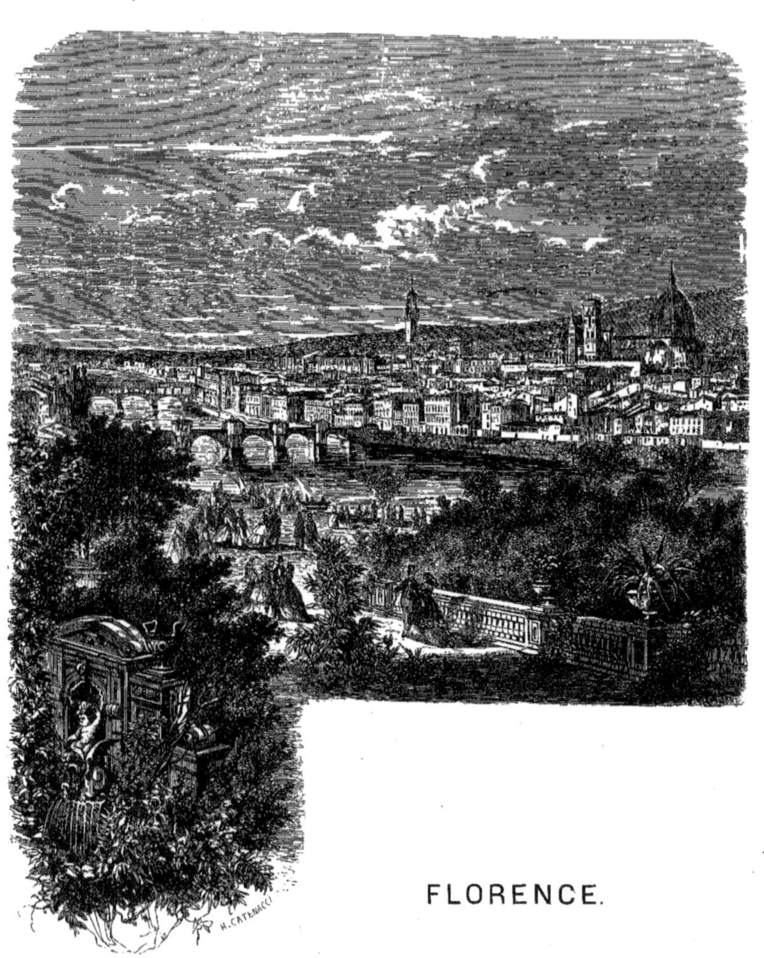

FLORENCE.

Salut ô Florence ! ville des fleurs, ville des roses, reine du moyen âge, capitale des arts, séjour des Médicis, patrie de Pétrarque, de Dante, de Boccace, de Savonarole, de Léonard de Vinci, de Michel-Ange, de Machiavel, salut ! Salut, ville hospitalière, ville polie, ville souriante à l'étranger ! Qui pourrait, sans un frémissement d'admiration et d'enthousiasme, descendre l'Apennin, et, par cet escalier grandiose, s'avancer jusqu'à cette vallée fameuse qu'arrose l'Arno et où se dresse jusqu'au ciel ta forêt de clochers, de dômes et de tours? Les plus sceptiques n'ont pu te voir impunément, et ta fière beauté a mouillé de larmes leur éternel sourire. C'est que ton charme est invincible, ô Florence! et que celui qui contemplerait tes églises, sans foi, tes palais, sans admiration serait un impie, un barbare indigne d'entendre la douce langue du *si*, et de voir le mâle visage de tes hommes et les yeux étincelants de tes femmes. Mais non, il n'est jamais personne qui ait osé insulter d'un blasphème, cette religion du beau, dont tu es le temple de prédilection.

Ici, le plus insensible se sent poëte, le plus ignorant, artiste, le plus égoïste, amoureux. Ici, la nature a joint avec une sorte d'émulation ses chefs-d'œuvre à ceux de l'art, et a fait de la vallée de l'Arno, des fraîches Cacines, du Prato embaumé, des jardins Pitti où les blanches statues semblent courir parmi les fleurs, un cadre digne du tableau, un fond digne de la scène, un commentaire digne du poëme. Ici, l'éclat du ciel, la mollesse de la verdure, la fraîcheur de l'eau, les caresses de la lumière font valoir à l'envi de leurs harmonies ou de leurs contrastes, ton Dôme, ta Coupole, ton Baptistère, ton *Palazzo vecchio*, ta *Loggia degli Lanzi*, ta galerie des Offices. Un jour privilégié éclaire avec une sorte de respect les fresques et les tableaux, et la Nuit elle-même voile avec une habile discrétion le *David*, le *Persée*, donne aux formes enchanteresses de ton peuple de statues le dernier attrait du mystère et enveloppe le tombeau des Médicis d'une suprême poésie. O Florence! salut! Nul être intelligent qui ne soupire après le bonheur de te voir, nul qui ne regrette de te quitter.

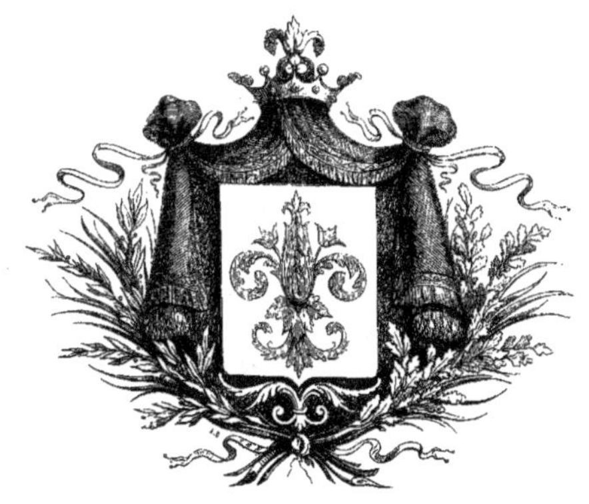

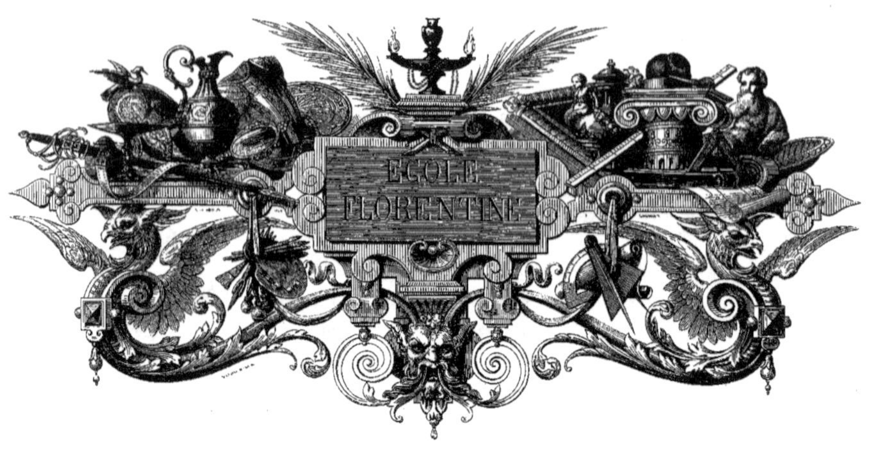

ORIGINE ET CARACTÈRES.

Florence se dit la mère de toutes les écoles italiennes; ses écrivains prétendent, en effet, que l'art de la peinture était complétement oublié en Italie lorsque le Florentin Giovanni Cimabué vint au monde. Cette assertion manque d'exactitude; il est constant qu'avant cette époque, c'est-à-dire avant 1240, date de la naissance de Cimabué, des écoles de peinture fondées par des artistes grecs venus de Constantinople existaient à Pise, à Sienne, à Venise, même à Florence. Les mosaïques du baptistère de cette dernière ville, représentant le Christ au milieu d'une gloire céleste, l'histoire de la création du monde, la vie de saint Jean-Baptiste, attribuées au frère Jacopo et datées de 1225, ne laissent aucun doute à cet égard; d'un autre côté, Giunta de Pise peignait, en 1210, un crucifix qu'on voit encore dans l'église de saint Renier de cette ville; enfin on conserve, à l'Académie des beaux-arts de Sienne, des peintures de Guiduccio et de Guido qui remontent aux années 1200 et 1221.

Cimabué ne fut donc pas, comme l'a avancé Vasari, le rénovateur de l'art en Italie, il fut le dernier et le plus remarquable héritier des peintres Byzantins à Florence. Fils de gentilhomme, doué d'une imagination hardie et féconde, le jeune Cimabué (1240–1300) comprit qu'il y avait mieux à faire qu'à reproduire les *patrons*, pour nous servir de l'expression technique, que les maîtres imposaient à leurs *compagnons;* il consulta la nature, mais incapable d'imaginer des types nouveaux, il ne put rejeter complétement ses vieux guides, et il fit encore, comme le dit Vasari, de ces figures aux yeux hagards, aux mains raides et ouvertes et aux pieds étendus géométriquement; cependant il parvint à surpasser les *ouvriers* qui avaient été ses maîtres. Ses productions parurent même des chefs-d'œuvre, et il excita une telle admiration qu'on vit un jour la population de Florence porter en triomphe, dans les rues, un tableau *de la Vierge* qu'il venait de terminer pour l'église de Sainte-Marie-Nouvelle. C'est encore le style byzantin, mais agrandi et perfectionné; il corrigea en partie la raideur du dessin, anima les têtes, plia les draperies et groupa les figures avec infiniment plus d'art que les artistes grecs, ses devanciers. Mais son talent n'était pas propre aux sujets gracieux, ses madones n'ont point de beauté et tous ses anges se ressemblent; sévère comme le siècle dans lequel il vécut, il réussit admirablement dans les têtes d'hommes à grand caractère et surtout dans celles des vieillards : telle est l'appréciation de l'abbé Lanzi.

La plus belle création de Cimabué fut Giotto, petit pâtre Toscan qu'il rencontra un jour dans les montagnes dessinant, avec une pierre pointue, sur une ardoise, les chèvres confiées à sa garde. C'est à Giotto, fils d'un simple laboureur nommé Bondone, 1276-1336, né à Vespignano, près de Florence, à la fois peintre, sculpteur et architecte, que revient l'honneur d'avoir ouvert l'ère de la Renaissance. Abandonnant la symétrique et raide tradition des Byzantins, il créa une allure indépendante et se rapprocha le premier de la nature dans l'expression des figures. Jusque-là, les sujets bibliques avaient dominé seuls l'esprit des artistes; mais, à partir de Giotto, les légendes pieuses tendirent à remplacer l'austère rigueur des saintes Écritures, de laquelle on ne s'était pas encore départi. Aux conceptions des Byzantins, emprisonnées dans une convention rigoureuse, succéda la liberté d'un art individuel qui se laissa conduire par l'impression ou par la fantaisie. Sous le pinceau de Giotto, nous voyons les figures s'animer, s'assouplir, se réveiller à la vie, être enfin. Il y a toujours à la vérité chez lui, absence des règles de la perspective aérienne, des secrets du clair-obscur et des lois de l'anatomie; on y trouve encore de la raideur, de l'exagération dans les formes, en un mot la présence du caractère typique des Byzantins; mais instruit des mouvements excités par les passions de l'âme, le peintre a conquis à l'art le geste et l'expression. Moins anguleux que celui de ses rudes prédécesseurs, son dessin est empreint d'un sentiment de beauté idéale. Les mains grêles et décharnées, les pieds en pointe, les visages macérés, tous les restes de la barbarie du moyen âge disparaissent peu

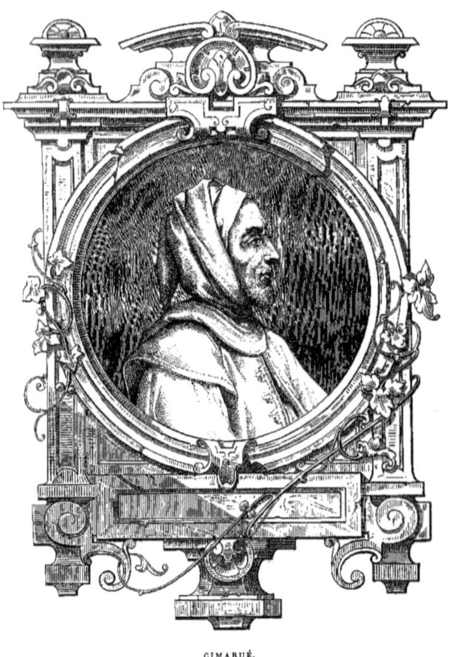

CIMABUÉ.

à peu sous son pinceau intelligent. Il améliora aussi les procédés de son art; les peintres de Constantinople avaient fait emploi jusqu'alors d'une matière visqueuse comme la gomme, matière qui les forçait à avoir recours aux hachures, afin d'assurer le tracé du dessin; Giotto délaye ses couleurs avec des jaunes d'œuf et de la colle de peau, et met ainsi en vogue ce qu'on appelle la peinture en détrempe.

L'or est encore généralement employé, mais on commence à remplacer les fonds d'or par une mosaïque chatoyante, riche et faisant masse à l'œil.

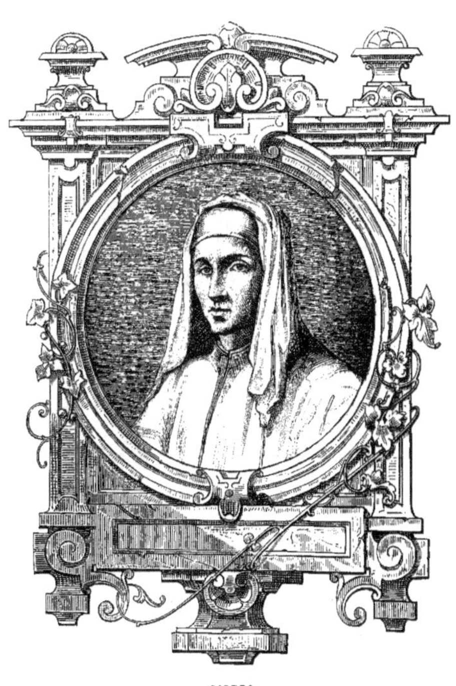

GIOTTO.

L'histoire de la réputation de Giotto se trouve dans ces trois vers du Dante :

> Credeva Cimabue nella pittura
> Tener lo campo, et ora ha Giotto il grido,
> Si, che la fama di colui oscura[1].
> *Purg.*, CXI.

1. « Cimabué crut avoir saisi le sceptre de la peinture; Giotto maintenant en possède tous les honneurs, et sa renommée éclipse celle de son maître. »

C'est avec justice que nous plaçons en tête de ce début puissant de l'art florentin le nom de Dante Alighieri (1265-1321), le plus grand poëte de l'Italie et un des

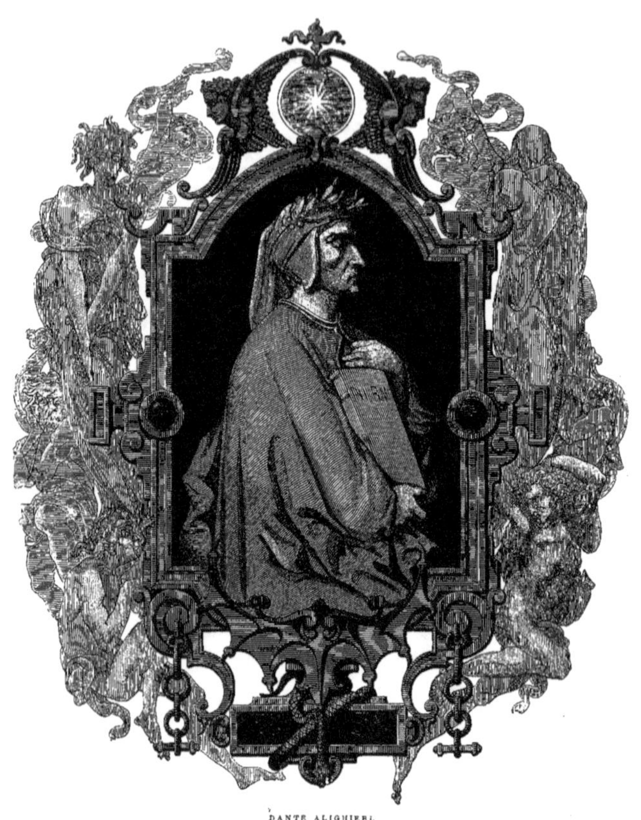

DANTE ALIGHIERI.

plus grands poëtes qui aient jamais existé. Le Dante a été l'initiateur par excellence à la vie intellectuelle des grands peintres de l'Italie. On peut dire qu'au milieu de ce groupe illustre qui tient pour la gloire de Florence le compas, le pinceau ou le ciseau, le grand poëte, présent ou absent, vivant ou mort, porte le flambeau inspirateur de cette époque d'insatiable curiosité et d'ambition universelle. Le poëte de la *Divine comédie*, ami de Cimabué, et conseiller de Giotto, domine de toute la hauteur de son encyclopédique génie les premiers efforts et les premiers chefs-d'œuvre de l'art florentin.

Dans les rapports intimes de la poésie et de la peinture, une place non moins distinguée doit être réservée à Boccace et à Pétrarque. Boccace (1313-1375) a fondé le premier la langue; Pétrarque (1304-1374) a fondé la poésie italienne,

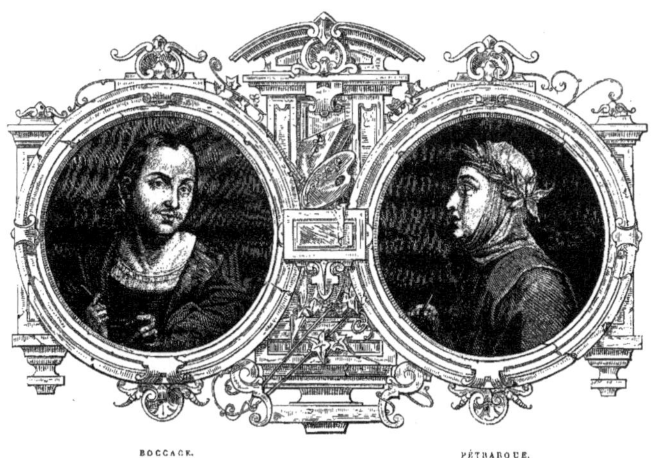

BOCCACE. PÉTRARQUE.

car le Dante est un grand poëte d'idées; le culte de la forme lui eût semblé servile, et son laconisme elliptique, qui a fait pâlir tant de commentateurs, semble dédaigner le mot et se contenter de l'éclair de la pensée.

Le Dante garde dans l'art florentin la domination de l'idée; le conteur du *Décaméron* et le tendre poëte des *Sonnets* y apportent le sentiment et la grâce. Ils apprivoisent le génie florentin qui, dans Taddeo Gaddi et Orcagna, par exemple, trouve les deux représentants par excellence de ces deux influences, de ces deux traditions si différentes. Taddeo Gaddi (1300–1352), peintre et architecte, est l'élève favori de Giotto. Doux et mélancolique, il a trouvé dans l'astre inspirateur des

Canzoni, la tendre lune de Pétrarque, le symbole et le type de la grâce et de la chasteté.

Andrea Cione, dit Orcagna (1329-1389) procède au contraire directement du Dante; poëte comme lui, sculpteur, architecte et peintre, le rude auteur des fresques de Santa-Maria-Novella et des dramatiques compositions du Campo Santo à Pise, sorte de traduction au pinceau de l'*Enfer* et du *Paradis*, se montre homme de lutte et de passion implacable, et vindicatif jusqu'à la cruauté.

Mais le génie de Florence, créateur dans tous les sens, rénovateur dans tous

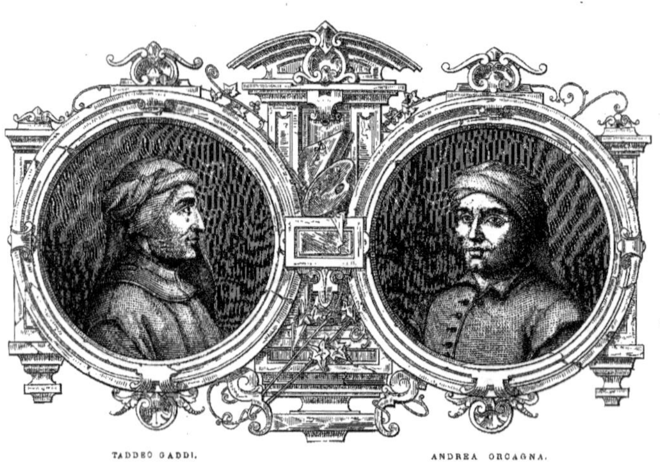

TADDEO GADDI. ANDREA ORCAGNA.

les genres, ne s'était pas borné à demander aux artistes de beaux tableaux et de belles statues. L'essor de l'architecture est contemporain de celui de la peinture et de la sculpture. Grâce à Alberti, à Ghiberti, à Brunelleschi, à Donatello, Florence vit surgir de terre, pour monter jusqu'au ciel, des monuments magnifiques. Alberti, par le prodige d'un art qui semblait magique, transporta, en 1455, le campanile de Santa-Maria tout entier garni de ses cloches, à une distance de trente-cinq pieds; Lorenzo Ghiberti (1378-1455), sculpteur, peintre, architecte et orfévre, désigné à vingt-deux ans, par l'acclamation de ses concitoyens et de ses rivaux, à l'œuvre de la décoration des portes de bronze du Baptistère, consacra à cette mission quarante années de sa vie, et gagna laborieusement, mais glorieusement son immortalité. De ses deux rivaux, l'un, Philippe Brunelleschi (1377-1446), couronna triomphalement la cathédrale de Florence, Santa-Maria del Fiore, d'un dôme devenu le modèle de celui de Saint-Pierre de Rome, et inaugura, par ce chef-d'œuvre aérien, cette architecture nouvelle dont Orcagna avait pressenti l'avénement; le symbole de cet art nouveau, c'est l'élégant et moelleux

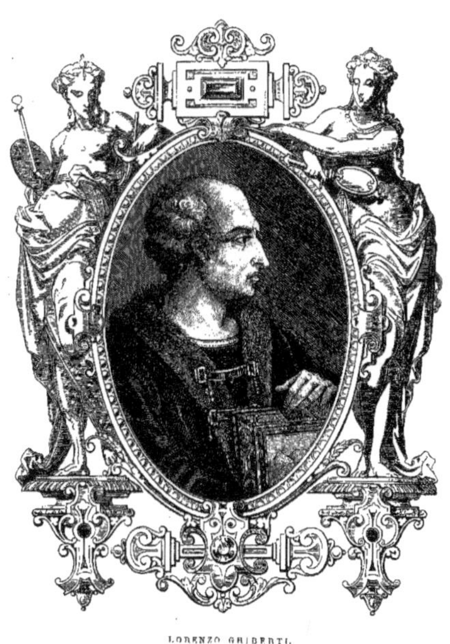

LORENZO GHIBERTI.

arc ionien que Brunelleschi substitua à l'ogive gothique, dont la maigre acuité blessait l'œil; l'autre, Donatello (1383-1466), le Giotto des sculpteurs, le précurseur de Michel-Ange, se voua à la décoration intérieure de ces temples patriotiques élevés à la fois à Dieu et à Florence.

Cependant, dès les premières années du quinzième siècle, parurent des artistes étincelants qui devaient donner à la peinture une direction toute nouvelle. Le premier est Tomasso di San Giovanni (1401-1443), surnommé par les Florentins Masaccio, parce qu'il négligeait sa personne et les intérêts communs de la vie pour être tout entier à ses études. « Masaccio est le premier peintre florentin, a dit un critique autorisé, qui ait passé du mérite historique au mérite réel. » — « Pour celui-ci, ajoute Stendhal, c'est un homme de génie qui a fait époque dans l'histoire de l'art. » Masaccio, selon Mengs, « n'a pas moins peint l'âme que le corps de ses personnages. » « Tout ce qu'il a fait, déclare Vasari, est vrai et animé comme la nature même. » Loué par Michel-Ange, copié par Raphaël,

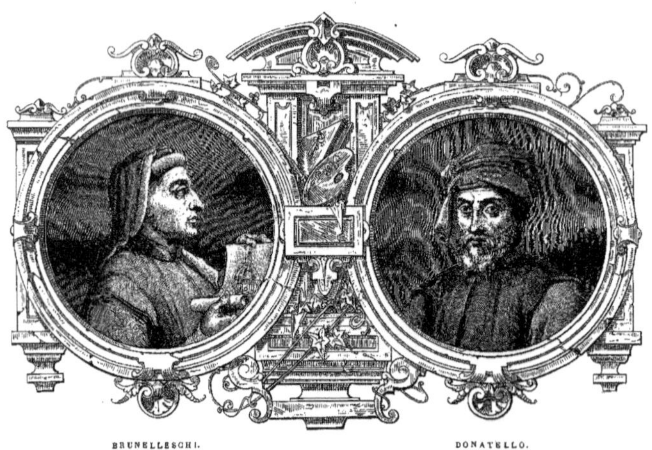

BRUNELLESCHI. DONATELLO.

auteur de ces fresques sublimes de l'église del Carmine, où il repose, rien n'a manqué à la gloire de Masaccio. A la science fondamentale du dessin, il a ajouté le premier la profondeur de l'expression, « qui est tout l'art. » Masaccio fut le premier qui fit des draperies ondoyantes et qui traita les parties nues d'une manière naïve, mais avec un art infini. Son coloris est vrai, bien varié, et d'une harmonie étonnante. Sa mort, survenue en 1443, est une des plus grandes pertes que les arts aient jamais faites.

Après Masaccio, que le poison vint glacer à la fleur de son âge, ses deux contemporains et continuateurs, Paolo Uccello et Fra Angelico, devaient, en y ajoutant la grâce du coloris et l'art du clair-obscur, compléter le type de perfection et achever le modèle qui posera devant leurs successeurs. Ce qui frappe dans l'histoire de cette première période de l'art florentin, c'est la progression régulière, solennelle, en quelque sorte, de la théorie et de la pratique, du précepte et de l'exemple. Paolo Mazzochi (1389-1472) aidé du mathématicien Manetti s'adonna

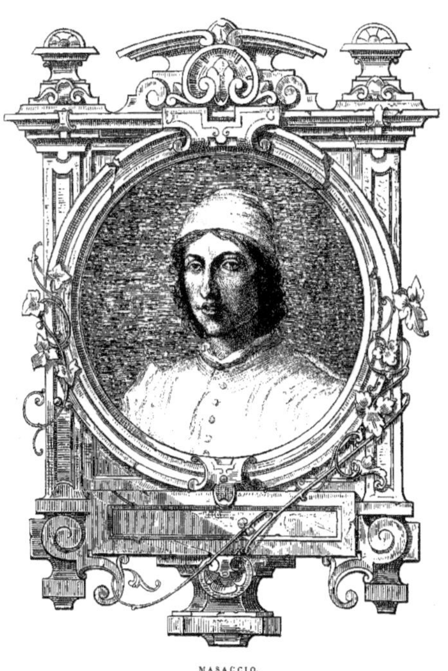

MASACCIO.

tout entier, se consacra, pour ainsi dire, à la perspective, et négligea pour elle toutes les autres parties de la peinture. Il avait le goût des hauteurs, la religion de la lumière et de l'air. Son enthousiasme pour les miracles du raccourci, pour les figures colossales, pour les architectures profilées qui font le fond de presque tous ses tableaux, l'avaient fait surnommer Uccello (oiseau). Il enviait à ces petits êtres, dont il était toujours entouré et qui symbolisaient si bien sa passion, le bonheur de leur vie aérienne.

Le dominicain Giovanni de Fiesole (1387-1455), reconnu bienheureux par Rome et salué grand peintre par Florence, a atteint, par l'effort d'une âme ardente et pieuse, aux dernières limites de l'expression extatique. C'est l'idéalisme dans tout ce qu'il y a de plus pur, de plus suave et de plus élevé.

Avant de clore la liste des maîtres de la première période de l'art florentin nous devons citer deux peintres célèbres à des titres différents : Fra Felippo

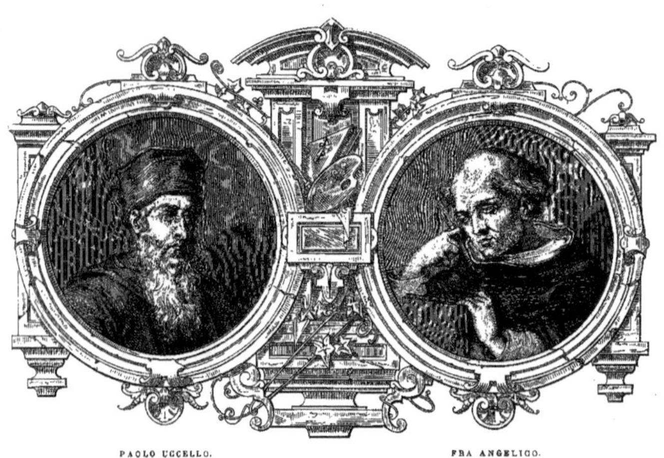

PAOLO UCCELLO. FRA ANGELICO.

(1412-1469), le moine amoureux qui jeta aux orties le froc d'Angelico, et dont les peintures, qui rappellent celles du Masaccio, sont d'un goût si parfait; et cet odieux Andrea del Castagno (1406-1480), le Judas de la peinture, qui assassina le Vénitien Domenico, son ami, après lui avoir arraché le secret de la peinture à l'huile que ce dernier tenait d'Antonello de Messine, confident à son tour de Jean Van Eyck de Bruges. André del Castagno fut aussi un des bons imitateurs de Masaccio; ses figures sont bien posées, ses draperies élégantes, son dessin correct, sa perspective bien entendue; l'art des raccourcis lui doit quelques progrès.

L'autre courant dominant dans l'école, celui des amants exclusifs de la ligne, des admirateurs de l'antiquité païenne, trouve dans cette dynastie de ciseleurs, d'émailleurs, de sculpteurs sur bois, qu'on appelle les Robbia, une famille qui, au souffle de son chef, crée pour ainsi dire un art nouveau. Lucca della Robbia (1400-1480), à force de chercher, trouva cette sculpture en terre émaillée et peinte, où l'argile docile se prête à toutes les fantaisies d'un doigt créateur et s'anime des souplesses de la chair, tandis que l'émail brillant et la couleur elle-même ajoutent partout les artifices de la peinture à cette illusion de mouvement et de vie.

Tout est homogène, harmonieux, progressif dans cette histoire de l'art florentin.

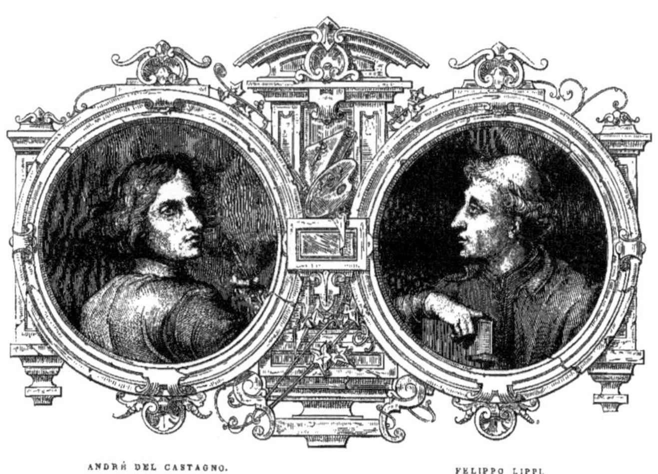

ANDRÉ DEL CASTAGNO. FELIPPO LIPPI.

Lorsque le travail des précurseurs, des initiateurs est terminé, et que ces ouvriers, déjà illustres, de la première journée, se sont couchés sur leur gerbe, un grand mouvement s'opère en Italie. La découverte de la gravure sur bois par Hugo di Carpi et en taille-douce par Finiguerra, la découverte des procédés de la peinture à l'huile (1460) éclatent comme deux météores, et illuminent le ciel de l'art. Désormais, les peintres et les sculpteurs ne craindront plus l'outrage du temps. Les estampes multiplieront à l'infini l'image exacte des fresques et des tableaux. L'huile donnera à la couleur une sorte de vie, et le burin gravera pour l'immortalité.

L'impulsion est donnée et chaque jour se révèlent quelques talents nouveaux; l'histoire a conservé religieusement le nom de Pier Roselli di Cosimo, artiste d'un grand mérite, dont le plus précieux titre est d'avoir été le maître d'Andrea del Sarto et le nom d'Antonio Pollajolo (1426-1498), peintre, sculpteur, graveur, qui, le premier, avant Michel-Ange lui-même, eut le courage d'étudier le cadavre et dont les nus sont d'une hardiesse superbe.

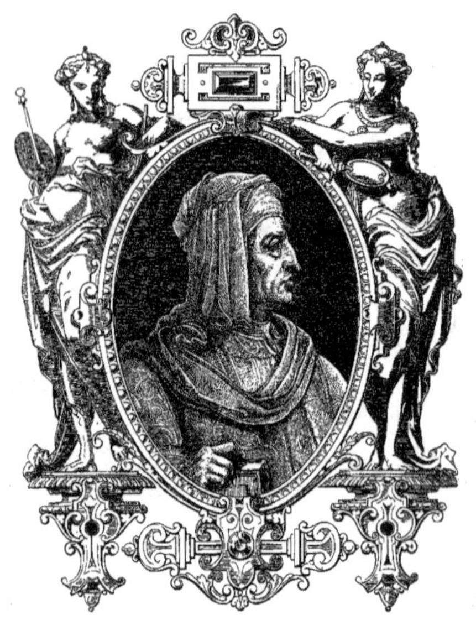

LUCCA DELLA ROBBIA.

Supérieurs encore à ces artistes, brillèrent d'un éclat presque original, le doux Rafaellino del Garbo et l'ingénieux Domenico Corrado, dit Ghirlandajo. Rafaellino fut l'élève, plus fort que son maître, de ce Felippino Lippi, né des amours de Fra Felippo et de la belle Lucrezia Buti. Rafaellino del Garbo appartient par ses tendances à l'école des idéalistes, des mystiques, dont Perugin sera le chef. Sa recherche exclusive de la beauté et de la grâce lui firent donner son surnom caractéristique (garbo veut dire gentillesse). Domenico Ghirlandajo (1451-1495), qui eut l'honneur d'être le maître de Michel-Ange, était le fils d'un orfévre qui avait popularisé la mode de ces festons ou guirlandes d'argent dont les jeunes filles ornaient leur chevelure. Artiste d'une pureté de contours, d'une grâce dans les formes, et en même temps d'un soigné vraiment admirable, Domenico Ghirlandajo a presque atteint le premier à cette perfection suprême qui marque l'apogée de la grande manière florentine. C'est le seul peintre inventeur que l'on trouve entre Masaccio et Léonard de Vinci.

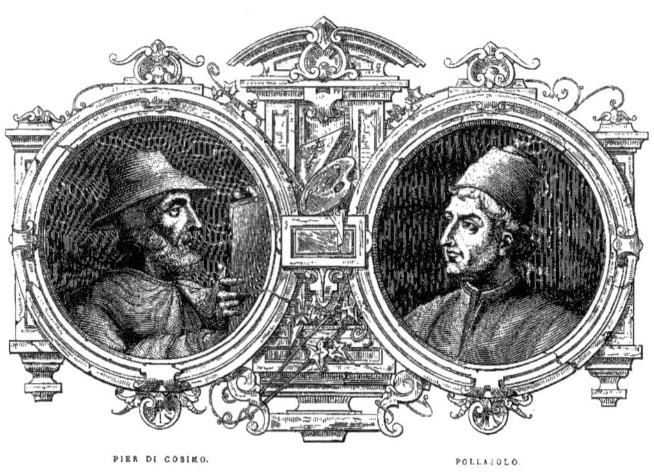

PIER DI COSIMO. POLLAJOLO.

Tel était en Toscane l'état des arts vers l'an 1500; il était réservé aux artistes du quinzième siècle de recueillir le fruit des longs travaux des maîtres du siècle précédent, de résumer avec puissance ce que chacun d'eux avait isolément conquis. Cependant, malgré tant d'efforts, il restait encore beaucoup à faire : donner de la plénitude aux contours, de l'harmonie au coloris, de la profondeur, de la transparence à la perspective aérienne, plus de variété aux compositions et surtout plus d'aisance au maniement du pinceau qui paraît toujours pénible chez les peintres dont nous avons parlé.

C'est sous Laurent de Médicis, dit le Magnifique (1448-1492) que Florence devient définitivement la capitale des arts. C'est à cause de lui que le quinzième siècle, le siècle d'or, s'appelle le *siècle des Médicis*. Il accrut, avec une sorte de passion généreuse et de libéral délire, les collections de la bibliothèque Laurentine. Politien et Lascaris, dignes courtisans d'un prince poëte comme le premier, savant comme le second, furent envoyés par lui à la recherche des débris de la sculpture antique et des manuscrits précieux. Il encouragea l'essor de l'imprimerie naissante, fonda à Florence une académie pour l'enseignement de la langue grecque. Enfin, et c'est là surtout son vrai titre de gloire, il protégea Michel-Ange. « Il lui donna

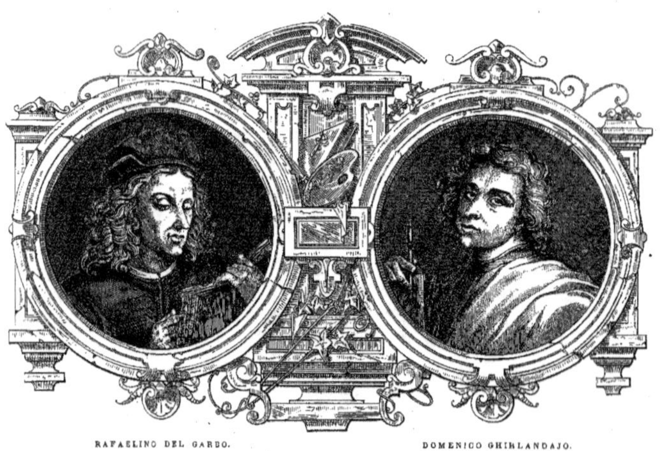

RAFAELINO DEL GARBO. DOMENICO GHIRLANDAJO.

une chambre dans son palais, le fit traiter en tout comme ses fils, et l'admit à sa table où se trouvaient journellement les plus grands seigneurs d'Italie et les premiers hommes du siècle. Michel avait alors quinze à seize ans : vous jugez l'effet d'un pareil traitement sur une âme naturellement haute. » (Stendhal.)

Mais il était réservé à Léonard de Vinci, génie universel que nous avons vu à la tête de l'école Milanaise, de résumer en lui toutes les tentatives, tous les efforts. Profondément pénétré des lois de l'anatomie et doué du génie même de la perspective, il en fit une application supérieure et apporta dans ses compositions un dessin plein de grandeur et de correction.

Après Léonard de Vinci, apparaît Michel-Ange Buonarotti (1474-1564), l'une des plus grandes figures de l'histoire de l'art. A la fois, lui aussi, peintre, sculpteur, architecte et poëte, Michel-Ange entraîne, par l'irrésistible ascendant de son mâle génie, l'école florentine à l'étude sévère des formes, à l'assouplissement des lignes, à l'énergie grandiose des mouvements.

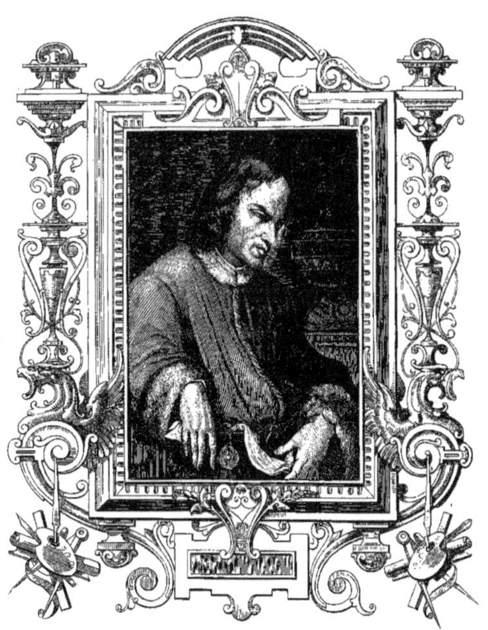

LAURENT DE MÉDICIS DIT LE MAGNIFIQUE.

Michel-Ange naquit le 6 mars 1474, au château de Chiudi, dans les environs de Florence. Sa famille, dont le vrai nom était Simoni Canossa, avait été illustrée dans les siècles du moyen âge par une alliance avec la célèbre comtesse Mathilde. — Michel fit ses premières études chez le grammairien Francesco da Urbino. Son père, vieux gentilhomme de mœurs antiques, le destinait à une carrière digne de sa naissance, mais la passion qu'il témoigna pour le dessin obligea sa famille, après quelques résistances, à lui laisser suivre sa vocation, et

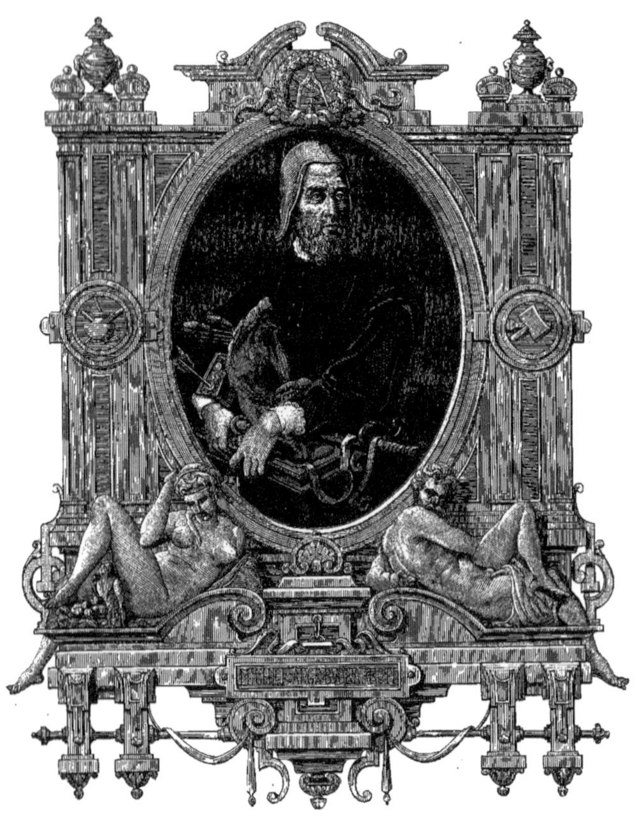

il entra sous la discipline d'un peintre de talent, Dominique Ghirlandajo, qu'il eut bientôt dépassé.

Au commencement du seizième siècle la Renaissance était arrivée à toute sa splendeur; la peinture, sous l'influence des Léonard de Vinci et des Michel-Ange, avait atteint la perfection. Ces grands génies furent puissamment secondés dans cette œuvre de progrès triomphant par une foule d'artistes, leurs contemporains, leurs disciples ou leurs imitateurs : Giovan-Antonio Sogliari, Marc-Antonio Franciabigio, Francesco Granacci, Angiolo Bronzino.

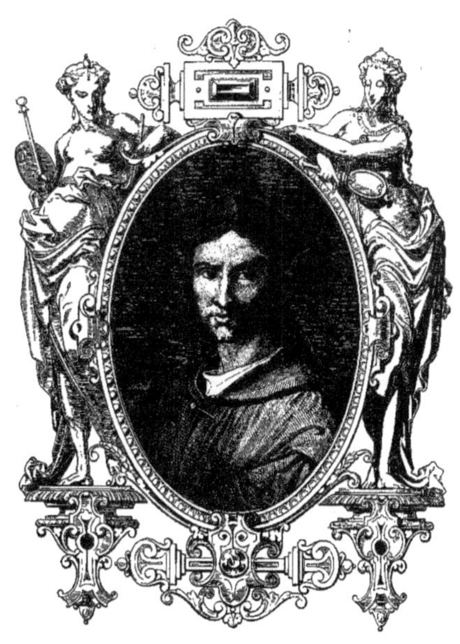

ANDREA DEL SARTO.

A ces noms justement célèbres, il faut ajouter celui de l'artiste le plus renommé de l'école florentine pour la correction du dessin, la légèreté de la touche et la fraîcheur du coloris; nous voulons parler d'Andrea Vannucchi, dit Andrea del Sarto, du nom de la profession de tailleur d'habits qu'exerçait son père (1488-1530).

Andrea del Sarto est un exemple frappant du déplorable et désastreux effet des passions dans la vie de l'artiste. Amoureux d'une femme impérieuse et infidèle qui ne voyait dans le pinceau qu'une sorte de fournisseur de sa coquetterie et dans la boîte aux couleurs qu'une mine d'or, le faible Andrea, au bout de quelques années de cette tyrannie conjugale, de cette oppression domestique, est devenu incapable de s'élever jusqu'à la liberté de sa haute intelligence. Son imagination s'est éteinte dans le désespoir et dans la honte, car dépositaire infidèle des fonds

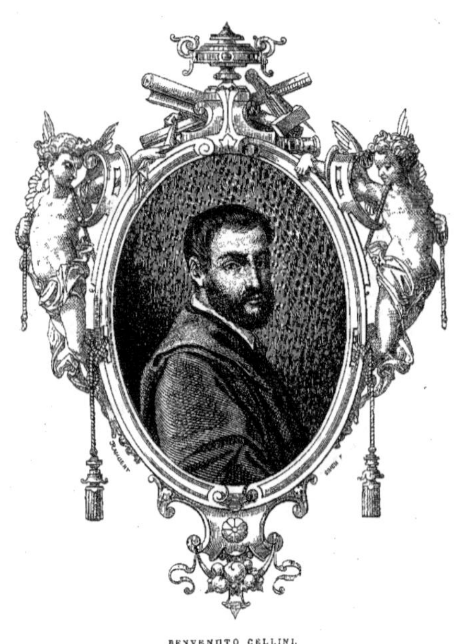

BENVENUTO CELLINI.

à lui confiés par François Ier il a ajouté le crime au malheur. Ce misérable grand homme mourut de la peste en 1530 sur un grabat solitaire.

Dans ce cortége imposant des hommes illustres dont Florence s'honore, il faut saluer le célèbre auteur du *Persée*, le ciseleur, le fondeur par excellence, le fougueux et aventureux Benvenuto Cellini (1500-1570). Honneur aussi à ce Baccio della Porta que le désespoir de la mort de Savonarole, son ami, avait jeté dans un cloître, et qui porte dans les arts le nom de Fra Bartolommeo (1469-1517). Le Frate, ami de Raphaël, fut un très-grand peintre; il le cède à peine aux meilleurs pour la vigueur et l'harmonie de la couleur; il inventa le mannequin à ressort si utile pour l'étude des plis. Honneur encore à Daniel de Volterre (1509-1566), ami et émule de Michel-Ange, qui a peint, d'après ses cartons, à la Trinita di Monti à Rome, cette fameuse *Descente de Croix* que l'on citait autrefois après la *Transfiguration* de Raphaël et la *Communion de saint Jérôme* du Dominiquin.

Heureuse époque que cette année 1500, où, après une laborieuse préparation

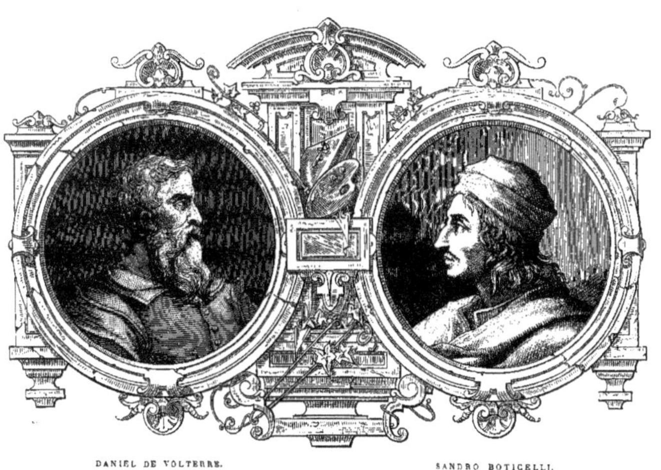

DANIEL DE VOLTERRE. SANDRO BOTICELLI.

de deux siècles, l'école florentine arrive à l'apogée de sa gloire et trouve dans le peintre de la Cène et le peintre du Jugement dernier, ses deux représentants les plus sublimes.

Stendhal a résumé ainsi les conquêtes qu'on aperçoit de cette culminante hauteur. « Pisano eut l'idée d'imiter l'antique. Cimabué et Giotto copièrent la nature, Brunelleschi donna la perspective, Masaccio se servit de tout cela en homme de génie, et donna l'expression. Après lui, Léonard de Vinci, Michel-Ange, le Frate et Andrea del Sarto paraissent tout à coup. C'est le bouquet du feu d'artifice. Il n'y a plus rien. » Ce qui rend encore plus saisissant cet unique spectacle, c'est le caractère universel de prospérité qui illumine cette triomphale période. Sous le sceptre intelligent des Médicis, la fécondité du génie florentin se déploie avec une sorte de majestueuse exubérance. L'arbre de l'art plie sous les fruits et la littérature ajoute son éclat à tous les autres. Là où Léonard peint, où Michel-Ange sculpte, écrivent Ange Politien, Boccace, Pétrarque. Dans cette troupe

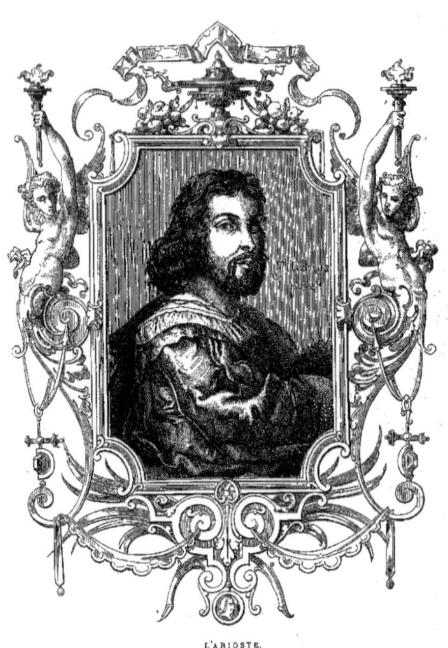

L'ARIOSTE.

aimable de grands hommes souriants, se distinguent à leur visage austère et à leur tournure inquiète, Machiavel et Guichardin : les historiens diplomates, les écrivains ambassadeurs, qui ont demandé à l'expérience des affaires et des hommes, cette sagesse ironique qui rend si salutaire l'amertume de leurs ouvrages. Ainsi rien ne manquait, à ce moment unique, à la gloire de Florence. Elle avait des monuments comme Santa-Maria-Novella, Santa-Maria del Fiore, l'église del Carmine. Elle avait le Baptistère et ses Portes de bronze, animées par le ciseau créateur de Ghiberti. Elle avait Michel-Ange pour faire aux Médicis un tombeau digne de ces princes de l'art, et un chœur d'historien et de poëte pour embaumer ces mémoires illustres dans les parfums de la louange, et pour raconter ces merveilles à la postérité. Ce n'est pas tout encore : pour donner à cette joie du triomphe, l'horizon infini du rêve, pour faire goûter à Florence enivrée de la gloire de ses enfants, ce plaisir d'imagination et de sentiment qui berce si doucement les siestes triomphales, voilà que le Tasse et l'Arioste, ces deux poétiques conteurs, vont venir

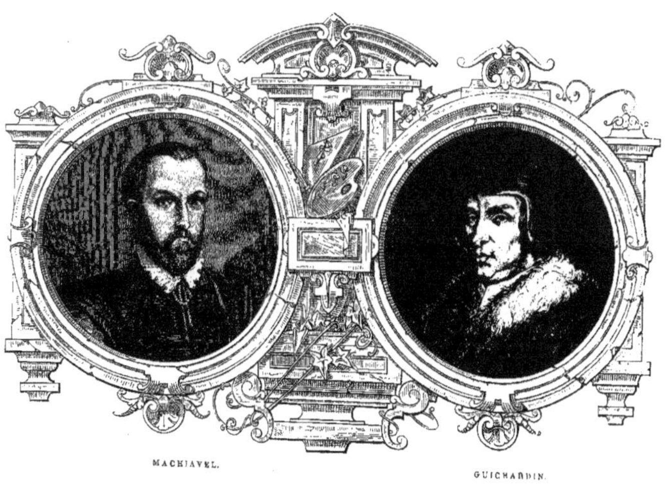

MACHIAVEL. GUICHARDIN.

et évoquer dans des fictions inspirées l'une par une foi profonde, l'autre par un enthousiasme déjà ironique, les grandes ombres romanesques et chevaleresques.

Au bruit de la lyre mouillée de pleurs de l'amoureux et hypocondriaque Torquato, aux accords spirituels, ailés, presque dansants de la muse galante du chantre de Renaud, les grands pinceaux font leur besogne et Armide, Clorinde, Herminie, Tancrède, Angélique, Médor, toute cette idéale famille anime de son apparition les méditations de l'atelier du Pontormo et du Rosso et se mêle aux modèles historiques ou mythologiques de ces peintres d'héroïsme et de galanterie, dignes contemporains de François Ier. Le Pontormo avait étudié avec Léonard de

Vinci et travaillé avec Raphaël; mais disons-le cependant, c'est à ces affinités et à ces inégalités qui indiquent que le niveau baisse, qu'on sent la première décadence de la force et de l'inspiration et comme qui dirait le premier souffle d'automne passant sur cette après-midi encore brillante et féconde de l'école florentine....

Que s'il fallait maintenant porter un jugement sur le mérite et le caractère des maîtres florentins, nous n'hésiterions pas à dire, en exceptant de notre appréciation deux ou trois génies, que si la partie triomphante des ouvrages de cette école, celle qui fut, pour ainsi dire, le patrimoine de tous ses peintres,

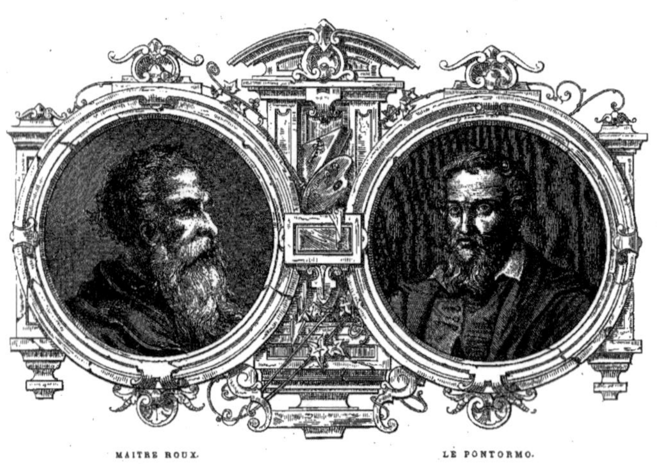

MAITRE ROUX. LE PONTORMO.

fut le dessin, l'expression lui manque; que si la noblesse, la vérité et l'exactitude historique brillent dans leurs tableaux, le coloris en est dur, tranchant, sans harmonie et dépourvu de sentiment; que si les têtes ont de grands traits, elles sont privées d'idéal; que si, enfin, l'école florentine se distingue par sa fierté, le mouvement et une certaine austérité sombre, ses compositions n'ont ni ampleur, ni grâce, ni beauté. Il est cependant un genre de gloire qui ne saurait lui être contesté, celle d'avoir produit un grand nombre de peintres à fresques du premier ordre, genre tellement supérieur à celui de la peinture à l'huile que cette dernière paraissait à Michel-Ange un véritable jeu en comparaison de l'autre, tant il exige d'adresse, d'exercice, et à cause de la nécessité de faire vite et bien, ce qui est la chose la plus difficile dans les arts.

Après les peintres dont nous avons cité les noms et signalé les qualités, l'école de Florence ne fit que décroître, et finit même par tomber dans le maniérisme.

Un des symptômes de la décadence fut l'abandon de la nature et surtout

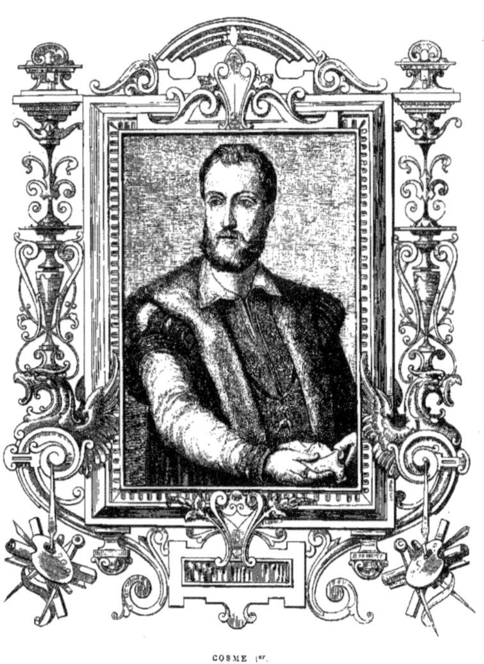

COSME Ier.

l'imitation sans discrétion ni mesure du grand style de Michel-Ange; chacun voulut singer le grand homme et il advint naturellement que le gigantesque remplaça le grandiose, que l'élévation des idées fut effacée par le ridicule et la bizarrerie, et que le *faire* facile succéda à l'exécution sévère et étudiée.

Celui qui donna le signal de cette décadence fut Giorgio Vasari (1512-1574) plus connu par ses écrits que par ses tableaux, bien qu'il soit peu d'artistes qui aient été plus employés que lui : l'Italie est remplie de ses ouvrages depuis Arezzo, sa patrie, jusqu'à Florence, Rome et Naples. Comme historien, Vasari s'est fait une renommée plus solide, et son livre de *la Vie des plus excellents Peintres, Sculpteurs et Architectes* lui assure à jamais la reconnaissance des amis des arts. C'est le premier ouvrage considérable qui ait été écrit sur l'histoire de l'art moderne (1550), et sans lequel nous ne saurions que très-imparfaitement la marche suivie par les écoles et par les maîtres. Les erreurs y sont nombreuses et rendent

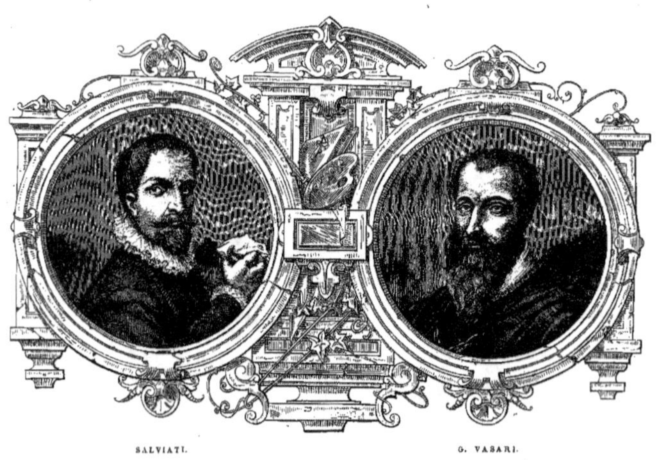

SALVIATI. G. VASARI.

nécessaire une critique rigoureuse; mais en général ses appréciations sont justes et souvent d'une grande finesse. On a reproché à Vasari d'avoir traité avec une prédilection trop marquée tous les artistes de son pays : cela est vrai, mais il faut reconnaître qu'à quelques rares exceptions près, il a parlé en très-bons termes des maîtres des autres écoles, même de ceux qu'il n'aimait pas. Homme d'esprit et d'une imagination féconde, Vasari, dans ses anecdotes, a bien quelquefois outrepassé la vérité, mais cependant, à travers les fables souvent charmantes dont son livre est orné, on distingue sans peine, mais non sans plaisir, la vérité des mœurs et des coutumes de ce temps.

Après Vasari, il faut saluer une dernière fois et voiler, comme un drapeau vaincu, la gloire humiliée de Florence. Cosme Ier, dit le Grand, le dernier des grands Médicis (1519–1574), le Tibère Toscan clot de sa figure tragique cette histoire de l'art. Singulière et triste coïncidence que celle de ce double déclin de la famille florentine par excellence et de l'art qu'elle a si glorieusement favorisé. En même temps que la fatalité envahit le palais Pitti, la médiocrité envahit le domaine abaissé des Léonard et des Michel-Ange. Le Cigoli, Christofano Allori, Sasso Ferrato, Carlo Dolci, le lascif Sodoma Razzi, Salviati (1510–1563) : telles sont les dernières figures encore notables de ce triomphe, qui finit en funérailles, de cette gloire qui s'éteint dans le deuil.

Le mot de Michel-Ange, à qui son expérience donnait parfois de prophétiques découragements; et qui s'écriait tristement : « Mon style fera des maîtres ignorants, » ne s'est que trop réalisé. On n'a imité que les excès de sa force sans avoir même le commencement de la force. On a brutalisé cette beauté de la ligne, cette perfection du dessin, qui ne se rendent qu'à de patientes caresses et à de longues amours. On n'a plus ni copié les antiques, ni étudié les cadavres, ni regardé au ciel. Plus de fidélité, plus de noblesse, plus d'expression. C'en est fait, l'histoire de l'art florentin est muette désormais. La honte de sa stérilité a fermé à jamais la bouche à la mère jadis si féconde de Léonard, de Michel-Ange, de Fra Bartolommeo, d'Andrea del Sarto. Et perdue dans le rêve de sa splendeur passée, elle songe amèrement à l'instabilité des doctrines et à la décadence des écoles et des empires, et regarde avec un orgueilleux désespoir cette scène vide où ne reparaîtront plus, sans doute, des acteurs dignes de cette représentation unique.

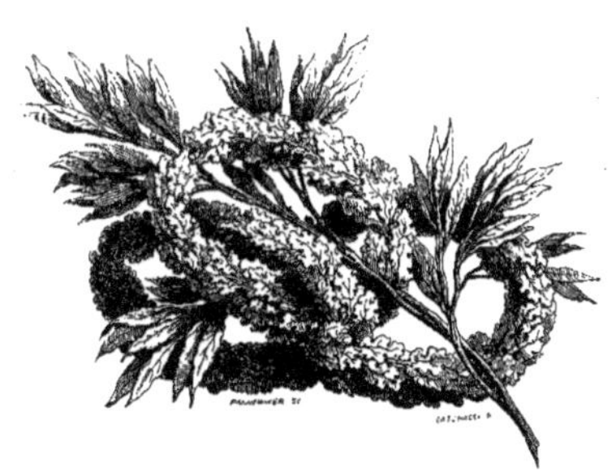

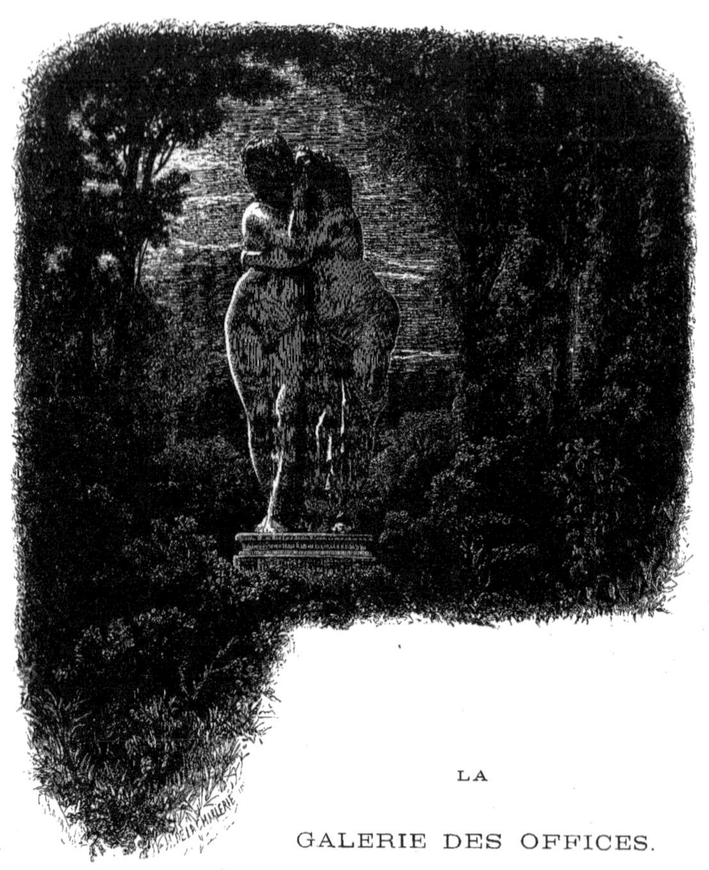

LA GALERIE DES OFFICES.

Les richesses d'art amoncelées dans la capitale de la Toscane, daus cette Florence, l'Athènes des temps modernes, défient toute description; la simple nomenclature exigerait plusieurs volumes, et une année serait à peine suffisante à l'artiste le plus persévérant, le plus passionné, pour s'en faire une idée à peu près exacte. C'est qu'il y a tant de merveilleuses choses à Florence!...

Quels hommes que ces Médicis, ces marchands opulents, ces despotes aux idées grandioses, ces Mécènes libéraux et enthousiastes! « C'était une famille bien recommandable que celle des Médicis, écrivait, en 1740, le président de Brosses. Rien ne fait mieux son éloge que de voir combien, après avoir usurpé la souveraineté sur un peuple libre, elle est parvenue à s'en faire aimer et regretter. Réellement Florence a fait une furieuse perte en les perdant. Les Toscans sont tellement persuadés de cette vérité, qu'il n'y en a point qui ne donnassent un tiers de leurs biens pour les faire revivre. »

C'est, en effet, à la généreuse impulsion des Médicis, à leur goût éclairé, à leur protection intelligente que Florence, que l'Italie doivent leur splendeur. C'est à Cosme, le père de la patrie, à Laurent le Magnifique, à Léon X, que les Léonard de Vinci, les Michel-Ange, les Raphaël, les Fra Bartolommeo, les André del Sarto et tout ce cortége imposant et glorieux d'hommes célèbres, le front ceint de l'auréole de l'immortalité : Ange Politien; le prince des historiens italiens Guichardini; le savant politique Machiavel; Amérigo Vespucci, qui a donné son nom au Nouveau-Monde; Galilée, qui a trouvé la forme et le mouvement de la terre, doivent une partie de leur gloire, nous allions dire de leur génie; Louis XIV fit les grands esprits de son siècle; Napoléon, les grands capitaines de son époque.... Pour étonner ou charmer le monde, il ne faut au génie que l'impulsion et les applaudissements.

Mais notre sujet n'embrasse pas les développements d'une semblable thèse. Fidèle à notre programme, nous nous bornerons à parler des musées, des objets les plus remarquables qui se trouvent dans ces sanctuaires de l'art, où on ne peut faire un pas sans marcher sur une gloire, ou sans heurter un dieu.

Indépendamment des palais, des monuments et des églises, qui sont autant de riches musées, Florence possède trois galeries publiques :

La galerie des Médicis, ou la *Fabbrica degli Uffizi* (des Offices).

Le palais Pitti.

L'Académie des Beaux-Arts.

Pour ne pas nous perdre dans ce dédale de richesses, procédons avec ordre et visitons d'abord la galerie des Offices que, pour plus de clarté encore, nous diviserons en trois parties :

Les tableaux en y comprenant la *Tribune*.

Les dessins.

Les statues, les camées, etc., etc.

Le musée degli Uffizi est la collection nationale par excellence.

C'est Cosme Ier, fils de Jean l'Invincible, ou des Bandes noires, et second duc de Florence, qui confia à Vasari la construction de ce grand édifice, le plus beau

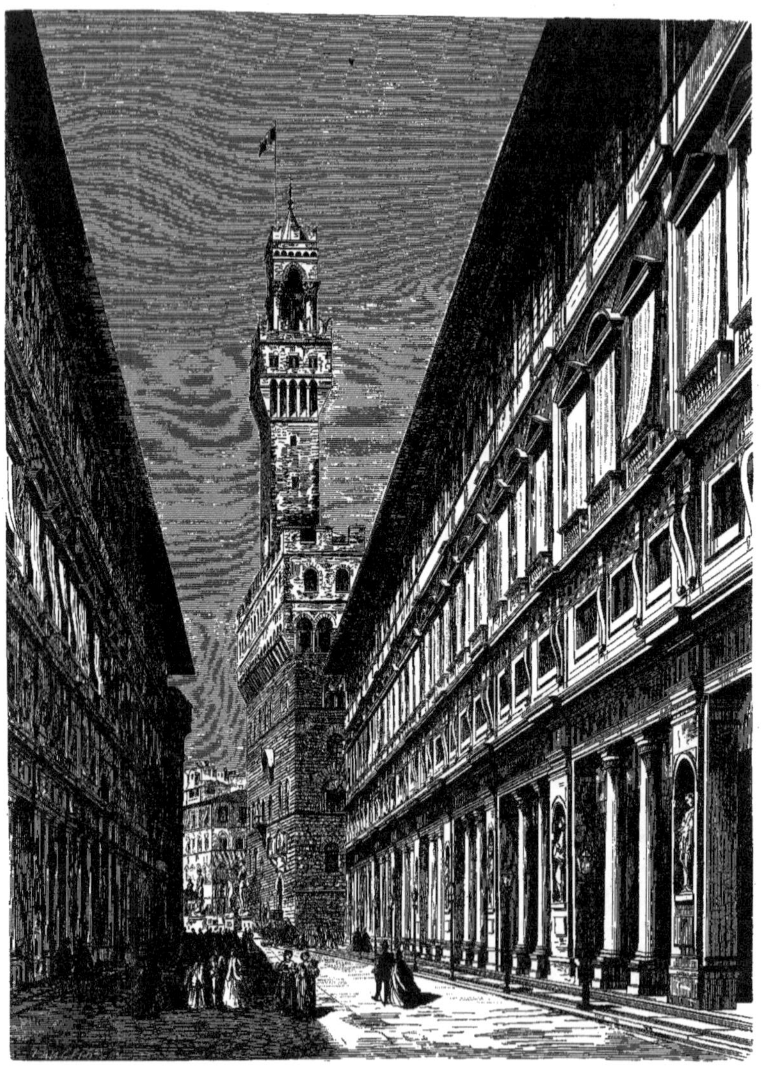

VUE DES OFFICES.

de l'Italie, dont il destinait le rez-de-chaussée et le premier étage à la réunion de tous les divers offices de magistrature, aux archives, à la trésorerie et à la fameuse bibliothèque appelée aujourd'hui du nom de Magliabecchi; et la partie supérieure, qui s'étend dans toute la longueur de l'attique et à laquelle on accède par un superbe escalier de marbre de quatre-vingts marches, à la précieuse collection d'objets d'art successivement acquise et augmentée par Cosme, dit le Père de la patrie, fondateur de la puissance de sa maison, et par Laurent le Magnifique, le fondateur de sa gloire. Les premiers fondements de ce temple de la justice et de l'art furent jetés le 30 juillet 1560. François Ier, fils de Cosme, Ferdinand Ier, Cosme II, Ferdinand II, Cosme III, continuèrent avec prédilection cette œuvre domestique et nationale. C'est à cette féconde et glorieuse émulation de protection et de goût qu'est dû le superbe ensemble de chefs-d'œuvre que nous allons décrire, en nous bornant, suivant notre habitude, aux points culminants, aux *capi d'opera*, aux objets, en un mot, les plus remarquables; car, ici, comme dans tous les musées, il en est qui ne méritent qu'une attention secondaire.

Le musée degli Uffizi est composé de deux longues galeries parallèles de cent quarante-trois mètres de longueur, réunies à leur extrémité par une troisième et courte galerie transversale, et d'une vingtaine de salles échelonnées sur le flanc des galeries et placées chacune sous l'invocation de quelque déité particulière. C'est là que se trouvent disposées, dans un ordre parfait, peintures, fresques, statues, bas-reliefs, terres cuites, mosaïques, camées, pierres gravées, sarcophages, médailles antiques, étrusques et romaines, armures, cristaux, porcelaines, ivoires, estampes, dessins, enfin tout ce que le génie humain a pu créer de chefs-d'œuvre dans les divers genres.

Nous entrons immédiatement dans les longs corridors qu'on appelle la galerie, où sont rangés, par ordre chronologique, les tableaux des maîtres les plus anciens qui indiquent la marche de l'art entre les premiers essais de la Renaissance et la grande époque. Ces tableaux des maîtres primitifs, très-précieux par eux-mêmes, le deviennent encore davantage par leur réunion. Aussi ne sommes-nous pas étonnés de la sollicitude inquiète et jalouse de Vasari pour cette collection de primitifs, sollicitude qu'il fit partager à Cosme Ier, et qui nous permet aujourd'hui le rare plaisir d'un jugement *ab ovo* porté sur des œuvres qui semblent les pièces justificatives de la grande histoire biographique de ce Plutarque de l'art.

Nous ne saurions pousser cependant le respect des origines jusqu'à reproduire les essais de cet art minutieux et étroit, sortant timidement, aux premiers rayons de la Renaissance, des langes Byzantins. Négligeant donc ici les Rico di Candia, les Cimabué, les Giotto, les Simon Memmi, les Pietro Laurati, que nous retrouverons d'ailleurs à l'académie des Beaux-Arts, nous arrivons aux premiers émancipateurs, à ceux qui commencent, avec une naïveté déjà savante et libre, l'ère de progression et d'individualité. L'un des chefs de ce mouvement avant Masaccio, est un peintre

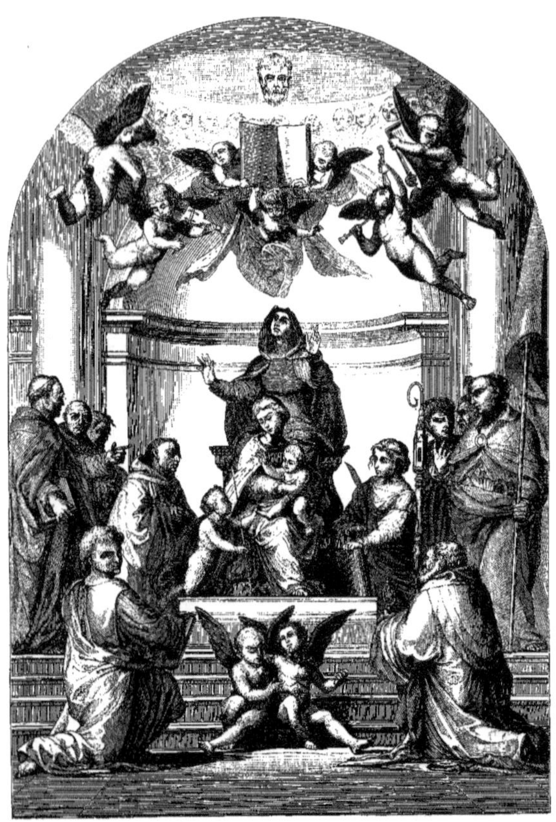

LA VIERGE EN TRONE (FRA BARTOLOMMEO DELLA PORTA).

fort peu connu partout ailleurs qu'à Florence, Alessandro Botticelli (1437-1515), qui ne mérite point cet oubli, et qui a, entre autre gloire, celle d'avoir inauguré la régénération florentine et préparé cette grande manière dont Raphaël s'inspirera devant les fresques de l'église del Carmine. Pour permettre d'apprécier plus facilement le caractère de ce que nous appelons la grande manière florentine, et aussi la transformation que Raphaël lui rendra en échange de l'élan

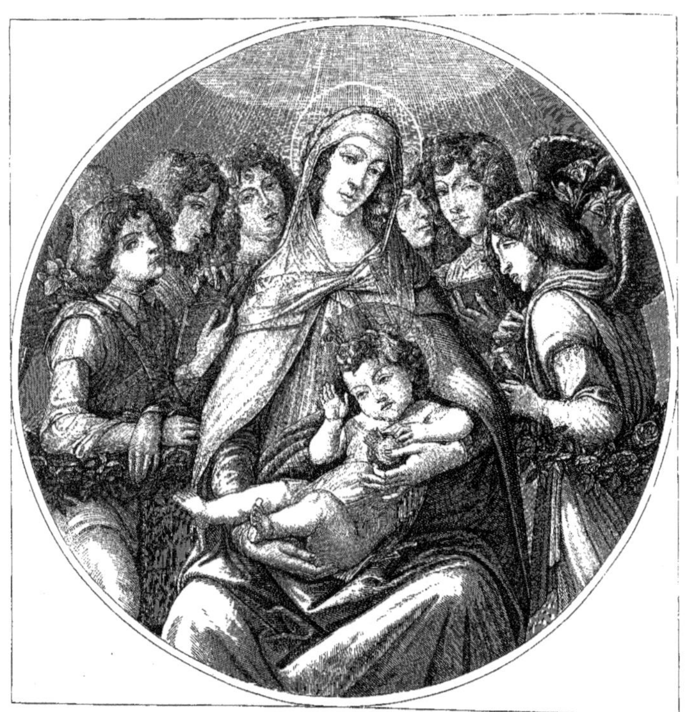

LA VIERGE A LA GRENADE (BOTICELLI).

qu'il en a reçu, nous commençons notre série de reproductions par un admirable morceau plein de vigueur, de foi et de poésie, de Fra Bartolommeo. Nous jugerons, en lui comparant les œuvres de Boticelli, des progrès qu'il a fait faire à l'art du côté de la force, et nous apprécierons en même temps l'influence de grâce descendue du génie de Raphaël sur les autres peintres idéalistes de l'école florentine.

Dans la *Vierge en trône*, environnée de sa cour de saints, chers à Florence, de Fra Bartolommeo, se trouve déjà tout entier le génie florentin lui-même, avec

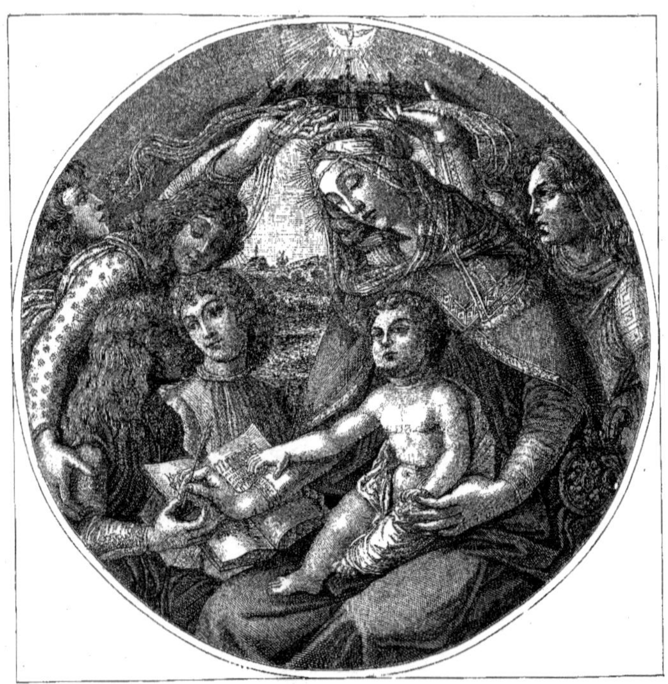

LE COURONNEMENT DE LA VIERGE (BOTICELLI).

sa religion de la symétrie, son culte de la ligne, son art de disposition, son goût de draperies, son coloris sévère, à l'éclat contenu et aux flammes concentrées. La double vie de Bartolommeo Baccio della Porta (1469-1517), qui prit, après la mort de Savonarole, son ami, le froc dominicain à Prato, dans sa trente-deuxième année, se résume dans cette double passion qui suffit à son cœur : l'admiration de Savonarole, qu'il eût volontiers suivi au bûcher, et l'admiration pour Raphaël, dont il fut le conseiller et l'ami. Raphaël rendait sans regrets au moine les sentiments qu'il lui avait inspirés et qui ne tardèrent pas à influer sur son talent. Fra Bartolommeo, qui avait consacré, par une sorte de vœu de chasteté artistique, son pinceau à la religion, avait un tel dédain de tout autre éloge que celui de sa conscience, qu'il en était venu à regarder la couleur comme un artifice profane, et qu'il ne regretta point d'être interrompu par la mort et de laisser ses tableaux, comme celui que nous reproduisons, à l'état de grisaille. Une seule fois, pour répondre aux critiques qui l'accusaient de ne pratiquer que par impuissance, cette absolue continence du nu, il fit un *Saint Sébastien* d'une anatomie admirable. Cette preuve faite, il revint à sa sévère et presque farouche pudeur. Mais s'il lui était indifférent de contenter les autres, il ne lui était pas indifférent de se contenter lui-même. Et c'est à ses recherches persévérantes pour assouplir la raideur systématique des draperies et la gaucherie des attitudes dans les meilleurs morceaux de ses devanciers, qu'est dû l'usage si commode du mannequin, né assez étrangement dans une cellule.

Ce fut Octavien de Médicis qui acheta le tableau de *la Vierge en trône au milieu des saints protecteurs de Florence*, commandé par le gonfalonier Soderini et qui n'a jamais quitté la collection de la famille des Médicis. On peut y voir le portrait du peintre qui s'est représenté dans le second personnage à droite de la Vierge. Que l'on compare cette superbe composition de Fra Bartolommeo, mort à quarante-huit ans, aux deux tableaux que nous reproduisons de Botticelli, son contemporain, mort seulement deux ans avant lui, mais qui avait partagé son gracieux et ingénieux talent entre les scènes sacrées et les scènes profanes, et l'on appréciera la portée que la foi peut donner aux efforts d'une âme vigoureuse. Ce n'est pas que les deux tableaux de Boticelli, le premier, avec son *Jésus tenant une grenade* et couché dans le giron maternel, au milieu d'un groupe d'anges; le second, avec sa *Vierge trempant une plume dans l'écritoire* comme pour souscrire à sa destinée, manquent de grâce et d'onction; mais on n'y sent pas le souffle superbe, apocalyptique, pour ainsi dire, qui emporte l'imagination ascétique de Bartolommeo. La foi de Boticelli est naïve, étroite, sans inspiration, sans poésie. Ses anges sont vêtus comme des pages de la Seigneurie, et ils ont le visage et les cheveux des enfants de chœur de Santa Maria del Fiore. Sa Vierge a l'air d'une châtelaine gracieuse et mélancolique au milieu de sa petite cour. Rien d'élevé, d'éthéré, de céleste dans les compositions de ce peintre, qui se distingue cependant par l'ingénieuse mise en scène de ses personnages et la fraîcheur de son coloris.

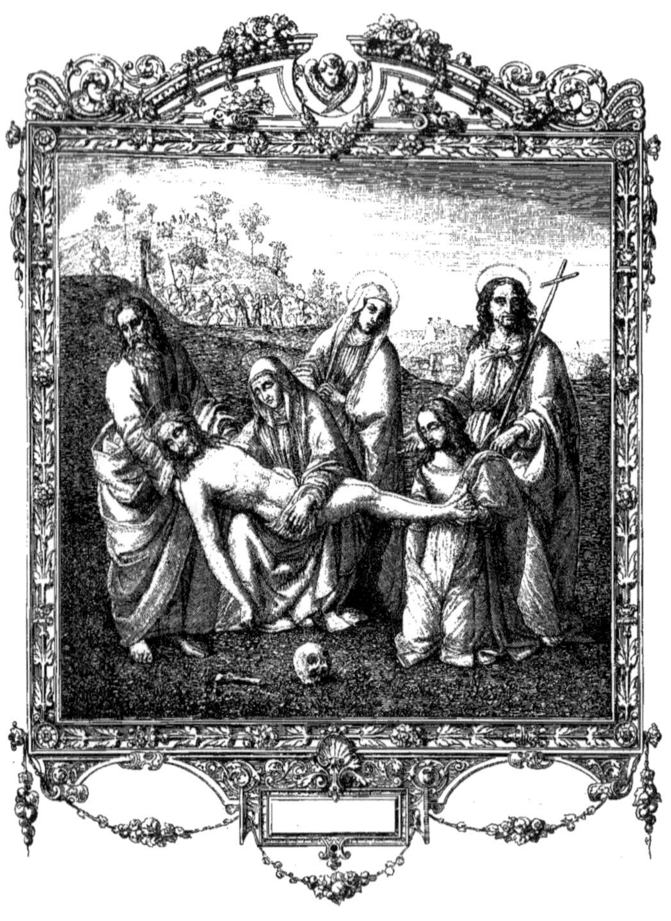

LA DÉPOSITION DU CHRIST (RAFAELLINO DEL GARBO).

Indépendamment de celui que nous rencontrerons dans la Tribune, la galerie des Offices possède sept tableaux de Fra Bartolommeo; celui que nous venons de décrire, qui est placé dans la deuxième salle de l'école Toscane et qui est regardé par les artistes comme un des plus grands ouvrages de ce peintre sublime et, parmi les plus beaux ensuite, la *Nativité* et la *Circoncision*, deux ouvrages réunis, que Vasari jugeait admirables, en disant que, vu la petite dimension des figures, la peinture à l'huile ne pouvait rien exécuter de plus parfait; enfin la *Vierge et l'enfant Jésus*, dont nous parlerons dans un instant.

Les dissidences d'opinion qui se sont manifestées à propos de la *Déposition de Croix*, attribuée par les uns à Rafaellino del Garbo, par d'autres restituée à Rafaello Vanni di Francesco di Giovanni, artiste florentin qui vivait en 1506, n'enlèveraient rien de leur justesse et de leur intérêt, aux réflexions qui précèdent et à celles qui suivent, si le conflit, au lieu d'être encore pendant, était déjà vidé.

Nous considérons la perfection du type des madones que Raphaël seul a atteinte comme l'expression la plus exacte et la plus pure de ce qu'on peut appeler la grande peinture religieuse. Si nous rapprochons successivement de ce type la *Vierge en trône* de Fra Bartolommeo, et comparons les œuvres de tous les peintres de l'école idéaliste florentine, les Boticelli, les Rafaello Vanni ou les Rafaellino del Garbo, les Pietro di Cosimo, les Palmigiano, les Lorenzo di Credi, qui sont tous plus ou moins les contemporains de Raphaël, qui ont tous pu, comme Fra Bartolommeo, le connaître et l'admirer déjà à Florence en 1501, nous arrivons à ce résultat que les titres de gloire de Fra Bartolommeo ne le cèdent, comme peintre mystique, qu'à ceux de Raphaël, et placent au-dessous de lui tous ces pieux chercheurs de l'idéal religieux. Nous rencontrons dans l'auteur, quel qu'il soit, de la *Déposition du Christ* ici reproduite, un rival de Boticelli, par exemple, plus pénétré que lui des véritables conditions de l'art chrétien. Cette influence de Raphaël, qui vivifia si à propos l'école florentine, est visible dans notre tableau, qu'il soit l'œuvre de Rafaello Vanni ou de Rafaellino del Garbo. L'artiste a montré dans cet ouvrage qu'il était un peintre habile, qui avait surtout le suprême talent d'imiter, avec une perfection rare, la manière de peindre des premiers maîtres de cette époque; aussi à voir l'ensemble de ce tableau, on ne peut s'empêcher de l'admirer; au premier coup d'œil, on jurerait que la tête du Christ est un chef-d'œuvre du Pérugin, et que la Madeleine est de la main de Fra Bartolommeo. Puis ce premier éclair d'originalité s'affaiblit à l'examen, de façon à ne plus paraître que ce qu'il est en effet, le reflet habilement fixé du génie raphaélesque. L'effort du peintre a trop d'ambition, et il demeure bien inférieur à son modèle par la mollesse des attitudes et des expressions, sensible surtout dans le saint Nicodème, qui porte trop nonchalamment et trop facilement le divin cadavre et dans la Madeleine également trop inerte. Mais la tête du Christ est pleine de noblesse et son bras qui retombe est plein de vérité et de naturel. Comme coloris, comme vivacité moelleuse de touche, cette composition pourrait supporter le voisinage du Christ déposé de la croix, de Perugin, qui est au palais Pitti, ou de celui de Raphaël qui se trouve au palais Borghèse.

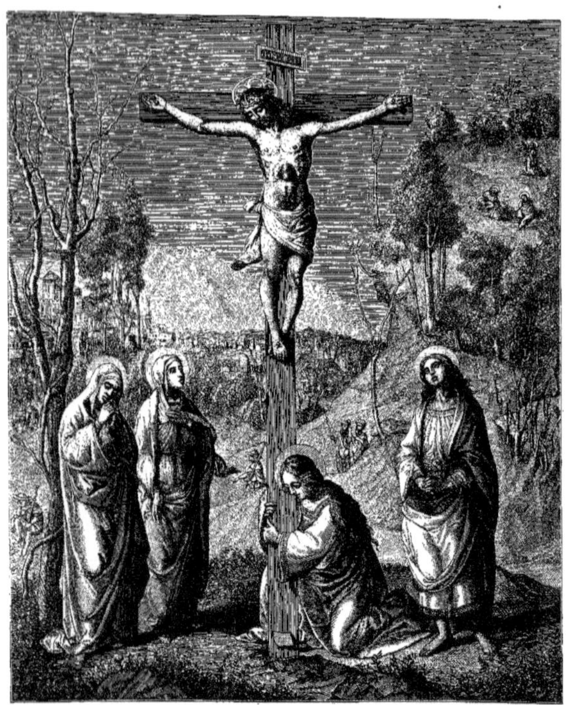

LE CHRIST EN CROIX (MARCO PALMIGIANO).

Felippo Lippi (dit Fra Felippo, parce qu'il avait porté la robe de carme), un des hommes les plus spirituels de son temps, dont la vie fut orageuse, et qui mourut à l'âge de cinquante-sept ans, empoisonné par la famille d'une grande dame qu'il avait séduite, est représenté aux Offices par deux beaux ouvrages : la *Vierge et deux anges qui soutiennent l'enfant Jésus* et l'*Adoration des rois*, tableau précieux, surtout, parce qu'il renferme quelques portraits de la famille des Médicis.

Dans le *Christ en croix*, de Marco Palmigiano, de Forli, qui vivait en 1537, l'influence de Raphaël est plus noblement et plus fièrement subie, et nous reconnaissons le peintre imitateur à ces fonds de paysage à la fois ébauchés et précis qui sont le cadre favori de la tradition péruginesque. Nous trouvons ce cadre de détails accessoires, destiné à faire valoir le motif principal, beaucoup plus vaste, beaucoup plus logique, beaucoup plus intimement lié au sujet. Dans le tableau de Raphaël Vanni ou de Rafaellino del Garbo, la paresse ou la stérilité de l'imagination n'ont fourni à l'artiste qu'une scène accessoire dont le sujet, contrairement aux règles de l'intérêt dramatique, applicables à la grande peinture, est non simultané, mais antérieur à l'action. Dans le lointain, en effet, nous voyons le Christ marchant au supplice, alors que, aux premiers plans, il est mort et descendu de la croix. De là, une dualité contradictoire et opposée à cette unité d'impression et d'effet, qui régit irrévocablement tous les domaines de l'art. Nous aimons beaucoup mieux le parti qu'a pris Marco Palmigiano, de semer dans le paysage des épisodes ou des figures d'un rapport direct avec l'action principale, Jérusalem au fond, et sur la montagne et dans les sentiers des observateurs sympathiques du dénoûment du drame évangélique. Le paysage de Palmigiano, sans être d'une perspective complétement irréprochable, est bien supérieur, comme invention et comme variété, à ceux de Beato Angelico, de Benozzo Gozzoli et même de Pérugin. Il est étonnant que Vasari, qui le confond avec le Parmigianino, n'ait pas été plus abondant et plus précis sur le compte de ce Marco Palmigiano, qui prenait cependant le soin de signer minutieusement ses moindres ouvrages, contre l'habitude des contemporains, comme s'il eût prévu ce dédain ou cette erreur du biographe italien le plus accrédité auprès de la postérité. Le peintre capable de donner à saint Jean cette expression charmante de mélancolie, et d'agenouiller aux pieds de la croix une Vierge pathétique et une touchante Madeleine, comme celles du tableau que nous reproduisons, est un de ceux qui ont le plus dignement reçu, le plus noblement porté et le plus fidèlement transmis ce flambeau de l'art idéal que nous suivons de main en main dans sa course irrégulière et son rayonnement intermittent.

Pier de Cosimo (1441-1521) est plus florentin, c'est-à-dire plus près de Fra Bartolommeo. Il ne reçoit qu'indirectement la salutaire influence. De plus, comme Botticelli, il a dîné de l'autel et soupé du théâtre, c'est-à-dire partagé son culte entre les sujets sacrés et les sujets profanes. De là, un abaissement de ton visible jusque dans ce noble mais un peu froid *Triomphe de la Vierge*.

Ce tableau est un des premiers de l'école florentine qui ait été fait à l'huile. Voici ce qu'en dit Vasari : « Pier di Cosimo obtint de faire un tableau à la chapelle

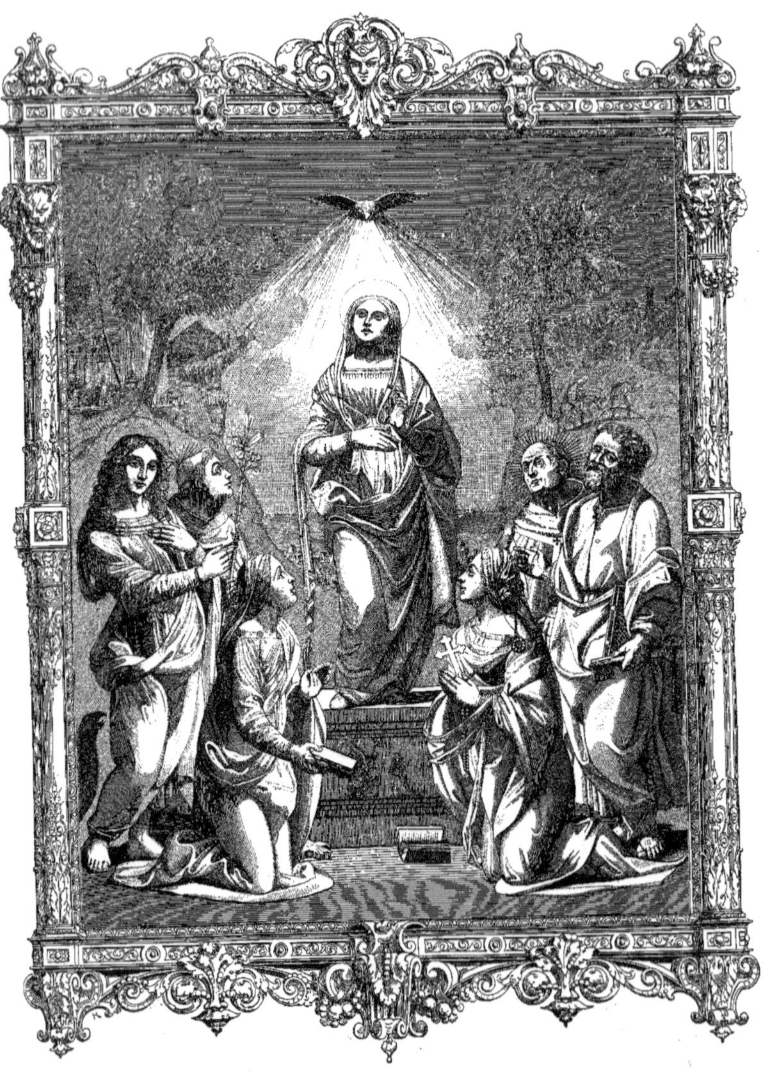

LE TRIOMPHE DE LA VIERGE (PIER DI CASIMO).

des Tibaldi dans l'église des frères *Dei servi* où ils renferment les habits et les oreilles de leur frère Philippe. Ce tableau représente la Notre-Dame sur un piédestal, mais sans son fils; elle lève la tête au ciel et cherche au-dessus de son front le Saint-Esprit qui l'illumine; elle ne veut pas d'autre lumière que celle qui émane de la colombe, et cette lumière suffit à l'éclairer, elle et les personnages qui l'entourent; c'est-à-dire une sainte Marguerite et une sainte Catherine qui l'adorent à genoux; à droite, l'adorant aussi du regard, un saint Jean évangéliste, un saint Pierre apôtre, un saint Philippe frère *Dei servi* et un saint Antonine, archevêque de Florence. Le groupe est placé dans un paysage bizarre, dit Vasari, au milieu d'arbres étrangers et de grottes. » N'en déplaise à Vasari, le paysage de Pier di Cosimo n'a rien d'étrange, et il est parfaitement approprié aux deux épisodes de la vie de la Vierge, la *Présentation au Temple* et la *Fuite en Égypte*, qui accompagnent à droite et à gauche et à peine ébauchés, l'apothéose principale. Mais Vasari est parfaitement dans le vrai quand il ajoute : « Maintenant il est juste de dire que certaines parties de ce tableau sont fort belles; que les têtes sont bien dessinées et gracieuses; enfin que le coloris est excellent. » Le tableau de Pier di Cosimo passa du cabinet du cardinal Léopold de Médicis à la galerie des Offices, enrichie par ses libéralités, et que sa statue semble gouverner encore.

Voici l'autre tableau de Fra Bartolommeo, qui nous avait frappé, et que nous nous étions promis de reproduire. Le sujet en est simple. C'est la Madone et l'enfant Jésus, mais quelle expression! quel sentiment! Le Frate a atteint ici la hauteur de Raphaël. Ce délicieux visage ovale, ces cheveux séparés en deux bandeaux que maintient un simple ruban, cette expression de maternité virginale, tout cela, le pinceau du maître l'a trouvé et rendu. Son infériorité ne s'accuse peut-être que dans le bambino que cette main énergique n'a pas assez caressé, et qui a quelque chose de rude et de farouche comme sa foi. Mais toute la Madone est raphaëlesque à ce point que l'on avait d'abord attribué le tableau à Sanzio lui-même; d'autres sont allés plus loin, et trouvant dans les dessins de Raphaël un sujet identique, ils n'ont pas hésité à intervertir les rôles et à faire de Raphaël le plagiaire de Bartolommeo. La vérité est évidemment que c'est de la combinaison du type péruginesque et du type florentin que Raphaël vint étudier à Florence même, que c'est de ses conversations et de ses recherches, de son commerce amical et artistique avec Fra Bartolommeo qu'est né le visage vraiment céleste de la *Vierge à la chaise* ou *de la Madone au chardonneret*. Mais Raphaël est évidemment le génie original et créateur, et la Vierge de Bartolommeo ne ressemble tant aux siennes que parce qu'elle en est la copie. Copie qui, à travers quelques inexpériences et quelques gaucheries, est déjà assez parfaite pour faire croire à une supériorité que ce peintre d'immense talent mais non de génie perd aux yeux de quiconque regarde ses bambini. Les fils de Raphaël

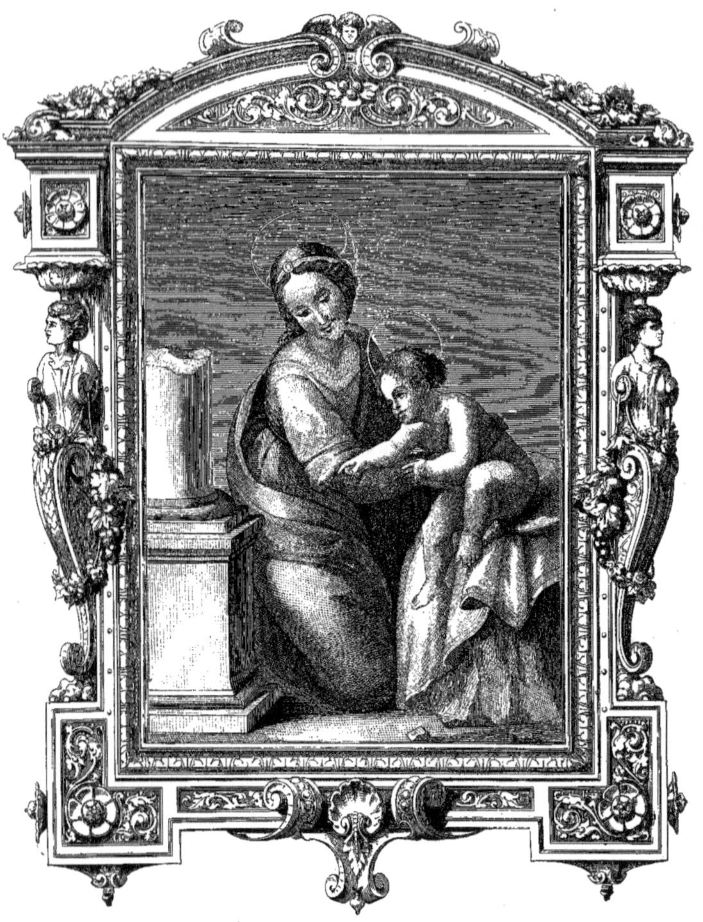

LA MADONE ET L'ENFANT JÉSUS (FRA BARTOLOMMEO)

sont bien les fils de leur mère. Celui de Bartolommeo ne semble pas, par le visage et par la grâce, appartenir à la Madone qui le berce ou qui guide ses premiers pas.

Il est regrettable que la galerie d'anciens tableaux des Offices offre quelques lacunes qui ne permettent pas une appréciation définitive. Fra Angelico, par exemple, le Dominicain de Fiesole, n'est représenté que par un *Tabernacle* à fond doré, en trois compartiments, exécuté en 1433. Nous y trouvons cette aspiration ardente qui donne tant de charme à ses figures et fait de ses personnages comme des hymnes vivants. Mais la disposition et le coloris, dont la précision des lignes et la minutie des détails rendent encore la faiblesse plus accusée, laissent beaucoup à désirer. Le vide le plus déplorable, c'est celui de Masaccio, Tommaso da San-Giovanni, le plus grand peintre entre Giotto et Raphaël, celui de qui Raphaël Mengs a dit : « Telle est l'expression de ses têtes, que les âmes y sont aussi bien dépeintes que les corps. » Pour bien connaître Masaccio, dont une tête de vieillard peinte sur une tuile, figure seule aux Offices, il faut aller à l'église del Carmine (des Carmes), où sont ses grandes fresques : la *Résurrection d'un enfant par saint Pierre et saint Paul*, et le *Martyre de saint Pierre;* il faut aller à la chapelle des Brancacci, qui a été l'école des maîtres, et dont les peintures murales ont servi de modèle à Fra Angelico, à Andrea Verrocchio, Ghirlandajo, Léonard de Vinci, Pérugin, Fra Bartolommeo, Raphaël, Michel-Ange, Andréa del Sarto, etc.... La galerie des Offices ne contient non plus aucun ouvrage d'Andréa Verrocchio, le maître de Léonard de Vinci, ni de cet Andréa del Castagno, le troisième et jaloux possesseur du secret de la peinture à l'huile, qui assassina le malheureux Domenico de Venise pour le posséder seul et ne révéla qu'à la mort, à soixante-quatorze ans, ce meurtre impuni, expié par le remords, par le talent et par la diffusion du procédé qui lui avait coûté un crime inutile. Elle n'a rien non plus d'Antonello de Messine, l'importateur, en Italie, des procédés de la peinture à l'huile [1].

Un peintre de Pistoye, Hyacinthe Geminiani, fort estimé en Italie, inconnu partout ailleurs, a traité, dans une grande toile, le drame de Léandre au moment où deux femmes le retirent des flots dans lesquels sa malheureuse amante vient de se précipiter.

Léandre, conduit par l'amour
En nageant, disait aux orages :
Laissez-moi gagner les rivages;
Ne me noyez qu'à mon retour.

Pour nous, n'en déplaise aux amateurs d'Hyacinthe Geminiani, nous aimons mieux ici le poëte que le peintre.

1. Le musée impérial du Louvre a acheté tout récemment, à la vente de la riche collection du comte Pourtalès, une Tête d'homme peinte par cet artiste, grande deux fois comme la main, au prix de 113,000 francs.

La galerie des Offices ne possède que trois ouvrages de Léonard de Vinci : un *Portrait* que l'on croit être celui de Raphaël; l'*Adoration des Mages*, grande ébauche, regardée avec raison comme un trésor unique[1] et une *Tête de Méduse* avec sa chevelure de serpents. Ce fut sur l'invitation de son père, et à la prière d'un ami voisin de son *Podere de Vinci*, que Léonard peignit cette tête, prodige

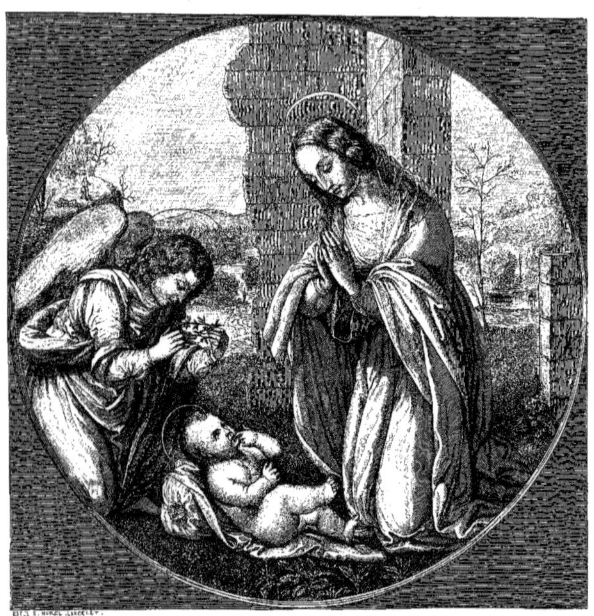

L'ADORATION DE LA VIERGE (LORENZO DI CREDI).

de sa jeunesse, et qui devait servir de centre aux ornements d'un bouclier. La vue de la peinture fit reculer tout le monde d'horreur, car les serpents y paraissaient frémissants et sifflants, et l'on trouvait, un instant après, rampant

1. On pense que ce tableau a été peint en 1480; Michel-Ange n'avait que six ans et Raphaël n'était pas né.

dans l'atelier du jeune homme, les modèles vivants dont il s'était imprudemment servi. Voilà l'artiste!

Nous terminerons par l'*Adoration de la Vierge* de Lorenzo di Credi (1454-1530), notre revue de l'École florentine idéaliste, cherchant à travers mille variations d'imagination, de tempérament, d'habileté et de foi, le type que Fra Bartolommeo trouvera seul en combinant les deux traditions de Pérouse et de Florence. Cette préoccupation exclusive de l'école dont nous analysons les œuvres, se trahit par la multiplicité des tableaux où elle a retracé cet épisode naïf et mystique : *la Vierge adorant son fils*. Lorenzo di Credi a pour sa part répété sept ou huit fois ce thème favori, et la galerie des Offices contient deux de ses toiles où il a poursuivi la fixation de cette gracieuse image que caressera aussi la tendre imagination du Corrége. Dans les deux tableaux de Lorenzo di Credi, ce respectueux amour de la mère pour le fils, amour qui adore le Dieu dans l'enfant, est vivement rendu : le bambino est d'une naïveté charmante et l'ange aux longs cheveux bouclés qui le soutient est un digne page de cette cour sainte où les anges sont sévèrement vêtus et ne trahissent que par des ailes discrètes une nature surnaturelle. Nous ne sommes pas encore au type définitif de la Vierge, mais nous en approchons.

Suspendons, pour un moment, notre pèlerinage, parfois un peu aride, à travers les galeries et pénétrons dans cette chapelle triomphale, tapissée de chefs-d'œuvre et hantée de grandes ombres, appelée la *Tribune;* mais avant, qu'il nous soit permis, pour en finir avec les peintures qui se trouvent dans les galeries, de signaler cette série de cinq cent trente-trois portraits des hommes illustres de tous les pays, de toutes les époques, qui décorent la frise. L'idée de cette collection unique appartient au savant Paul Jove de Come, médecin, historien et évêque, et ce fut Cosme Ier qui en ordonna les copies. Les fresques, pour ne rien omettre, qui décorent les plafonds, sont très-remarquables pour la plupart : celles de la partie orientale ont été exécutées en 1581 et représentent des sujets tirés de la mythologie et sont entourés d'arabesques; on les attribue à Pocceti. Celles qui se trouvent dans la jonction des deux ailes furent faites, en 1655, par Côme Ulivetti, Ange Gori et divers autres artistes qui choisirent pour motifs le concile général tenu en 1439; la réunion des deux Églises grecque et latine et l'établissement de l'ordre de Saint-Étienne par Cosme Ier. En tournant au couchant, on voit le triomphe de Florence sur les autres villes de la Toscane et les portraits de tous les hommes célèbres qu'elle a produits.

A présent nous pouvons aller nous reposer dans cette douce et féconde extase que donne la vue du beau à ceux qui savent le goûter.

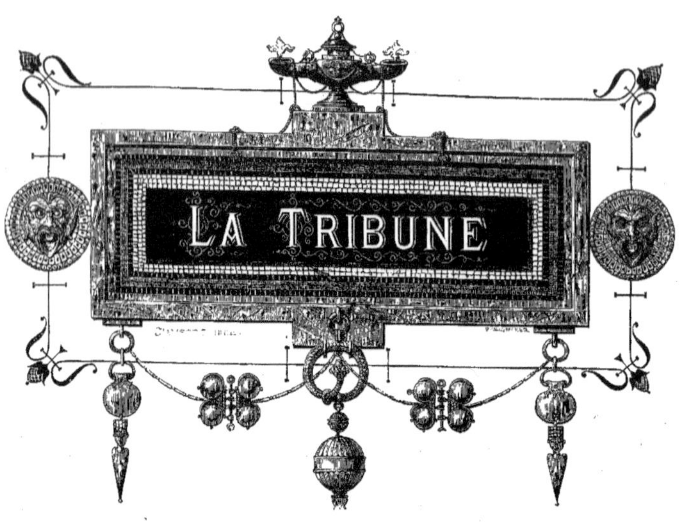

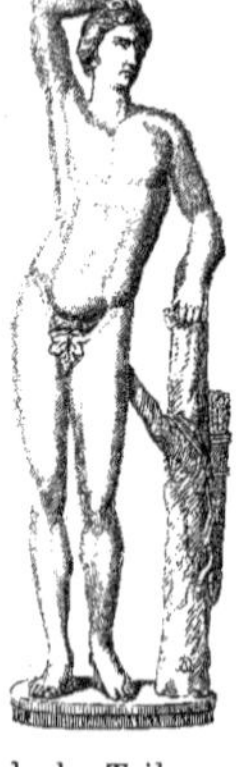

François Zacchiroli, auteur d'une description de la galerie de Florence, publiée en 1783, adressait cette apostrophe emphatique à ceux qui voudraient visiter avec lui « ce sanctuaire célèbre où l'on a si magnifiquement logé les muses et les beaux-arts : »

« Malheur au froid rhétoricien, à l'écrivain sec et insipide, à l'homme peu sensible qui, en entrant dans cette Tribune incomparable, croirait devoir invoquer je ne sais quelle divinité pour en tirer un peu d'enthousiasme. Où trouver des divinités plus grandes que celles qui embellissent ces lieux? Quel cœur, quelle âme a-t-il donc cet homme-là, si les chefs-d'œuvre admirables, uniques qui sont renfermés ici n'allument pas son imagination, n'échauffent pas ses sens, n'excitent pas un trouble délicieux et indéfinissable dans toutes ses facultés? » Voilà en quels termes parlent les Florentins de la Tribune des Offices.

La Tribune est une salle octogone, de 14 mètres de diamètre, surmontée d'une coupole, et qu'éclairent de hautes fenêtres garnies de rideaux, dont la lumière rayonne également sur tous les objets. Elle fut ajoutée, par l'architecte Bernard Buontalenti, à la galerie que Vasari avait élevée précédemment. Les arabesques en nacre de perle, dont Bernardin Pocetti orna le dôme, et un pavé de marbre, d'un goût plus brillant que sévère, complètent la décoration de cette salle exceptionnelle, où reposent, comme dans une châsse étincelante, les plus incontestables et les plus merveilleuses reliques de l'art; on peut dire de cette petite salle : qu'elle est grande comme le monde.

C'est là que règne, pour nous servir de l'heureuse expression de Thomson, « la statue doucement penchée qui enchante le monde : la *Vénus de Médicis.* » Elle fut trouvée vers le milieu du quinzième siècle, à Tivoli, dans la villa Adriana, ainsi que beaucoup d'autres chefs-d'œuvre du ciseau grec. Transportée à Florence en 1680, par ordre de Cosme III, sous le pontificat d'Innocent XI, elle reçut alors le nom qu'elle porte aujourd'hui. On la trouva brisée en treize endroits, au cou, au milieu du corps, aux cuisses, aux genoux, au-dessus des pieds. Mais il fut aisé, les ruptures étant régulières, de rajuster tous les morceaux. Néanmoins, on se crut obligé de restaurer entièrement le bras droit dans toute sa longueur et le bras gauche jusqu'au coude. « On eût mieux fait mille fois, dit M. Viardot, de la laisser mutilée comme notre Vénus de Milo et d'abandonner à l'imagination du spectateur le soin de la compléter. Ces restaurations, quoique exécutées avec intelligence et avec bonheur par le Bernin, dit-on, se font cependant bien reconnaître, et présentent, surtout dans les mains, une sorte de gaucherie maniérée, une sorte de fausse pudeur qu'on ne retrouve pas dans le reste de l'ouvrage antique. » Le voyageur Simond émet la même opinion, exprimée par lui avec sa crudité humouristique ordinaire, et partagée par M. Valery. Pour le président de Brosses, il éprouva, en présence de cette Vénus, l'admiration sans réserve de Pygmalion. Il ne s'aperçut même pas des sutures, et il s'efforce d'attribuer à Phidias lui-même, suivant l'autorité de Pline, la paternité d'un morceau qui le ravit en extase. « Les critiques les plus sévères, s'écrie-t-il, ne pourraient rien trouver à redire aux beautés et aux proportions du corps de cette femme : le cou est long, la tête fort petite et quoique belle, n'est pas d'une beauté qui nous plairait. Milord Sandwich, que je trouvai une fois dans la Tribune, et qui revient de Grèce, me dit que toutes les femmes qu'il y avait vues, et qui passent pour belles, avaient de cet air-là. » Une statue assez belle pour que le galant et frivole président l'admire, sans qu'elle lui plaise, devait réunir, en effet, toutes les perfections du grand art, et il n'est pas facile de faire un plus bel éloge de la Vénus de Cléomène, car c'est à cet artiste inconnu qu'il faut attribuer ce chef-d'œuvre, suivant une inscription du piédestal, fidèlement copiée au quinzième siècle, à moins qu'on ait lu à tort Cléomène pour Alcamène, Athénien aussi, et le plus grand

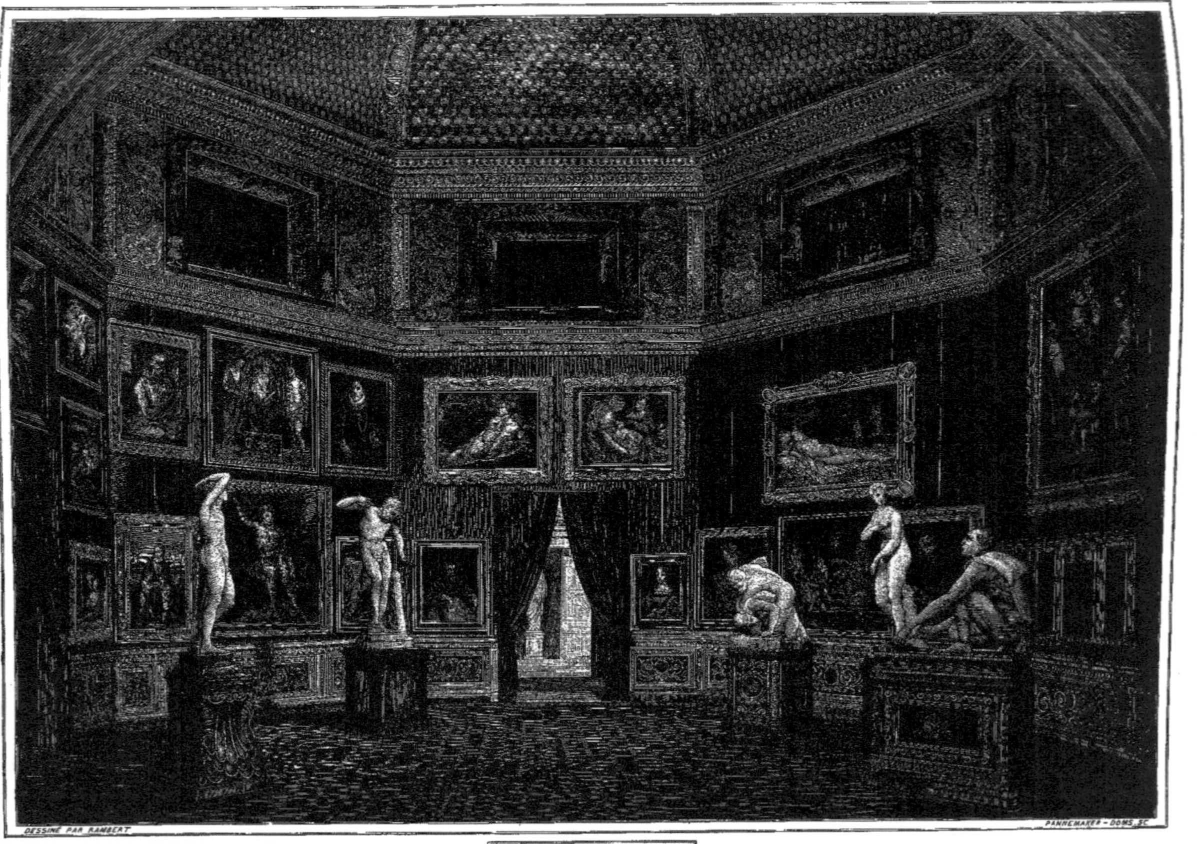

TRIBUNE DE FLORENCE

statuaire grec entre Phidias et Praxitèle, duquel Pline (livre XXXIV, chap. VIII) cite une fameuse Vénus qui était à Rome de son temps.

Petite et mignonne, comme on le sait, puisqu'elle n'a pas tout à fait un mètre soixante et un centimètres, la Vénus de Médicis passe pour le modèle le plus parfait des proportions de la femme, comme l'Apollon du Belvédère est le type accompli des perfections masculines. La tête de la Vénus est si belle, le corps si gracieux, tous les détails si délicats, l'ensemble enfin si rempli de charmes qu'on n'a pu lui comparer que la Vénus de Praxitèle qu'on admirait dans le temple de Gnide, celle de qui on disait qu'elle était parmi les Vénus ce que Vénus est parmi les déesses, et en qui le sentiment, l'expression éclataient avec tant de vérité, qu'Ovide affirmait que si elle restait sans mouvement, c'était parce que la majesté divine lui commandait l'immobilité. On pourrait bien appliquer à la Vénus de Médicis cette épigramme fine et gracieuse qu'on lit dans l'Anthologie grecque et que Voltaire a traduite de la manière suivante :

Oui, je me montrai toute nue
Au dieu Mars, au bel Adonis,
A Vulcain même, et j'en rougis;
Mais Praxitèle! où m'a-t-il vue?

Quelques critiques sévères, Gall, Spurzheim et Lawrence, ont trouvé le visage de la Vénus de Médicis dépourvu de physionomie, et c'est là notre opinion, les mains moins parfaites que les autres parties de son corps; mais, disons-le, telle qu'elle est, elle n'en commande pas moins l'admiration de ceux qui ont quelque sentiment de la beauté, et elle justifie pleinement cet éloge de Denon, aussi gracieux que le sujet qu'il décrit : « Descendue du ciel, l'air seul a pressé ses fluides contours : pour la première fois, son pied vient de toucher la terre et de fléchir sous le poids du plus souple et du plus élastique de tous les corps. »

La Vénus de Médicis a traversé d'étranges vicissitudes. Lors de l'invasion française, après la fuite du grand duc, le cavaliere Puccini, *direttore della galleria*, s'empara secrètement de la belle déesse confiée à sa garde, fréta un vaisseau anglais à Livourne pour Palerme, et s'y embarqua avec son trésor. A son arrivée, il présenta la déesse de Gnide au roi de Naples, qui reçut la belle émigrée en galant chevalier. Un trône un peu moins somptueux que celui de Florence lui fut préparé, et Puccini, croyant sa déité en sûreté, repartit heureux. Mais, hélas! à l'étonnement de tous et au désespoir de son grand prêtre, l'inconstante déesse abandonna un beau jour son temple pour une frégate française et son royal protecteur pour le directoire jacobin de France.

En 1815, la Vénus, comme tant d'autres majéstés détrônées, reprit la route de ses anciens États, après avoir reçu, à Paris, tous les genres d'hommages et épuisé

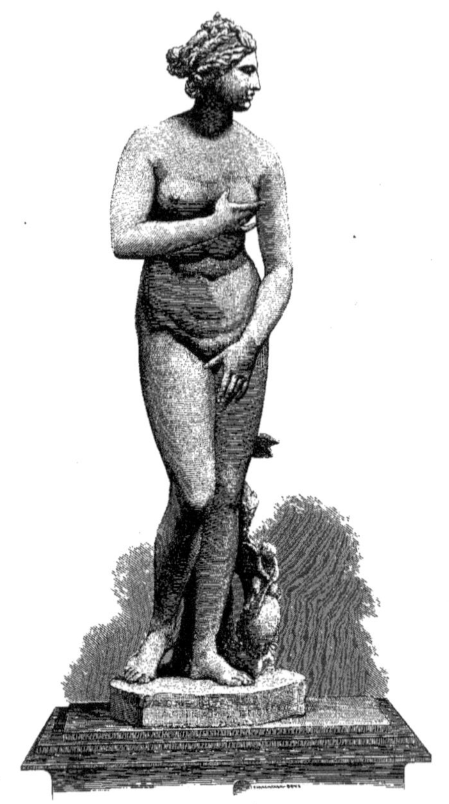

LA VÉNUS DE MÉDICIS.

la verve des poëtes. Son entrée à Florence fut un triomphe; le peuple, les troupes, les autorités, drapeaux déployés, tambours battants se portèrent à sa rencontre, en habits de fête, et la *Madona del conforto* (Notre-Dame de la consolation, comme les Florentins l'appellent), traversa la ville au milieu des flots pressés d'une population enthousiaste, au bruit des fanfares, au son des cloches et des salves d'artillerie!...

La gravure que nous avons donnée de l'aspect général de la Tribune nous montre les statues qui la décorent rangées face à face et comme en cercle sous la rotonde de cette splendide salle. Il eût paru naturel, peut-être, de les décrire, tout d'abord, les unes après les autres; mais, à la réflexion, il nous a semblé préférable de les alterner avec les tableaux pour éviter une monotonie fatigante, et aussi parce que ce mode de classification aurait porté atteinte à l'harmonie de notre livre.

Il serait, peut-être, permis de souhaiter que les tableaux de la Tribune eussent été choisis de façon à composer un ensemble sans lacunes, une symphonie sans dissonances. Il eût été à désirer aussi que l'on eût pu réunir, dans l'enceinte de cette Académie suprême, et rien n'était plus facile aux Médicis, les plus rares productions des grands artistes des écoles modernes, et de procurer ainsi au spectateur émerveillé, le rare plaisir de décerner le prix au plus digne de ces immortels, sous les yeux de cet imposant aréopage des maîtres de la statuaire grecque. Ces conditions sont loin d'être réalisées par les trophées très-inégaux qui sont suspendus aux murs de la Tribune. Pourquoi, par exemple, un Schidone très-enfumé et presque invisible? Pourquoi un Domenico de Paris Alfani qui n'est guère connu que comme condisciple de Raphaël chez Pérugin? Pourquoi un Clovis Carrache qu'écrase le grand nom de la famille? Connaîtra-t-on bien Jules Romain, si on ne voit de lui que sa pauvre *Madone;* Le Guide, que sa *Vierge* à mi-corps; Le Guerchin, que son *Endymion* endormi; Ribera, que son *Saint Jérôme* écoutant la trompette miraculeuse?... Léonard de Vinci n'est représenté que par un tableau qui lui fut longtemps attribué, mais qu'il a fallu restituer à son plus éminent élève, Bernardino Luini. Que viennent faire en ce lieu de si royale compagnie Louis Carrache avec son *Éliézer rencontrant Rébecca;* Lanfranc et son *Saint Pierre près de la croix;* Paul Véronèse, le peintre aux grandes machines, avec son petit tableau servant de dessus de porte; P. P. Rubens, une étoile glorieuse de la grande peinture, avec sa toute petite allégorie *la Force entre le Vice et la Vertu?* Osons le dire, les tableaux de la Tribune auraient pu être mieux choisis, et sur les quarante qui s'y trouvent réunis, c'est à peine si le quart mérite le titre de chefs-d'œuvre.

Laissant donc toutes les œuvres secondaires, nous réserverons pour les plus dignes nos éloges et notre admiration.

Michel-Ange est représenté à la Tribune par une bien précieuse rareté, car il n'existe de lui que deux tableaux de chevalet, au moins authentiques dans toute l'Italie : La *Sainte Famille*, dont nous allons parler, et les *Trois Parques*, que nous trouverons au palais Pitti. La Sainte Famille, ou plutôt les *Trois âges*,

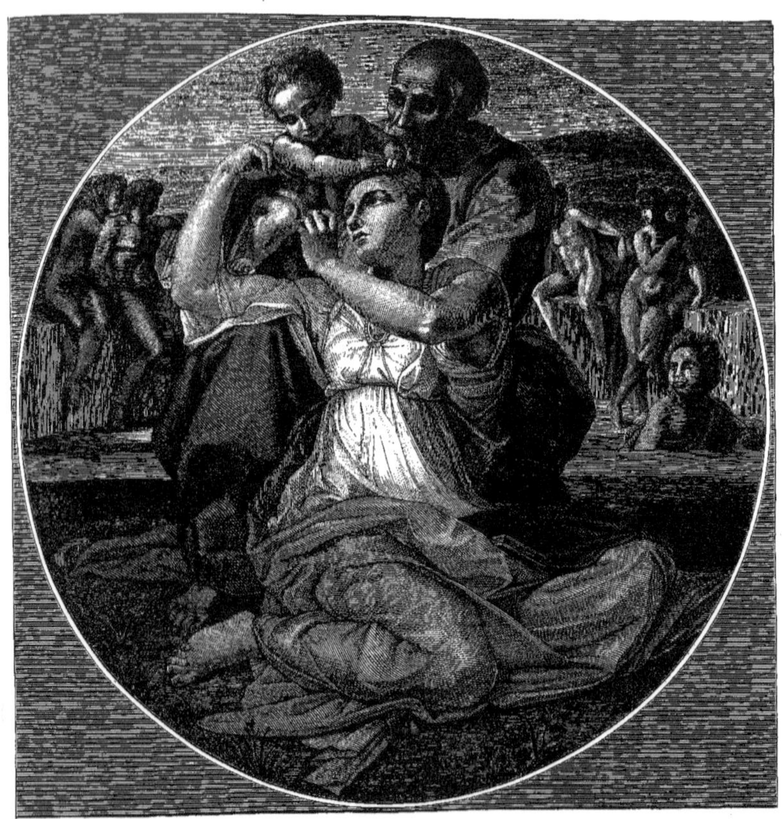

LA SAINTE FAMILLE (MICHEL-ANGE).

faite pour Agnolo Doni, donna lieu à cette curieuse scène qui mit aux prises deux entêtements proverbiaux, l'acheteur persistant à ravaler l'œuvre qu'il convoitait, et l'artiste à la surenchérir, et faisant un pas en avant à chaque pas en arrière fait par son avare Mécène. On sait que la victoire demeura à Michel-Ange, qui reçut cent quarante écus au lieu de soixante-dix qu'il avait d'abord demandés. Bien que Vasari cite ce tableau de la galerie degli Uffizi comme l'un des plus beaux du maître, il ne faut y chercher cependant ni la simplicité de la composition, ni le moelleux de la touche, ni l'expression fine et gracieuse. C'est un sujet tourmenté du plus hardi dessin, et même d'une grande finesse d'exécution, mais auquel ses contours durs et son coloris sec enlèvent tout charme et tout agrément. Il est peint non à l'huile, mais en détrempe et verni, ce qui n'a pas lieu ordinairement pour les peintures de ce genre.

Revenons aux statues, suivant le plan que nous avons adopté. On attribue au sculpteur de la Vénus, à Cléomène, mais sans autre garantie que la tradition et une certaine similitude dans le style et dans l'exécution, un autre chef-d'œuvre, presque aussi célèbre que la Vénus, le petit Apollon que nous avons placé en tête de ce chapitre (*Apollino*) haut seulement d'un mètre quarante-deux centimètres, et qui offre le rare mérite d'être complétement antique des pieds à la tête. « Si l'Apollon du Belvédère, dit Raphaël Mengs, peut être appelé le modèle du sublime, l'Apollino mérite également d'être appelé le modèle du gracieux. L'attitude pleine de désinvolture et d'abandon, le mouvement svelte et délié, les formes charmantes, l'expression de tête riante et d'une finesse un peu maligne, la perfection d'une exécution qui a donné au marbre le frémissement de la chair, tout concourt à faire de ce jeune dieu, appuyé du coude sur un tronc d'arbre enveloppant de l'autre bras sa tête aux cheveux ondés comme des rayons, un morceau auquel l'observation la plus scrupuleuse ne cesse de découvrir des beautés sans lui trouver un seul défaut. *E pure*, comme disent les Italiens : c'est parfait ! L'Apollino n'est à la galerie de Florence que depuis 1780. De Brosses ne le mentionne pas.

Le Faune dansant jouant des crotales, et animant du pied droit le soufflet d'un scabile, est une pièce du plus grand intérêt et du meilleur siècle de la sculpture grecque. Michel-Ange, seul digne de toucher à un morceau antique, le restaura avec l'habileté du génie, sans altérer son unité ni sa beauté, et on peut encore partager l'opinion de Maffei qui regarde le Faune comme une des plus belles statues que nous ait léguées l'antiquité, en l'attribuant à Praxitèle.

L'école vénitienne est loin d'avoir à la Tribune tous ses représentants illustres. Rien de Bellin, rien de Tintoret, rien de Sébastien del Piombo, dont la galerie possède cependant divers morceaux remarquables. Mais, en revanche, Titien, ce superbe patriarche de l'art vénitien, y compte trois tableaux, trois merveilles, qui peignent bien ce génie olympien : un magnifique *Portrait du prélat Beccadelli*, Bolonais, peint, en 1551, à Venise, où il était nonce du pape, et deux *Vénus couchées.* L'une est représentée toute nue, couchée ou plutôt inclinée sur un lit; à l'ombre d'un rideau violet aux plis ondoyants, un amour soulève sa tête et, s'ap-

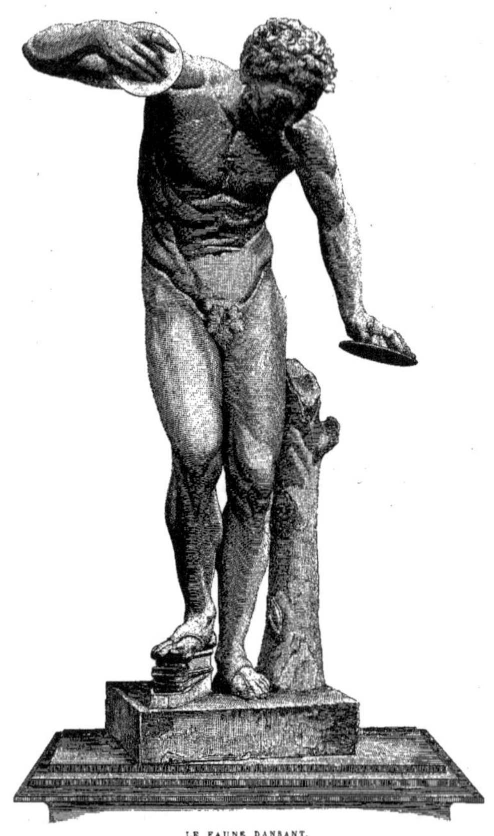

LE FAUNE DANSANT.

puyant sur son sein, cherche à l'embrasser. Un petit chien, appuyé sur ses pieds, aboie à un hibou perché sur un banc voisin. Elle tient une fleur prise au vase qui orne la table ronde placée à portée de sa main. Cette Vénus a semblé, à quelques-uns, le portrait de la femme du Titien elle-même, de cette Lucia qui, morte jeune, lui laissa ses deux fils : Pomponio et Orazio Vecelli. D'autres y ont vu le portrait de la maîtresse du duc d'Urbin, ou de la duchesse d'Urbin elle-même, et ont ainsi expliqué la présence d'un hibou, oiseau héraldique de la maison. Cette dernière supposition est assez peu plausible, car la galerie des Offices possède le portrait, par Titien, du duc et de la duchesse d'Urbin, l'un armé, l'autre vêtue comme il sied à une honnête femme. Quoi qu'il en soit, cette Vénus, plus grande que nature, est, par la manière dont elle est peinte et dessinée, un type de beauté idéale.

L'hypothèse qui verrait dans une des deux Vénus du Titien la maîtresse du duc d'Urbin serait beaucoup mieux justifiée par la seconde, représentée également toute nue, étalant, avec une superbe et non impudique insouciance, sur un lit aux draperies d'une blancheur éclatante, un corps admirablement modelé, et les trésors d'une poitrine splendide. Celle-ci est brune et non blonde comme la première. Les lignes de ses cheveux noirs sont dénoués et ombrent son cou et ses épaules de leurs tresses ondoyantes. La première est coiffée et un collier de perles orne son cou. Celle-ci s'est sentie assez belle pour n'emprunter aucun éclat étranger. C'est le matin; elle va se lever et, dans le fond de l'appartement baigné d'une douce lumière, on voit ses femmes, l'une debout, l'autre agenouillée, chercher, dans le coffre aux habits, le vêtement du jour. Un petit chien dort sur le lit, la tête sur les pattes. D'où le nom de *Vénus au petit chien*.

Ces deux Vénus, placées face à face, ont été peintes pour François-Marie de la Rovère, duc d'Urbin, un des protecteurs du Titien. Elles sont entrées dans la collection des Médicis, où elles figuraient déjà en 1646, par suite du mariage de Victoire de la Rovère avec Ferdinand II. Toutes deux sont peintes de cette touche moelleuse et tendre dont Titien, le peintre par excellence des poésies de la chair, semble avoir seul possédé le secret. La dernière, cependant, supérieure à l'autre par la finesse du dessin, le charme de l'attitude, la beauté de ce visage éclairé par une volupté décente, jouit à juste titre de la prédilection des connaisseurs. Ils admirent l'intrépide parti pris, victorieusement bravé, de ce corps éclatant, étendu sur un drap d'une entière blancheur, et éclairé par une généreuse lumière. Seul, le pinceau du Titien pouvait triompher de ces difficultés accumulées. Seule, sa palette avait assez de ressources pour trouver les nuances et les contrastes qui lui ont permis de modeler en pleine lumière un corps dont la chair palpite et que le sang colore. Algarotti regarde cette Vénus du Titien comme la rivale de la Vénus de Médicis, et la met au nombre des ouvrages les plus remarquables de la belle manière de ce grand peintre.

Près du Faune jouant des crotales se trouve le fameux groupe de *Lutteurs* (la *Lotta*), si admirable de perfection anatomique et d'expression morale, et qui offre toute l'éloquence des sentiments opposés qu'inspirent la victoire et la défaite, unie à la réalité la plus exacte et la plus vivante : nerfs tendus, muscles gonflés, veines saillantes, tout annonce la vivacité du combat. Le vainqueur semble s'applaudir de sa victoire, pendant que le vaincu, pressé par les bras vigoureux de son

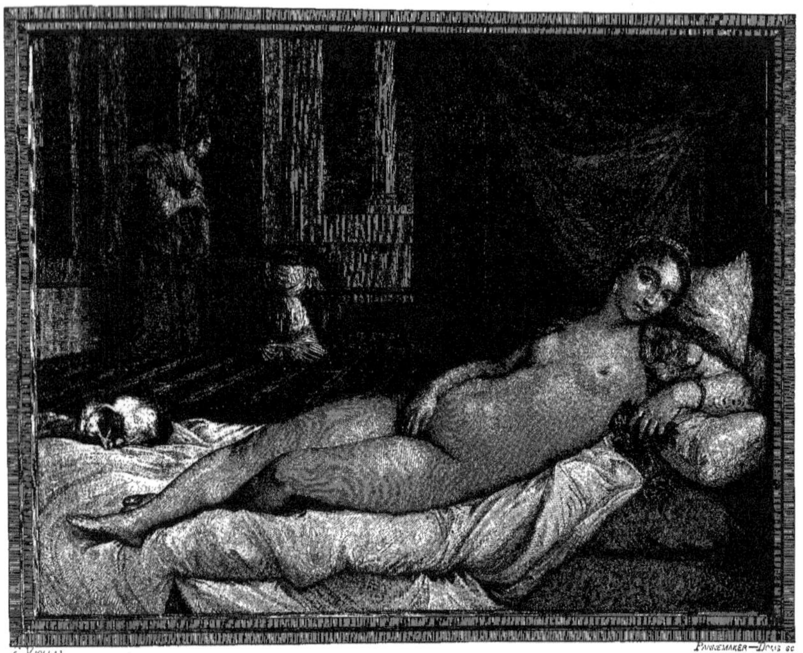

LA VÉNUS AU PETIT CHIEN (TITIEN).

heureux adversaire, le front baissé, l'œil morne, marque, par les mouvements convulsifs de son visage, le désespoir d'une fureur impuissante.

On sait que Raphaël vint à Florence de 1504 à 1508, y connut et y fréquenta Taddeo Taddei, qui l'avait reçu comme un fils, lui avait offert sa table et sa maison, et le mit plus tard en relation avec quelques-uns des hommes les plus distingués de Florence. Comme souvenir de ce glorieux séjour, Florence n'a négligé aucune occasion d'acquérir des œuvres du sublime artiste, et c'est par suite de ce respect et de cette admiration que la Tribune réunit six ouvrages de Raphaël, où l'on peut l'étudier et l'admirer dans les successives modifications de sa triple manière, et suivre pas à pas les progrès de ce grand homme que semble avoir dévoré prématurément cette soif de perfection plus authentique que la soif de volupté à laquelle les chroniqueurs de l'histoire veulent qu'il ait succombé.

Quoi qu'il en soit, les ouvrages de Raphaël qui ornent la Tribune sont d'époques différentes et peuvent servir à caractériser les trois phases de sa vie artistique. Ils sont au nombre de six et portent les désignations suivantes :

Le *Portrait* d'une dame florentine. — La *Madona del cardellino* (la Vierge au chardonneret). — La *Madona del pozzo* (la Vierge au puits). — *Saint Jean dans le désert.* — Le *Portrait de Jules II.* — Le *Portrait de la Fornarina.*

De sa première manière, de celle de ses débuts, est ce portrait d'une dame Florentine, en robe de velours rouge, assise, les mains posées l'une sur l'autre, les cheveux tombant en longues boucles sur les épaules, et dont le visage long et maigre convenait bien aux précisions de dessins et aux timidités de couleur d'un élève de Pérugin qui vient de faire le *Mariage de la Vierge.* Ce portrait de la Tribune des Offices, est exécuté dans le goût de Léonard de Vinci, avec sa moelleuse sobriété. On a longtemps cru qu'il représentait Madeleine Strozzi, épouse d'Agnolo Doni, ce riche marchand qui fut le client de Michel-Ange et de Raphaël, et il a, en effet, été gravé sous ce nom par Jérôme Scotto. Il semble qu'il faille renoncer à cette attribution, à l'exemple de M. Viardot, de M. Clément et des *Guides* les plus récents, souvent très-bien renseignés, qui n'ont pas pensé que la même année 1506 Raphaël ait pu peindre deux fois la même femme. Car la galerie Pitti possède de lui deux portraits : l'un de Madeleine Doni, l'autre de son mari, peints en 1506.

De la seconde manière, il y a deux *Sainte Famille*, toutes deux composées seulement de la Vierge et des deux enfants, toutes deux peintes sur bois avec des fonds de paysage. On y sent les premières libertés d'un génie émancipé par l'admiration féconde des maîtres florentins. Raphaël n'avait pas mis longtemps à reconnaître sa voie, car la *Vierge au chardonneret* est de 1506. C'est pour son ami Lorenzo Nazi que fut faite cette *Vierge del cardellino*, qui faillit périr, en 1548, sous un éboulement du Monte-Georgio, qui engloutit la maison de l'heureux possesseur de ce chef-d'œuvre. Mais on en retrouva les fragments, qui furent pieusement rajustés. Comme dans la *Belle Jardinière*, la scène est d'une naïve simplicité, presque sans action. C'est de l'art spéculatif, dont il faut chercher tout l'intérêt dans la beauté des groupes et des types de figure, dans la justesse des expressions et l'harmonie des lignes générales. La Vierge se détache, assise, un livre à la main, au milieu d'un paysage délicieux; quelques-uns de ces arbres, légers et élégants, dont Raphaël a emprunté le goût aux traditions de l'école ombrienne, projettent, sur un azur tranquille, leurs branches grêles et leur feuillage menu. Jésus est debout entre les genoux de la Vierge et le pied sur son pied, il va saisir un oiseau que saint Jean lui présente en souriant. Ce

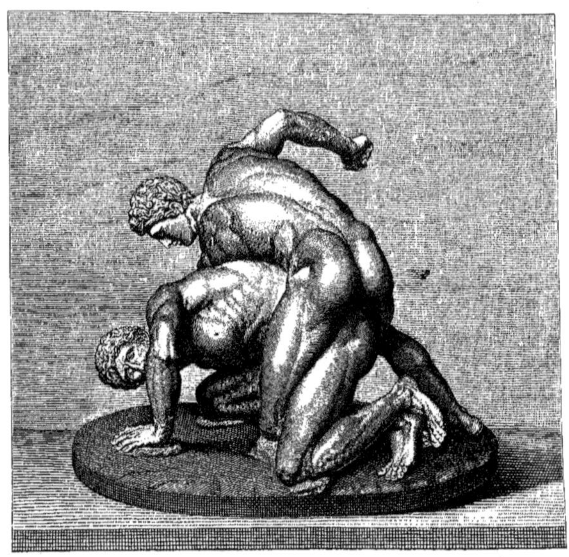

LES LUTTEURS.

n'est pas seulement la composition qui est ici parfaite; l'exécution, comparativement à celle de la *Belle Jardinière*, est ferme, pleine et serrée. C'est un des ouvrages les plus châtiés et les mieux réussis de la manière florentine de Raphaël, un de ceux qui pénètrent fortement dans l'esprit, et y laissent une charmante et ineffable impression de paix, de grâce et d'innocence.

La Tribune possède un des ouvrages les plus soignés et les plus célèbres d'André del Sarto, surnommé, à bon droit, le Raphaël de l'école florentine. Notre-

Dame, debout sur un piédestal placé au milieu du tableau, tient sur son bras droit l'enfant Jésus, et un livre de la main gauche; saint François et saint Jean font cortége à ce groupe divin. Cette composition fut exécutée pour le couvent des religieux de Saint-François de Florence. Le prince Ferdinand de Médicis en fit l'acquisition, et, en 1795, ce tableau passa du palais Pitti à la galerie des Offices. Il a été gravé par Antoine Lorenzino et, en 1832, par Felsing.

Quel artiste sublime que ce trop facile et trop malheureux André, et quel malheur pour les arts que ce grand génie ait été condamné à passer les plus belles années de sa vie infortunée entre les exigences d'une femme impérieuse et les remords d'une action coupable! Dans ces conditions misérables, il s'est cependant élevé souvent à la hauteur de Raphaël, s'il ne l'a quelquefois dépassé. Plus que lui, il a su résister aux entraînements funestes de la décadence; sobre dans ses compositions, recherché dans sa mise en scène, il a le sentiment de la grâce idéale du peintre d'Urbin, joint au coloris frais, fondu et profond de Léonard.

Plaçons ici notre dernière statue, dont le jardin des Tuileries renferme une copie en bronze : c'est un *homme* au visage grossier et rusé, au front bas, aux cheveux rudes et courts, accroupi, dans une attitude sournoise, devant une pierre sur laquelle il aiguise son couteau. Les Italiens l'appellent l'*Arrotino* le (Rémouleur), on la désigne aussi sous le nom l'Espion, parce que sa tête tournée, son regard oblique, son oreille au guet, indiquent une préoccupation étrangère à son action. Il a donné lieu, comme on pense bien, à un véritable conflit d'interprétations. Les uns ont vu dans cette figure un Cincinnatus, d'autres un Manlius Capitolinus, d'autres Mélicus ou Accius Navius. Ceux-ci prétendent que c'est l'esclave qui découvrit la conspiration des fils du premier Brutus pour rétablir les Tarquins; ceux-là, que c'est l'esclave qui surprit la conjuration de Catilina. Cette dernière opinion est celle de de Brosses. Malheureusement pour tous les commentateurs, la parfaite identité de l'*Arrotino* avec la figure du Scythe chargé d'écorcher Marsias, dans une pierre gravée, décrite par Winckelmann, ont mis hors de doute, comme l'affirme aujourd'hui la critique la plus autorisée, que l'*Arrotino* soit autre chose que le barbare exécuteur de la vengeance d'Apollon.

A côté de la *Sainte Famille* d'André del Sarto dont nous venons de parler, il est un autre maître pour lequel nous ne saurions taire nos sympathies et notre prédilection : le Pérugin, dont Raphaël a trop tôt abandonné la grâce divine et la charmante naïveté. Qu'il y a loin, selon nous, de la *Belle Jardinière*, du Louvre, du *Mariage de la Vierge*, de Milan, œuvres animées du génie de Pérugin, à la *Transfiguration*, du Vatican, qui passe pour le chef-d'œuvre du peintre d'Urbin; quelle foi pénétrante, quelle douce émotion, quelle candeur angélique répandues dans les deux premiers tableaux! que nous importe que l'autre

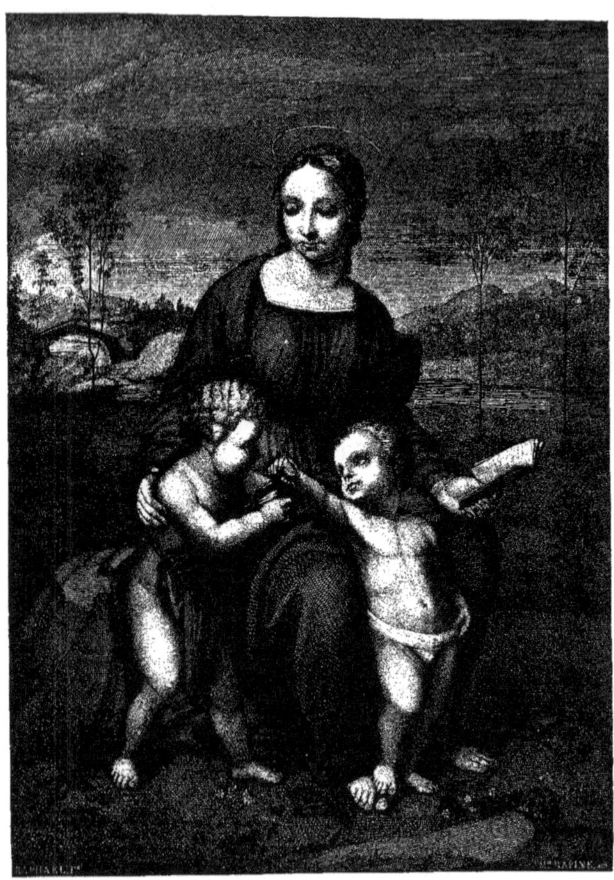

LA VIERGE AU CHARDONNERET (RAPHAEL).

soit mieux peint, plus énergique, d'une facture plus affirmée; ces raisons nou touchent peu, s'il n'a ce côté céleste, cette inspiration d'en haut, cet idéal sublime qui est tout l'art dans les tableaux de sainteté.

L'œuvre du Pérugin à la Tribune confirme notre opinion : que les grands primitifs, ces sublimes précurseurs, égalent les grands peintres de la Renaissance, s'ils ne leur sont supérieurs; mais avant, qu'il nous soit permis de constater le flagrant délit de plagiat commis par André del Sarto dans le tableau de ce maître dont nous parlions tout à l'heure, au préjudice de Pérugin, et d'avancer que, gros ou petit, ce délit fut commun, pour les sujets bibliques, à tous les peintres du quatorzième siècle sur les peintres qui les avaient précédés, lesquels avaient épuisé dans leurs patientes méditations tous les sujets de l'ancien et du nouveau Testament.

Le tableau d'André del Sarto se compose, comme nous l'avons vu, de quatre personnages : la Vierge, son Fils et deux Saints; la composition du Pérugin est identiquement la même. La seule différence est que la Vierge d'André est debout et que Pérugin l'a représentée assise; que dans le tableau d'André le fond est uni tandis que le Pérugin a décoré le sien d'un élégant portique derrière lequel on découvre la campagne. Sans doute que le tableau d'André del Sarto est merveilleusement beau, qu'il est traité par lui en artiste qui dispose de toutes les ressources, de toutes les séductions de l'art; mais nous lui préférons celui du Pérugin, plus naïf, plus vrai, d'une beauté plus idéale, d'une expression plus touchante et plus céleste.

On considère ce tableau du Pérugin comme un des plus beaux de ce maître. Sur la base du trône occupé par la Vierge est écrit :

PETRVS PERVGINVS PINXIT AN MCCCCLXXXXIII.

Corrége, le plus digne voisin de Raphaël à la Tribune, y est représenté par quatre ouvrages : une *Tête d'enfant* presque colossale, étude peinte sur papier; une *Tête de saint Jean-Baptiste*, placée dans un plat, étude d'une vigueur d'expression peu commune : enfin, deux tableaux plus conformes à son doux et tendre génie, deux *Vierges*, l'une tenant son fils, l'autre l'adorant.

Dans le *Repos en Égypte*, nom qu'on donne à la première de ces *Saintes Familles*, la sainte Vierge, assise sous des arbres, tient l'enfant Jésus dans ses bras; saint Joseph, debout près d'un palmier, cueille des dattes, et saint François est à genoux. Ce tableau a été peint pour l'église des Franciscains de Parme, pour la somme de cent ducats. L'authenticité de cet ouvrage, signé partout du génie de son auteur, n'est pas douteuse, et n'avait pas besoin de la défense du docte Lanzi, qui l'appuie de preuves décisives.

La *Sainte Vierge* adorant l'enfant divin est encore plus parfaite. C'est l'idéal de cette peinture à la fois naïve et mystique, dont nous avons vu des essais, pieusement caressés, dans l'œuvre de Lorenzo di Credi et de Bartolommeo. La Madone est à genoux, vue presque de profil au moment où elle adore son enfant étendu par terre, sur le manteau maternel. Le fond est une cabane au milieu d'un joli

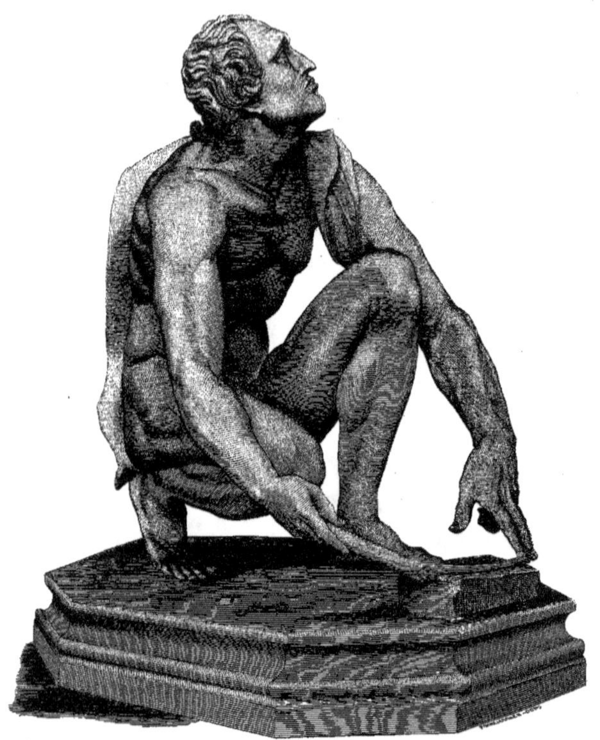

LE REMOULEUR.

paysage. Ce tableau exquis fut donné par le duc de Mantoue à Cosme III de Médicis, et fut placé dans la galerie en 1617. Le président de Brosses le vit en 1740, et il en fait l'éloge avec une pointe de réserve qui, tenant à ses préjugés plus qu'aux défauts de l'œuvre, accentue encore son admiration.

« A la Tribune, dit-il, il n'y a rien que d'exquis et d'une célébrité classique : un seul Corrége, la Vierge à genoux devant son fils; mais quel coloris! quelle expression! que de grâce et de gentillesse! Il y en a trop peut-être, car elles approchent de la mignardise! » Il est certain qu'il y a dans le tableau quelques détails d'un goût un peu recherché. Le Corrége, génie savant, classé à tort parmi les génies naïfs, ne s'est pas toujours défendu d'une certaine afféterie, exagérée par ses imitateurs, le Parmesan et le Barroccio. Par exemple, la même draperie qui enveloppe le corps de la Vierge, lui sert aussi de coiffure par l'un des bouts, tandis que l'autre bout sert de tapis à l'enfant Jésus, de sorte qu'il serait éveillé par le moindre mouvement de tête de sa mère. « Cette circonstance, dit M. Viardot, semble expliquer l'immobilité des personnages et donne au spectateur comme une sorte d'anxiété qui n'est pas sans charme. » Mais combien ces légers défauts sont rachetés par la beauté d'expression, la tendresse de sentiment, la fraîcheur de coloris, le suave clair-obscur qui distinguent le divin Corrége!

Mais revenons à Raphaël et à sa seconde *Sainte Famille*, connue sous le nom de *Vierge au puits*, plus étudiée et d'une composition plus animée que la *Vierge au chardonneret;* et pourtant ce tableau n'a pas l'attrait irrésistible et profond du précédent. Il représente la Vierge assise, portant dans ses bras l'enfant Jésus, qui l'embrasse. Le petit saint Jean est debout, à sa droite, et lui présente le papyrus, avec l'inscription : *Ecce Agnus Dei....* Le fonds est un beau paysage à l'extrémité duquel on aperçoit les ruines d'un vieux château et plusieurs figures autour d'un puits, d'où le nom du tableau, que Passavant attribue à Franciabigio plutôt qu'à Raphaël.

Nous nous sommes souvent demandé comment il se faisait que les tableaux des primitifs de tous les pays, exécutés en détrempe, vieux de quatre ou cinq cents ans soient arrivés jusqu'à nous sans la moindre altération de couleurs, sans fentes ni craquelures, dans un état, en un mot, de parfaite conservation; tandis que les peintures à l'huile des peintres de la Renaissance et d'époques beaucoup plus récentes soient perdus pour la plupart, ceux-ci parce qu'ils ont poussé au noir, ceux-là au rouge, d'autres parce qu'ils sont écaillés ou labourés par des fentes qui découvrent le fonds de la toile. En présence de telles dévastations, la découverte de la peinture à l'huile des frères Van Eyck fut-elle un bienfait pour les arts?

Ces réflexions, hors-d'œuvre, nous sont venues à l'esprit en contemplant le tryptique d'Andréa Mantegna qu'on voit à la Tribune, et dont la peinture est si fraîche qu'on la dirait d'hier. Mantegna a cela de commun avec Giotto, fra Angelico, Hemmeling et la plupart des primitifs qui ne connurent pas la peinture à l'huile ou qui ne voulurent pas se fier à ce procédé perfide.

Un jour M. Denon, directeur du musée impérial du Louvre, parlait de ces

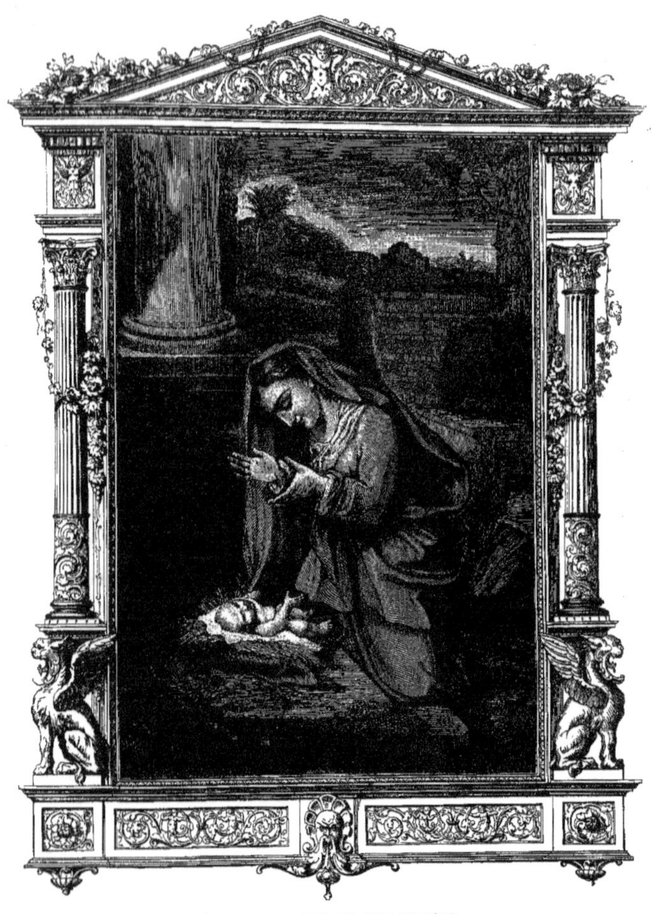

L'ADORATION DE L'ENFANT JÉSUS (CORRÈGE).

toiles immortelles. Napoléon, passant, lui demanda combien elles pouvaient durer.

« Sire, répondit M. Denon, trois ou quatre cents ans. — Et c'est là ce que vous appelez l'immortalité? » repartit l'Empereur en regagnant son cabinet.

La réponse de M. Denon eût été bien différente si ces immortels de trois siècles eussent été des primitifs dont les peintures sont si cristallisées, si émaillées, si aciérées, pour ainsi parler, qu'une aiguille s'émousserait sur leur surface; ces tableaux dureront éternellement, s'il y a quelque chose d'éternel ici-bas.

Le *Saint Jean dans le désert*, les portraits de la *Fornarina* et de *Jules II* sont de la troisième et dernière manière de Raphaël. Le *Saint Jean* est de 1518, selon M. Clément. Il en fut fait plusieurs répétitions dans l'atelier de Raphaël, et si réussies qu'on a longtemps hésité à désigner le véritable original. C'est ce qui fait dire à de Brosses: « Ce qu'il y a de singulier, c'est que j'ai vu le même tableau à Bologne, qu'on m'a assuré que le même était encore à Rome et que nous le connaissons tous encore dans le cabinet de M. le duc d'Orléans, qui l'acheta du fils du premier président de Harlay. De Piles, l'un des plus grands connaisseurs qu'il y ait jamais eus en peinture, regarde ce tableau de M. le Régent comme un des premiers qui existent. » Mais Vasari, dont l'autorité, ici, ne saurait être contestée, redresse les erreurs du président et du grand connaisseur de Piles, en affirmant que l'original était peint sur toile. Or les trois autres sont sur bois.

L'original de Raphaël est donc bien celui de la Tribune des Offices, peint sur toile; il fut exécuté pour le cardinal Colonna, lequel ayant été guéri d'une maladie par un médecin amateur, Jacques de Carpi, ne put se refuser à lui en faire cadeau. Du temps de Vasari, ce chef-d'œuvre était, à Florence, la propriété de François Benintendi; en 1589, il faisait déjà partie de la galerie qui possède le dessin original de ce *Saint Jean* fait au crayon rouge. Ce tableau, dont on trouvera la reproduction à la fin de ce chapitre, représente saint Jean, dont la nudité sauvage n'est pas adoucie par la peau de panthère qui lui ceint les reins. Assis à l'entrée d'une roche au bord d'une fontaine, sur un tronc d'arbre décharné auquel il a attaché, comme une enseigne, sa croix de roseau, il écoute, la main levée vers cette croix rayonnante, les voix du désert l'appelant à sa mission de précurseur de l'Évangile. Le visage, qui s'enflamme d'un enthousiasme que n'efface point le pressentiment du martyre, respire l'inspiration du prophète plein de son Dieu. C'est, selon nous, une des plus belles œuvres de Raphaël, et nous sommes, en cela, de l'avis de Piles, que ne partageait pas le frivole président, déconcerté par ce paysage solitaire et cette figure d'une sauvage beauté. « Ce tableau, dit-il, soit ici, soit au Palais-Royal, est assurément d'une grande beauté; mais j'aurais peine à le mettre, comme de Piles, de la première classe. Il n'a qu'une figure; il est tout à fait triste et sans agrément. Il est vrai que la composition en est excellente et qu'il ne pouvait mieux rendre le sujet du *Vox clamantis in deserto* très-difficile à traiter par lui-même. Le dessin est d'une correction achevée, le paysage convenable

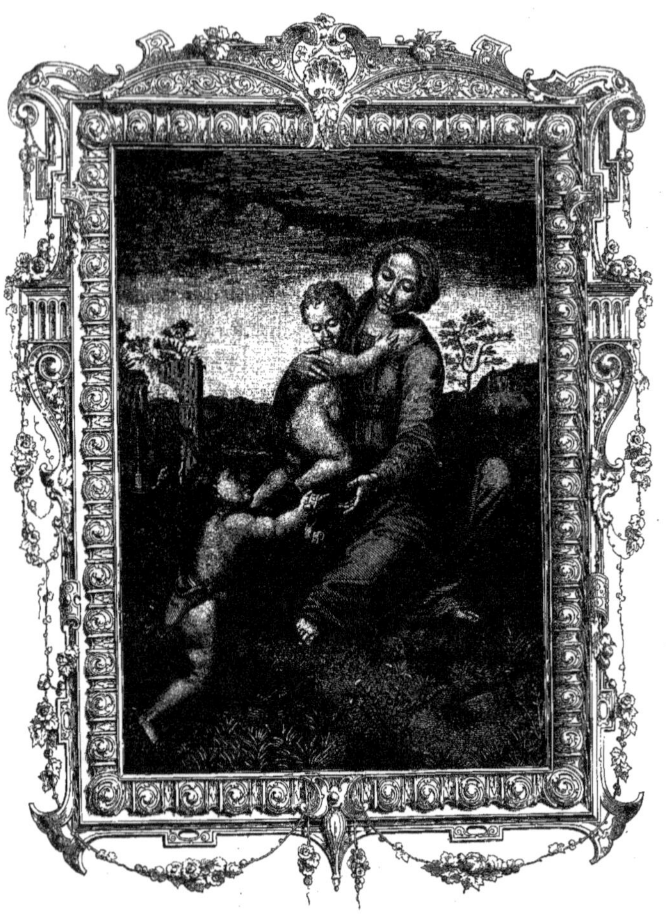

LA VIERGE AU PUITS (RAPHAËL).

au sujet, la figure pleine de feu; et il n'y avait que Raphaël capable de mettre autant de vie et d'action dans une seule figure. » L'éloge et la critique, tel est perpétuellement le système de ce cher président, qui décidément, en fait d'art, est plus spirituel que profond.

Si sur le *Saint Jean* il n'y a guère plus lieu à discussion au point de vue de l'authenticité, le débat est loin d'être encore vidé sur l'attribution à Raphaël du portrait dit de la *Fornarina*, et surtout sur la question de savoir si cet admirable portrait est bien celui de sa maîtresse. Cette question vaut la peine d'être examinée un moment.

Le portrait représente une femme dans un costume assez bizarre; vêtue à peu près comme une bacchante, elle porte sur l'épaule gauche une peau de panthère, la même que Raphaël peignit dans le *Saint Jean* et dans la *Madonna dell' Impannata*. Dans un coin du fond, on lit en chiffres d'or la date de 1512, c'est-à-dire peu de temps après la venue de Sébastien del Piombo à Rome, et l'engouement de Raphaël pour les magnificences du coloris vénitien. C'est à partir de ce moment que sa facture devint plus large et plus libre et que sa touche s'épanouit à la Giorgion, comme dans le *Joueur de violon* du palais Sciarra et le portrait de la Fornarina de la galerie des Offices, qui correspond à la fois à l'apogée de l'amour dans le cœur de Raphaël et au triomphe de la couleur dans la manière du peintre. C'est à partir aussi de 1512 que l'on trouve la figure de la Fornarina dans presque toutes les œuvres de Raphaël. L'*Héliodore* nous la montre alors pour la première fois; depuis nous la reconnaissons dans l'*Incendie du bourg*, dans la *Vierge au poisson*, dans la *Madone de Saint-Sixte*, dans la mère du possédé de la *Transfiguration*, etc.... Il n'est donc pas étonnant qu'à la même époque Raphaël ait fait le portrait de cette belle maîtresse et qu'il l'ait placée dans une sorte d'appareil d'inspiration et de décente volupté. Margherita, toute fille qu'elle était d'un boulanger du Transtevère, ne devait pas être une personne vulgaire. Elle avait, sans doute, cet esprit inné, cette poésie naturelle, ce feu d'imagination et de sentiment qui s'allient si bien aux beautés énergiques et opulentes comme la sienne. Il n'y a donc pas incompatibilité entre la figure, l'esprit et le caractère de la Fornarina, tels qu'ils semblent résulter de tous les témoignages, et ce portrait inspiré et voluptueux de la Tribune. Ce portrait a, d'ailleurs, une filiation authentique. Vasari dit que le portrait de la célèbre Fornarina, peint par Raphaël, était possédé par Matteo Botti, garde-meuble du grand-duc Cosme Ier, qui lui laissa en mourant une partie de ses tableaux. Dans un ancien registre de 1589, de cette galerie, on trouve que ce portrait est de Raphaël. En dépit de ces probabilités et même de ces témoignages, l'esprit d'aventure, qui souffle sur ces grands sujets que chacun cherche à renouveler par le paradoxe, a fait éclore les hypothèses les plus variées et les plus contradictoires. Les uns ont voulu que ce fût le portrait de

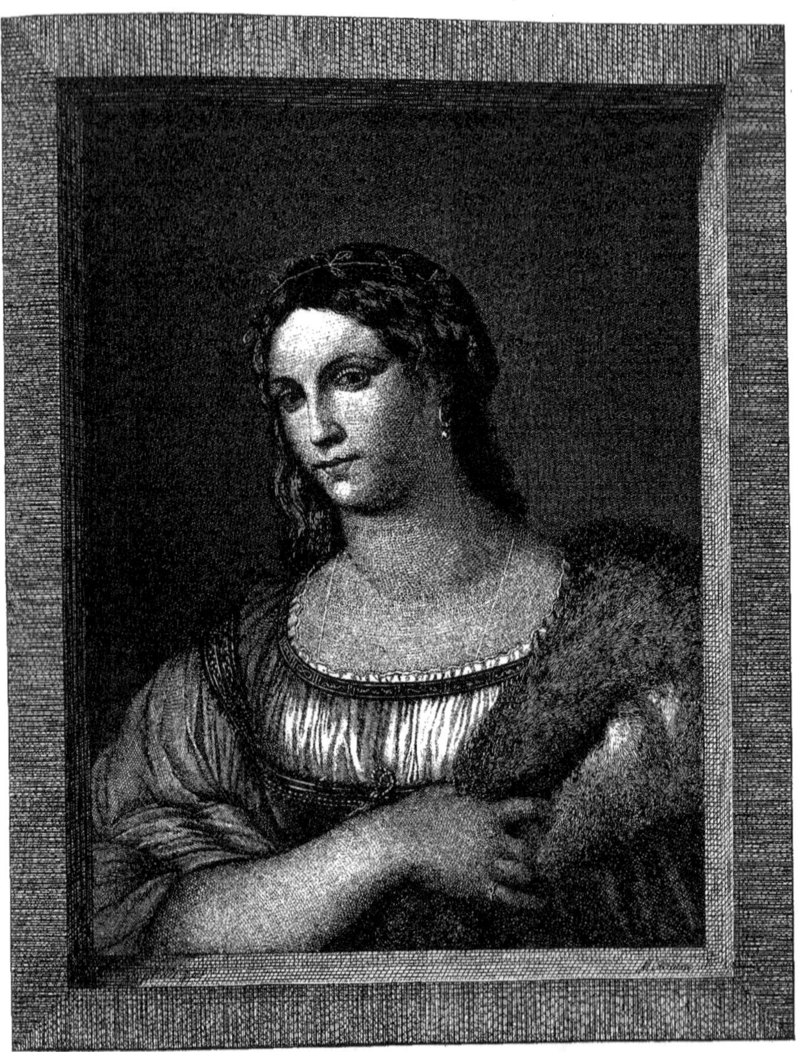

LA FORNARINA (RAPHAËL).

la célèbre marquise de Pescaire, de la poétesse Vittoria Colonna, par Sébastien del Piombo. Les autres y ont reconnu la maîtresse trop aimée de Giorgion dont l'infidélité causa la mort. Ceux-là s'embarrassaient peu de la date 1512, postérieure à celle de la mort de Giorgion, survenue en 1511, pour qu'on puisse lui attribuer ce tableau. Une troisième opinion, la plus plausible, est celle de MM. Rosini, Passavant et Clément. Affirmatifs sur la question de savoir si le portrait est bien de Raphaël, ils le sont moins sur l'attribution d'un nom à la personne qu'il représente. Ils repoussent l'assertion, impossible aujourd'hui à vérifier, de M. Constantin, qui le premier a mis en avant le nom du Giorgion, et qui pense que le portrait de la Tribune ne serait qu'une répétition, postérieure à sa mort, d'un original du Giorgion, qu'il prétend avoir vu à Modène, en 1823. Ils ne partagent pas davantage l'opinion de ceux qui disent que c'est le portrait de Vittoria Colonna, dû à Sébastien del Piombo. Il ne ressemble guère, en effet, au portrait de cette femme célèbre, dessiné par Michel-Ange, et qui a été exposé à Rome, au palais Colonna, il y a quelques années. Ils supposent que c'est le portrait de quelque célèbre improvisatrice du temps, le pendant féminin du *Joueur de violon*, Tibaldéo, peut-être celui de Beatrice Ferrarese. Pour nous, nous penchons non-seulement pour Raphaël, le point n'est pas de ceux qu'on peut mettre en doute en présence d'un tel chef-d'œuvre, mais aussi pour la Fornarina. Peu importe que le portrait de la Tribune soit différent de celui du palais Barberini, à Rome, dont il existe des copies au palais Borghèse et au palais Sciarra Colonna. Raphaël n'a pas fait plusieurs portraits de la même personne pour les répéter machinalement. Il a varié les aspects, modifié le costume, et obtenu des images très-différentes de la même personne. Le miracle du génie est de varier à ce point la traduction, qu'il semble changer de modèle. Les commentateurs ont été les dupes de cette illusion.

Le portrait du pape Jules II ne pouvait donner lieu à ces conflits d'interprétation. Il est de 1511 et fait dans le même esprit d'émulation. On y reconnaît sans peine, non-seulement la main de Raphaël, mais le génie de l'original trahi par son visage en traits d'une rude éloquence. Le prélat ambitieux et batailleur, qui entrait à Bologne par la brèche et avait avec Michel-Ange des querelles si dramatiques, revit tout entier dans ce vieillard à barbe blanche, à barrette et à cape rouge, qui vient d'aspirer fiévreusement une pincée de tabac d'Espagne, et va laisser échapper cet éternument formidable qui fait trembler tout le Vatican. « Il fait peur, dit Vasari, comme s'il était vivant. » *Faceva temere il ritratto a vederlo, come se proprio egli fosse vivo.*

N'oublions pas, malgré leur infériorité relative, les *Prophètes Job et Isaïe*, de Fra Bartolommeo, peinture d'une grande manière; et, pour avoir le mérite d'enregistrer tous les tableaux de la Tribune, citons la *Décollation de saint Jean-*

Baptiste, de Bernardino Luini; le *Portrait de François-Marie II de la Rovère*, du Baroche; le *Portrait du cardinal Agucchia*, du Dominiquin; enfin, le *Mas-*

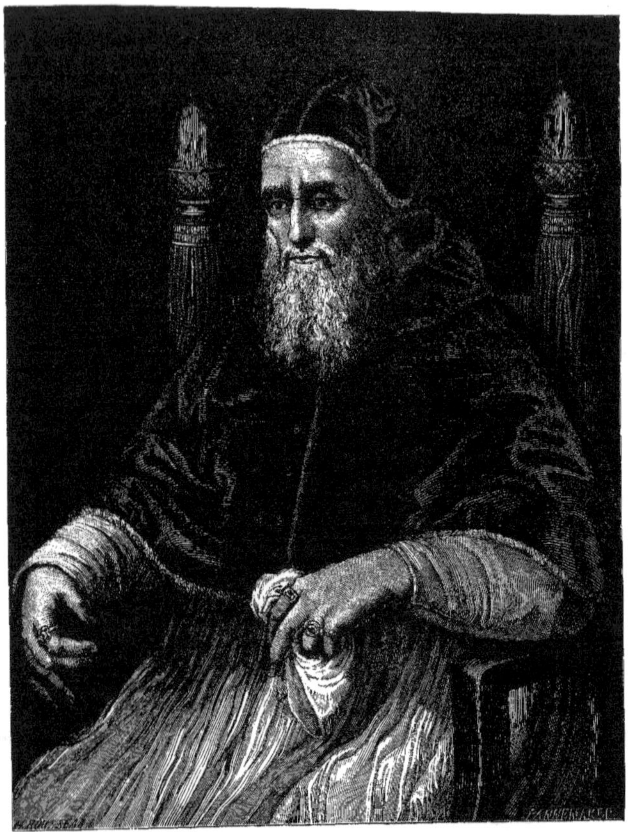

JULES II (RAPHAËL).

sacre des Innocents, de Daniel de Volterre, tableau de plus de soixante-dix figures, acheté en 1782 pour le grand-duc Pierre-Léopold.

Les écoles ultramontaines ne brillent pas à la Tribune; absence totale des écoles française et hollandaise. Van Dyck soutient presque seul l'honneur de l'école flamande par deux superbes portraits : celui de *D. Jean de Montfort* et celui de *Charles-Quint* après son abdication. « Il se promène à cheval, nu-tête, sur le bord de la mer agitée; à défaut des orages du monde, qu'il regrette, il semble contempler et chercher ceux de l'Océan. » (Valery.)

L'école allemande a deux représentants, Albert Durer et Lucas de Leyde; ils ont là : le premier, une *Adoration des rois* d'une grandeur de style étonnante; le second, un *Christ couronné d'épines* d'une grande finesse d'exécution.

Tel est le catalogue complet des richesses de la Tribune, citée comme la merveille des merveilles. Il est vrai qu'elle renferme des morceaux de la statuaire grecque d'un prix inestimable; il est vrai que les deux Vénus du Titien sont d'une beauté incomparable, que les Raphaël sont des prodiges de l'art; mais comment se fait-il, répéterons-nous avec un profond regret, que ces miracles du génie humain n'aient pas un entourage plus digne d'eux? Ce ne sont pas les noms que nous critiquons, ils sont tous dignes de notre respect; mais ce sont les œuvres relativement inférieures choisies pour un tel coucours.

Nous allons maintenant continuer notre visite dans les autres parties de la Galerie, où tant d'excellents morceaux dans des genres différents nous attendent.

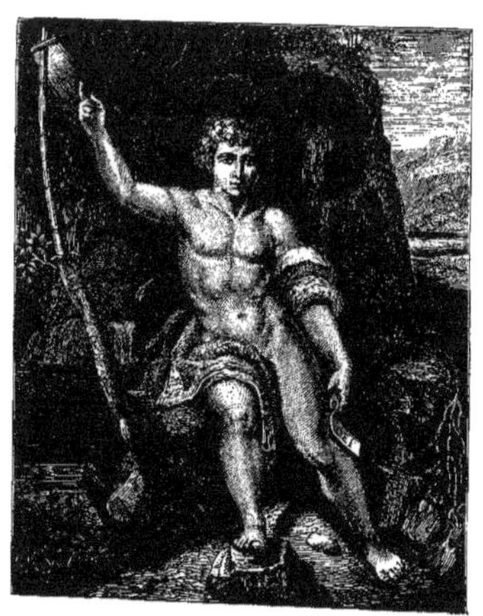

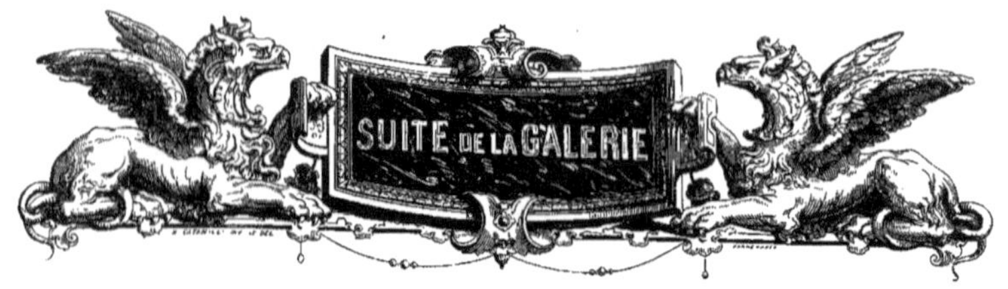

Après cette station dans le merveilleux sanctuaire de la Tribune, nous reprenons notre course à travers les salles qui sentent encore le temple. Nous y retrouvons la plupart des grands maîtres que nous avons déjà salués dans leur apothéose. Nous leur découvrons des qualités nouvelles, et nous prenons plaisir surtout à renouveler connaissance avec d'autres que la pénurie d'œuvre a forcés de laisser en dehors de la Tribune, car ils eussent manqué à la tête du cortége d'émules et d'imitateurs au milieu desquels on jouit mieux de leur supériorité. Le musée des Offices est un monde dans lequel il serait facile de s'égarer si on n'était pas bien dirigé. Nous avons visité la partie qu'on appelle les galeries, où nous serons obligés de revenir lorsque nous nous occuperons de la sculpture. Nous avons décrit et admiré les merveilles de la Tribune; voici maintenant ce qui nous reste à voir dans les salles consacrées à la peinture : *la salle dite du Baroche; les salles des écoles d'Italie; les salles des peintures française, flamande, allemande, hollandaise; les salles des portraits des peintres :* quant à celles qui renferment les dessins des grands maîtres et les sculptures antiques et modernes, nous leur avons réservé des chapitres spéciaux.

Avec les chefs-d'œuvre que nous allons rencontrer dans ces nouvelles salles, il ne serait pas difficile de composer une autre tribune aussi étincelante que celle que nous venons de visiter; nous n'aurions plus, il est vrai, des Vénus de

Médicis, des Vierge au chardonneret, ni les Titiens que vous savez, ni les grands noms de Michel-Ange et du Corrége, mais nous trouverions, par-ci par-là, des œuvres d'un prix inestimable, dignes de l'hommage des artistes et de l'admiration de tous.

Telle est, par exemple, d'Andréa del Sarto, le maître florentin par excellence, celui dans lequel le génie national, comme la fleur qui lui sert de symbole, s'est le plus complétement épanouie, et a le mieux donné tout son parfum de grâce mâle et de tendre vigueur : *la Vierge dite aux Harpies*, une des plus parfaites madones qui existent, et qui mérite une place entre les chefs-d'œuvre de Raphaël et de Corrége. Elle a la grâce de l'un, la noblesse de l'autre. Notre-Dame, à laquelle par une profanation trop commune, mais habilement dissimulée, le peintre a donné le visage idéalisé de sa Lucrèce, est debout sur un piédestal dont les quatre angles sont décorés de cariatides, de sirènes ou de harpies, symbole qui semble à la fois païen par les jambes et chrétien par les ailes; qui, dans le premier cas, donne l'idée de la séduction divine, dans l'autre, de la grâce victorieuse des mauvais génies. Rien ne saurait rendre l'effet harmonieux de cette ravissante composition, de ces savantes draperies du vêtement de la divine Mère, qui semblent discrètement gonflées par le vent de l'Assomption qui va l'emporter au ciel. Deux anges, debout à ses pieds, semblent la retenir, ou plutôt ils vont s'élever avec elle, ramenant sur ses pieds les plis de sa chaste tunique. La Vierge tient un livre sur lequel le *bambino* qui s'attache à son cou vient de mettre le pied. Saint François et saint Jean l'évangéliste, servent d'acolytes à cette espèce d'apothéose. La couleur est douce et vive; une expression admirable éclaire toutes ces têtes d'un reflet céleste.

Il est vraiment étonnant que le génie pittoresque n'ait jamais épuisé ce sujet si simple de la Madone et de l'Enfant, et ne s'en soit, pour ainsi dire, jamais rassasié, le retournant sous tous les aspects, l'interprétant avec une variété d'inspiration que semble féconder une traditionnelle émulation. Le nombre des *Sainte Famille* est innombrable; chaque maître a traité ce sujet avec son genre et son tempérament particuliers. Michel-Ange a peint la divine Mère triste, et l'Enfant précocement soucieux. Toutes les beautés de Michel-Ange ont comme leur ride secrète. Beato Angelico et toute l'école péruginesque arrivent pieusement à la suppression de la chair et à l'extinction de la vie dans leurs visages qu'anime seulement un reflet de la lumière intérieure. Fra Bartolommeo leur donne une expression ascétique et penche plutôt du côté de l'énergie que de celui de la grâce. Raphaël aspire surtout à la noblesse et à la pureté. Les Vierges de Corrége ont un charme presque céleste. Celles de Titien et de Véronèse ont la beauté opulente des maternités profanes. Interrogeons encore d'autres maîtres, et nous trouverons encore d'autres types, tous partant plus ou moins du modèle divin, tombé un jour du ciel à Raphaël, le seul peintre privilégié de la Vierge

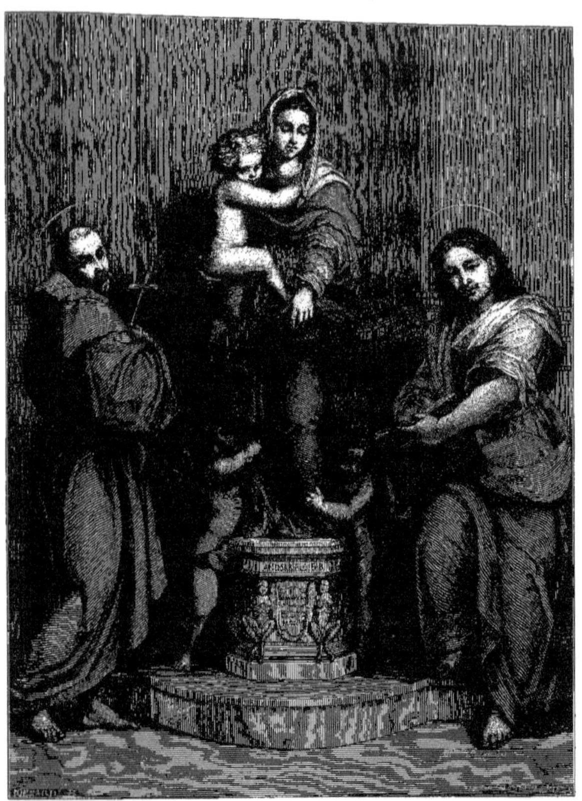

LA VIERGE AUX HARPIES (ANDRÉ DEL SARTO).

Marie. C'est une échelle tour à tour ascendante ou descendante, exagérant tour à tour la vie et la santé, ou macérant la beauté jusqu'aux dernières limites du jeûne mystique. La sainte Famille étant le sujet de prédilection de tous les maîtres italiens, celui où tous ont à l'envi, les pieux et les profanes, les Angelico et les Guide, les Pérugin et les Albane, voulu laisser leurs traces, nous trouvons tout naturel de rouvrir le concours que nous avions fermé avant d'entrer dans la Tribune, et de montrer ici le génie bolonais, par exemple, et le génie flamand aux prises avec ces types divins dont l'interprétation semble l'exercice traditionnel de la grande peinture.

Les Bolonais, ouvriers de l'art, athlètes de l'éclectisme, peintres sans invention et sans idéal, mais d'un tempérament puissant, d'une ambition énergique, d'une main savante, en un mot d'une médiocrité héroïque, n'ont pas excellé en ce genre, qui exige le sentiment, la grâce et l'expression. Voyez cette *Sainte Famille*, d'Annibal Carrache, dont la Madone robuste et commune semblerait la servante plutôt que la mère du bambino, si celui-ci, debout, ne montrait sous sa tunique courte, relevée au genou, des membres sains et frais, qui sont du fils du charpentier et non du Fils de Dieu. Tout ce que l'art peut donner, hormis le sentiment et la poésie, le chef de l'école de Bologne l'a prodigué dans ce tableau. Son dessin est hardi et correct, sa couleur profonde, son paysage d'une fraîche et grasse réalité; mais il est vaincu sous le rapport du charme et de l'expression par le plus humble primitif. Le primitif, à travers les gaucheries du dessin et les naïvetés de la perspective, aura affirmé son symbole dans une œuvre incomplète, ingénue, peut-être, mais d'une émotion religieuse et d'une grâce angélique. Annibal Carrache n'a pas, malgré toutes ses qualités et tous ses efforts, réalisé l'impression du sujet; il a fait une femme et deux enfants dans la perfection matérielle du mot. Il n'a pas fait la Vierge, Jésus et saint Jean.

Le tempérament flamand se prête difficilement aussi à l'interprétation des sujets de sainteté. Il n'est aucun peintre de cette école, que nous sachions, ni Van Dyck ni Rubens, qui ait atteint sur ce point le sentiment de mysticité des Italiens. Les Flamands sont, pour la plupart, trop réalistes, trop coloristes, peut-être, pour aborder dignement de semblables motifs. Pour trouver quelques exceptions à cette règle générale que nous posons, il faudrait remonter à l'enfance de la peinture. Nous ne disons pas toute notre pensée sur ce qu'on est convenu d'appeler l'enfance de l'art, dans la crainte de nous trouver en trop grand désaccord avec les idées reçues, avec ce que l'on a écrit et ce que l'on écrit journellement; nous ne faisons pas remonter nos prédilections jusqu'aux André Ricco, aux Simonne Memmi, aux Pietro Laurati, ni même aux Cimabué, aux Giotto, pour lesquels, qu'on nous pardonne notre franchise ou notre ignorance, nous n'avons qu'une admiration fort bornée; mais nous osons penser et dire que les Masaccio, les fra Bartolommeo, les Francia, les Ghirlandajo, les Pérugin, rangés parmi les peintres de l'enfance de la peinture, furent de très-grands maîtres, qui portèrent l'art

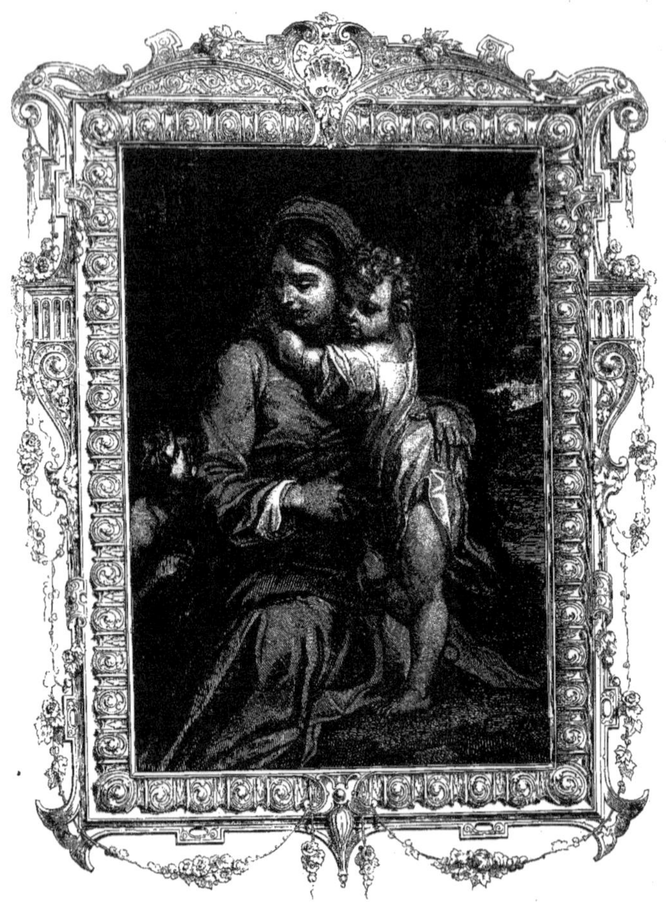

LA SAINTE FAMILLE (ANNIBAL CARRACHE).

à son plus haut degré d'élévation; que si nous devions exprimer notre opinion sans aucune réticence, nous n'hésiterions pas à dire avec une conviction profonde qu'après ces primitifs si dédaignés, et à nos yeux si grands, la décadence de l'art commença en Italie.

La Renaissance ne fut pour les peintres, en excluant les têtes couronnées, les Léonard de Vinci, les Raphaël, que le signal de l'émancipation de la peinture, la substitution des règles sévères, de cette tendre et modeste expression, à la fantaisie, aux habiles coquetteries, l'abandon de l'idéal pour le réalisme et la convention. A partir de ce moment, les courtisanes, les maîtresses, les femmes de peintres remplacent ces images de la Vierge, si cherchées, si chastes, si inspirées; l'enfant Jésus, si divin chez les primitifs, n'est plus que l'espiègle de la famille; les apôtres, les saints, Dieu lui-même, que les portraits des grands personnages, des protecteurs, des amis des peintres.

Mais le lieu où nous sommes n'est pas favorable à la discussion d'un pareil sujet, notre attention se trouverait trop divisée, et d'ailleurs, dans quelques instants, l'impatient custode va nous crier de sa voix de soprano : *Messieurs, on ferme.* Poursuivons donc, et réservons pour d'autres temps l'examen de ce point délicat.

Ce charme, qui semble un privilége inhérent à l'enfance de la peinture de tous les pays, n'appartient pas moins aux précurseurs flamands qu'aux précurseurs italiens. On peut même dire qu'il est là plus pénétrant qu'ailleurs. Qui ne connaît pas Hemmelinck ou Hans Memling, suivant la dénomination récemment constatée, qui vivait à Bruges, de 1470 à 1484, ne connaît pas les intimes délices que l'on peut puiser dans la contemplation de cette peinture gracieuse, vive, finie comme une miniature agrandie. Ce qui étonne surtout, c'est l'admirable fraîcheur des tons. Il semble que le tableau vienne de sortir de l'atelier. La fleur du coloris a gardé son plus fugitif parfum. Cela tient à ce que Memling, qui se défiait des nouveautés, ne voulut pas changer un procédé qu'il connaissait à merveille, contre un procédé qu'il eût appris tardivement et incomplétement. Sourd au bruit que faisait la merveilleuse découverte des frères Van Eyck, il continua de peindre à la détrempe; fidélité récompensée par une inimitable et indestructible vivacité de ton. Le tableau des Offices peut servir de type à l'appréciation du génie de Memling. Il le contient tout entier avec ses qualités et ses défauts, avec sa finesse et son habileté d'exécution, sa grâce naïve d'expression, son doux éclat de coloris. Ses têtes, qu'il modelait aussi profondément qu'Holbein, sont supérieures peut-être comme art et comme vie à celles du Pérugin. Comme tous les primitifs, de quelque école qu'ils soient, Hemmeling affectionne les paysages de fond, et nous en avons un de chaque côté de la scène, beaucoup plus fini et beaucoup plus agréable que les colonnades ou les collines grises aux arbres rares, chères à l'école ombrienne.

L'Albane, génie plus tendre, plus doux, plus délicat, mais inférieur, en ce genre, à Hemmeling, a beaucoup mieux réussi qu'Annibal Carrache. Son *Jésus enfant, entouré des instruments de sa Passion* en est la preuve. Dans ce morceau

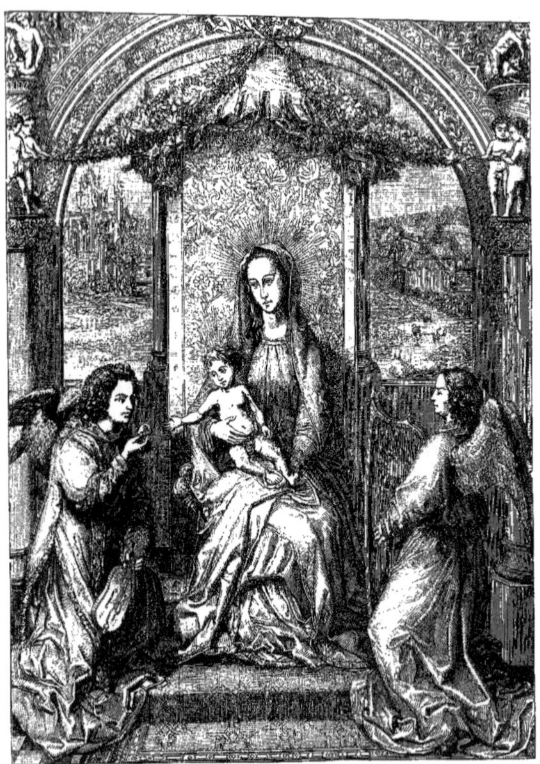

LA VIERGE SUR UN TRONE (HEMMELINCK).

exquis, Jésus debout, vêtu d'une robe rouge, regarde, descendant du ciel, un ange qui tient le calice. En bas, d'autres anges plus petits portent les instruments de la Passion ou plantent des croix. Tout en haut, Dieu le Père étend les bras vers son

Fils. Jésus est d'une naïveté mélancolique et charmante. Les petits anges qui s'empressent autour de lui, pour l'accoutumer à l'idée du supplice rédempteur, sont quelque peu païens et ils ont encore les joues chaudes du baiser de Vénus; mais, dans une scène enfantine, ces disparates choquent moins. Il ne faut pas demander à l'Albane des anges dans le sens mystique du mot, à la Beato Angelico ou à la Pérugin. Il se faut contenter d'avoir de lui de délicieux enfants, rosés et frisés comme cet adorable *Jésus couché sur sa croix*, dans une si naïve et si touchante insouciance, qu'on voit à la Galerie. Puisque nous sommes aux Bolonais, mentionnons une *Sainte Famille* du Guide, joli petit tableau. Le Guide, s'il triomphe à Bologne, pâlit fort à Florence, bien qu'il ait eu les honneurs de la Tribune. A peine si on peut citer comme animée d'un certain souffle cette *Sibylle de Cumes*, reproduite à la fin de ce chapitre, qui, les yeux au ciel, une main sous le menton, tient de l'autre un papier qui lui donne fort à penser, car il contient ces mots : *Nascetur de Virgine*, qui doivent confondre le génie païen.

Mais revenons aux grands maîtres, au Titien, et contemplons sa *Flore*, ainsi nommée parce qu'elle tient des fleurs dans sa main, mais qui n'est, sans doute, que le portrait de quelque belle courtisane de Venise, admirée et peut-être aimée par le peintre. C'est un des principaux ornements du musée des Offices, que cette *Flora* qui, pour le coloris, le dessin et le fondu de la touche, rappelle les Vénus de la Tribune. On sait le rôle presque officiel que les courtisanes ont joué dans l'histoire de Venise, olygarchie despotique tempérée par la corruption. Elles y formaient un corps puissant et presque respectable, tant elles savaient mettre de majesté dans la grâce, de poésie dans la vénalité et de décence dans le plaisir. A l'époque du Titien, le corps était triomphant; et l'art vénitien a pris là ses plus beaux modèles. Du temps de de Brosses, cette singulière caste était un peu déchue, mais elle exerçait encore une certaine influence sur les mœurs et même sur les affaires.

« Pour épuiser l'article du sexe féminin, dit le spirituel président dans ses amusants chapitres sur Venise, il convient, ici plus qu'ailleurs, de vous dire un mot des courtisanes. Elles composent encore un corps vraiment respectable par leurs bons procédés.... A la différence de celles de Paris, toutes sont d'une douceur d'esprit et d'une politesse charmante.... »

Un peu plus loin, il fait ce portrait de l'une d'elles : « La Bagatina est la plus splendide de toutes les courtisanes de Venise. Elle est logée dans un petit palais meublé superbement et parée de bijoux comme une nymphe.... »

C'est une Bagatina du temps du Titien, une nymphe de cet Olympe profane et vénal, que le Titien a sans doute représentée dans cette femme magnifique à la

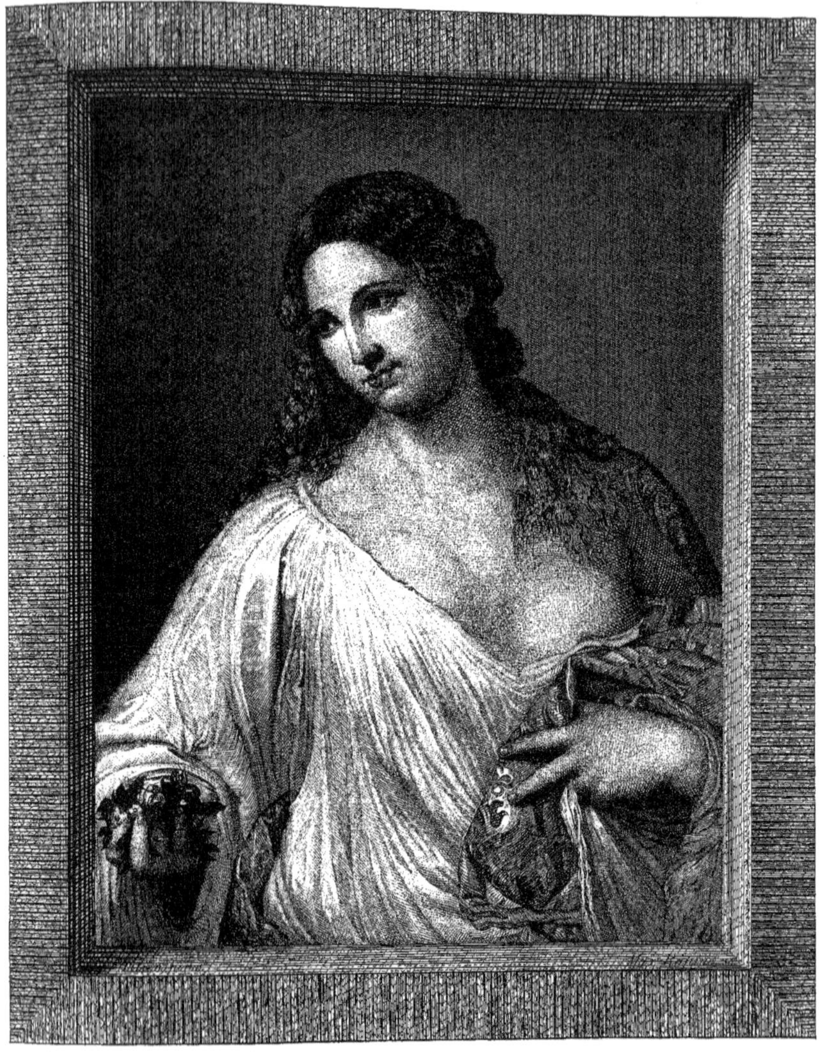

LA FLORE (TITIEN).

chevelure dorée, dont un des seins est nu et dont l'autre se dessine à travers la gaze de ses vêtements. Sa tête, admirablement éclairée, est la même que la *Femme à sa toilette*, du musée du Louvre. Deux mèches de ses cheveux blonds tombent, l'une par derrière sur l'épaule gauche, l'autre sur la poitrine. Sa tête, un peu penchée, est brillante de jeunesse et charmante de voluptueuse rêverie. C'est là l'idéal de la femme du Titien, idéal moins noble que celui de Raphaël, moins pur que celui du Corrége, mais plus ample et plus séduisant que celui du Vinci.

Arrêtons-nous maintenant, un instant, devant cette réunion de trois portraits, dont chacun amène irrésistiblement une histoire que le lecteur nous saura gré de lui raconter brièvement.

Voici d'abord la face mélancolique et fatiguée de Pic de la Mirandole, le précoce polyglotte, l'érudit prodigieux, dont la tête était toute une encyclopédie, et qui tomba à trente-deux ans, comme un fruit trop mûr, de cet arbre de la science où il s'était enivré sans mesure. C'est lui qui, en 1486, porta à l'Europe savante le défi d'argumenter, contre elle, sur neuf cents propositions de dialectique, de morale, de physique, de mathématiques, de théologie, de magie naturelle et de cabale, tirées non-seulement des auteurs grecs et latins, mais encore des écrivains juifs et arabes. En sa qualité de prince et même de prince souverain, il offrait à ses adversaires de les défrayer du voyage. Ce tournoi scientifique n'eut pas lieu par suite d'intrigues ecclésiastiques. Et ces fameuses thèses *De omni re scibili*, comme l'osait dire leur auteur, ne furent pas soutenues. Il demeure à Pic de la Mirandole l'honneur et aussi le ridicule d'avoir prétendu embrasser le monde de l'esprit. Il n'a point échappé au rire malicieux de Voltaire qui, en ajoutant à sa devise : *Et quibusdam aliis*, a fait dans une épigramme la meilleure critique d'un système présomptueux, hâtif et stérile.

A côté de cet audacieux et frêle Titan du ciel de l'érudition, renversé sur sa plume par la foudre du dieu jaloux, voici deux jeunes victimes d'un autre genre de curiosité. Ce n'est pas à l'arbre de la science, c'est à l'arbre de la science du bien et du mal que mordirent prématurément ce prince et cette princesse, héros infortunés d'une de ces histoires tragiques, d'un de ces drames domestiques comme les annales de Florence et les annales des Médicis n'en offrent que trop. Par une singulière coïncidence, c'est le même peintre qui a été chargé de retracer tous ces visages marqués d'une sorte de prédestination de la fatalité. C'est le pinceau du sombre et énergique Bronzino, le peintre de *bronze*, qui a conservé à la postérité, émue par de sanglants souvenirs, les traits de cette famille de Cosme, qui semble une famille d'Atrides florentins. C'est à Angelo Allori, dit le Bronzino, que nous devons le portrait de Cosme Ier, le Tibère des Médicis, le tyran politique et artiste, mort seul dans son lit, celui de sa femme, Éléonore de

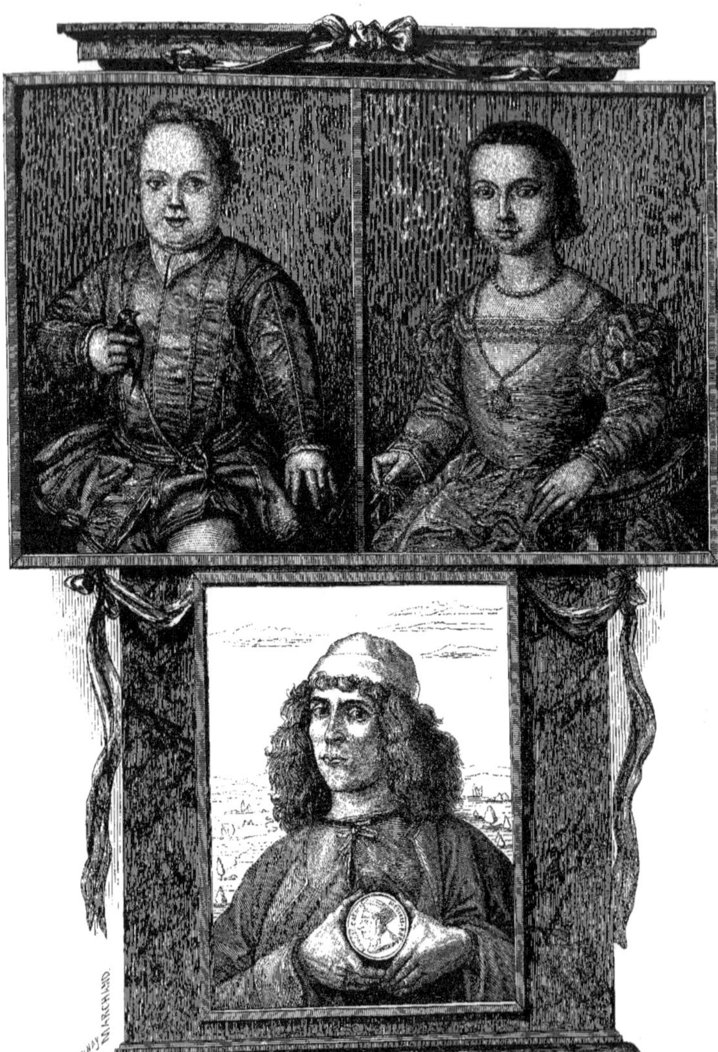

GARCIA DE MÉDICIS. — PIC DE LA MIRANDOLE. — MARIA DE MÉDICIS.

Tolède, morte de la douleur d'avoir vu mourir, par l'ordre de leur père, don Garcia et Marie, que représentent nos deux cadres. Écoutez, maintenant, les détails de l'histoire de ces deux personnages dont l'image juvénile et candide s'associe si peu avec l'idée d'une fin précoce et funeste.

Cosme Ier, chef de la branche cadette des Médicis et fondateur du pouvoir de cette famille, dont il fit une dynastie, avait tout ce qu'il fallait pour dompter les dernières révoltes de la liberté expirante, et pour asseoir un trône solide sur les débris de deux siècles de révolutions. Dissimulé comme Louis XI, passionné comme Henri VIII, brave comme François Ier, persévérant comme Charles V, magnifique comme Léon X, il réunissait les vices et les vertus de tous les princes contemporains. Il avait les défauts qui font la vie privée sombre, et les qualités qui font la vie publique éclatante. Aussi sa famille fut-elle malheureuse, et son peuple heureux. Cosme eut cinq fils et quatre filles. Les fils étaient François, qui régna après lui; Ferdinand, qui succéda à François; Don Pierre, Jean et Garcia. Nous ne parlons pas d'un autre Pierre mort à un an. Les quatre filles étaient Marie, Lucrèce, Isabelle et Virginie. Disons rapidement comment la mort se mit dans cette riche lignée, où elle entra, comme dans la famille primitive, par un fratricide, et qu'elle dévora, de tête en tête, par les plus sanglants moyens.

Jean et Garcia chassaient un jour dans les Maremmes. Il y avait une certaine inimitié entre les deux frères, provenant de leur mutuelle jalousie, l'un étant le préféré du père, l'autre le favori de la mère. Une querelle survint, et Garcia, tirant son couteau de chasse, en perça Jean, qui tomba mourant à ses pieds. Le grand-duc était à Pise, où il était venu se faire reconnaître grand-maître de l'ordre de Saint-Étienne, qu'il avait institué un mois auparavant. Prévenu de l'accident, il accourut à Livourne et n'eut pas de peine à deviner le crime. Il soigna et pansa son fils de ses propres mains expertes en chirurgie comme il était savant en médecine. Malgré ses efforts désespérés, Jean expira entre ses bras le 26 novembre 1562, cinq jours après avoir été frappé.

Cosme revint à Pise; son visage impassible ne trahissait rien de la résolution qui couvait dans son cœur. Il attendit qu'encouragés peu à peu par l'impunité, le fils coupable et la mère qui l'avait caché reparussent devant lui. Un jour, en effet, Éléonore de Tolède s'enhardit jusqu'à pousser à ses pieds, demandant pardon, le malheureux enfant. C'était dans l'appartement sombre et reculé où le tyran de Florence enfermait ses méditations et se recueillait dans ses regrets et ses remords. A la vue du coupable, Cosme se leva de son fauteuil, la main enfoncée dans son pourpoint. Il releva son fils agenouillé, et tirant soudain le poignard qu'il avait l'habitude de porter sur lui, il en frappa don Garcia d'un coup rapide et sûr en disant: « Je ne veux pas de Caïn dans ma famille. »

Le malheureux jeune homme, condamné et frappé en même temps, alla rouler aux pieds de sa mère, qui tendait en vain les bras sur la porte, criant comme lui merci et pardon. C'était le 6 décembre 1562. Éléonore de Tolède fit porter le corps dans sa chambre, se coucha à côté de lui et ferma les

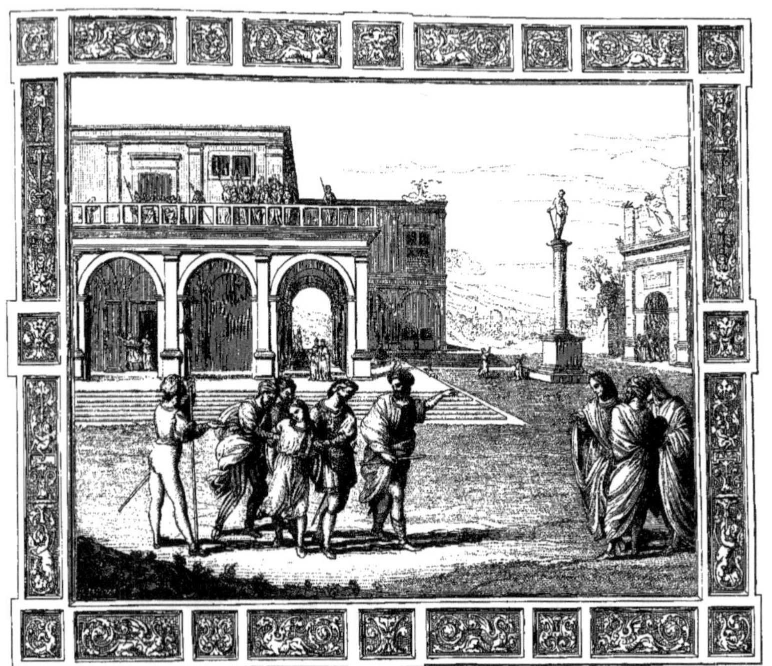

JOSEPH CONDUIT EN PRISON (PONTORMO).

yeux, disant qu'elle ne les rouvrirait plus jamais. Huit jours après, elle était morte, les uns disent de douleur, les autres de faim. Les trois cadavres rentrèrent nuitamment et sans pompe dans la ville de Florence, et l'on dit aux curieux que les deux fils et la mère avaient été emportés tous trois par la fièvre des Maremmes. Pire certainement que la malaria était la colère de Cosme.

Et les Florentins, qui connaissaient leur maître, se turent, pensant sans doute qu'après tout celui qui pouvait être impunément le tyran de l'État, devait être impunément le tyran de sa famille.

Voilà pour les fils de Cosme. Si nous passons aux filles, nous voyons que le sort de l'aînée, que représente notre portrait, ne valut pas mieux que celui de son frère Garcia. Marie à dix-sept ans était, comme le poëte l'a dit de Juliette, la plus belle fleur du printemps de Florence. Le jeune Malatesta, page du grand-duc Cosme, en devint amoureux ; la pauvre enfant, de son côté, éprouva pour lui un de ces sentiments qui ne savent rien refuser ni rien craindre ; un vieux domestique espagnol surprit les tête-à-tête et les dénonça. C'était les tuer. Marie mourut empoisonnée par l'inflexible justicier ; le lendemain, Malatesta fut jeté dans un cachot, resta prisonnier pendant dix ans, et parvint enfin à s'échapper et à se réfugier chez son père, dans l'île de Candie dont il était gouverneur. Mais Cosme avait le bras long ; deux mois après, Malatesta fut trouvé poignardé au coin d'une rue. Lucrèce, la seconde fille de Cosme, fut étranglée par son mari le duc de Ferrare. Isabelle, la troisième, trop aimée de son père s'il faut en croire Vasari, témoin involontaire d'un de ces mystères dont la vue foudroyait comme la mort, épousa Paul Giordano Orsini, duc de Bracciano, et eut pour les mêmes motifs le sort tragique de sa belle-sœur Isabelle, qu'elle suivit de cinq jours dans la tombe. Son mari l'étrangla par jalousie au moment où elle allait échapper à sa vengeance en se réfugiant auprès de Catherine de Médicis. Restait Virginie ; celle-là fut mariée à César d'Est, duc de Modène, c'est tout ce qu'on en sait. Elle fut heureuse, sans doute, s'il est vrai que les princes heureux n'ont pas d'histoire.

Et maintenant que nous savons l'histoire des modèles, disons en peu de mots empruntés à Vasari, celle des portraits.

« Le duc Cosme, ayant apprécié l'excellence du talent du Bronzino, fit faire par lui son propre portrait, où il est représenté jeune homme encore, armé d'armes blanches et la main posée sur son casque, ainsi que celui de la duchesse, sa femme, et dans un autre tableau, le seigneur don François, leur fils, prince de Florence ; et il se passa peu de temps avant qu'il ne fît un second portrait de la duchesse, différent du premier, et dans lequel le jeune duc Jean était près de sa mère ; en outre, il fit le portrait de la Bia, fille naturelle du duc, et une autre fois encore tous les fils du duc, et du même coup, la signora Maria, grande enfant qui commençait à être vraiment très-belle. »

Le Bronzino n'a pas laissé à la galerie des Offices que ces portraits tristement célèbres. Un de ses chefs-d'œuvre devenu classique est la *Descente du Christ dans les limbes*. La pureté du dessin, l'harmonie du coloris, tout concourt à la sublimité de ce tableau. La figure d'Ève y rappelle, par ses belles lignes, la Vénus de Médicis, et, au nombre des figures qui sont des portraits réels, on remarque, dans l'attitude de l'admiration, celle de Pontormo, le maître de Bronzino.

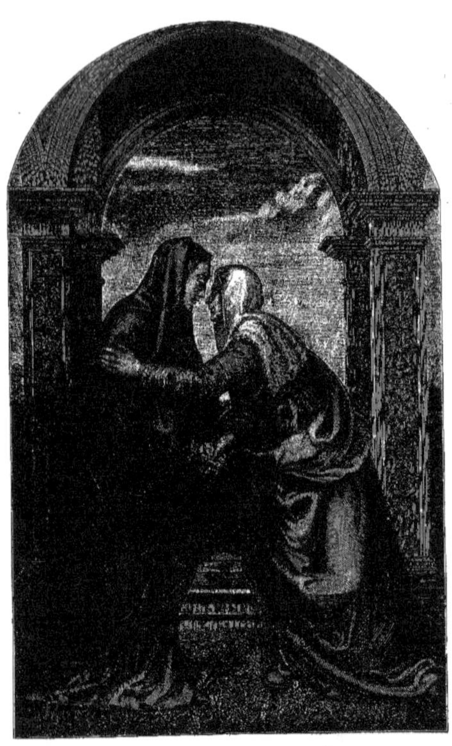

LA VISITATION (M. ALBERTINELLI).

Le Pontormo eut pour maîtres Léonard de Vinci, Pierre de Côme et Mariotto Albertinelli, l'ami et le disciple de fra Bartolommeo. Il travaillait dans l'atelier de celui-ci, et il n'avait pas encore atteint sa vingtième année, lorsque Raphaël, alors à l'apogée de sa gloire (c'était en 1512), prédit que l'auteur serait un peintre de premier ordre; ce fut vers cette époque qu'il représenta au-dessus du portique extérieur de l'église de l'Annonciation, les deux figures représentant la *Foi* et la *Charité,* qui firent dire à Vasari, peu louangeur de cette sorte de peinture, que c'était la plus belle œuvre de ce genre qu'on eût vue jusqu'alors, et à Michel-Ange, que si Dieu prêtait vie à ce jeune homme, il élèverait son art jusqu'au ciel. Nous devons encore à ce peintre un portrait de la sirène Bianca Capello, un des ouvrages les plus précieux de la galerie, et une *Léda* digne, par le dessin et le suave coloris, du pinceau d'Andrea del Sarto. Mais c'est surtout dans son interprétation d'un des plus touchants épisodes bibliques tirés de la vie de Joseph que nous voulons l'étudier et l'admirer : Pontormo en composa deux tableaux : *Joseph présentant ses frères à Pharaon* et *Joseph traîné en prison,* sur la plainte dépitée de la femme de Putiphar. C'est ce dernier et admirable tableau que nous reproduisons. Il a toute une histoire qu'il ne sera pas indifférent au lecteur de connaître.

Salvi Borgherini, gentilhomme florentin, à l'occasion du mariage de son fils Pierre-François avec Marguerite Accaioli, avait fait faire à Baccio d'Agnolo un ameublement complet de chambre à coucher en bois sculpté, avec dossiers, bahuts, fauteuils et lit de noces, et pour que les peintures qui devaient l'orner correspondissent à l'excellence de la sculpture, il avait appelé concurremment, en leur demandant à chacun un épisode de la vie de Joseph, Andrea del Sarto, Jacques Pontormo, Granaci et le Bachiacca; mais quelque temps après l'achèvement de ces petits chefs-d'œuvre, vint le siége de Florence, et avec lui la ruine de la plus grande partie des trésors d'art que renfermait la splendide cité républicaine; la ville prise, il s'éleva de son sein même des hommes qui disposèrent en vainqueurs des richesses de leurs concitoyens, qui se précipitèrent dans les palais abandonnés et firent un facile butin des meubles magnifiques, des tableaux précieux, des statues célèbres. Une troupe de ces pillards amateurs, conduite par Jean-Baptiste de la Porta, pénétra dans la maison de Salvi Borgherini; mais ils trouvèrent derrière le seuil cette même Marguerite Accaioli, décidée à leur disputer l'entrée de ce sanctuaire domestique, où l'art avait immortalisé ses plus doux souvenirs. Cette courageuse femme, résolue à périr plutôt que de se laisser dépouiller, apostropha la bande en termes si fiers, si méprisants, si patriotiques, que les armes tombèrent des mains de ces misérables étonnés, et qu'ils se retirèrent tout honteux. Pour cette fois, grâce à la présence d'esprit et à l'intrépidité de leur digne propriétaire, les tableaux rivaux d'André del Sarto, du Granacci, du Bachiacca et de Jacques Pontormo échappèrent à l'infamie de la destruction ou de l'encan. Mais le temps invincible et les vicissitudes inévitables d'une grande famille amenèrent la dispersion de ce précieux mobilier, dont la trace fut longtemps perdue; enfin, on retrouva deux morceaux de la

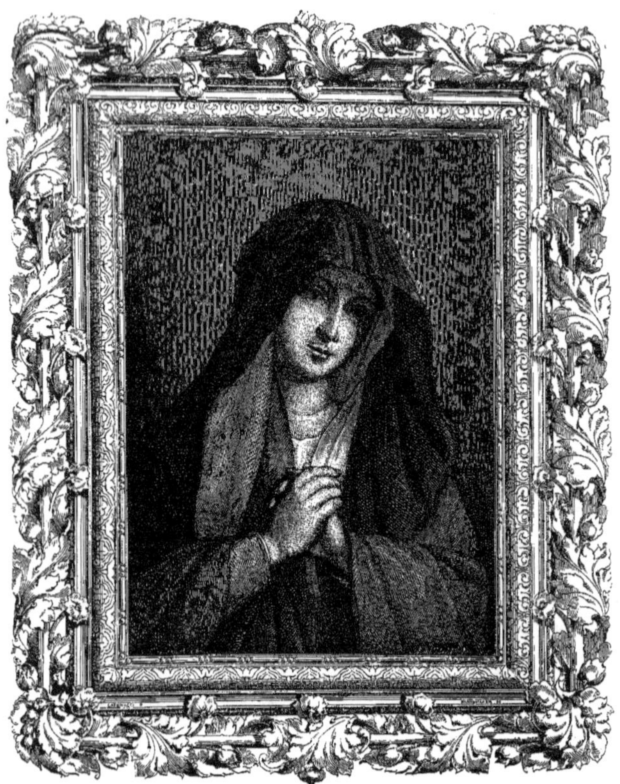

LA MATER DOLOROSA (SASSO FERRATO).

main du Bachiacca dans la maison de la signora Luisa Nerli de Sienne. La galerie Pitti, de son côté, fit l'heureuse acquisition de l'œuvre d'Andrea del Sarto; enfin, la galerie des Offices, animée d'une noble émulation, parvint à se procurer la tablette sur laquelle Jacques Pontormo avait peint Joseph conduit en prison pour son prétendu outrage à la femme de Putiphar.

Nos lecteurs n'ont qu'à jeter les yeux sur cette charmante composition, pleine de noblesse, de grâce et de fraîcheur, pour se convaincre que Michel-Ange n'exagérait pas trop, quand il disait que si le Pontormo avait continué de progresser dans sa première manière, il aurait fini par s'élever jusqu'au ciel « alle stelle. »

Mariotto Albertinelli (1467-1512) fut, comme nous l'avons vu, le maître du Pontormo. Il avait été l'ami, le compagnon et le disciple de fra Bartolommeo, dont l'influence ne fut pas moins profonde sur ses ouvrages que sur sa vie. Le fondateur de l'école mystique virile de Florence, de celle qui succède au groupe des Cimabue, des Giotto, des Ucello, des Agnolo Gaddi, des Lippi, des Signorelli, n'est pas un peintre, c'est un moine : Savonarole. Baccio della Porta, Lorenzo di Credi, Mariotto Albertinelli étaient du nombre de ces douze disciples artistes du sombre et chaste prédicateur qui, à sa voix, en 1490, brûlèrent sur un bûcher expiatoire leurs œuvres profanes et se consacrèrent à servir Dieu par le pinceau. Il semble, à en croire la chronique florentine, que Mariotto n'a qu'à moitié tenu ce serment. Il a été puni de cette infidélité par son impuissance à parvenir à cet idéal où n'atteignent que les purs; il s'est arrêté à moitié chemin, et ses visages ne sont qu'à moitié célestes. Mais on ne saurait refuser à ce peintre, timide d'invention, une noblesse de dessin, une grâce d'attitudes qui annoncent Raphaël, comme l'aurore annonce le jour. La galerie des Offices ne contient que des tableaux religieux d'Albertinelli ; il y a retracé successivement des épisodes de la vie du Sauveur et surtout de sa Mère, la naissance et la mort de Jésus, la Présentation au temple, l'Annonciation et la Visitation.

Une chose à remarquer et qui dénonce une âme timide, c'est la prédilection du peintre pour les profils. Dans presque tous ses tableaux, les principaux personnages sont vus de cette façon, plus favorable à la sculpture qu'à la peinture. Le profil ne saurait jamais avoir la vie et l'expression de la face. Aussi est-ce une vie tranquille et discrète qui anime les scènes retracées par Mariotto, qui ne rachète cette immobilité que par le mouvement des corps et le jet des draperies, presque toujours d'une singulière hardiesse. Dans ce vraiment beau tableau de la *Visitation* de la sainte Vierge à Élisabeth, que nous reproduisons, cette qualité est portée à un degré saisissant, et la vigueur inaccoutumée du dessin est encore rehaussée par l'éclat du coloris qu'estompe un clair-obscur admirablement distribué, et qui témoigne de l'influence de fra Bartolommeo, qui en a enseigné les artifices à Raphaël lui-même. On peut dire de ce tableau que c'est le chef-d'œuvre d'Albertinelli, et un peintre capable de le faire méritait une place dans notre galerie. Cette admirable peinture fut exécutée, en 1503, pour l'autel de la petite église

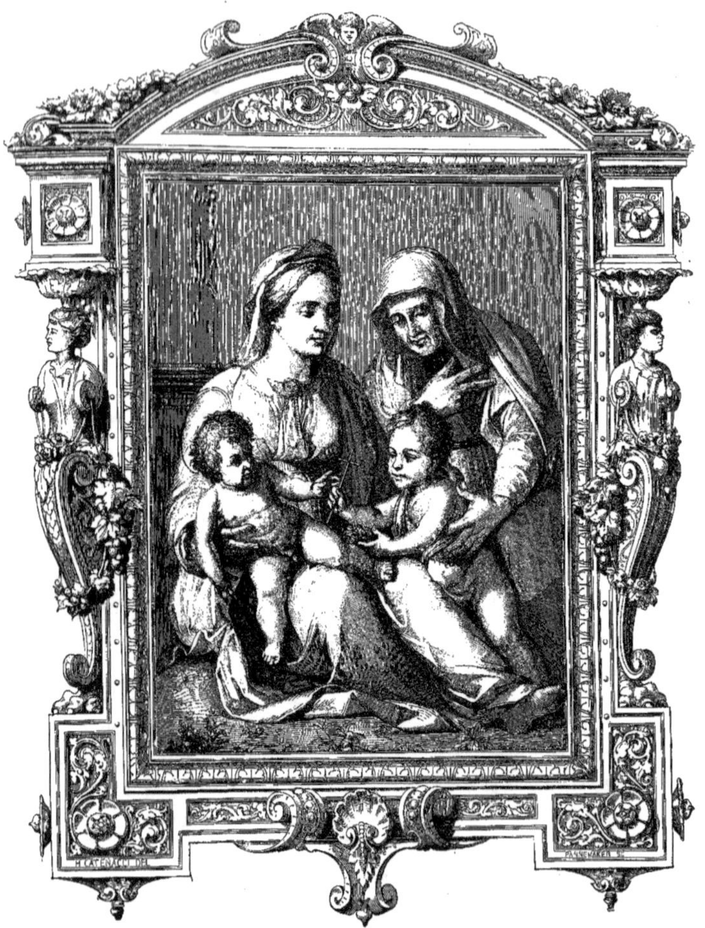

LA SAINTE FAMILLE (GRAZIADEI).

della Congrega dei Preti de Sainte-Élisabeth. En 1786, elle fut transportée dans la galerie, où elle supporterait le voisinage des plus illustres.

Il suffit de voir, à la collection des portraits des peintres peints par eux-mêmes, celui de Jean-Baptiste Salvi, dit Sasso-Ferrato, pour comprendre que ce n'est pas lui qui pouvait relever l'école romaine, l'école de Raphaël, de la décadence où elle était tombée à l'époque de sa naissance (1605), et où elle acheva de se perdre à sa mort (1685). Cette tête bilieuse, austère, aux cheveux courts, aux yeux inquiets, aux joues macérées, semble le type même de la médiocrité honnête, pieuse, laborieuse, modeste, tourmentée d'aspirations supérieures à ses forces, et que console la Prière, mère de la résignation.

Certes, sa Vierge affligée, sa *Mater dolorosa*, dont on trouvera la gravure dans ce chapitre, est d'une autre expression et d'une autre poésie que celle du Guide, par exemple, qui ressemble à une Artémise en extase. Il y a sur cette beauté candide, que n'ont pas encore flétrie les larmes, car elle n'est qu'aux premières, une expression touchante et presque sérieuse de tristesse et de soumission.

Si nous reprenons notre intéressante étude comparative des types de la Sainte Famille en prenant pour critérium les visages de Raphaël, nous nous trouvons en présence d'un nouveau groupe de madonistes : Sogliani, Graziadei, Polidoro Veneziano, Gerino da Pistoia, dont les inspirations diverses sont curieuses à relever.

Jean-Antoine Sogliani, qui florissait encore en 1530, fut pendant vingt-quatre ans non pas l'écolier mais l'imitateur de Lorenzo di Credi. Puis de l'école de Lorenzo di Credi il passa à celle de fra Bartolommeo, c'est-à-dire qu'il étudia sous les deux peintres les plus religieux de l'époque, et que, comme son génie n'était pas assez indépendant pour voler de ses propres ailes, il nous laissa des tableaux qui semblent des compositions un peu faibles, tantôt de l'un, tantôt de l'autre de ces deux peintres. Et cependant il y a un charme particulier dans les tableaux de Sogliani; ses madones sont de chastes femmes; ses *bambini* sont de divins enfants; puis il y a dans les plis de ses vêtements une élégance modeste et douce qui rappelle les deux peintres idéalistes que Sogliani avait pris pour modèles. Quant au coloris, il est vif et doux à la fois, plein de nuances charmantes, et la lumière, d'un beau ton blond, jette autour des divins visages de tendres auréoles Tout cela fait de la *Sainte Famille* de Sogliani, dont la gravure est sous les yeux du lecteur, sinon un grand tableau d'église, du moins un ravissant tableau d'oratoire.

Le tableau de Mariano Graziadei (nom d'heureux augure) que nous reproduisons également est passé, en 1844, de la chapelle du Palais-Vieux à la galerie des Offices. Vasari, dans la *Vie de Ridolfo Ghirlandaio*, dont Graziadei fut l'élève, dit :

« Mariano fut aussi le disciple de Ridolfo et fit sous ce maître de grands progrès; nous avons de lui un tableau représentant Notre-Dame avec le Christ enfant, sainte Élisabeth et saint Jean; cette œuvre, d'un grand mérite, se trouve dans la

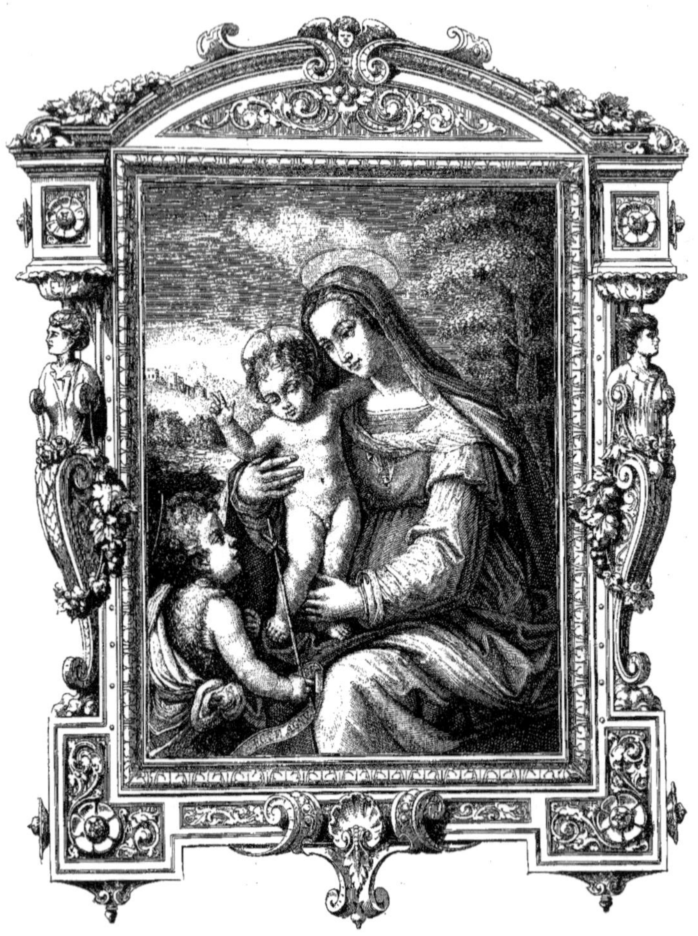

LA SAINTE FAMILLE (SOGLIANI).

chapelle du palais de la Seigneurie. On ne connaît pas à Florence d'autre tableau de ce jeune maître, précocement mort en 1551. Si l'on veut bien se souvenir de l'étroite amitié qui unit durant son séjour de quatre années à Florence, de 1504 à 1508, Raphaël et Ridolfo Ghirlandaio, on ne sera pas étonné de trouver dans le tableau de Graziadei des accents de la seconde manière de Raphaël, de celle où s'émancipant des disciplines ombriennes, il laisse son coloris s'épanouir en liberté. »

Il est curieux d'étudier l'effet d'un génie supérieur et celui d'un talent ordinaire, et de comparer, par exemple, la seconde manière de Raphaël à la seconde manière de Gerino da Pistoia, élève comme lui de Pérugin, et auteur de ce tableau de la *Vierge et l'Enfant*, assise au milieu d'un groupe de saints et de saintes, parmi lesquels on reconnaît à droite saint Jacques, saint Côme et sainte Marie-Madeleine ; à gauche sainte Catherine, saint Roch et saint Dominique. Ce tableau, qui provient du couvent de Gala da Pistoia, est daté de 1529. Il est postérieur à la mort de Raphaël. Mais les fruits de la conversion tardive de Gerino aux pompes de la vie et de la chair sont loin de valoir les fruits de l'inexpérience de Raphaël en 1500. Le tableau de Gerino da Pistoia est loin cependant d'être sans mérite.

Si nous passons à la décadence vénitienne, comme nous l'avons fait pour la décadence bolonaise, si nous demandons à un élève dégénéré du Titien comment il entend la Sainte Famille, nous trouverons les exagérations de forme et de couleur, et l'abaissement des caractères qui nous ont déjà choqué dans la Sainte Famille de Carrache. On peut le dire maintenant, les divins visages n'ont trouvé que dans l'école de Pérugin, unie à l'école de fra Bartolommeo, dans la doctrine qui mélangea la force florentine avec la grâce ombrienne, des interprètes dignes d'eux. Les Lombards, les Bolonais, les Vénitiens, les Napolitains, supérieurs par d'autres côtés, n'ont pas su faire des vierges célestes et des bambini adorables. Ils ont fait tous, plus ou moins, au premier plan d'un paysage sévère ou gracieux, une belle ou une jolie femme, tenant un enfant souriant, dormant dans son giron, et que lutine un saint Jean portant, comme un jouet ordinaire, sa croix de roseau. C'est ce qui est arrivé à Polidoro Veneziano, encore plus facilement qu'à Annibal Carrache, car il était loin d'avoir son talent.

Mais qu'était-ce que ce Polidoro, né en 1515, mort en 1565, dont quelques contradicteurs attribuent à Bernardino Licinio, frère du Pordenone, ce tableau dont nous parlons, qui est incontestablement d'un Vénitien? Son auteur est assez mal traité par les biographes. Il y a des artistes qui avec eux n'ont pas de chance. S'il faut en croire Lanzi, Polidore n'était qu'un médiocre élève de l'école du Titien, et, s'il faut en croire Ridolfi, ce n'était qu'une espèce de barbouilleur mercenaire, qui faisait des tableaux pour les maîtres de boutiques, avec des figures de vierges et de saints, tableaux qui sont en grand nombre éparpillés dans les maisons de Venise. Ce jugement porté sur l'homme qui a fait et signé ce tableau provenant de l'église *Dei servi*, à Venise, que nous reproduisons, est certainement trop dur, mais ne mérite pas un tel mépris, et nous avons fait graver son œuvre en signe de protestation. La scène représente saint François à genoux faisant baiser une croix

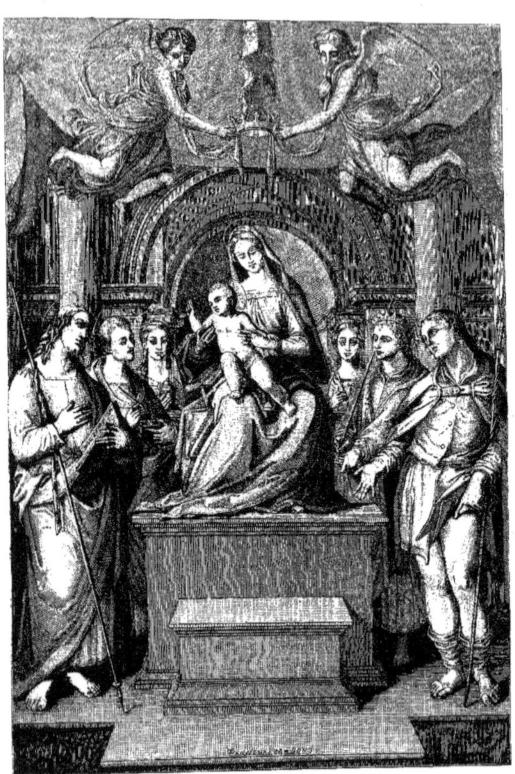

LA VIERGE ENTOURÉE DE SAINTS (GERINO DA PISTOIA).

par Jésus, assis sur les genoux de sa mère, penchée vers le saint, et plaçant son pied dans sa main comme pour assurer son élan. Ainsi qu'on peut le voir, la Vierge est belle et ne manque point d'une certaine grâce, nous ne dirons pas virginale, mais féminine. Le saint François a de la noblesse et du mouvement. Mais, il faut l'avouer, l'enfant Jésus manque de la grâce nécessaire non-seulement à un Dieu, mais à un enfant. C'est que Polidore vint au moment de la décadence de l'école vénitienne, et qu'il n'était pas de taille à retenir l'art sur les bords de l'abîme de la médiocrité.

Nous avons fait connaître les trois tableaux du Titien qui illuminent la Tribune; mais nous trouvons, dans les autres salles, de superbes toiles de ce grand peintre à signaler à l'admiration de nos lecteurs. Ils ont vu sa *Flore*, un chef-d'œuvre, voici maintenant deux splendides portraits, genre dans lequel il est resté sans rival : François de la Rovera, duc d'Urbin, et celui de la duchesse, sa femme. L'un et l'autre sont des morceaux de choix; celui de la duchesse est d'une magnificence inouïe. Ces œuvres sont signées en lettres d'or du nom de leur auteur; ils furent placés dans la galerie en 1795, à l'extinction de la famille de la Rovera. Un autre portrait plein d'énergie nous arrête, c'est celui de Jean de Médicis, capitaine *delle bande nere*, père de Cosme Ier; il fut tué à la bataille de Mantoue. Il faut citer aussi cette *Vierge à la grenade*, où la majesté le dispute à la grâce. Enfin ce délicieux tableau dont nous mettons la gravure sous les yeux du lecteur : le *Sommeil de l'enfant Jésus*, où sont réunies toutes les qualités du dessinateur, du coloriste et du poëte.

Paul Véronèse ne le cède pas à son redoutable rival, et la galerie possède de ce maître vaillant des morceaux de premier ordre. Ces deux génies de l'école vénitienne sont magnifiquement représentés à la galerie des Offices. Titien y compte dix-huit morceaux, et Paul Véronèse quinze. Signalons successivement, de ce dernier, une *Sainte Catherine à genoux enchaînée près de la roue de son martyre;* une *Annonciation de la Vierge*, grand tableau avec un beau fond d'architecture, ébauche remarquable dans un chef-d'œuvre inachevé; un *Martyre de sainte Justine*, où la figure du bourreau qui plonge son poignard dans la gorge de la sainte, et la tête pâle et résignée de la martyre mourante offrent un saisissant contraste; une *Esther devant Assuérus*, belle et riche composition dans le grand goût décoratif du peintre par excellence des foules élégantes et des magnifiques cortéges; une *Tête d'homme*, une *Figure de saint Paul*, un *Jésus élevé en croix;* enfin, arrêtons-nous devant le tableau qui résume le mieux le génie du peintre, si bien exprimé par son portrait, reproduit au commencement de ce chapitre : *Origine et caractère de l'école florentine*. Regardez cet homme grand, au front haut et déjà dégarni de cheveux, aux grands sourcils bien arqués, à la bouche charnue, pleine de bonté et d'éloquence, au nez long et frémissant; richement vêtu, la chaîne d'or au cou, il tient à la main un mouchoir ambré, symbole de sa vie épicurienne et de ses goûts élégants.

Ce peintre à imagination de poëte se retrouve tout entier dans cette *Sainte Catherine*, que nous reproduisons, si différente de celles des Raphaël ou des Corrége, et où l'absence d'élévation et de tendresse est rachetée par je ne sais quel accent magistral de vie et d'allégresse, par la beauté des visages et des chairs, l'éclat des costumes, la grâce des attitudes. Ne demandez ni sentiment profond, ni charme mystique à ce grand artiste des choses extérieures, qui semble dédaigner l'expression et jette sur toutes ses figures une sorte de sérénité olympienne. Mais ces réserves faites, quelle noble et digne Madone! Je sais bien qu'elle

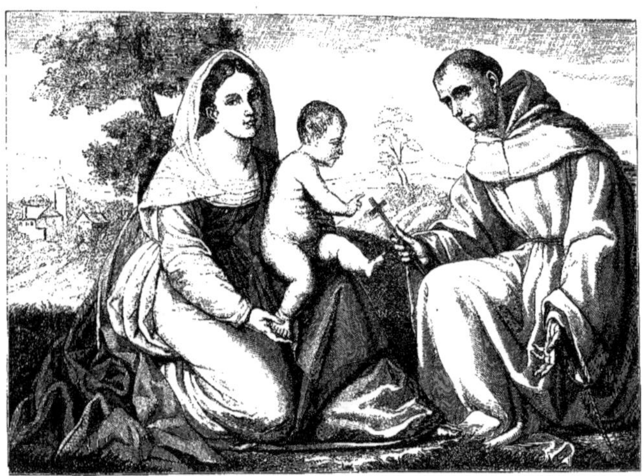

LA VIERGE ET L'ENFANT JÉSUS (POLIDARO VENEZIANO).

ne descend pas du ciel. Mais elle descend d'un des beaux palais de Venise, dans toute la gracieuse majesté de la maternité profane. Le saint Joseph est un type superbe de vieillard chauve, mais robuste et souriant. Jésus livre son pied rosé aux baisers fraternels d'un saint Jean à tête de pâtre des Abruzzes. Et sainte Catherine, l'épouse mystique transformée en opulente dame, et qui semble plutôt une figure de donataire qu'une figure de sainte, écarte gracieusement les langes de sa main potelée en profilant sur le fond moelleux du tableau une tête grasse et fraîche, aux longs cheveux blonds dénoués et tombant en ondes étincelantes sur sa robe de brocart et d'or. Il n'y a là rien qui ne jure avec les traditions de l'hagiographie, et les légendaires y perdraient leur latin. Mais quel magnifique dédain de cette tradition étroite; quel triomphant tour de force de l'interprétation matérielle et vulgaire d'un récit sacré ! Acheté, en 1654, par le cardinal Léopold de Médicis, dans la collection de Paul de Sera, marchand florentin à Venise, ce tableau fut placé, en 1798, dans la galerie des Offices.

Nous allons pénétrer dans la salle du Baroccio, dont voici l'entrée. Cette salle est spacieuse et belle; elle est ornée de soixante-et-onze tableaux et de quatre tables de pierres dures, dont celle du milieu, la plus belle, fut commencée en 1613 par Jacopo Antelli. Vingt-deux ouvriers y travaillèrent pendant vingt-cinq années; elle a coûté quatre cent quarante-huit mille francs.

Les tableaux de cette salle sont, en général, peu remarquables, de peintres inconnus ou de maîtres non classés, quelques portraits du Bronzin, quelques fades compositions de Carlo Dolci, un peu de tous les maîtres : des Florentins, des Vénitiens, des Bolonais, des Génois, des Milanais, des Parmesans, des Romains, des Flamands, des Espagnols. Là trône le Baroche, qui a donné son nom à la salle par sa *Madona del Popolo*, c'est-à-dire la sainte Vierge priant son fils de bénir plusieurs gentilshommes qui font l'aumône à des pauvres et à des veuves. Il est signé et porte la date de 1579.

Les tableaux de Pierre-Paul Rubens qui figurent dans cette salle ont une autre tournure, et les portraits de ses femmes, Élisabeth Brandt et Hélène, font oublier la Vierge del Popolo. Il y a ici encore un portrait magistral par Velasquez, celui de Philippe IV, roi d'Espagne. On dit que Pietro Rocca s'en inspira pour la statue équestre de ce roi, qui est à Madrid. On est frappé d'un tableau dont les personnages, grandeur naturelle, représentent une *Sainte Famille et deux anges adorant l'enfant*, composition éclairée par la lumière que produit le petit Jésus; il est de Ghérard Hontorst. Ghérard affectionnait les effets de lumière, et voilà pourquoi son surnom de Ghérard delle Notte. Ses historiens assurent qu'il ne peignait que la nuit et qu'il plaçait, pour éclairer sa toile et diriger sa main, une lumière sur les larges bords d'un chapeau dont il couvrait sa tête.

Une petite salle est consacrée à l'école française, qui ne se trouve pas à l'aise, avec son modeste bagage de peintres secondaires, au milieu de cet éclat des maîtres italiens de premier ordre; et notre orgueil national nous eût fait passer, sans même les regarder, devant les étoiles des Jacques Courtois, Joseph Parrocel, François Boucher, Sébastien Bourdon, Laurent de la Hyre, si, de loin, nous n'eussions aperçu des *Cavaliers avec une dame* écoutant, dans un jardin fantastique, un jeune homme jouant de la flûte, signé Antoine Watteau

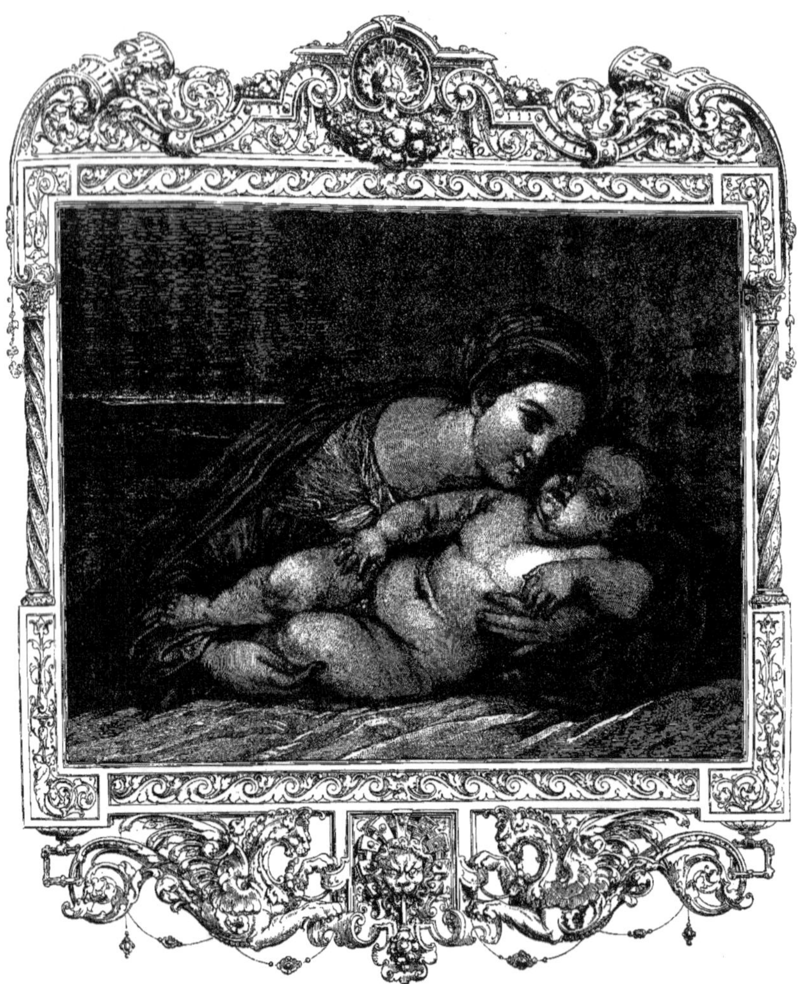

LE SOMMEIL DE L'ENFANT JÉSUS (TITIEN).

et coloré comme un Vénitien; deux François Clouet, dont un le portrait de François Ier, roi de France, traité à la Holbein. Mais ce qui nous avait amené surtout en ce lieu, c'était l'espoir d'y rencontrer un tableau fameux de Claude Lorrain, que les Italiens ne se gênent pas pour classer parmi leurs peintres avec notre Poussin. Mais ce tableau de Claude n'était pas dans la salle de l'école française. Les classificateurs du musée, par une étrange distraction, l'ont déposé dans la salle des tableaux flamands. Nous en parlerons ici, parce que c'est ici sa place, et qu'aussi bien il relèvera l'école française, qui en a grand besoin. C'est un ouvrage de premier ordre et que l'on peut placer parmi les chefs-d'œuvre de ce peintre de l'air et du soleil. Il représente la vue d'une *Marine, effet de soleil couchant.* Dans le lointain, au milieu des vapeurs, une tour crénelée, et, un peu plus loin, un phare entouré de navires; sur le devant, à gauche, des vaisseaux à l'ancre, pavoisés aux armes de l'ordre de Saint-Étienne; à droite, la villa Médicis de Rome. Cette page est signée et datée, chose assez rare dans les ouvrages de ce maître.

Les écoles flamande, hollandaise, allemande sont mieux traitées. Il y a ici une série de tableaux de ces maîtres du Nord, qui étonne et charme les visiteurs, et toutes ces œuvres sont authentiques et bien conservées, trop choyées peut-être, car quelques-unes sont placées sous verre, ce qui nuit à leur santé. Voici un Denner, dix Holbein, quatre Albert Durer, bien signés, bien vrais, ce sont des portraits; un, deux, trois, quatre Hemmeling, dont le musée du Louvre n'a qu'un seul échantillon; un tableau de la plus grande finesse de Rubens, *Vénus et Adonis; la Vierge et l'enfant Jésus*, par Van Dyck, cadeau du palais Pitti à la galerie des Offices.

Aucun nom ne manque à l'appel des peintres hollandais, petits et grands; tous sont présents; voici Mieris, François Mieris, un des chefs de l'école, avec son vieux amoureux; Breughel, l'inévitable Breughel, avec ses paysages et ses oiseaux; Gaspard Netscher, avec ses robes de satin et ses charmants tableaux de conversation, comme on les appelle en Hollande; Schalken avec ses effets de lumière; Van der Néer, avec ses effets de lune; Isaac Ostade avec ses patineurs et ses canaux glacés; Poelembourg, avec ses frais paysages, ses nymphes ou ses baigneuses; Ruysdaël, avec ses forêts mystérieuses, ses coups de vent et ses cascades; Van der Heyden, et ses édifices d'Amsterdam, ornés de petites briques rouges; rien n'est amusant comme ces grands petits tableaux hollandais, où l'art est étroit, minutieux, il est vrai, mais où l'imitation de la nature est poussée à un degré surprenant de vérité et d'harmonie. Nous n'avons pas parlé du chevalier Van der Verf, traitant en miniature de grands sujets bibliques, ni des bambochades de Pierre de Laer, un vrai Italien, ni des chevaux des deux Wouwermans. Metsu,

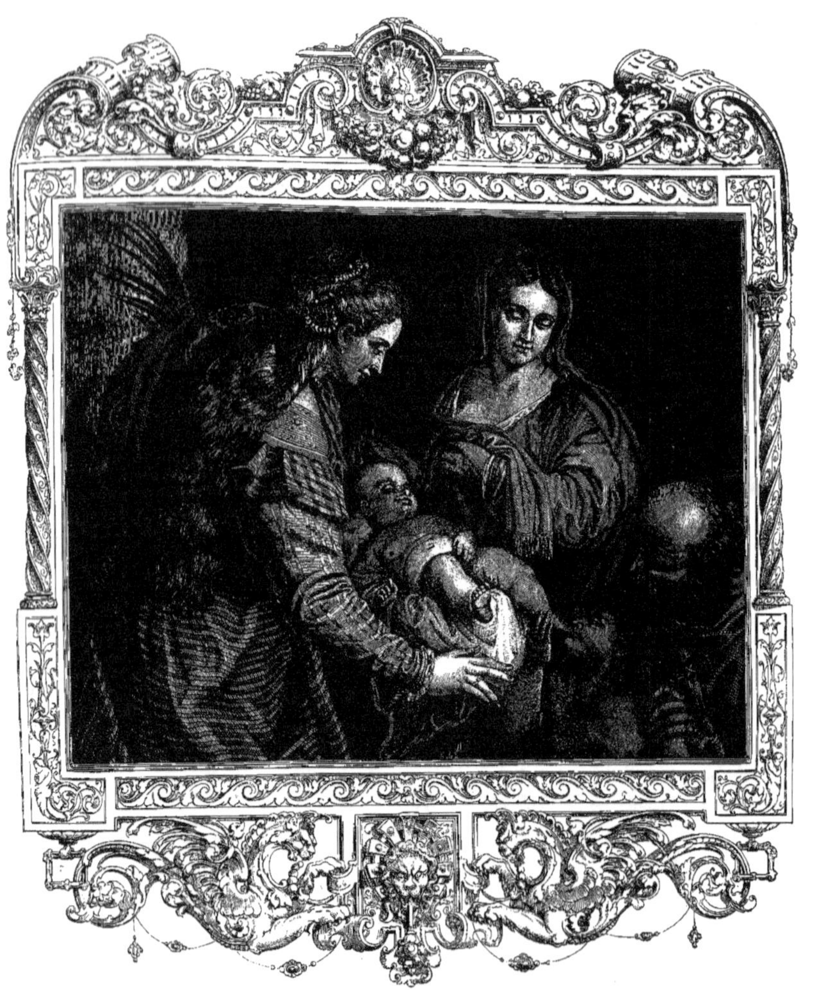

SAINTE CATHERINE (PAUL VÉRONÈSE).

le peintre par excellence de l'école hollandaise, est là aussi avec ses ravissants intérieurs de famille. Abraham Mignon, Rachel Ruysch, Seghers se présentent à leur tour nous offrant gracieusement leurs fleurs fraîchement épanouies; David de Heem, ses fruits; Hondekeeter, ses poules et ses dindons. Arrêtons-nous dans ces gras pâturages, où Berghem mène paître ses vaches et ses moutons; admirons surtout ces deux précieux échantillons de Rembrandt, le grand maître, le plus grand maître de toutes les écoles; voici la *Vendeuse de beignets* de son élève, Gérard Dow, qui nous présente ses friandises. Avons-nous nommé Lingelback, et les chauds paysages des deux frères Both, surnommés d'*Italie*, pour y avoir séjourné une partie de leur vie? Et le spirituel Jean Steen, le Molière de la peinture; et Adrien Van Ostade, avec ses magots, comme les appelait le grand roi qui était plus fort en galanterie qu'en peinture; et Pinaker, avec ses paysages si frais, si ravissants; et Moucheron, son rival, pouvaient-ils manquer à cette réunion? Nous prenons la galerie en défaut; elle n'a rien d'Albert Cuyp, de Cuyp, dont les œuvres se vendent au poids de l'or; rien de Pitre de Hooge, un autre peintre de la lumière; rien de Paul Potter, mort si jeune, il est vrai : absences regrettables. Mais elle a en revanche un *Ivrogne* de David Teniers le jeune, une *Tabagie* de Brauwer, et une belle dame hollandaise de Terburg. C'est une collection charmante, bien choisie et qui fait le plus grand honneur au bon goût des Médicis. Tous ces peintres, nés sous un ciel humide et froid, sont quelque peu étourdis, désorientés sous ce soleil brûlant d'Italie; mais l'accueil qu'ils reçoivent des visiteurs les console de la patrie absente et des brouillards néerlandais.

Il nous reste à visiter deux salles, où sont exposés les portraits des peintres peints par eux-mêmes. Ce fut le cardinal Léopold de Médicis qui commença cette collection précieuse, véritable Académie, où le mérite seul donne droit d'admission et pour ainsi dire d'immortalité. Il fit premièrement l'acquisition d'un grand nombre de portraits qui existaient à l'académie de Saint-Luc, à Rome; ensuite il fit rechercher avec un soin tout particulier ceux des anciens maîtres et ceux des plus célèbres artistes de son temps; enfin, il invita tous les peintres de l'Europe à lui envoyer leurs portraits. Depuis, cet usage s'est perpétué, et les artistes ont successivement continué à enrichir cette collection de leur image, de telle sorte qu'aujourd'hui le nombre de ces portraits n'est pas moindre de trois cent quatre-vingt-seize, si nous avons bien compté.

On remarque dans la première de ces salles la belle urne de la *Villa Médicis*, généralement connue sous le nom de *Vase Médicis*, et sur les flancs de laquelle on voit sculpté le sacrifice d'Iphigénie, composition de neuf figures. Cette urne est un des monuments les plus importants de l'antiquité, et l'on peut rap-

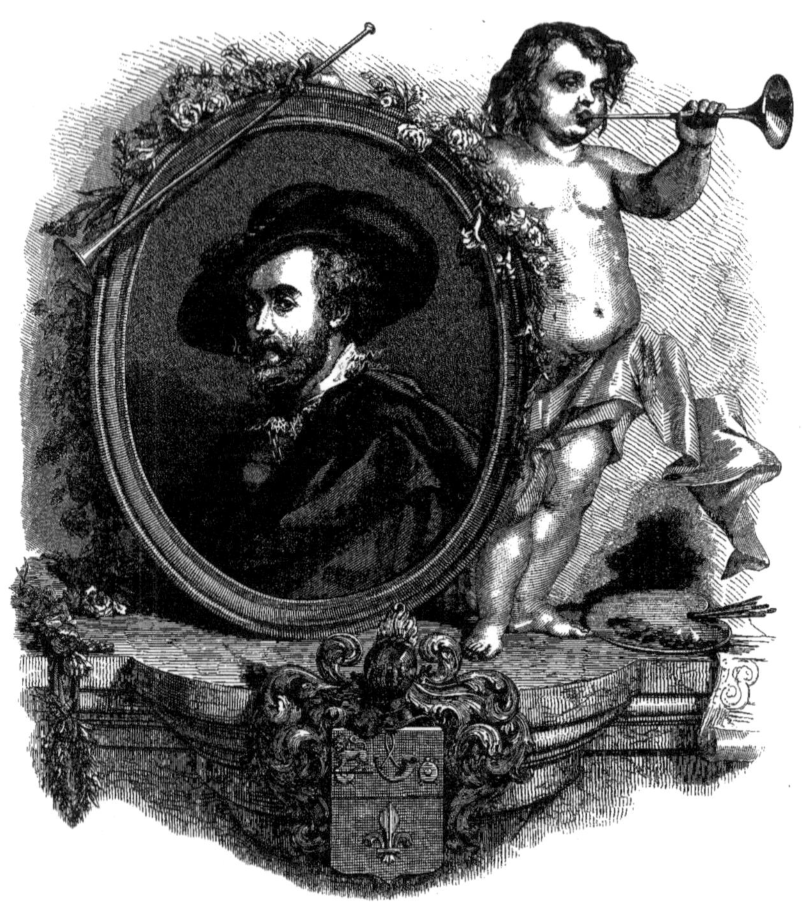

PIERRE-PAUL RUBENS.

porter son origine au plus beau temps de la Grèce. Les Grecs nommaient cratères ces sortes de vases qui contenaient pour leur repas un mélange de vin et d'eau. En nous racontant les banquets des anciens, Homère nous dit que les convives étaient placés chacun devant sa petite table et que, dans un coin de la salle, était déposée la grande urne dans laquelle puisait l'échanson pour verser dans les coupes des convives.

Citons les portraits les plus remarquables de cette collection unique. Dans l'école italienne : Raphaël, Pérugin, son maître, Jules Romain, son élève favori, Masaccio, Léonard de Vinci, Morto da Feltre, le restaurateur des grotesques, Bellin, le Gorgion, Titien, Paul Véronèse, les Carrache.

Parmi les peintres étrangers aux écoles d'Italie : Albert Durer, Holbein, Rubens, dont nous reproduisons le beau portrait, Van Dyck, Velasquez, Rembrandt, Gérard Dow, Canova (on sait que quelquefois le célèbre statuaire quittait le ciseau pour la palette), Charles Lebrun signé peintre du roi très-chrétien, M. Ingres qui, né en 1780, a atteint, à l'heure où nous écrivons, sa quatre-vingt-cinquième année.

En résumé, la collection des peintres de la galerie des Offices se compose, y compris les portraits des peintres, de treize cent huit morceaux, sans compter les cinq cent trente-trois portraits des hommes illustres qui décorent les corniches des trois corridors. C'est sans contredit un des musées les plus remarquables de l'Europe, moins pour le nombre des chefs-d'œuvre qu'il renferme, en définitive assez limité, que pour la réunion des peintures des maîtres de toutes les écoles.

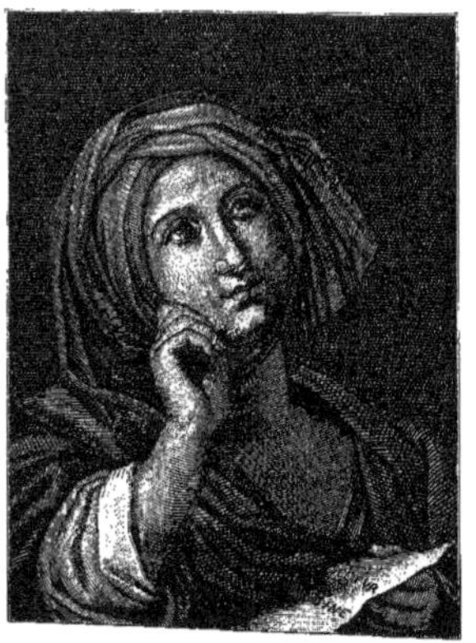

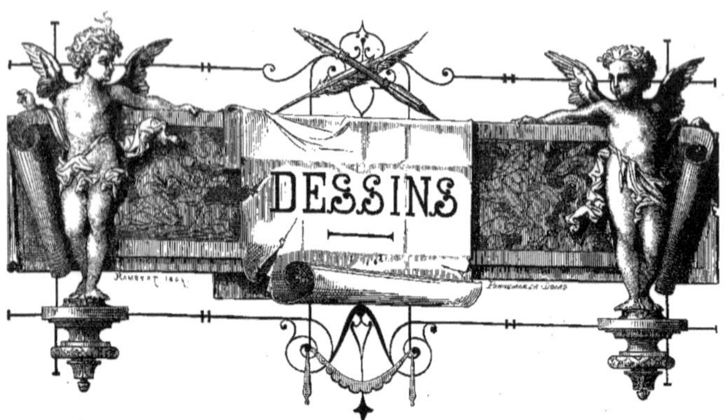

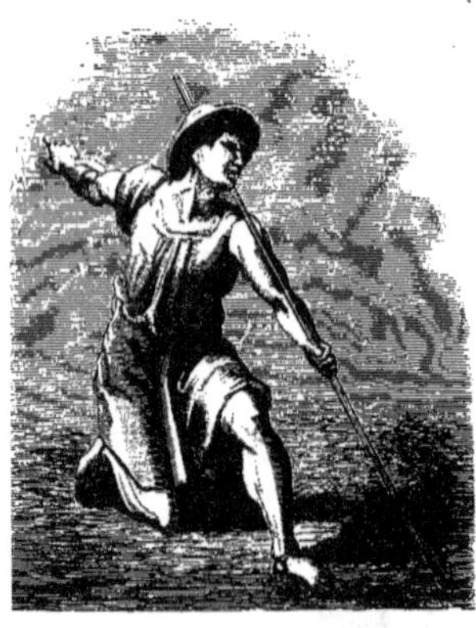

Nous n'avons plus à justifier l'attention, pleine de profits et d'attraits, que nous ne manquons jamais de donner aux esquisses, aux ébauches, aux simples dessins de préparation et d'étude qu'a consacrés le crayon des grands maîtres. Cet intérêt est compris et partagé par nos lecteurs.

Ce genre de curiosité compte à Florence deux rendez-vous privilégiés, et comme qui dirait deux sanctuaires, l'Académie des Beaux-Arts, dont nous parlerons en son temps, et la Galerie des Offices. Mais c'est à cette dernière collection, la plus importante de l'Europe, car elle ne compte pas moins de vingt-huit mille pièces, qu'il faut réserver les honneurs d'un examen détaillé et approfondi.

Georges Vasari parle souvent, dans sa Biographie des artistes de son temps, d'un recueil de leurs dessins qu'il avait réunis avec grand soin, et qui lui avait constitué un des matériaux les plus précieux de son grand ouvrage. On sait aussi, par le même auteur, que cette heureuse et féconde curiosité avait inspiré à un amateur contemporain, Vincenzio Borghini, la formation d'un Album du même genre, malheureusement perdu. Quant à la collection de Vasari, on peut affirmer qu'elle a formé le noyau principal de celle des Offices, grâce à l'intelligente libéralité du cardinal Léopold de Médicis. Les volumes de dessins réunis par cet illustre Mécène de l'art florentin s'accrurent successivement de diverses épaves, telles que les études amassées par Gaddi, Michelozzi et Hugford. En 1709, toute cette riche collection, qui se trouvait au palais Pitti, fut transportée à la galerie des Offices. En 1825, la direction des galeries procéda à un inventaire devenu nécessaire, et, par ses soins, on commença l'œuvre non moins utile du classement par écoles et par maîtres, et du numérotage des pièces, besogne immense, aujourd'hui achevée. Enfin, en 1854, pour satisfaire de légitimes et d'unanimes vœux, on organisa dans trois salles, une exposition composée d'un choix intelligent fait dans les richesses de ce trésor séculaire.

Dans la première salle, on a rassemblé les plus beaux dessins de l'école Toscane du quatorzième et quinzième siècle. On y remarque d'abord les dessins de l'école de Giotto, parmi lesquels il s'en trouve un très-rare à la plume de Taddeo Gaddi. Là nous rencontrons tous les noms célèbres du groupe des précurseurs : Masolino da Panicale, Masaccio, son illustre élève, fra Angelico, Paolo Ucello, Gozzoli, son disciple de prédilection, Verrocchio, le maître de Léonard de Vinci, Pollajolo, Botticelli et fra Felippo Lippi, le moine aventureux et romanesque. De ce dernier maître, le dessin le plus remarquable est au crayon noir sur une feuille jaune, rehaussé de blanc; il représente la Sainte-Vierge adorant l'enfant Jésus soutenu par des anges; c'est ce petit carton qui a servi au même artiste pour exécuter le tableau qu'on voit dans la galerie (salle des anciens maîtres).

Arrêtons-nous devant un dessin superbe d'Andrea Mantegna, représentant Judith portant la tête d'Holopherne. C'est un feuillet détaché du fameux Album de Vasari; il porte le nom de l'artiste et la date de 1491. Deux dessins à la plume, très-rares, de Francesco di Giorgio, peintre et architecte siennois, et une *Déposition de croix* de Pietro della Francesca font l'ornement du pupitre vitré placé au milieu de cette première salle.

Dans la seconde salle, nous sommes d'abord attirés par un certain nombre de dessins de Domenico Ghirlandajo, le digne maître de Michel-Ange. La plupart sont des études et des cartons pour ses célèbres fresques du chœur de l'église de Santa-Maria Novella, premier atelier de Michel-Ange.

Les esquisses à la plume dues à Felippino Lippi sont aussi des compositions préparatoires pour les fresques de la chapelle Strozzi, dans la même église.

Le Perugin est représenté dans cette salle par des dessins du premier ordre, notamment par une sorte de fresque sur papier, qui renferme en trois fragments le croquis tout entier d'un de ses plus incontestables chefs-d'œuvre, la *Déposition de croix* du palais Pitti. Toutes les figures sont exécutées à l'aquarelle, relevées de blanc et minutieusement travaillées; on dirait des miniatures. Dans ce même procédé, on admire encore de cet artiste une figure de Notre-Dame, étude pour la fresque de la salle capitulaire du couvent de Santa-Maria Maddalena dei Pazzi, à Florence.

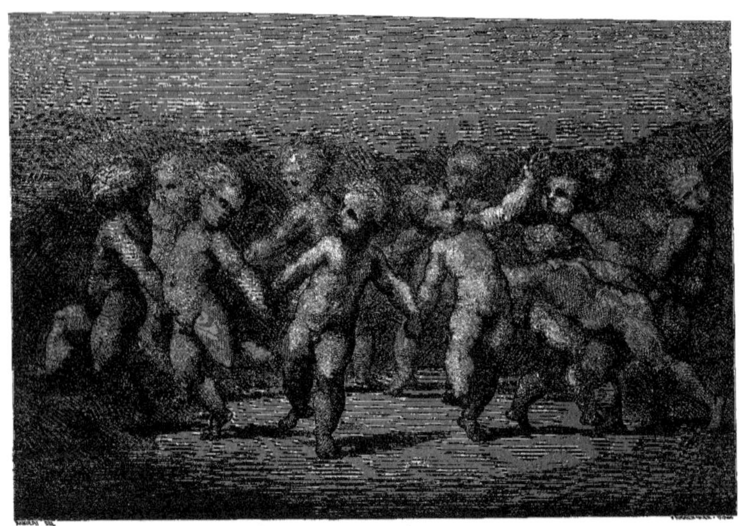

RONDE D'ENFANTS (PORDENONE).

Parmi les dessins qui mériteraient encore un examen détaillé, il faut citer ceux de Jean Bellin, du Giorgion, du Tintoret, du Titien et de son rival, Licinio, dit le Pordenone. La plupart de ceux du Titien sont d'admirables compositions à la plume qui répondent victorieusement à la critique de Michel-Ange qui prétendait que le grand coloriste ne savait pas dessiner. Il est impossible de ne pas admirer cette *Ronde d'enfants* du Pordenone, pleine d'allégresse, de mouvement et de vie. Le Pordenone, né en 1484, à Pordenone, dans le Frioul, mort prématurément, non sans soupçon de poison, en 1540, à Ferrare, est un des grands peintres vénitiens. Orlandi en fait arbitrairement un élève de Giorgion. Ridolfi, ce qui est beaucoup plus sûr, affirme qu'il n'a guère eu d'autre maître que son propre génie, auquel l'étude de la nature et l'imitation de Giorgion tinrent lieu d'expérience. Nous n'analyserons pas ses nombreux ouvrages à l'église collégiale de Pordenone, ses fresques au cloître Saint-Étienne et à San-Rocco, à la cathédrale de Crémone, etc. Nous nous bornerons à dire qu'en 1530, dès son apparition à Venise, il ambitionna d'être le rival du Titien, peignit en concurrence avec lui, dans l'église de Saint-Jean-l'Aumônier, son beau tableau de *Sainte Catherine*, *saint Sébastien et saint Roch*, et qu'après son triomphe de San-Rocco, il fut chargé avec le célèbre artiste des peintures de la salle du Scrutin, au palais des Doges. En récompense de sa coopération à cette entreprise, il reçut une pension de la République. Charles-Quint l'associa aux faveurs dont il combla le Titien, et le fit chevalier comme lui. Vasari, qu'on ne peut soupçonner de partialité en faveur de la peinture vénitienne, dit que le Pordenone fut le plus rare et le plus célèbre peintre du Frioul; qu'il surpassa tous ses prédécesseurs par l'invention, le dessin, la hardiesse et la pratique dans la peinture à fresque, le relief, la rapidité d'exécution, et par toutes les autres qualités de l'art. Du même caractère que le Giorgion, dont il a la verve puissante et le chaud coloris, il aimait la musique avec passion, était versé dans les littératures anciennes, avait une conversation pleine de vivacité et d'agrément, et achevait par son esprit les conquêtes de son talent. Ces attraits et ces succès, qu'il partageait avec Giorgion, semblaient le vouer à la même fin précoce et tragique. En effet, si Giorgion mourut de langueur et de désespoir, à la suite de la double trahison de l'amitié et de l'amour, Licinio, que les menaces de ses rivaux en tous genres avaient obligé à ne peindre que l'épée au côté, n'échappa point à leur haine et tomba victime d'un crime mystérieux et impuni.

Mais nous voici en présence du cadre consacré par ce grand nom de Léonard de Vinci. Il ne comprend pas moins de vingt-sept morceaux précieux : trois portraits, presque de grandeur naturelle, emportés à la pointe de ce fameux crayon rouge, des études de draperie à la détrempe, des caricatures et des grotesques, un groupe représentant le combat fantastique d'un lion et d'un dragon, une série de dessins de machines authentiques par leur vigueur et leur netteté incomparables, quand bien même on n'y lirait pas de la main même du grand homme : « *....bre* 1478 *inchomincias*, le 25 *vigile Marie*, » et dans la partie supérieure cette inscription : « *Fieraventi Dominico in Firenze e chompar amatissimo quanto mio.* »

Il est impossible d'éviter, à propos de ces dessins de machines qu'on rencontre par toute l'Italie et qui sont comme l'illustration de ces douze volumes de manuscrits conservés à la bibliothèque de l'Institut, de rappeler la prodigieuse fécondité d'invention et de combinaison, la science encyclopédique et l'aptitude universelle, qui ont fait de Léonard de Vinci un architecte, un ingénieur

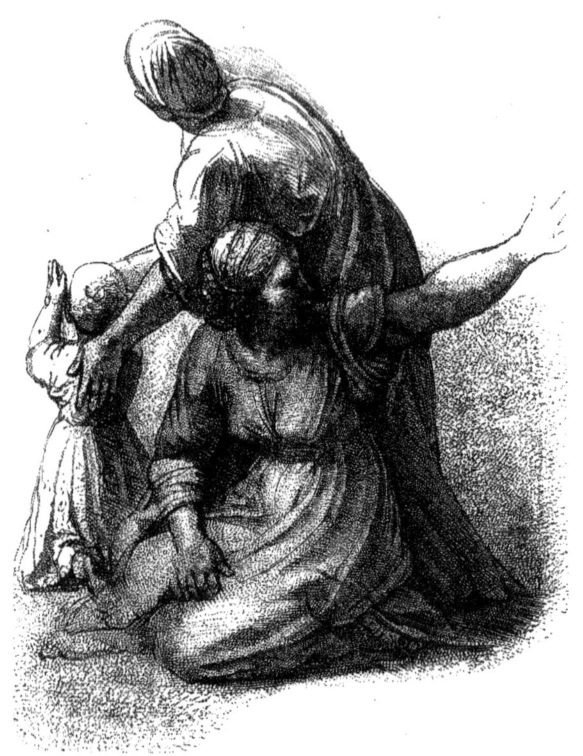

GROUPE TIRÉ DE L'INCENDIE DEL BORGO (RAPHAEL).

et un mécanicien de premier ordre. Venturi et Libri, le considèrent comme un des génies les mieux organisés pour la découverte scientifique qui aient jamais existé. Il a clairement indiqué ou soupçonné la plupart des progrès considérés comme des conquêtes de l'esprit moderne. On peut conclure de plusieurs passages de ses manuscrits qu'il connaissait, avant Copernic, le mouvement de la terre. Ses observations sur la capillarité, sur la circulation du sang, sur l'aimant, la diffraction, le scintillement des étoiles, la lumière cendrée de la lune, le flux et le reflux de la mer; ses études de physiologie botanique et de géologie le mettent au rang des naturalistes divinateurs. Il découvrit la chambre obscure et l'hygromètre. Ses connaissances en mathématiques pures étaient très-étendues, et il s'était surtout préoccupé de leur application à l'industrie. Il appelait la mécanique « le paradis des sciences mathématiques. » On trouve dans ses dessins des machines pour laminer le fer, pour tourner les vis, denteler les scies, pour dévider, tordre le drap, raboter, creuser les fossés, sonder, labourer, en se servant du vent comme force motrice; un tournebroche encore en usage à Rome, que met en mouvement l'air raréfié par la chaleur du foyer. Enfin il a dessiné le plan très-détaillé de son fameux canon (*architonnerre-architonitro*), où il avait eu l'idée d'employer comme agent de propulsion, la vapeur d'eau.

Mais les plus purs diamants de cet écrin varié, ce sont les dessins de Raphaël, au nombre de trente-sept. Un des plus fameux est celui de la composition d'une des fresques exécutées par le Pinturicchio dans la *Libreria* du dôme de Sienne, et représentant Enea Sylvio Piccolomini (pape futur), accompagnant le cardinal Capranica au concile de Basilée, carton dit à cause de son sujet la *Cavalcata*.

Non loin de ce morceau étonnant, on voit le dessin à la plume du fameux saint Georges à cheval qui se trouve à Paris. Dans le même genre, mais plus soigné, est le dessin de la célèbre *Déposition de la Croix* de la galerie Borghèse, à Rome. Un dessin au crayon rouge nous donne la première pensée de la *Vierge au berceau*, du Louvre. Signalons encore la figure de saint Jean dans le désert, étude du tableau de la tribune de Florence; deux aquarelles rehaussées de blanc, dont l'une représente *l'Adoration du Veau d'or*, et l'autre, *Moïse faisant jaillir les eaux du rocher*, sujets traités aux chambres du Vatican; un beau dessin de *saint Pierre délivré de prison*, autre fresque exécutée au Vatican; enfin, au crayon rouge, l'ébauche de la *Vierge au poisson*, du musée de Madrid, et, au crayon noir, la première esquisse de la *Vierge du grand-duc*. Parmi d'autres beaux dessins à l'aquarelle, relevés de blanc, notamment celui de la peste, dit *il Morbetto*, et qui a été gravé par Marc-Antoine. Nous avons choisi, pour en offrir la reproduction à nos lecteurs, un épisode de l'*incendie du Bourg*, fresque du Vatican, les deux femmes avec l'enfant à genoux, décrit par Dupaty, dans ses *Lettres sur l'Italie*, avec un style aussi emphatique que la composition qu'il a si malencontreusement exaltée est dramatiquement simple. Tout à côté on remarque l'esquisse de la femme qui porte un vase et celle du jeune homme qui se laisse glisser le long du mur.

Il est un autre dessin à la plume et au lavis de ce maître illustre que nous

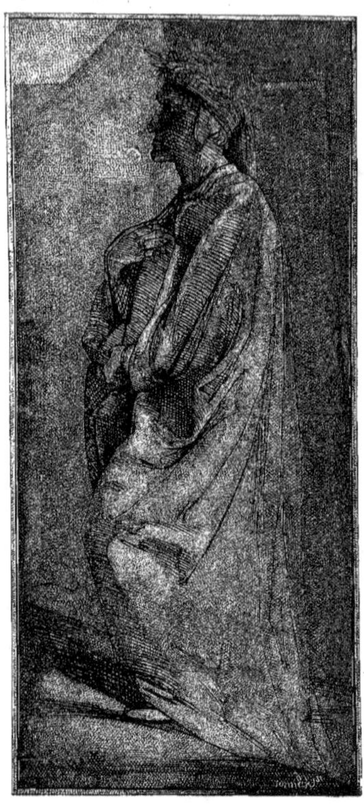

LE DANTE (RAPHAEL).

reproduisons à cette place : c'est le portrait du Dante. On comprend qu'un pareil homme devait représenter Dante tel que son imagination poétique l'avait vu. Rien de plus saisissant, en effet, que l'aspect de cette tête à profil de médaille, glorieusement laurée. C'est Dante dans tout l'appareil de son mâle et puissant génie, Dante sévère et livide, revenant de l'enfer et faisant fuir devant lui les petits enfants de Ravenne.

Dans les pupitres, autour de la salle, et dans celui du milieu, on trouve un certain nombre de dessins de l'école de Raphaël et de Michel-Ange, parmi lesquels il faut remarquer ceux de Francia, Primaticcio, Salviati, Albertinelli, Jules Romain, Daniel de Volterre, Vasari, Baccio Bandinelli et Baldassare Peruzzi.

L'école bolonaise y est représentée par de beaux dessins des Carrache, du Guide, du Dominiquin, du Guerchin, remplis de révélations sur les procédés généraux de l'école et le secret particulier de chaque maître.

Voici un superbe dessin signé de Salvator Rosa, que nous reproduisons. Il représente, dans un site farouche, sous un ciel orageux, la prédication de saint Jean-Baptiste aux prises avec un auditoire agreste de pasteurs et de chameliers. Il respire tout entier le génie inquiet, aventureux de ce grand peintre, qui avait durant sa jeunesse errante été le compagnon de Masanielo et des brigands des Abruzzes. Salvator Rosa est un dessinateur de premier ordre. On en peut voir la preuve non-seulement dans ses tableaux, mais encore dans les recueils de ses dessins, dont un certain nombre ont été gravés et publiés par lui-même à l'eau forte. Cette collection de ses estampes se compose de quatre-vingt-quatre pièces de différentes grandeurs, outre un livre d'habillements militaires, de soldats, de bandits, de soixante feuilles in-octavo, y compris le titre. Une autre collection parut à Rome en 1780, intitulée : *Serie di* 85 *disegni di Salvator Rosa*, etc.

La troisième salle de la collection des dessins en contient environ cinq cents de diverses écoles, parmi lesquels on admire d'abord ceux qui portent la marque léonine de Michel-Ange, au nombre de vingt-et-un.

En voici un à la plume et à l'aquarelle de cet illustre maître, représentant le plan du tombeau de Jules II, pour lequel il avait sculpté la fameuse statue de *Moïse*, qui devait dominer le monument. En voilà un autre auquel on a donné le surnom énergique de *l'Ame damnée* (*anima damnata*), et dans lequel on reconnaît une étude pour une des figures du *Jugement dernier*. C'est une tête d'une expression et d'une énergie superbes, au crayon noir. Nous reconnaissons encore les esquisses des tombeaux des Médicis de la chapelle Saint-Laurent, et une esquisse du fameux carton de la guerre de Pise, détruit, selon Vasari, durant les troubles de Florence, en 1512, par la brutale et sacrilége jalousie de Baccio Bandinelle. On sait que ce carton, ainsi que l'œuvre rivale de Léonard de Vinci furent, avec les fresques del Carmine, la grande école des artistes de ce temps. Ce carton fameux a toute une histoire qu'il n'est pas hors de propos de raconter ici :

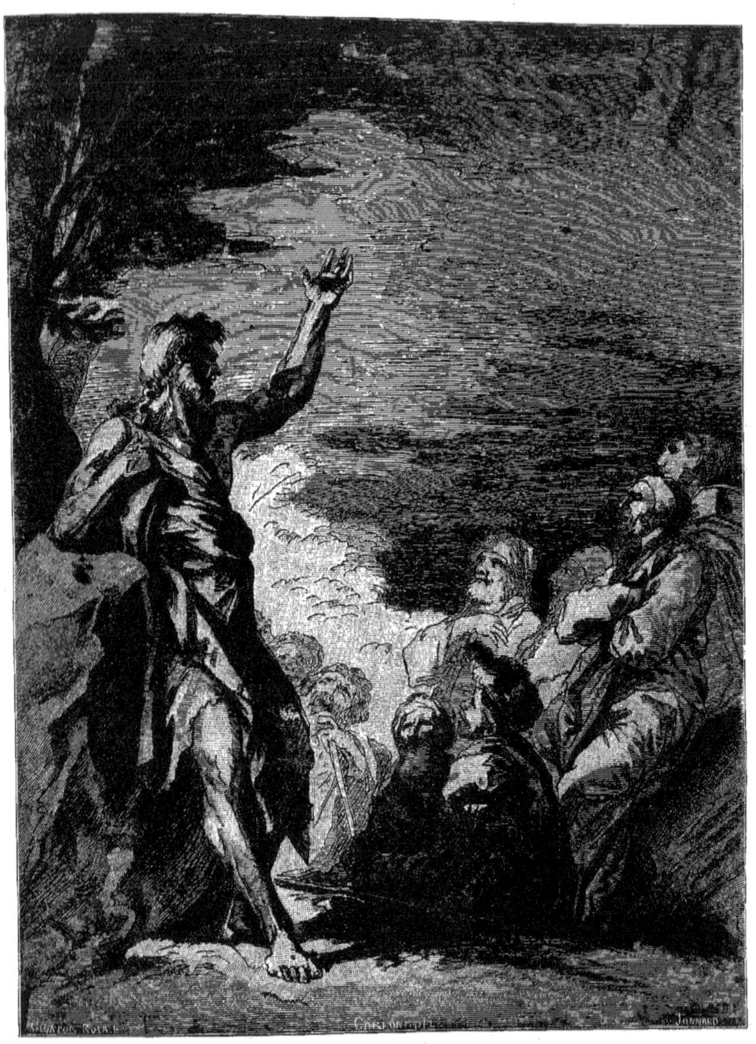

SAINT JEAN PRÊCHANT DANS LE DÉSERT (SALVATOR ROSA).

Au printemps de 1503, les magistrats de Florence ayant résolu de faire orner de peintures la salle du Conseil, au Palais-Vieux, chargèrent Léonard de Vinci, alors dans la plénitude de sa renommée, d'en décorer l'un des côtés. Léonard s'était déjà mis à l'œuvre, lorsque Michel-Ange fut à son tour chargé de peindre la muraille opposée. Ces peintures ne furent pas exécutées. Léonard, d'humeur inconstante et vagabonde, s'en dégoûta et y renonça. Le carton qu'il avait préparé n'est pas parvenu jusqu'à nous; il ne nous en reste qu'un fragment gravé par Edelinck, d'après une assez vague copie de Rubens. Léonard avait choisi pour sujet de sa composition un épisode de la bataille d'Anghiari, qui se termina par la défaite du général milanais Piccinino. Le fragment insuffisant, gravé par Edelinck, représente quelques cavaliers qui se disputent un drapeau.

La composition de Michel-Ange ne fut pas plus heureuse que celle de son rival. Elle périt dans les troubles de 1512. La perte de ce carton, qui est irréparable, n'est cependant pas complète. Dès le seizième siècle, Marc-Antoine et Agostino Vinezino en avaient gravé quelques figures bien connues sous le nom des *Grimpeurs*, probablement d'après les dessins de Raphaël qui avait étudié ce grand ouvrage durant le séjour fécond qu'il fit à Florence, de 1506 à 1508. Les peintres les plus célèbres de cette époque le copiaient à l'envi, et San-Gallo en avait fait, selon Vasari, une reproduction au clair-obscur. Ce serait cette grisaille qui, après avoir appartenu pendant longtemps à la famille Barberini, aurait passé en Angleterre. Michel-Ange commença ce carton en octobre 1504, et les premiers documents publiés par le docteur Gaye nous apprennent qu'il y travaillait en février 1505, très-peu de temps avant son deuxième voyage à Rome. Il avait choisi, pour sujet de cette composition épique, achevée en huit mois de travail assidu dans son atelier solitaire de San-Onofrio, un épisode de la guerre de Pise. Des soldats florentins, qui se baignent dans l'Arno, sont surpris par des cavaliers ennemis. Les trompettes sonnent l'alarme; quelques-uns des soldats sortent de l'eau en s'entr'aidant, d'autres mettent à la hâte leurs vêtements et se précipitent sur leurs armes pour venger la honte de cette surprise. Cette scène avait été habilement choisie comme étant la plus favorable aux variétés d'attitude dans le nu, et aux énergies musculaires dans la traduction desquelles Michel-Ange se plaisait à faire éclater ses audaces de raccourci et son expérience consommée des rapports anatomiques. Lorsqu'en 1506 ce carton fut exposé pour la première fois dans la salle des Papes, attenante à Sainte-Marie-Nouvelle, cé fut un transport unanime d'admiration. Benvenuto Cellini prétend que même dans les fresques de la Sixtine, Michel-Ange n'a pas atteint à une pareille hauteur d'inspiration. Il ajoute que cette composition et celle de Léonard sont dignes d'être « l'école de l'univers. »

Michel-Ange, comme Orcagna, comme Giotto, comme fra Bartolommeo, professait pour Dante une admiration qui tenait du culte. Pendant la durée de son exil volontaire à Bologne, en 1493, il avait fait la connaissance d'Aldovrandi, l'un des membres du conseil des Seize, qui le retint plus d'une année, le comblant d'amitiés et d'égards. Il se trouvait à Florence lorsque l'académie de Sainte-Marie-Nouvelle, dont il était un membre assidu, projeta de faire transporter de Ravenne

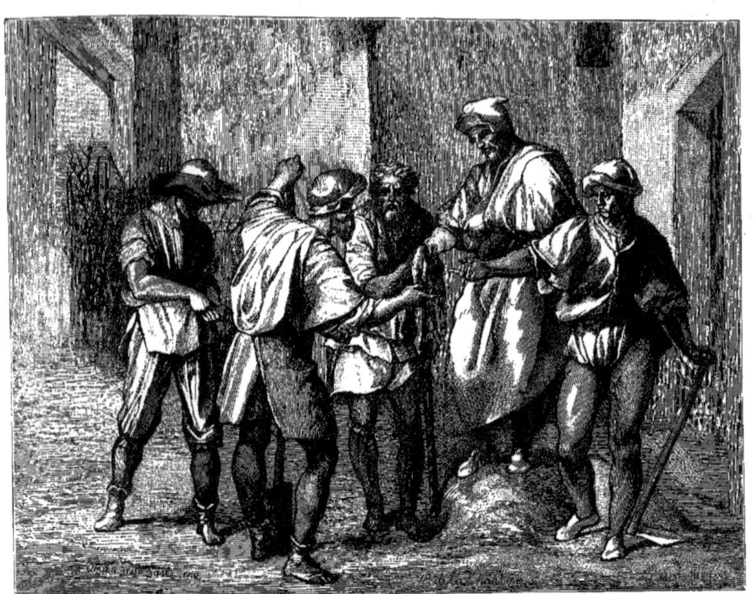

LA PARABOLE DU MAITRE DE LA VIGNE (ANDRÉ DEL SARTO).

à Florence les cendres de Dante, et adressa au pape la belle supplique qui nous a été conservée par Gori, signée des noms les plus célèbres de ce temps, et entre autres de celui de Michel-Ange, avec cette déclaration : « Moi, Michel-Ange, sculpteur, je supplie aussi Votre Sainteté, et je m'offre à faire convenablement le tombeau du divin poëte dans un endroit honorable de la ville. » Léon X reçut assez mal ce projet, qui fut abandonné. La part qu'y prit Michel-Ange n'est pas le seul témoignage du dévouement passionné à cette grande mémoire qui est un des traits les plus caractéristiques de la physionomie du peintre du *Jugement dernier*. Nous savons qu'il avait illustré de très-nombreux dessins un exemplaire de la *Divine Comédie*. Ce trésor fut perdu dans le naufrage du navire qui le portait, entre Livourne et Civita-Vecchia. Enfin le grand artiste dont Vittoria Colonna fut la Béatrice n'avait pas reculé devant la lyre même du poëte adoré et nous avons dans ses poésies de nombreuses et éloquentes preuves de cette ambition qui complète si bien l'idée qu'on se fait de Michel-Ange. C'est encore Condivi qui nous apprend qu'après avoir achevé la statue de la place du Palais-Vieux, « il demeura quelque temps sans faire aucun ouvrage de sculpture, s'étant entièrement consacré à l'étude des poëtes et des orateurs italiens et faisant des sonnets pour son plaisir. »

D'Andrea del Sarto, la troisième salle possède un assez grand nombre de dessins, la plupart des cartons pour ses divers ouvrages. Nous offrons au lecteur, en terminant cette revue, la reproduction de sa traduction pittoresque de la *Parabole du Maître de la Vigne*, où l'on trouvera toutes les qualités du peintre *sans erreur*. Mais notre promenade s'achève et nous n'avons pu qu'indiquer quelques rares esquisses du Corrége et plusieurs dessins du Parmesan, de Poussin, d'Albert Durer et de la plupart des maîtres de l'école flamande et allemande, dignes d'une description si l'espace ne nous faisait défaut et si nous cédions à la nécessité de mettre en quelques pages un monde d'impressions et d'admirations.

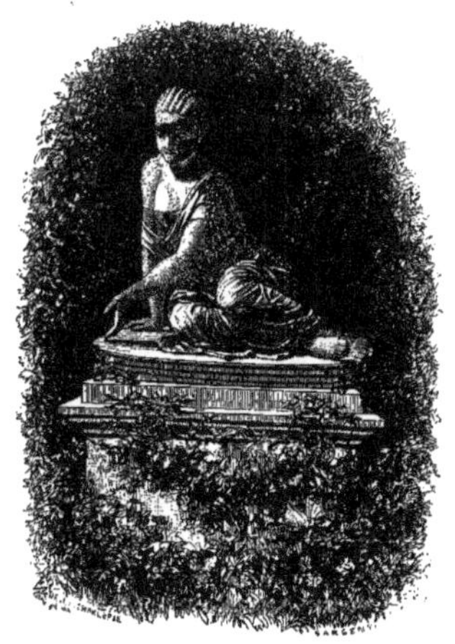

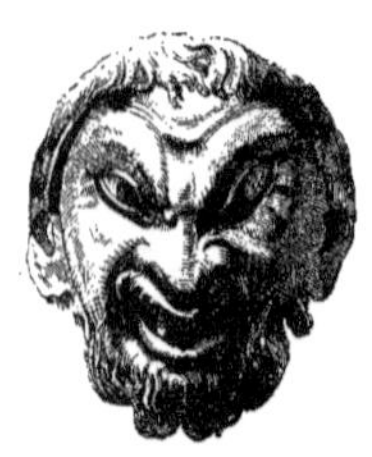

Nous avons déjà jeté un coup d'œil ravi sur les plus beaux spécimens de la sculpture antique qui y sont triomphalement étalés dans la tribune. La Galerie des Offices renferme, dans diverses salles exclusivement réservées aux chefs-d'œuvre de la statuaire antique et moderne, bien d'autres merveilles que nous voulons passer sommairement en revue, nous bornant forcément aux plus remarquables de ces trophées exposés sous 424 numéros sans compter le *cabinet des gemmes* ou pierres précieuses gravées.

Dès l'escalier se présente un *Bacchus*, statue en marbre qui ressemble à celle du musée de Rome; le piédestal est un cippe, contenant une inscription antique très-bien conservée.

Dans le premier vestibule nous saluons les glorieuses images des princes qui ont fondé ou enrichi la galerie; quelques-uns de ces bustes sont sculptés en porphyre par François Ferrucci del Tadda, auquel Cosme Ier, grand chimiste et physicien, comme on sait, montra le secret pour tremper le ciseau de façon à le rendre capable de mordre même dans le porphyre. Tadda exécuta grâce à ce procédé plusieurs merveilleux ouvrages, et le révéla à son tour à Raphaël Curradi qui fit en porphyre le buste de Cosme II d'après un modèle de Orazio Mochi.

Les inscriptions latines qu'on lit sur les piédestaux sont de l'abbé Lanzi, le plus capable de bien exprimer le mérite particulier de chacun de ces tyrans bienfaiteurs de l'art.

Signalons successivement : le *Sanglier* de Calydon en marbre, un des plus beaux ouvrages anciens dans ce genre; on en trouvera la gravure à la fin de ce chapitre, et une copie antique au musée du Louvre, et une autre superbe, en bronze, exécutée par Pierre Tacca et qui fait le plus bel ornement de la fontaine du *Mercato Nuovo;* trois beaux bustes d'Auguste et de sa fille Julie, des meilleurs temps de la sculpture romaine; la *Victoire*, statue aux draperies élégantes, portant une couronne dans une main et une branche de palmier dans l'autre. Elle n'a point d'ailes, depuis que Rome l'a fixée auprès de ses drapeaux, ainsi que dit l'*Anthologie :* « O Rome, reine des nations, ton nom sera immortel; la victoire ne peut plus te fuir! » Citons encore deux bustes de Néron et un de sa femme Poppée; enfin un buste d'Othon, dont Winckelmann a dit qu'il est le plus beau que l'on connaisse.

Admirons maintenant ce groupe plus grand que nature, d'un beau style grec, de *Bacchus et Ampelos*. Le dieu, chaussé de cothurnes de chasse, s'appuie mollement sur le jeune Ampelos, qui est à sa droite et semble l'engager à le suivre; ce faune riant et malin tient à la main un vase qu'il montre à Bacchus; contre un tronc d'arbre se trouvent un bâton courbé et une flûte à dix tuyaux.

Pourrions-nous passer indifférents devant ce *Mercure* si remarquable par la beauté des draperies? ou cette *Vénus génitrice*, d'une proportion si harmonieuse, et drapée d'un voile qui couvre sans les cacher, ses merveilleuses formes, ou enfin cette *Vénus* Uranie, soutenant d'une main pudique son léger vêtement et de l'autre retenant une touffe de ses cheveux bouclés? Et ce *Faune* au torse souple et nerveux? Et cet *Hercule* enfant, étouffant le serpent entre ses mains déjà irrésistibles? Et cet *Hermaphrodite*, que nous reproduisons ici, courbé sur une peau de lion d'un charme si étrange, d'une si indéfinissable volupté. Le ciseau grec nous a laissé plusieurs *Hermaphrodites*. Le musée du Louvre en possède un qui l'emporte, peut-être, pour la beauté, sur celui de Florence; mais le Bernin, en voulant le restaurer, eut, par une de ces recherches bizarres, la malheureuse pensée de représenter ce jeune efféminé mollement couché sur un matelas, la tête posée sur un coussin de plumes. Jamais on ne poussa plus loin le mépris des traditions, et jamais aussi on ne fut plus mal inspiré. A côté de ce chef-d'œuvre, il faut admirer cette tête colossale dite d'Alexandre, d'un si étonnant travail? Autant de merveilles dont nous ne pouvons dire que le nom, mais, à l'énumération desquelles nous ne manquerons pas d'ajouter ce groupe ravissant de Psyché et de l'Amour debout face à face et s'embrassant avec autant de bonheur que d'innocence, groupe aussi naturel et aussi expressif que celui de Gérard est froid et maniéré.

Mais nous voici enfin, dans la salle qui lui est exclusivement consacrée, en présence de ce chef-d'œuvre de la sculpture dramatique et pathétique, le digne pendant du *Laocoon*, et qui représente une scène analogue. Pierre Léopold de Médicis fit bâtir ce superbe salon pour servir de sanctuaire aux superbes statues dites *les Niobides*, quand, en 1775, il les fit transporter de la villa Medici à Florence.

Suivant Ovide et Apollodore, Niobé, fille de Tantale et femme d'Amphion, trop fière de la fécondité privilégiée qui l'avait rendue mère de douze, de qua-

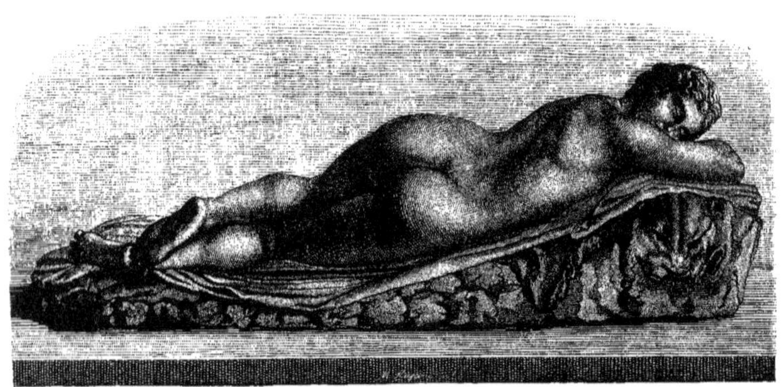

L'HERMAPHRODITE.

torze ou même de vingt enfants (car le chiffre est controversé) plus beaux les uns que les autres, excita par son orgueil et ses sarcasmes la colère jalouse de Latone, sa sœur. Celle-ci chargea Apollon et Diane de sa vengeance. Et elle fut terrible, car la famille entière tomba sous leurs flèches, autour de la mère victime d'une si indigne et fatale rivalité. Homère dit qu'elle fut, à la suite de cette tragédie, changée en roche, symbole peut-être de cette morne insensibilité qui suit les douleurs surhumaines. Ovide suppose que le massacre ensanglanta l'Hippodrome, près des murs d'Athènes. D'autres affirment que la métamorphose de Niobé eut lieu sur le Sipyle, montagne de la Libye, au moment même où les enfants étaient frappés à Thèbes. Quoi qu'il en soit de cette légende soumise à une éternelle controverse, il n'en est pas moins vrai que le groupe des Niobides est un de ces chefs-d'œuvre qui constituent l'inimitable supériorité de la sculpture antique. De tout temps, il a passé pour tel, comme l'attestent les nombreuses répétitions anciennes qui en ont été faites et dont des fragments ont été retrouvés. Quant à l'admiration des modernes pour ce modèle, pour ce type par excellence de l'art des Phidias et des Praxitèle, elle a été toujours en croissant, à mesure que disparaissaient les hommes capables de lutter contre de pareils monuments. Le Hude notamment avait fait des têtes des Niobides une étude approfondie et prononcée, dont on retrouve l'influence dans la plupart de ses ouvrages. Winckelmann n'a pas assez d'éloges pour ces statues si unies à la fois et si variées d'attitude et d'expression. « Les filles de Niobé, dit-il, sur lesquelles Diane a lancé ses flèches meurtrières, sont représentées dans cette anxiété indicible, dans cet engourdissement des sens où la présence inévitable de la mort ravit à l'âme jusqu'à la faculté de penser. Niobé et ses filles seront toujours les modèles du vrai beau. »

Les Niobides, au nombre de quatorze, parmi lesquelles deux qui n'appartiennent probablement pas au plan original et deux autres qui sont répétées, se trouvent disposées à peu près dans l'ordre où l'on suppose que les figures étaient au fronton d'un temple, probablement d'Apollon. M. Cockerell, célèbre architecte, auteur et défenseur de ce système très-plausible, a cherché à démontrer que la mère occupait le milieu du triangle, et les autres sujets, au nombre de douze, savoir, sept fils, quatre filles et l'esclave ou pédagogue, étaient rangés de chaque côté, de façon que ceux debout se trouvaient plus rapprochés du centre et ceux accroupis ou couchés vers les extrémités.

Il nous reste à dire quels sont les champions modernes qui, Michel-Ange en tête, ont le plus approché de cette perfection atteinte par les maîtres anciens. Plusieurs critiques ont été jusqu'à voir dans quelques-uns des grands sculpteurs italiens, les dignes rivaux des Scopas, des Praxitèle, des Phidias et des Cléomène, et les ordonnateurs des galeries semblent avoir rendu hommage à cette opinion, peut-être plus patriotique que juste, en plaçant dans le cabinet de l'*Hermaphrodite*, parmi les sculptures antiques, et à côté de ce *Ganymède*, restauré par Benvenuto Cellini d'une manière si fière et si originale, deux ouvrages de Michel-Ange, un *Brutus*, buste colossal seulement ébauché mais plein de vie et de caractère; et le fameux *Masque de satyre*, son premier ouvrage, fait à quinze ans et que nous avons placé en tête de ce chapitre. On sait qu'admis dans les jardins de Laurent de Médicis, remplis de chefs-d'œuvre antiques, il y exerçait son génie naissant dans des essais moitié originaux moitié serviles. Ce masque de satyre copié librement par le précoce artiste d'après une tête de Faune antique excita l'admiration de Laurent, qui à partir de ce jour fut le protecteur de

Michel-Ange, à son honneur et à celui de l'art. Il faut citer Verrocchio, Luca

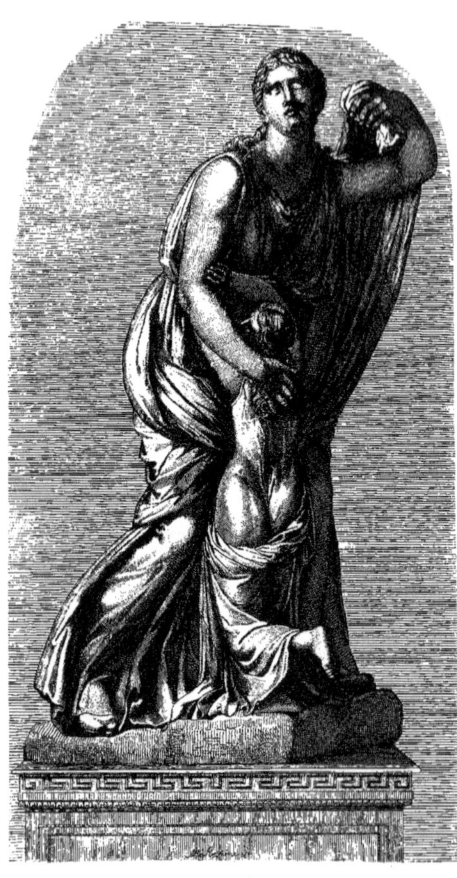

NIOBÉ.

della Robbia, Donatello, Benvenuto Cellini, Jean Bologna, parmi les gloires de la sculpture florentine. Donatello a aux Offices un *David triomphant*, statue plus grande que nature, tenant à ses pieds la tête du géant Goliath, qui a une pierre enfoncée dans le front. Excellent morceau d'un caractère somptueux et sévère.

Mais un des étonnements et des ravissements de notre promenade, c'est la halte que nous ne saurions manquer de faire devant les admirables bas-reliefs de Donatello, et surtout de Luca della Robbia, exécutés pour orner les deux grandes

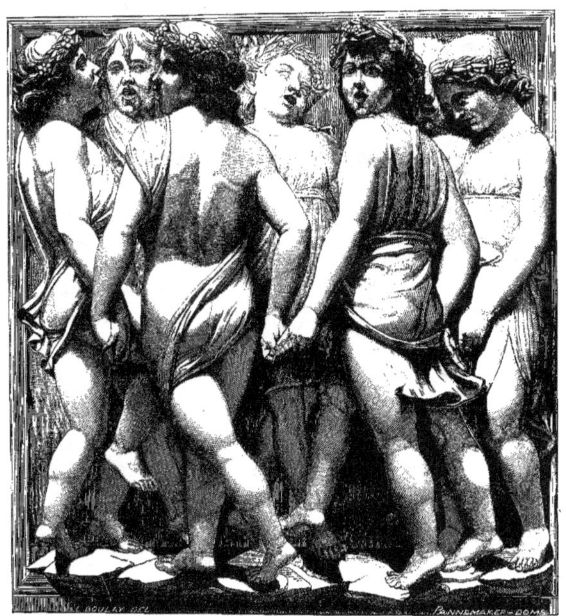

LA DANSE (LUCCA DELLA ROBBIA).

orgues de la cathédrale. L'œuvre de Donatello représente une *Danse de génies*, d'une exécution un peu accentuée, d'une beauté un peu sauvage, d'un mouvement un peu brusque. Les qualités de grâce ont parfois manqué à Donatello, qui eut toutes les qualités de force. C'était un homme de mœurs rudes et austères, un véritable précurseur, par le caractère comme par le talent, de Michel-Ange. Cette âpreté grandiose qui distingue ses compositions l'a rendu l'inférieur de son rival, le souple et tendre Lucca della Robbia, dans ce duel de la création des orgues métropolitaines. L'expression et le charme des bas-reliefs de Lucca. atteignent à un degré qui donne l'illusion du mouvement et de la vie. Ils sont au nombre de dix, tous consacrés à traduire plastiquement les psaumes XCVII : *Cantate*, *Exsultate* et *Psallite;* le psaume CXLIX : *Laudent nomen ejus in*

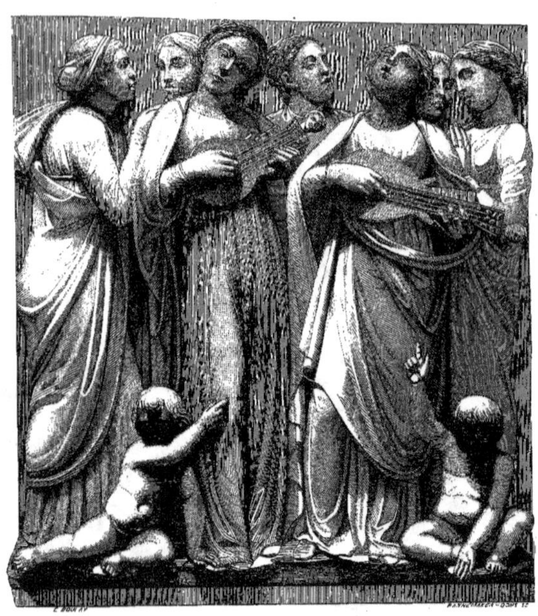

LE CHANT (LUCCA DELLA ROBBIA)

choro; le psaume CL, *Laudate eum in sono tubæ.* Nous reproduisons deux de ces tableaux plastiques chefs-d'œuvre du décorateur par excellence des églises de Florence, qui trouva pour seconder son génie, la sculpture sur émail et sur faïence, et ajouta les effets du luisant à ceux du relief. Vasari a loué ces ouvrages avec son minutieux enthousiasme.

« Lucca, dit-il, mit une si sérieuse étude à son œuvre que bien que les compartiments de son orgue soient élevés de la terre à la hauteur de seize coudées, on voit du bas se gonfler la gorge de celui qui chante, et on sent pour ainsi dire le mouvement des mains de celui qui bat la mesure sur les épaules de ses compagnons plus petits que lui; et cela en même temps que les autres traduisent diverses expressions de chants, de sons, de danses, et autres actions agréables qui ressortent naturellement de l'art de la musique. »

L'histoire de l'art a conservé la date de la naissance de Lucca della Robbia, mais elle a oublié celle de sa mort. Il était né, en 1400, d'un certain Suison de Marco, et, comme Brunelleschi, Ghiberti, Pollajuolo et Verrocchio, il avait commencé par être orfévre.

Si des salles des marbres nous passons à la salle des bronzes, nous nous trouvons en présence des plus beaux morceaux du fameux Benvenuto Cellini, qui n'a pas moins bien manié la plume que l'ébauchoir, et dont les *Mémoires*, dans leur genre, ne sont pas inférieurs, comme image exacte d'une vie aventureuse et dramatique, à ses chefs-d'œuvre d'orfévrerie ou de ciselure. La galerie des Offices montre de lui un *portrait de Cosme Ier de Médicis*, buste colossal, admirable de travail et de vie; un *casque et un bouclier*, superbes pièces qu'on croit avoir été exécutées pour François Ier, dont ils portent la salamandre emblématique; enfin, un petit modèle en cire du groupe de *Persée et Méduse;* c'est une esquisse exécutée avec un grand sentiment. Elle était destinée à donner à Cosme Ier une idée de son projet du fameux *Persée*, le plus bel ornement de la loge dei Lanzi. Ce *Persée*, malgré quelque recherche, est bien un chef-d'œuvre. Quand on se rappelle les détails de sa fonte, l'intrépidité avec laquelle l'artiste, épuisé de fatigues, dévoré de fièvre, s'élance de son lit pour rétablir et précipiter la liquéfaction du bronze dans lequel il jette tous les plats et toutes les écuelles d'étain de son ménage, sa fervente et dévote prière, sa guérison subite et son joyeux repas avec tous ses gens, cette statue évoque une sorte d'action qui peint les mœurs du temps et le caractère de l'homme extraordinaire qui l'a exécutée. Sur le piédestal sont quatre petites figures de bronze excellentes.

Un sculpteur d'origine française, Jean Bologne, de Douai, que les Italiens revendiquent en vain, mais dont la gloire appartient à sa patrie, a laissé à Florence des monuments variés de son genre, une statue équestre de Cosme Ier et le groupe hardi de *l'Enlèvement d'une Sabine*, qui excita dans toute l'Italie une si vive acclamation. Mais il faut louer surtout ce merveilleux *Mercure*, qui semble véritablement détaché de la terre et lancé en l'air par Borée.

Revenons à Michel-Ange, et continuons la revue de ses œuvres, à Florence. Elles comprennent encore, en dehors de l'admirable chapelle de Médicis, qui aura un chapitre séparé, et du *David* dont il sera question ailleurs, un bas-relief ébauché en marbre, représentant la Sainte Vierge avec l'Enfant Jésus et la tête d'un petit saint Jean, figure presque de grandeur naturelle, faite pour Barthélemi Pitti, et ina-

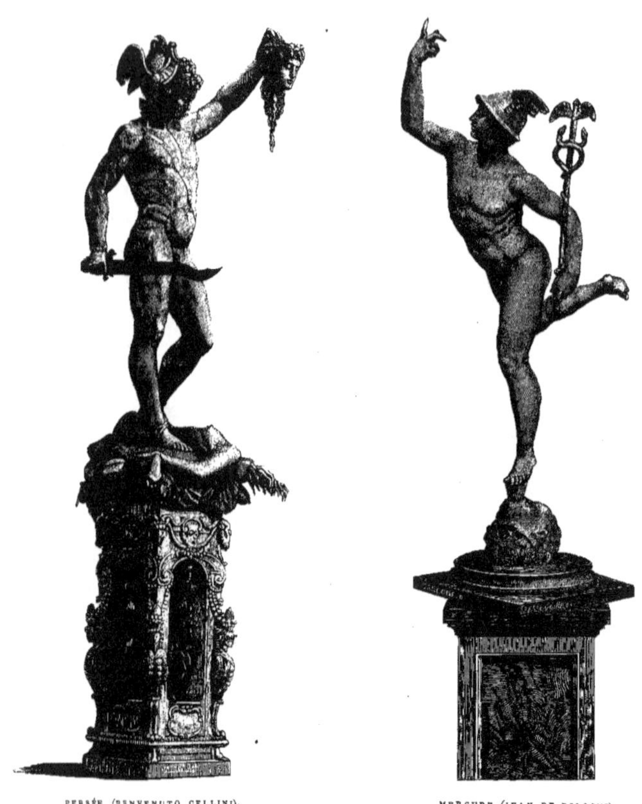

PERSÉE (BENVENUTO CELLINI). MERCURE (JEAN DE BOLOGNE).

chevée; *Bacchus ivre*, celui de tous ses ouvrages peut-être qu'il a fini avec le plus de soin et de délicatesse. Bien loin d'avoir la fougue, la fierté sauvage qui caractérisent *Moïse*, le *Bacchus* est d'un travail léger, d'une expression élégante, d'un style gracieux et coquet. Couronné de lierre et de pampres, il presse des grappes de raisin au-dessus d'une coupe dans laquelle cherche à boire sournoisement un petit satyre enveloppé d'une peau de chèvre. La statue de Michel-Ange n'a rien de commun avec les statues antiques des mystères orgaques. Elle manque complétement de divinité, mais l'ivresse y trouve son type accompli et comme idéal.

Nous ne pouvons que passer devant les armoires contenant les nielles précieuses de Maso Finiguerra et de ses disciples, et nous ne nous arrêterons pas

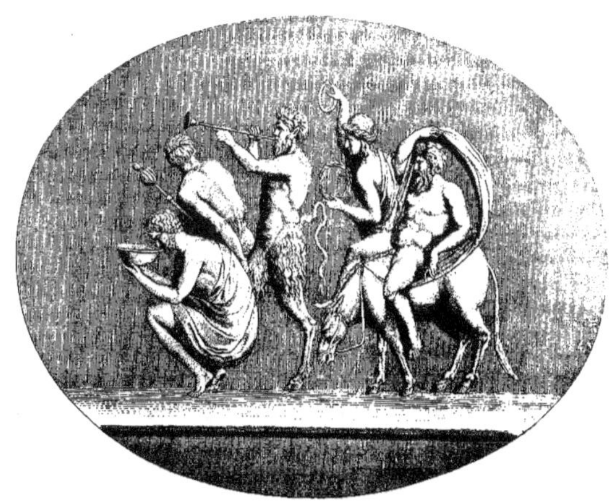

BACCHANALE.

davantage dans la salle consacrée à la collection des vases un peu abusivement dits étrusques, puisque la plupart viennent des pays de l'Italie méridionale qui formaient anciennement la Grande Grèce.

Le médaillier de la galerie *degli Uffizi* se compose d'environ quinze mille médailles ou monnaies de bon choix et savamment classées. Cette dernière collection, comme celle des empereurs romains, passe pour la plus riche que l'on connaisse au monde. Une autre collection, non moins précieuse, non moins célèbre, est celle dite des gemmes ou pierres fines, qui occupe l'un des cabinets de la galerie.

Parmi les pierres gravées antiques, il en est trois dont nous offrons la repro-

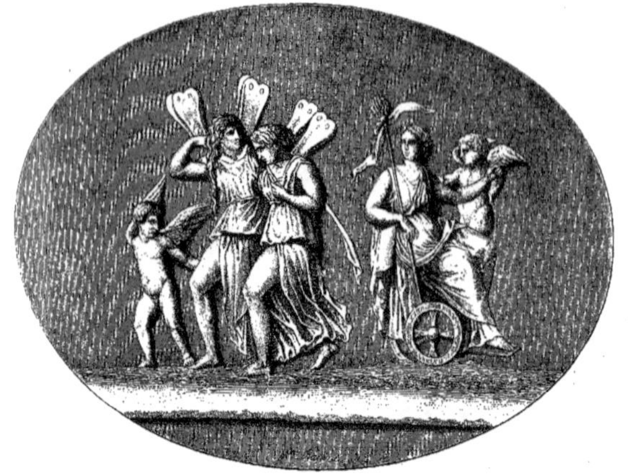

ARIADNE CONDUITE AU CIEL.

duction à nos lecteurs, ne fût-ce que pour leur donner une idée de la perfection à

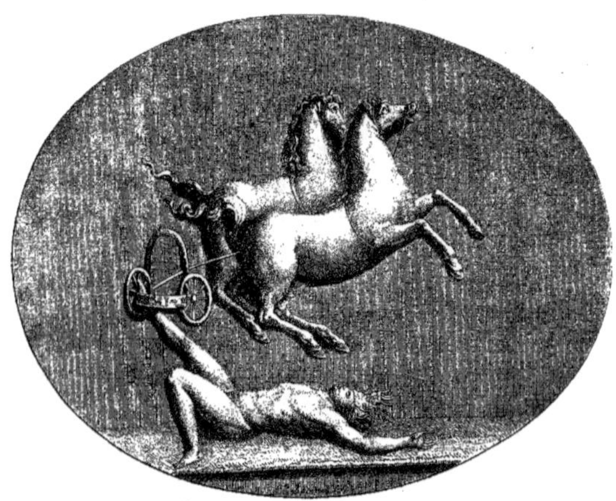

CHUTE DE PHAÉTON.

laquelle étaient arrivés les artistes anciens. C'est d'abord une pompe bachique dont

Silène est le héros. Les personnages qui accompagnent Silène sont tellement échauffés par le vin et par le bruit des bacchanales, qu'ils négligent de soutenir ce vieillard affaibli. L'un essaye d'étancher une soif que le jus de la treille a fait naître, et qu'il rallume, bien loin de l'éteindre; l'autre joue avec les couronnes que ses chants et ses danses lui ont méritées; le satyre règle la marche avec sa flûte, et une bacchante, armée d'un thyrse, semble hâter les pas appesantis de ce bruyant cortége. Toute cette composition, pleine de grâce et de naïveté, est exécutée avec une grande finesse et une grande précision. Le beau camée d'*Ariadne conduite au ciel* nous offre un exemple frappant du style que les anciens avaient adopté pour le bas-relief, et où ils affectaient de négliger systématiquement certains détails, et même tous les objets placés au second et au troisième plan.

Cette sardoine représente le triomphe d'*Ariadne* consolée de l'infidélité de Thésée par l'amour de Bacchus. Elle est introduite, le thyrse en main, par l'Amour dans le ciel étoilé où brille encore, tous les soirs, la couronne d'or et de diamants que lui donna le dieu du vin. Enfin, voici la *Chute de Phaéton*, tombé de son char où son pied est demeuré engagé, et qu'entraînent ses coursiers déchaînés. Ces trois compositions suffisent pour donner au lecteur l'idée de la naïveté raffinée, de la hardiesse contenue, et du goût savant des artistes grecs dont la galerie de Florence, après celle de Naples, contient les plus beaux ouvrages.

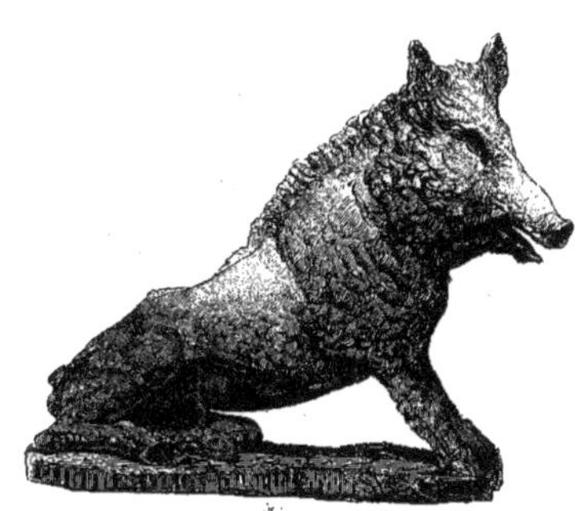

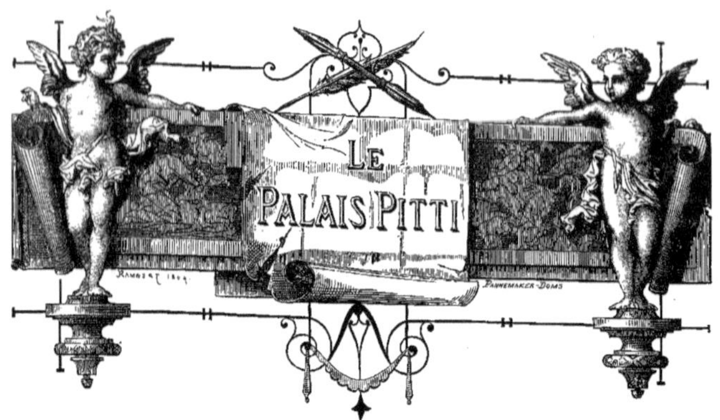

Si, du palais des Offices, on se rend en traversant l'Arno au palais Pitti, on y trouve un autre musée, non moins splendide que celui du Palazzo Vecchio. Du temps du second grand-duc Cosme Ier (1440), un petit négociant de Florence, un aventurier, un joueur heureux, tour à tour ambassadeur de la république florentine auprès du Saint-Père, membre du Conseil des Dix, devenu populaire par son crédit et ses folles libéralités, Luca Pitti, commença ce palais sur les dessins du grand Brunelleschi; mais les plans de cet édifice presque royal embrassaient une telle étendue et de telles proportions que bientôt la source qui alimentait les travaux fut tarie, et Luca, presque ruiné, aurait dû suspendre les constructions, si les marchands de Florence, ses confrères d'autrefois, et les Médicis eux-mêmes n'étaient venus à son aide et n'avaient concouru à l'édification d'un monument qui semblait consacrer la magnificence nationale. Le gouvernement rendit en outre un décret qui, faisant du terrain de construction une sorte de lieu de refuge, accordait grâce entière à tous les malfaiteurs et proscrits disposés à prendre part aux travaux. Une telle mesure, en ce temps de guerres intestines et d'inflexibles représailles, devait faire sortir de toute la Toscane des légions d'ouvriers, prêts à payer par leur coopération la rançon de leur vie ou de leur liberté. Aussi les travaux marchèrent-ils rapidement, et bientôt Luca Pitti put se trouver le maître d'un palais sans égal, dont sa vanité blessée fit à ses trop généreux concitoyens une ironique dédicace. Un distique latin, gravé par ses soins sur le piédestal d'une mule en marbre noir, symbole de la force et de la patience populaires, disait : « Pierres, marbres, charpentes, colonnes, cette mule a tout fourni, tout traîné, tout porté. »

Quand la mule fut complétement domptée et bridée, c'est-à-dire quand l'ambition triomphante des Médicis eut jeté les fondements de la grandeur de cette maison qui devait devenir une dynastie, ils ne voulurent pas laisser à la famille d'un rival insolent la possession d'un palais qui ne pouvait être que la demeure des maîtres de Florence. Habilement enlacée d'obligations et de substitutions par ces bienfaiteurs prévoyants, la famille Pitti dut abandonner à Cosme Ier le monument ruineux d'une grandeur passagère, et Éléonore de Tolède sa femme l'acheta de Bonaccorso Pitti, en 1549, moyennant neuf mille florins d'or. Le palais Pitti devint depuis ce jour la résidence de la famille des Médicis. Son architecture colossale, ses gigantesques membrures de forteresse, défiant les assauts des ouragans populaires, convenaient à merveille à une tyrannie naissante et encore disputée, et le corridor de deux cent cinquante mètres qui, traversant l'Arno et la ville au-dessus du Ponte-Vecchio, reliait le palais Pitti au palais des Offices, offrant ainsi, en cas de troubles, une communication et une retraite au chef de ce gouvernement orageux, devait assurer à cette demeure féodale la préférence sur toute autre.

Bâti au sommet d'une vaste place dont le plan est rapidement incliné, le palais Pitti élève sans aucun obstacle qui gêne les regards, sa gigantesque masse sombre et rougeâtre. Le rez-de-chaussée, le premier et le pavillon composent tout le bâtiment, dont la hauteur est de trente-trois mètres sur cent cinquante de largeur. La cour du palais, commencée en 1568, est une œuvre gigantesque de l'architecte Ammanati; notre cour du Luxembourg, bâtie par ordre d'une Médicis, n'est qu'une très-faible et très-lointaine contrefaçon de celle de l'artiste florentin. La grande salle du rez-de-chaussée est curieuse par les fresques de San-Giovanni, peintre rapide, fantasque, dont cet ouvrage important résume le génie bizarre et puissant. Ces fresques, qui mêlent tous les symboles et toutes les mythologies avec une indépendance des plus originales, furent terminées après la mort de San-Giovanni, par Cecco Bravo, le Vannini et Burini. Le premier y a représenté Laurent de Médicis en costume de gonfalonier de la République, accueillant Apollon et les Muses qui lui présentent la Renommée et la Vertu; le second l'a placé dans son jardin de Saint-Marc, au milieu des jeunes artistes et de Michel-Ange qui lui montre sa tête de Satyre; et le troisième, dans sa villa de Careggi, entouré des peintres de l'Académie platonicienne, parmi lesquels on reconnaît Marsile Ficin, Pic de la Mirandole et Politien.

A l'issue du vestibule se trouve le célèbre jardin de Boboli où Lenôtre, suivant la vanité italienne, serait venu chercher l'idée des jardins de Versailles,

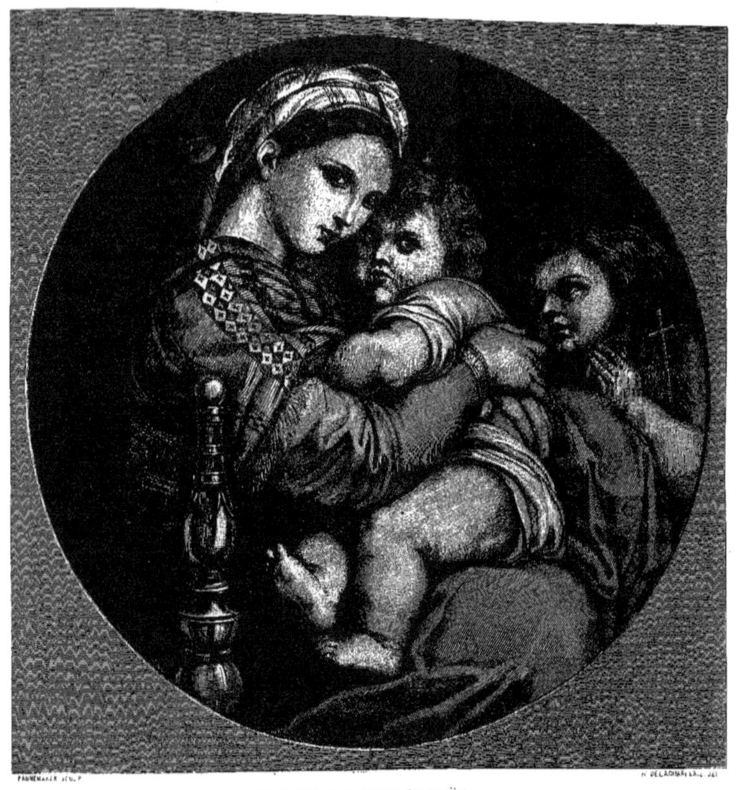

LA VIERGE A LA CHAISE (RAPHAËL).

de Marly et des Tuileries. Le Boboli est décoré d'un grand nombre de statues, pour la plupart médiocres; il s'en trouve cependant quelques-unes dues au ciseau d'habiles maîtres : l'Apollon et la Cérès de Bandinelli; quatre figures ébauchées de Michel-Ange; le Neptune, ornement du bassin du milieu du jardin, et le groupe colossal dit des trois fleuves, chef-d'œuvre de Jean de Bologne, notre illustre compatriote.

Mais il est temps de monter au premier étage et de pénétrer dans la galerie. Les tableaux qu'elle renferme sont distribués dans quatorze magnifiques salons, décorés dans le style de Louis XIV. Les sept premiers, les plus riches, sont disposés en enfilade et désignés sous le nom d'une planète. Les voûtes, ornées de peintures allégoriques de Pierre de Cortone, racontent les vertus des Médicis. La création de cet admirable musée remonte à l'année 1640; il est dû aux soins, au goût éclairé et à la munificence des Médicis. La galerie Pitti est regardée comme une des premières, et peut-être la plus choisie de l'Europe. Elle ne compte guère que des chefs-d'œuvre parmi ses 497 numéros; et si elle n'offre point au curieux, les précieux monuments des origines de l'école et les éléments de comparaison qui font de la galerie des Offices un lieu d'étude unique, elle l'emporte par l'unité et l'harmonie sur la variété parfois discordante de sa rivale. Il ne peut pas entrer dans nos projets de procéder à une analyse minutieuse que l'exiguïté de notre cadre ne supporterait pas. Notre système, d'ailleurs, on le sait, est de passer indifférent devant les œuvres secondaires, pour réserver notre admiration aux chefs-d'œuvre, qui se trouvent, du reste, ici à chaque pas.

Voici la salle de Mars. Au milieu du plafond est l'écusson de Médicis soutenu par des génies et orné de trophées qui attestent les faveurs de la fortune propice. Le Dieu de la guerre, armé de l'épée et de la foudre, préside à un combat qui enflamme à la fois tous les éléments. Hercule forme un trophée des dépouilles conquises que lui présentent des génies équestres. Enfin la Victoire, à laquelle la Paix et l'Abondance tressent une couronne, apparaît triomphante sur un char entouré de captifs.

C'est dans ce salon, le plus splendide de la Galerie, que brille le plus aimable chef-d'œuvre de Raphaël, et on peut dire le chef-d'œuvre de la peinture, *la Vierge à la Chaise*, cette gracieuse madone, dont le doux et profond regard, la beauté pénétrante, ont fait le désespoir des plus célèbres graveurs, Muller, Morghen, Desnoyers, et de dix autres qui, comme eux, ont osé tenter une reproduction impossible. La Madone *della Seggiola*, comme on l'appelle en Italie, est de l'année 1516, époque de maturité complète et de perfection achevée du divin artiste. C'est la plus charmante, la plus douce, la plus vivante, la plus humaine de ses Vierges. Penchée et comme arrondie sur le corps de son enfant qu'elle serre entre ses bras, mais détournant de lui le regard pour le porter sur le spectateur, elle s'éloigne agréablement du type caractéristique et traditionnel cher au chaste génie de Raphaël. Elle ne descend pas du ciel comme la *Vierge*

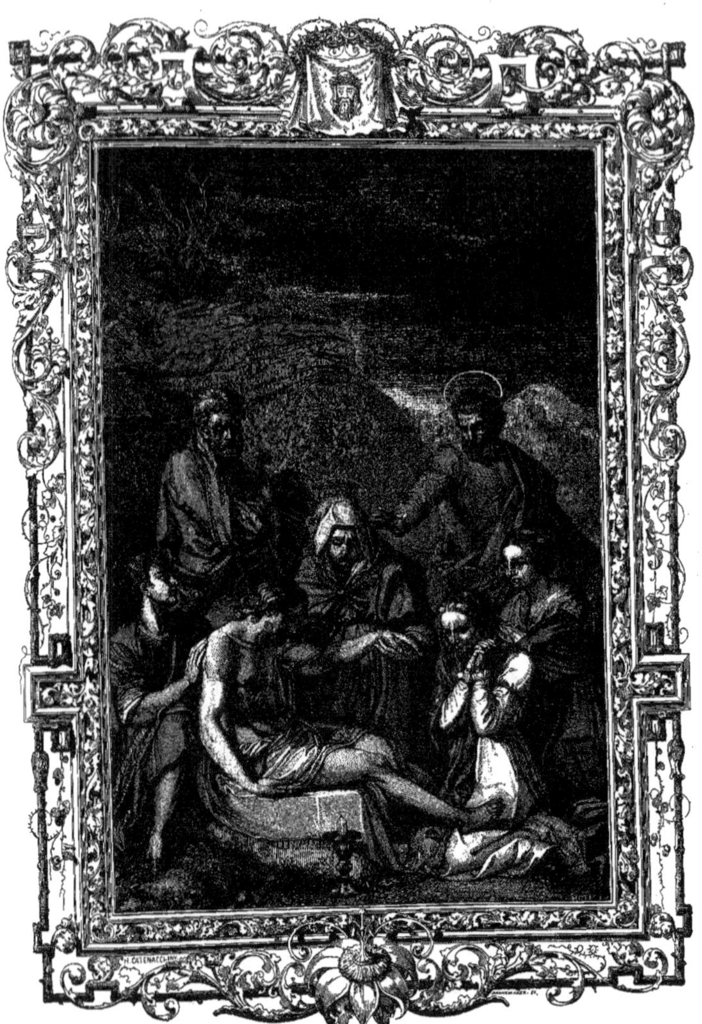

LE CHRIST AU TOMBEAU (ANDREA DEL SARTO).

du Grand-Duc ou la *Vierge au Chardonneret;* elle n'est pas enveloppée de cette auréole d'inflexible pureté qui ne permet que la prière. Elle est terrestre, mais idéalement terrestre, et la gracieuse coquetterie avec laquelle elle s'est revêtue des ornements d'un luxe profane, ne trouble ni n'abaisse en rien le culte qui lui est rendu. Seulement ce culte, je ne dis pas plus profane, mais plus libre, permet au cœur de battre, et on l'aime en l'adorant. On ne se lasse pas de savourer ce charme triomphant d'un art qui ne s'est rapproché de la nature que pour mieux séduire les yeux sans émouvoir les sens. Depuis plus de deux cents ans, ce délicieux tableau jouit dans les arts de la plus haute réputation. Vasari ne l'a point connu, puisqu'il n'en parle pas; ses commentateurs n'ont pas réparé cette omission, et cependant depuis 1589, sauf un court séjour à Paris, ce diamant figurait dans la galerie des Médicis. Richardson est le premier auteur qui en fasse mention; il l'a loué et critiqué, et ses éloges comme sa critique ne sont pas sans fondements. Il trouve la tête de la Vierge d'une rare perfection, réunissant à la fois la grâce, la noblesse et l'amabilité. On pourrait reprocher à l'auteur de ce tableau, ajoute notre critique, d'avoir un peu trop prononcé les formes de l'enfant Jésus. Il est musclé comme un petit Hercule. L'expression de la figure s'éloigne de l'idée qu'on aime à se faire de cet enfant. Il a donné à son regard un caractère de dédain qui ne rappelle point à l'imagination l'inaltérable bonté du Sauveur du monde. L'expression du petit saint Jean, plus innocente, plus ingénue, a bien plus de vérité.

La Vierge à la Chaise n'est pas le seul tableau de Raphaël au palais Pitti. Cette galerie a l'heureux et rare privilége d'en posséder onze, sur lesquels nous en avons reproduit cinq, les plus célèbres, que l'on trouvera dans le cours de ce chapitre, avec les courts commentaires dont nous avons cru devoir les accompagner. Quant aux six autres, ils sont trop remarquables encore pour que nous les passions sous silence.

En première ligne, nous devons citer : le portrait d'Ange Doni et celui de sa femme, que nous avons fait graver et qu'on trouvera un peu plus loin; le portrait du pape Léon X, ayant à sa droite le cardinal Jules de Médicis, devenu plus tard Clément VII, et à sa gauche Louis de Rossi, secrétaire des brefs. Le pontife est assis dans un riche fauteuil, devant une table recouverte d'un tapis rouge sur laquelle un missel orné de miniatures et la fameuse sonnette d'argent ciselée par Cellini. C'est par suite d'une petite supercherie de messire Octavien de Médicis que le palais Pitti possède ce chef-d'œuvre. Frédéric II, duc de Mantoue, l'obtint en cadeau de Clément VII, et le Saint-Père ordonna à son camérier de l'envoyer au duc; mais Octavien de Médicis, voulant conserver ce trésor à son pays, appela secrètement André del Sarto et le chargea d'en faire une copie, qui fut si bien exécutée que Jules Romain, qui avait travaillé à l'original, y fut trompé lui-même. Ce fut Vasari qui, se trouvant plus tard à Mantoue, lui découvrit la ruse en lui montrant la signature d'Andrea cachée par la bordure. Aujourd'hui, la copie d'Andrea fait partie du musée de Naples.

Nous rencontrons ici un Jules II, répétition du portrait de ce pontife que nous

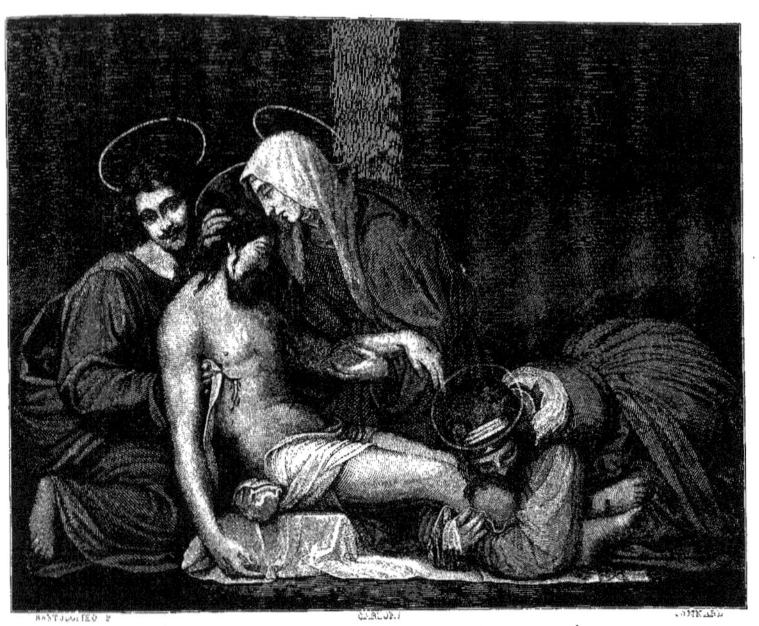

LA DÉPOSITION DU CHRIST (FRA BARTOLOMMEO).

avons admiré aux Offices. Voici encore deux autres beaux portraits de ce grand maître : le premier est celui du cardinal Bibbiena, l'ami de Raphaël, à qui il voulut marier sa nièce; le second représente la figure noble et intelligente du savant Tommaso Inghirani, le protégé de Laurent le Magnifique, l'ambassadeur d'Alexandre VI et le confident de Léon X. Ses contemporains lui donnèrent le surnom de Cicéron, à cause de sa connaissance profonde de la langue latine. Il nous reste à mentionner, parmi les tableaux de Raphaël à la galerie Pitti que nous n'avons pas fait graver, *la Vision d'Ézéchiel*, peinte, en 1510, moyennant huit écus d'or. Dans ce petit tableau, si fini, si précieux, si inspiré, le maître a prouvé invinciblement que ce n'est pas à la dimension du cadre, mais à la mesure du style qu'il faut juger la véritable grandeur d'un tableau. Rien de plus dramatique, de plus majestueux, de plus émouvant que ce petit cadre, trésor de la galerie Pitti, qui contient tout un monde biblique dans un espace de quarante centimètres sur vingt-neuf. Le Père éternel, soutenu par deux séraphins, est porté au-dessus des nues par les êtres symboliques consacrés aux quatre évangélistes; sur la terre, Ézéchiel en extase sur les rives du fleuve de Chobar, où ce prophète eut cette vision.

A côté du maître des maîtres, de celui qui mérita le surnom de Divin, il faut placer Andrea del Sarto, le peintre par excellence, lui aussi, de l'école florentine. Pour être au même rang que le chef de l'école romaine, il lui a manqué le don de l'invention. Cependant, quoique ses ouvrages nous offrent plutôt l'imitation de la nature qu'une véritable création, il y a dans sa manière d'imiter une éloquence qui n'appartient qu'à lui et qui peut, à bon droit, s'appeler originalité. C'est pourquoi il doit être compté parmi les plus grands noms de l'école florentine, dont il est le coloriste le plus suave, et toute proportion gardée, le Raphaël. Il y a plus d'un trait de ressemblance entre ces deux hommes, qui eussent porté d'un pas égal et d'une main également ferme le pur flambeau de l'idéal, si les misères de la vie d'Andrea, de bonne heure dégradée par une passion fatale, n'en eussent étouffé la flamme entre ses mains. Vannucchi et Sanzio ont été à la même école d'inspiration et ont pour ainsi dire puisé aux mêmes sources. Tous deux ont étudié profondément les fresques de Masaccio à l'église del Carmine. Tous deux ont admiré les magnifiques cartons de Léonard de Vinci et de Michel-Ange. Si Raphaël a dû la fermeté précoce de son pinceau aux conseils et à l'exemple de Fra Bartolommeo, Andrea a recueilli auprès de Franciabigio, élève d'Albertinelli, l'intime ami du Frate, la même énergique influence. Enfin, Andrea a été à Rome; le fait contesté n'est pas douteux, puisque Vasari, qui écrivait du vivant de la veuve et des élèves d'Andrea, qui l'eussent contredit s'il se fût trompé sur un point aussi important, l'a affirmé impunément. Si l'artiste florentin n'a laissé à Rome, monopolisée, en quelque sorte, par Raphaël et son école, aucune trace de son passage, il est permis de dire que la contemplation des œuvres de Raphaël a agrandi et perfectionné son style. En étudiant attentivement la série de ses œuvres, il est facile d'y découvrir une élégance et une noblesse que Rome peut seule donner. Cette remarque s'applique surtout à l'architecture qu'Andrea

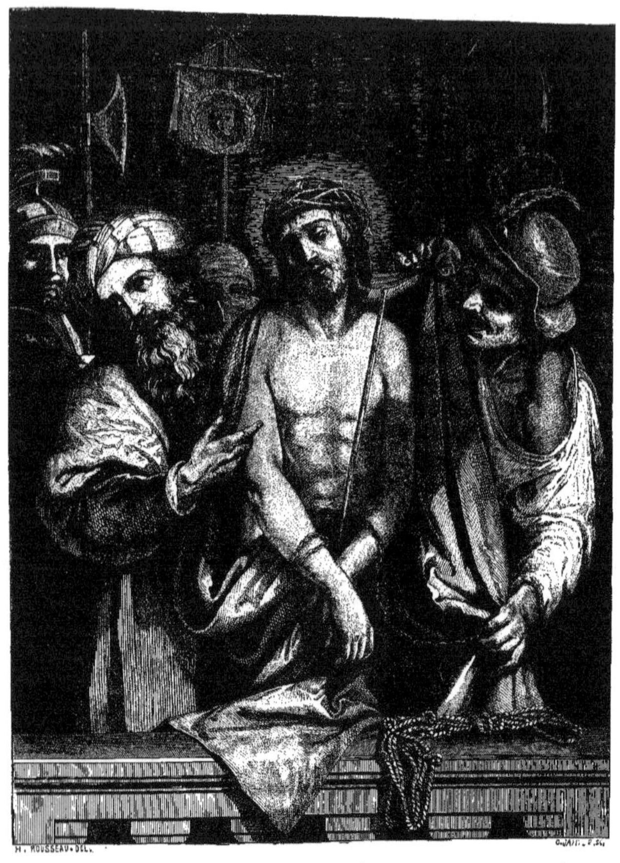

ECCE HOMO (CIGOLI).

a traitée dans plusieurs de ses fresques avec une sévérité magistrale. La galerie

Pitti compte jusqu'à seize morceaux de ce peintre « très-excellent, » comme l'appelle justement Vasari, qui reçut aussi le surnom de *Senza errori*, pour la pureté de son dessin, pour la justesse et l'éclat de sa couleur, enfin pour l'unité et l'harmonie de ses compositions, que l'on embrasse aisément d'un regard.

Parmi ses ouvrages les plus remarquables du palais Pitti, il faut citer d'abord son *Christ au tombeau*, que nous reproduisons, grande composition d'une tristesse pénétrante et du plus noble style; ce tableau vint à Paris sous l'Empire, à la suite de nos conquêtes, avec les autres chefs-d'œuvre italiens; sa *Dispute sur la sainte Trinité*, sujet analogue à celui de la *Dispute sur l'Eucharistie* traité par Raphaël dans les *Chambres* du Vatican et qui n'est pas indigne de lui être comparé. Il faut signaler encore dans cette grande et noble manière, deux *Sainte-Famille* également belles, deux *Assomptions*, notamment celle du salon de l'*Iliade*, dont nous reparlerons, enfin deux *Annonciations* inférieures. C'est dans la plupart de ces figures de Madone, il faut le dire, que se décèle l'infériorité de cet homme, dont l'imagination, emprisonnée dans les colères et les tristesses d'une vie mercenaire et bourrelée, semble réduite et condamnée aux types vulgaires au-dessus desquels elle ne peut s'élever.

Cette regrettable lacune, cette absence d'idéal qu'on déplore dans la plupart des sujets variés traités par Andrea donne encore plus de prix aux ouvrages du maître idéaliste par excellence de Florence, du disciple enthousiaste de Savonarole, de cet énergique et pieux Bartolommeo, qui échappa par la paix du cloître aux tentations de la vie et aux entraînements du caractère. Sa *Déposition* respire à la fois l'élégante noblesse d'un admirateur de Léonard et la mélancolique piété d'un disciple du novateur, qui demeura après sa mort quatre années sans peindre, suffisant par la prière aux élans de son mâle et tendre génie, et ne reprit ses pinceaux brisés que pour glorifier Dieu et enrichir son couvent.

Le palais Pitti possède six ouvrages du Frate, dont *la Déposition de Croix*, que nous avons fait graver et que nous avons placée, comme dans la Galerie, précisément à côté de celle d'Andrea, comme pour inviter à un rapprochement qui les honore tous deux, et un *Saint Marc* transporté à Paris en 1799. C'est de ce morceau admirable que Vasari a dit : « L'artiste, pour donner un démenti à ceux qui lui reprochaient de ne pas savoir peindre largement, eut l'idée de faire cette peinture colossale, et la plaça en évidence au-dessus de la porte du chœur de Saint-Marc. Cette figure, d'un très-bon dessin, fut exécutée sur bois, et d'une manière remarquable. » Elle rappelle sous plusieurs rapports le Père Éternel de la *Création*, dans les loges de Raphaël, et résume, selon M. Viardot, la plus parfaite expression de force et de puissance qu'ait produite la peinture, comme l'est peut-être, dans la statuaire, le *Moïse* de Michel-Ange. Au reste, on retrouve dans tous les ouvrages de Bartolommeo ces qualités de noblesse, d'énergie et de style

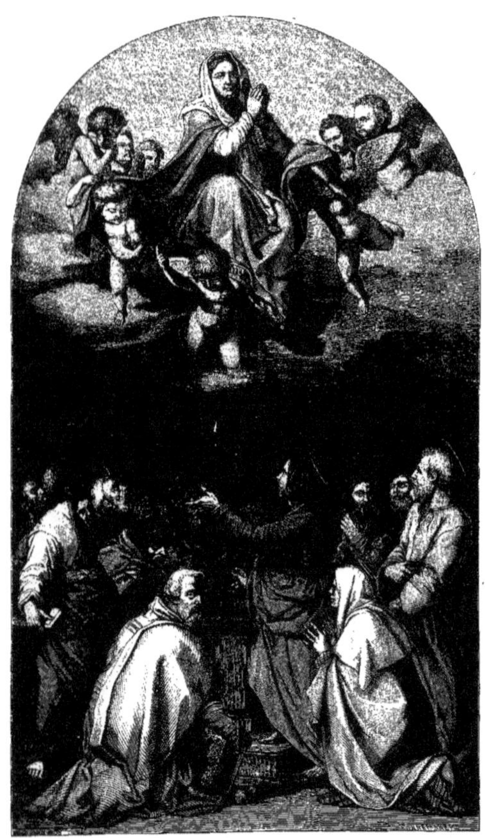

L'ASSOMPTION DE LA VIERGE (ANDREA DEL SARTO).

qui appartiennent non à un hasard heureux et accidentel, mais à l'essence même de son génie. Jamais avant ce moine artiste, converti par Savonarole à un christianisme ascétique, au sortir de l'expérience des passions et de l'art païen, personne n'avait su, comme le dit un de ses biographes, mieux accuser le nu sans sécheresse et donner aux plis tant de noblesse et d'abandon. « Expressif comme Léonard, gracieux comme Raphaël ou Andrea del Sarto, disent les commentateurs de Vasari, imposant comme Michel-Ange, coloriste presque égal au Titien, inspiré de la science et du sentiment de tous, mais sans servilité, sans effort, sans affectation et sans écarts, le Frate fut vraiment le résumé de l'art florentin à son époque. » La *Vierge sur un trône entourée de saints*, la *Sainte Famille*, l'*Ecce homo*, ne sont pas moins dignes que la *Déposition de Croix* et le *Saint Marc* du talent à la fois mâle et doux et de la pure réputation de ce grand artiste, qui ne sépara pas la religion du beau de celle du bien, et s'honora par sa piété autant que par ses ouvrages. Fra Bartolommeo est une de ces figures consolantes et inspiratrices dont la vue élève l'âme et la repose, et près desquelles l'admiration, que ne trouble aucune déception ni aucun regret, est à la fois un devoir et un plaisir.

Il existe à la galerie des Offices, parmi les portraits de peintres peints par eux-mêmes, une originale et étrange image de ce Lodovico Cardi, dit le *Cigoli*, peintre, sculpteur et architecte florentin, né à Cigoli le 12 septembre 1559, mort à Rome le 8 juin 1613, dont nous allons nous occuper. Sa tête est pâle, maigre, d'une énergie qui altère sa noblesse et d'une finesse qui altère son énergie. On y lit en caractères mélancoliques et saisissants l'âpreté de la volonté, l'acuité de l'esprit, les déceptions de l'idée, les douleurs de la vie, l'action enfin du feu intérieur qui consume les natures plus ambitieuses que puissantes : le caractère étrange, presque fantastique de cette figure est encore accentué par la moustache féline, la barbe pointue, et surtout par ce bonnet rond presque dissimulé par l'épanouissement d'une chevelure rayonnant en éventail et se hérissant sur chaque oreille. Il est impossible de voir cette figure et de l'oublier. Le Cigoli imita le Corrége avec un tempérament tout florentin, c'est-à-dire en mêlant à sa grâce une certaine rudesse héroïque. Maître peu connu, et qui mériterait de l'être, il resplendit d'un éclat imprévu à la galerie des Offices, et surtout au palais Pitti, qui ne compte pas moins de neuf morceaux de lui. Dans sa *Troisième Apparition de Jésus à saint Pierre*, on voit le Sauveur sur le rivage, où saint Pierre se tient agenouillé; au second plan sont les apôtres dans des barques; les uns tirent des filets vides, les autres amènent des filets remplis de poissons; à gauche, une foule de spectateurs, et au fond s'élève une ville située sur les bords du lac de Tibériade. On lit dans un pan du manteau du Sauveur : *Lodovico Cigoli, anno* 1610. Voici *Saint François* en adoration, à genoux, les mains jointes, devant un crucifix placé sur un rocher et où grimace une tête de mort. Le paysage représente une solitude aride que domine comme un nid d'aigle le farouche couvent de l'Alvernia. Voilà

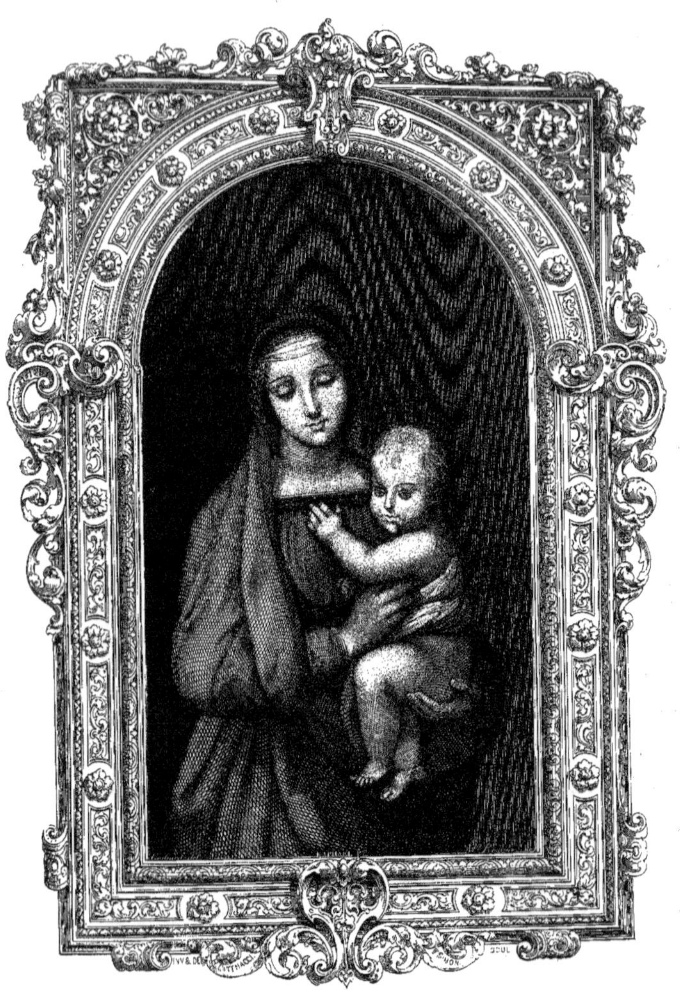

LA VIERGE DU GRAND-DUC (RAPHAËL).

une *Déposition du Christ*, reçu par saint Jean des mains de Joseph d'Arimathie, qui, avec l'aide de deux auxiliaires, détache le divin cadavre du gibet. Le reste ne diffère guère de l'ordonnance habituelle. La *Madeleine au désert*, lisant, la main gauche étendue sur un crâne; la *Vierge montrant à lire à l'enfant Jésus;* un *Portrait d'homme* à moustache drue et à cheveux courts, portant un col blanc rabattu sur un habit et un manteau noirs, offrent les mêmes qualités de souplesse et de force.

Mais le chef-d'œuvre du Cigoli, dont le lecteur trouvera la gravure en ces pages, c'est l'*Ecce homo*, qui, outre son mérite intrinsèque, a eu celui d'inspirer celui du Guerchin, un des ornements de la galerie de Turin. Le Christ est au milieu du tableau, la tête couronnée d'épines, le corps livide et taché de sang : il tient un roseau dans ses mains enchaînées; à droite, Pilate, vêtu à l'orientale, montre Jésus. Le troisième personnage, débraillé, féroce, la plume au chapeau, est un des bourreaux : il tient, par dérision, un pan du manteau du Sauveur. Dans l'ombre on distingue des soldats cuirassés, portant des enseignes romaines; sur l'appui de la fenêtre par où l'on montre ironiquement au peuple *le roi au sceptre de roseau*, est un paquet de cordes, symbole du supplice prochain. Comme expression, comme coloris, comme clair-obscur, ce tableau est de ceux qui révèlent un maître, et le Cigoli, s'il en eût fait beaucoup de pareils, mériterait inévitablement ce titre. On lit dans Boldinucci : « Nous savons que le Cigoli peignit ce tableau pour Mgr de Massini, qui, ayant voulu avoir une composition sacrée de la main des meilleurs artistes de son temps, en donna commission à trois peintres à l'insu l'un de l'autre, au Passiguano, au Cigoli et au Caravaggio; mais les trois œuvres terminées, celle du Cigoli fut jugée si supérieure d'exécution que le prélat, portant sur elle son choix, renvoya les deux autres. A sa mort, ce tableau fut vendu à Jean-Baptiste Leveri, célèbre musicien du sérénissime prince don Lorenzo de Toscane, et apporté à Florence il devint la propriété des Médicis. »

Cette sorte de parenthèse fermée, nous revenons à Andrea del Sarto et nous allons passer une revue plus détaillée de son œuvre à la galerie Pitti, œuvre que nous n'avons qu'effleurée d'un coup d'œil à propos de sa *Déposition de Croix.* Voici d'abord son portrait. Il est vu presque de face. Sans barbe, les cheveux longs, enveloppé dans un vêtement gris, il est coiffé d'un bonnet de même couleur; tête bilieuse, inquiète, maladive, œil sombre comme le vêtement, dont les larmes secrètes ont détendu l'arc et flétri l'éclair, bouche fermée sur le mal intérieur comme une fleur que ronge le ver. Voici un autre portrait de lui qui paraît faire allusion à l'épisode le plus douloureux de sa vie. L'artiste, vu des trois quarts, s'est représenté sollicitant, suppliant sa femme, qu'il invoque du

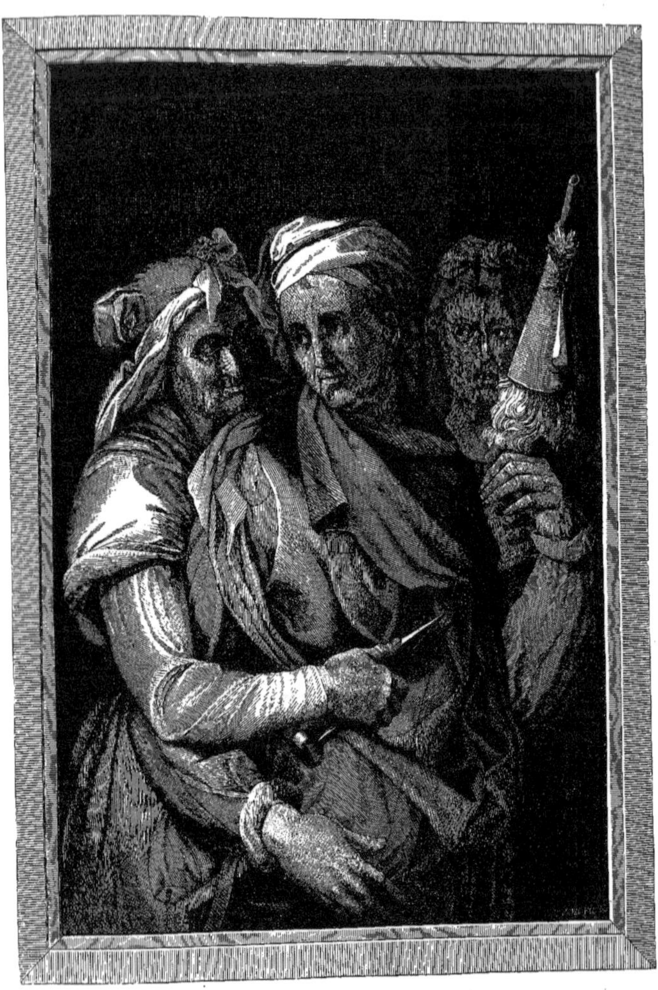

LES PARQUES (MICHEL-ANGE).

geste de sa main gauche et qu'il flatte par le geste caressant de sa main droite, appuyée sur l'épaule de sa coquette et inflexible Lucrèce. Celle-ci est représentée de face, une chaîne d'or au cou, et tenant une lettre entre ses mains. Ici Andrea est presque de face ; nous disons presque, car il y a toujours quelque chose d'oblique dans son attitude. Toujours les cheveux longs, le bonnet noir et le vêtement noir, qui conviennent si bien à un homme qui porte le deuil de son honneur.

Nous passons devant un *Saint Jean-Baptiste* qui rappelle assez, moins l'inspiration et l'énergie, celui de Raphaël à la galerie des Offices. Nous nous arrêtons un moment devant ce double tableau représentant l'histoire de Joseph. Ici, Joseph enfant, raconte ses songes. Au centre du tableau, Jacob est représenté au moment où il envoie Joseph vers ses frères : il tient un sac et un bâton; plus au fond, Joseph s'empresse de rejoindre ses frères, et, arrivé près d'eux, ceux-ci le descendent dans une citerne. Dans l'autre groupe à gauche, Joseph supplie à mains jointes, ses frères, prêts à le vendre à des marchands qu'on voit à cheval. Le fond du tableau représente un pays montagneux où paissent les troupeaux de Jacob. Un de ses fils redescend la colline en portant les vêtements ensanglantés de Joseph. On voit encore le même fils de Jacob présenter la tunique couverte de sang au malheureux père, qui, à cette vue, se frappe la poitrine et déchire ses vêtements. Le second tableau n'est pas exempt de cette bizarrerie qui a fait dérouler par Andrea, sur la même toile, non-seulement une scène du drame biblique, mais tout un acte, scène par scène. Il représente successivement tous les épisodes de la vie de Joseph en Égypte, depuis son arrivée jusqu'à la faveur qui suit l'explication triomphante du songe de Pharaon. Nous nous sommes arrêté à dessein sur cette sorte de pastiche archaïque d'Andrea, qui est revenu pour un moment à la naïveté des procédés primitifs, parce qu'elle est assez inattendue.

Nous arrivons maintenant à un de ses chefs-d'œuvre, à cette *Assomption de la Vierge* dont nous parlions tout à l'heure et qui rivalise avec celle du Titien. Deux fois Andrea s'est laissé prendre au charme de ce thème cher aux grandes imaginations pittoresques, et que les plus grands maîtres se sont plu à orner de leurs variations. Il en est peu, en effet, d'aussi favorables au développement des qualités de force et de grâce, d'énergie et de souplesse, qui offrent de plus riches motifs de geste et d'expression. Dans ses deux compositions, Andrea s'est élevé à une hauteur d'invention et d'inspiration qui ne lui est pas habituelle.

De ces deux *Assomptions*, assez semblables entre elles pour la composition, nous avons reproduit celle qui passe généralement pour la plus belle, celle qui offre plus de fini, d'harmonie de composition, et qui est d'un souffle décoratif plus puissant. La Vierge, assise sur les nuages, est portée par un seul ange, dont son pied effleure à peine l'épaule, et deux autres anges soutiennent le pan de son manteau. Elle joint les mains dans une sorte d'extase. Les figures des apôtres qui entourent le sépulcre vide sont admirables de variété et d'expression. Andrea y

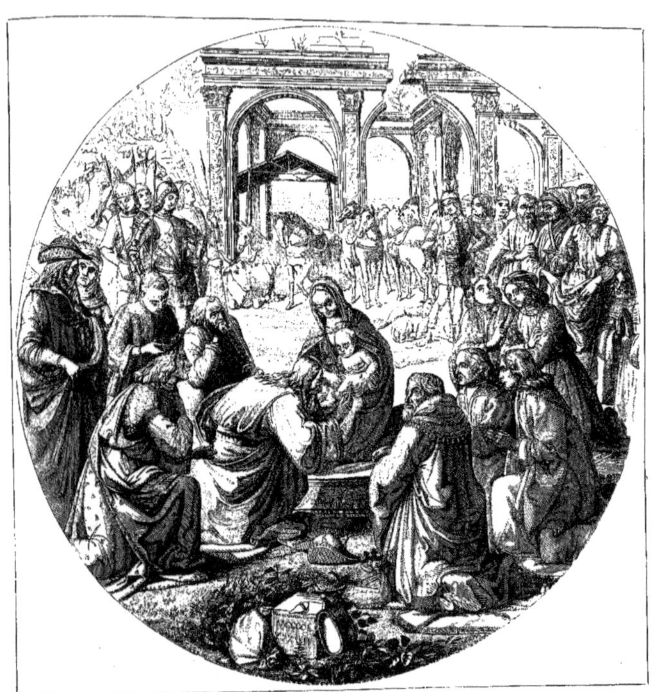

L'ADORATION DES MAGES (GHIRLANDAÏO).

a trouvé le profil raphaélique dans toute sa pureté. A côté des apôtres on voit saint Nicolas de Bari et une sainte agenouillés. Ce tableau, autrefois dans l'église de Saint-Antoine del Poggio à Cortone, fut transporté à Florence le 3 octobre 1639, sur la demande qu'en fit Ferdinand II au bailli Cosme Passerini, qui le céda volontiers au grand-duc. Cette cession fut moins agréable à la population, qui murmura hautement, et nous le comprenons, tout en nous félicitant d'un rapt fait pour le bon motif et dont nous profitons.

Jusqu'ici, nous avons contemplé Raphaël dans la phase radieuse et dans l'épanouissement complet de son génie. Il y a du charme à le prendre maintenant au début de sa carrière, alors qu'il se débarrassait peu à peu à Florence des lisières du Pérugin. Sa *Madone du Grand-Duc* est le tableau de transition entre sa manière ombrienne et sa manière florentine. On en fixe la date à l'année 1505, c'est-à-dire à la première des quatre qu'il passa à Florence. A en juger par le ton des chairs et des draperies, le dessin déjà ample et savant du corps de l'enfant, la Madone du grand-duc appartient bien à cette époque. On y trouve cependant encore des traces bien sensibles du style du Pérugin. C'est le dernier ouvrage qu'il fit sous l'influence de son maître, avant de se posséder complétement lui-même. Il y a un attrait pénétrant, une séduction mystérieuse dans cette pure, gracieuse, angélique figure de la virginale et divine maternité. On y remarque une frappante ressemblance avec le portrait de cette Madeleine Doni que Raphaël fit un peu plus tard, et qui semble avoir été avant *la Fornarina* le type des Madones de Raphaël. La Vierge du grand-duc est la plus suave et la plus céleste création de Raphaël, dans sa première manière. C'est en quelque sorte l'expression la plus élevée où le style du Pérugin ait pu s'élever, et comme un dernier adieu plein de grâce à cette jeunesse de l'art, charmante de candeur et de simplicité, dont il va se dégager pour s'ouvrir une voie nouvelle vers un plus viril idéal. Ce tableau fut acheté par le grand-duc Ferdinand III, en décembre 1799, de Gaetano Gaglier, pour le prix de cinq cent soixante et onze écus et trois livres. Le grand-duc aimait tellement cette Madone qu'il ne s'en séparait jamais, et qu'elle l'accompagnait partout, ce qui l'a fait appeler aussi *la Madona del Viaggio* (du voyage). Quand la famille régnante était à Florence, elle restait dans la chambre de la grande-duchesse. C'est devant elle que le duc et sa femme faisaient matin et soir leur prière.

S'il y a du plaisir et du profit à étudier les origines de Raphaël et à voir se lever pour ainsi dire l'aurore de son génie, il n'est pas moins curieux et intéressant de prendre également Michel-Ange à ses débuts, luttant contre les obstacles dont n'est affranchie aucune vocation. Nous avons dit ailleurs par quels efforts de volonté Michel-Ange sut vaincre la résistance de sa famille et put suivre une inclination devenue invincible. Nous savons qu'il entra à quatorze ans dans l'atelier de Ghirlandaïo en qualité d'apprenti peintre, et Vasari nous apprend qu'une somme graduelle de six, de huit, de douze florins d'or par an devait être la récompense de ses services. On sait enfin avec quelle incroyable facilité

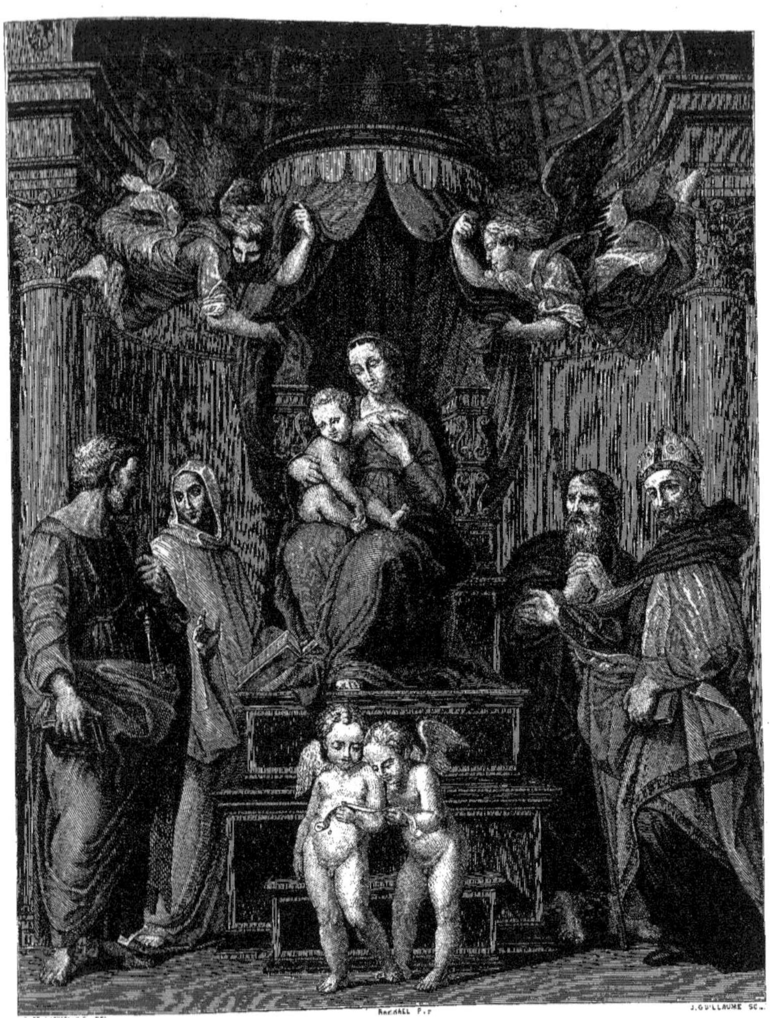

RAPHAEL P.r J. GUILLAUME SC.

LA VIERGE AU BALDAQUIN (RAPHAËL)

le jeune Michel sut s'approprier tous les secrets que son maître était chargé de lui révéler, et que bientôt après son entrée dans l'atelier, celui-ci n'eut plus rien à lui enseigner.

C'est dans cette charmante église de Santa-Maria-Novella, qu'il nomma plus tard « sa fiancée, » que Michel-Ange put se livrer, pour la première fois, sous la direction de son maître, chargé des fresques du chœur, à son goût pour la peinture. Les travaux qu'il y exécuta étaient empreints d'un tel caractère de supériorité que le Ghirlandaïo disait de lui : « Ce jeune homme en sait plus que moi ; » et, s'il faut en croire Condivi, ce n'était pas sans jalousie qu'il le voyait corriger d'une main sûre ses propres dessins et ceux de ses meilleurs élèves. Michel-Ange n'acheva pas son apprentissage chez Ghirlandaïo, auquel l'enleva la protection souveraine de Laurent de Médicis. On sait que Michel-Ange abandonnant la peinture se consacra bientôt presque exclusivement à cet art de la sculpture pour lequel il était né, et dont, disait-il, il avait sucé le lait sur le sein robuste de la femme d'un tailleur de pierres, sa nourrice de Settignano.

C'est entre 1503 et 1532, et afin de ne pas abandonner tout à fait la peinture, que Michel-Ange peignit les trois seuls tableaux de chevalet qu'il soit permis de lui attribuer : *la Sainte Famille* des Offices, le tableau exposé à Manchester, en 1858, s'il n'est pas toutefois de Ghirlandaïo; enfin les *Parques* du palais Pitti.

Les *Parques* du palais Pitti, contrairement à l'habitude de Michel-Ange, sont peintes à l'huile. Elles sont représentées sous les traits de trois vieilles robustes et acariâtres, occupées ensemble à filer les jours des mortels, tout en se regardant entre elles : Clotho tient le fuseau, Lachesis tord le fil entre ses doigts, tandis qu'Atropos s'apprête à le trancher avec ses ciseaux. On trouve dans ce tableau les mêmes qualités que dans celui de la Tribune : la même hardiesse de dessin, le même fini d'exécution, puis la même dureté de contours et la même sécheresse de coloris. Les anciens, qui cherchaient toujours le beau, et qui avaient poétisé jusqu'à la Mort, faisaient des Parques trois jeunes et belles filles, des sortes de Grâces tristes. Ce n'est pas là assurément que Michel-Ange s'est inspiré, c'est dans le portrait que Catulle nous a laissé de ces trois vilaines filles : « Trois femmes accablées sous le poids des ans, la tête ceinte de couronnes composées de gros flocons de laine blanche et de fleurs de Narcisse, et tressées ou attachées avec des rubans de même couleur; le corps entièrement couvert d'une longue robe ou tunique également blanche. » Un pareil sujet, rarement traité par la peinture et la sculpture, devait convenir à l'humeur sombre et farouche de Michel-Ange. Mais malgré sa petite dimension et l'autorité de son auteur, il trouverait difficilement place dans un boudoir. C'est une œuvre que le poëte admire, que le philosophe médite, que l'artiste consulte, mais que repousse le simple curieux.

Nous croyons être agréable au lecteur en plaçant ici une composition de celui qui eut l'honneur d'être pendant quelque temps le maître de Michel-Ange : Domenico Bigordi, surnommé le Ghirlandaïo pour avoir inventé, alors qu'il s'occupait d'orfévrerie, une guirlande qui fut fort de mode parmi les jeunes filles de Florence. Le tableau que nous reproduisons de ce maître idéaliste et religieux représente *l'Adoration des Mages;* si c'est le seul ouvrage de ce peintre qui

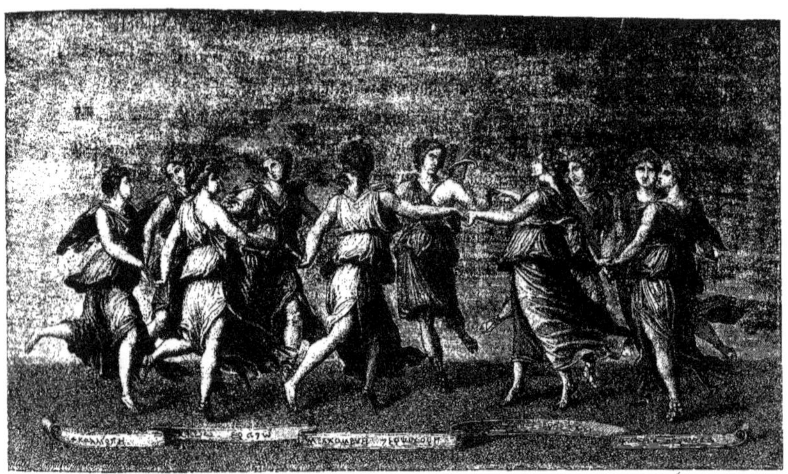

LA DANSE DES MUSES (JULES ROMAIN).

se trouve à Pitti, il faut dire que c'est aussi une de ses plus remarquables compositions : l'ensemble en est plein et majestueux, le dessin riche et correct, les têtes pleines de noblesse et de dignité. Un peu de monotonie dans la couleur et trop d'inexpérience dans la perspective aérienne, voilà ses seuls défauts. Le petit fond que l'on aperçoit à travers les colonnes est surtout d'une limpidité charmante. Il y a une chose à remarquer dans ce tableau, c'est le naturalisme qu'il accuse. Les artistes du quinzième siècle introduisaient dans leurs tableaux, pour s'en faire des protecteurs, le portrait des personnages puissants dans la République; dans l'œuvre de Dominique, on en chercherait en vain un seul; toutes les têtes sont idéales et d'une expression mystique qu'il est difficile d'imposer à des modèles. Des chiffres romains tracés sur une pierre donnent au tableau la date de 1487.

Nous arrivons à cette troisième classe de composition de Vierges de Raphaël dont son historien établit la division sur la manière d'en considérer le sujet et sur la manière plus ou moins idéale de le traiter. C'est dans ces compositions que la Vierge se montre, non plus comme habitante de la terre, mais, par une sorte d'anticipation, comme habitante du ciel, et apparaissant aux mortels avec l'espèce d'appareil dont l'art sait environner ces exhibitions triomphales.

On la voit assise, par exemple, dans un dessin, portée sur des nuages. Le bas de la composition est occupé par les figures des trois archanges : Michel, Gabriel et Raphaël. Ainsi se montre-t-elle dans le tableau célèbre de Foligno. De même, dans le tableau de Dresde, est-elle représentée portant l'enfant Jésus et se manifestant, sur un fond orné de têtes de chérubins, à saint Sixte et à sainte Barbe.

Raphaël usa d'un autre moyen pour figurer la Vierge comme *corps glorieux*, objet d'adoration pour les bienheureux mêmes; ce fut de la faire considérer comme Reine des anges, seuls dignes d'être ses sujets.

Un des plus notables exemples de ces sortes de conceptions est certainement la *Vierge* avec les Pères de l'Église, mais plus connue sous le nom de la *Vierge au Baldaquin*, dont nous donnons la gravure. Elle occupe un trône élevé sur deux très-hauts degrés et placé comme au fond d'un temple. Un baldaquin ou dais suspendu à la voûte le surmonte, et deux anges en écartent les rideaux, qui s'ouvrent comme pour laisser voir la Vierge. Quatre Pères de l'Église, dans les attitudes, avec les costumes et les airs de tête qui les caractérisent, environnent le trône, et deux petits anges, au bas des degrés, sont occupés à lire un rouleau. La touche du tableau le désigne comme appartenant à la première manière de Raphaël. Il est en effet de 1507, il fut interrompu par le départ de Raphaël pour Rome, et demeura à l'état d'ébauche. On y sent l'influence de Fra Bartholommeo. On la reconnaît surtout dans les têtes des apôtres et des Pères de l'Église : saint Pierre et saint Bernard à droite; et à gauche saint Jacques et saint Augustin.

Nous quittons un moment Raphaël pour son élève favori, Jules Romain, qui se montre à nous sous un aspect original dans sa composition de la *Danse d'Apollon et des Muses*, d'un sentiment tout antique et d'une délicatesse d'exécution toute moderne. Les Muses et le dieu, le front lauré et le carquois résonnant sur l'épaule, dansent ensemble. Le fond du tableau est doré; en bas, sur le devant, on voit un cartel où sont inscrits en grec les noms des neuf sœurs immortelles. Ce sujet est sans doute une allégorie. Le peintre n'aurait-il pas voulu faire entendre que tous les arts se tiennent par la main et sont également enfants du Dieu du Pinde?

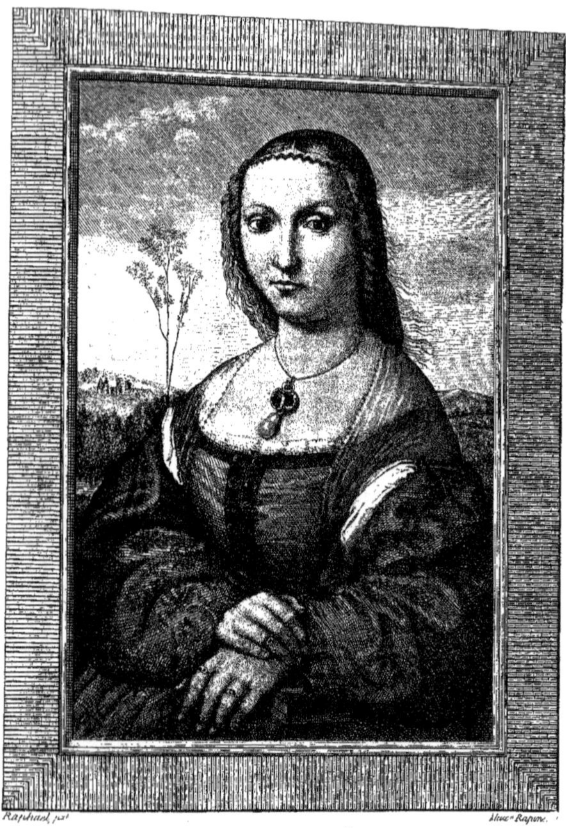

Raphaël, pxt Lhuc. Rapine.

MADDALENA DONI (RAPHAËL).

Richardson, dans son *Voyage d'Italie*, attribue ce tableau à Polydore de Caravage; cette opinion n'est pas dénuée de fondement, et on est presque tenté de la partager lorsqu'on se rappelle que ce sévère dessinateur et Mathurino, son ami, exécutèrent dans ce goût les plus belles frises qui existent au Vatican.

Nous revenons à Raphaël pour l'étudier et l'admirer encore sous un nouvel aspect. C'est à Raphaël peintre de portraits, à Raphaël luttant non plus contre l'idéal, mais contre la réalité, que nous avons affaire. Le musée Pitti contient de lui six portraits, dont nous avons donné la liste au commencement de ce chapitre, réservant celui de *Maddalena Doni*, que nous reproduisons.

C'est en 1506 que Raphaël fit le portrait d'Angiolo Doni et de sa femme Maddalena, qui semble avoir exercé sur lui une influence assez profonde pour qu'on retrouve son type dans toutes les madones de cette époque, notamment la *Vierge du Grand-Duc;* la *Vierge au Chardonneret* et la *Vierge de la Casa Tempi.* Nous avons déjà remarqué, à la galerie des Offices, un portrait auquel on donne assez généralement le nom de Madeleine Doni. Il est impossible d'accorder cette attribution avec les différences profondes qui séparent le portrait des Offices et celui de Pitti. La femme du portrait des Offices est plus âgée, plus maigre, plus pâle, plus ravagée au physique et au moral. La sévère correction du costume s'allie bien à la gravité glaciale de la physionomie. Cette peinture, d'un procédé timide encore, mais exécutée *con amore*, fut faite vers 1505. Raphaël n'avait alors que vingt-deux ans. Cependant, malgré les différences fondamentales qui s'opposent à une identification, il y a, entre les deux portraits, des affinités et comme un air de famille, et surtout des analogies d'accessoires, qui établissent entre eux un lien demeuré mystérieux. Ces deux femmes ont la tête entourée du même ornement, une géroline de soie et du même dessin. Parmi les trois bagues qu'elles portent chacune, il y en a une également semblable, à améthyste montée de la même façon entre quatre petits points d'or. Il y a évidemment une parenté dont il est difficile de préciser la nature et le degré entre les deux originaux. L'un est-il le portrait de la mère ou de la sœur aînée, l'autre celui de la fille ou de la sœur cadette? On lit dans Vasari que : « Ange Doni fit faire à Raphaël son portrait, ainsi que celui de sa femme, et qu'on les voit chez Giovan Battista, son fils, dans la belle et riche maison qu'Angelo Doni fit construire à Florence, sur le cours de Tintori, près du coin des Alberti. » Ces deux portraits furent conservés dans cette même maison par leurs descendants jusqu'à Pietro Buono, dernier rejeton de la famille de Doni, de Florence, mort de nos jours. En 1788, ils furent transportés à Avignon par une marquise de Villeneuve, épouse d'un Doni établi dans le comtat. Le 28 mars 1826, le grand-duc Léopold en fit l'acquisition, de ses héritiers, moyennant deux mille cinq cents sequins. Angelo Doni que nous connaissons, et qui appartient à notre sujet par sa qualité de Florentin, par son goût pour les

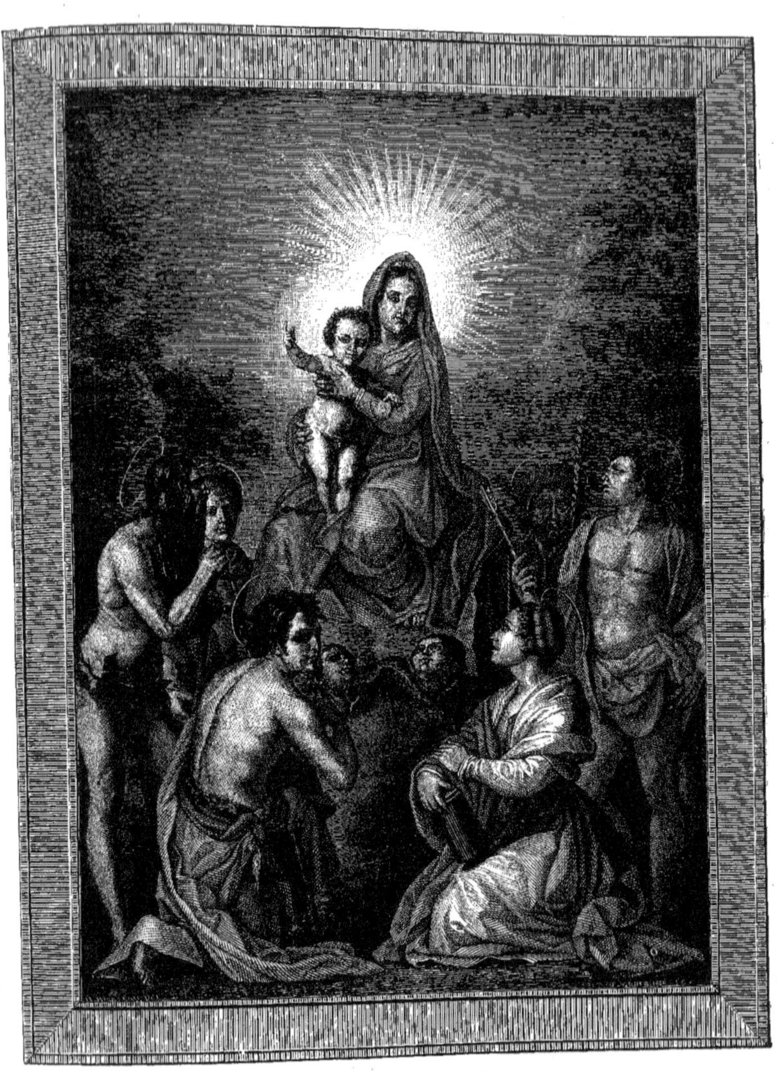

LA MADONE DANS SA GLOIRE (ANDREA DEL SARTO).

arts, par son différend avec Michel-Ange et son commerce avec Raphaël, est vu de face, la tête couverte d'une toque, le bras gauche appuyé sur une balustrade, la main droite étendue. Il est sans barbe, et ses cheveux taillés à angle droit tombent carrément sur les deux côtés de son visage régulier et agréable. Les deux portraits ont des fonds de paysage, reste des habitudes ombriennes.

Mais nous approchons peu à peu du terme de notre promenade, et nous n'avons pas encore tout admiré. Revenons à André del Sarto et arrêtons-nous devant une de ses plus excellentes pages, devant cette *Vierge en gloire* où Andrea a le mieux donné la mesure de ses moyens. Ce tableau fut exécuté pour son intime ami, le verrier Beccuccio da Gambassi, à son retour à Florence de son voyage en France.

La Vierge, assise sur les nuages, porte l'enfant Jésus. Dans le bas, à droite, debout, saint Sébastien, l'instrument de son supplice à la main, et saint Roch; à gauche, saint Laurent et saint Hilarion; sur le devant, saint Jean-Baptiste et sainte Marie-Madeleine à genoux; ces deux derniers personnages sont les portraits de Beccuccio et celui de sa femme; au fond, deux têtes de chérubins. Toutes ces figures ont tant de relief qu'elles semblent sortir du cadre. Si Andrea, comme le fait remarquer Vasari avec une grande finesse d'observation, eût possédé la fermeté et la hardiesse de caractère au même point que l'entente judicieuse et profonde de son art, il aurait indubitablement été sans égal; mais une certaine modestie naïve ne laissa jamais éclater en lui cette vive ardeur et cette fierté qui l'auraient rendu un peintre divin. Il existe cette différence, peut-être, entre ses œuvres et celles du Sanzio : c'est que, parfaites les unes et les autres, on est, avec celles du peintre de *la Transfiguration*, à divers degrés sur le chemin du ciel, tandis qu'avec celles d'Andrea on ne perd pas assez terre.

Cette opinion trouvera son application si on prend la peine de comparer *la Vierge en gloire*, par exemple, que nous venons de décrire, et *la Sainte Famille à l'Impannata*, dont nous allons parler.

La Sainte Famille à l'Impannata fut exécutée de 1512 à 1514, en pleine maturité, et on n'y entrevoit le type divin qu'à travers une sorte de voile, puisque la plus grande partie de l'exécution doit être attribuée aux élèves auxquels Raphaël, trop pressé, confia la commande de Bardo Altoviti, en leur donnant pour règle un dessin qui est à la galerie royale d'Angleterre, et en les renseignant pour ainsi dire par les principales touches. Malgré ces restrictions, l'admiration s'élève immédiatement à l'enthousiasme. Rien de gracieux, d'intime, de domestique à la fois et de divin comme cette scène de la Famille du Christ. On la nomme *dell' Impannata* à cause de la fenêtre du fond, garnie du vitrage en papier, du store transparent ou plutôt du châssis de toile, appelé à Florence de ce nom, et qui garantit économiquement des yeux indiscrets les habitations popu-

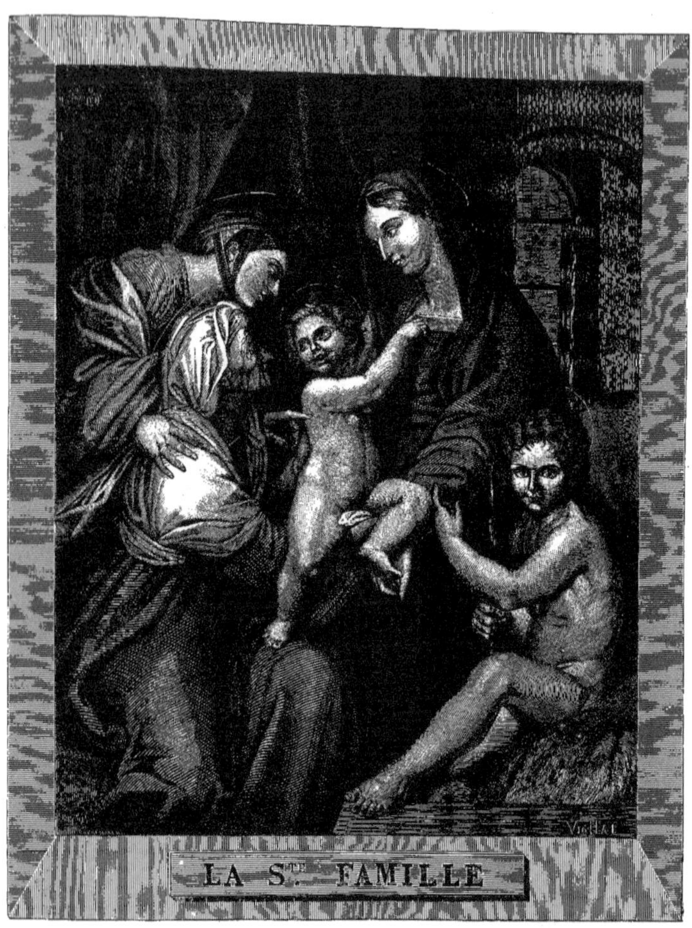

LA SAINTE FAMILLE A L'IMPANNATA (RAPHAËL).

laires. Au premier plan, à droite, saint Jean, enfant de huit à neuf ans, assis sur une peau de tigre, tient sa croix et montre le Sauveur, la main élevée, par une sorte d'allusion prophétique à sa mission future. L'Enfant Jésus, suspendu au cou de sa mère, se retourne vers elle comme par badinage, avec un sourire de joie et d'amour. Près de saint Jean est agenouillée sainte Élisabeth, sur l'épaule de laquelle s'appuie Marie-Madeleine, montrant saint Jean au Sauveur, et qu'on reconnaît à sa coiffure orientale. Marie a relevé un pan de son manteau bleu sur sa belle tête bien éclairée, et semble faire part à Élisabeth de son bonheur maternel. Rien de charmant comme sa pose et comme la joie enfantine du bambino, les yeux brillants, la bouche ouverte. On explique le petit anachronisme de la supériorité d'âge, dans la figure de saint Jean-Baptiste, par le fait d'une distinction de grandeur, qui aurait été demandée dans le tableau par le donateur, qui voulait honorer particulièrement le patron de Florence et peut-être le sien; telle est du moins la raison que Gœthe n'a pas dédaigné d'alléguer.

Pour finir par Raphaël comme nous avons commencé par lui, et pour finir par un chef-d'œuvre de sa première manière, puisque nous avons commencé par un chef-d'œuvre de sa perfection, citons sa Madone de la Casa Tempi, aujourd'hui à la Pinacothèque de Munich, mais qui a habité trop longtemps Florence, où Quatremère de Quincy l'a vue encore, pour la séparer de ses sœurs. Le carton pour ce tableau de la manière florentine de Raphaël est au musée Fabre, à Montpellier. La Vierge représentée debout, mais vue à mi-corps, tient le petit Jésus dans ses bras et semble lui donner un baiser. « Nous disons, il semble, dit Quatremère de Quincy, parce que Raphaël, dans les rapports de soins et de caresses entre la Mère et l'Enfant, a toujours gardé une mesure de réserve, de pudeur et de respect qui contribue, plus qu'on ne saurait le dire, à manifester le caractère de sainteté que le sujet exige. Pareille délicatesse se fait remarquer dans une autre madone assise avec l'Enfant Jésus sur ses genoux, qui, dans la collection Landon, fait pendant à celle-ci. Ici, l'enfant reçoit une rose de la main de sa mère, qui, de l'autre main tient un bouquet de fleurs. »

Ces observations caractéristiques nous donnent la mesure du génie de Raphaël et nous révèlent la cause de l'infériorité remarquable de toutes les écoles dans l'interprétation de ces visages divins, qui ne sortent dignes de l'adoration et du temple que du pinceau des Pérugin, des Angelico, des Bartolommeo et des Raphaël. C'est seulement à ces images idéales à la fois et humaines que s'applique, à des degrés divers, le bel éloge que fait Vasari des madones du maître. « La modestie dans les yeux, la pudeur sur le front, la grâce dans le nez et la vertu dans la bouche. »

On ne les trouve pas assez, avec ce parfum virginal qu'exhalent les toiles de Raphaël dans les *Saintes Familles* et les *Madones* superbes, mais païennes,

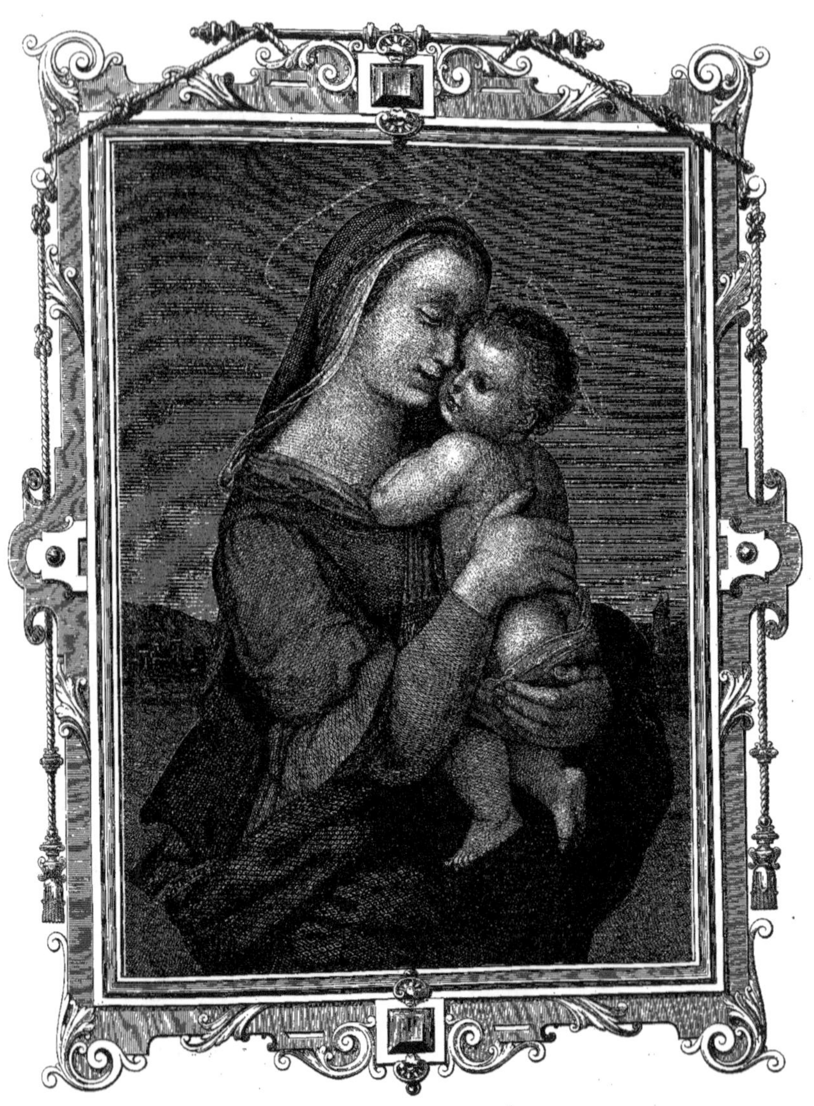

LA VIERGE DU PALAIS TEMPI (RAPHAËL).

de l'école vénitienne et de l'école bolonaise ou napolitaine. C'est par d'autres qualités et d'autres attraits que Giorgion, Titien et Véronèse séduisent nos yeux et quelquefois nos sens. Tous trois sont représentés à la galerie Pitti d'une façon digne de leur génie. Giorgion y a un *Moïse sauvé des eaux*, un *Saint Jean*, une *Nymphe poursuivie par un Satyre*, et un *Concert de musique*, sujet favori du peintre virtuose et dilettante, qui était très-recherché dans la noblesse vénitienne, non-seulement comme peintre, mais comme chanteur et joueur de luth. La galerie Pitti ne possède aucun des *capi d'opera* de Titien, aucune de ces grandes pages comme l'*Assomption* ou le *Martyre de saint Pierre de Vérone*, aucune de ces *Vénus* d'une si superbe indolence, qui trouvent dans leur beauté même un voile à leur nudité. Sauf une *Madeleine* et un *Christ* à mi-corps, sujets que le maître a souvent répétés, une *Bacchanale* et un *Martyre de sainte Catherine*, de petite dimension, le Titien ne compte guère à Pitti que des portraits, mais nulle collection n'en réunit un aussi grand nombre et aussi beaux : c'est André Vésale, le grand et sombre anatomiste; Philippe II d'Espagne, répétition un peu affaiblie de l'excellent portrait du musée de Madrid; enfin, l'Arétin, le spirituel cynique, l'éloquent et vénal pamphlétaire, le fléau des rois, le type le plus accompli qui ait jamais existé du parasitisme. Il se peint tout entier dans cette lettre curieuse, qui ne le montre pas moins ressemblant que le portrait du Titien. Le 17 octobre 1745, il écrivait à Cosme Ier : « Monseigneur, la grande quantité d'argent que possède messire Titien, et le désir extrême que nonobstant il a d'augmenter son trésor, sont cause que, peu soucieux des égards dus à l'amitié et des devoirs de parenté, il ne se préoccupe bien vivement que de celui qui lui promet beaucoup. Aussi n'est-il pas étonnant qu'après m'avoir leurré pendant six mois d'une espérance vaine, ayant été séduit par la prodigalité du pape Paul, il soit parti pour Rome, sans achever le portrait de votre très-illustre père. Je vous enverrai sa figure calme et imposante, et qu'on peut dire calquée sur l'original, dès qu'elle sortira des mains du susdit peintre. Cependant voici la reproduction fidèle de mes traits due à son pinceau. Certes le visage respire, le sang circule, et je me vois vivant en peinture, et si j'eusse donné au maître quelques écus de plus, il aurait mieux fini le vêtement du drap et la soie, le velours et le brocard; je ne dirai rien de la chair, car elle est vraiment peinte. *Sic transit gloria mundi.* »

Nous avons cité cette lettre, parce que si elle nous montre l'Arétin dans la spirituelle audace de sa mendicité, elle nous initie aussi aux habitudes fastueuses et aux inflexibles exigences d'un peintre qui ne peignait pas même ses amis pour rien. Ne nous séparons pas du Titien sans offrir nos hommages à sa *Donna*, que nous reproduisons. Elle n'est pas d'une beauté qui nous plairait; ses traits sont réguliers, mais sa physionomie est dépourvue de grâce et d'amabilité. C'était,

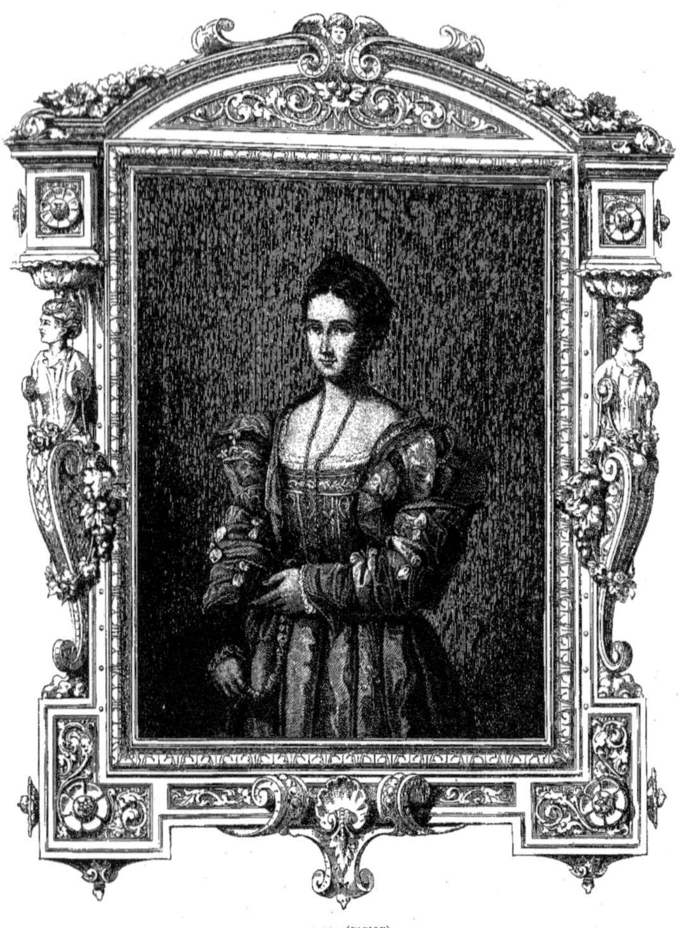

LA DONNA (TITIEN).

paraît-il, un homme à bonnes fortunes et fort inconstant que ce célèbre peintre, qui faisait marcher de front les plus grandes passions humaines : la gloire, l'amour et l'argent. Il n'y a pas de musée en Europe qui n'ait à vous présenter le portrait d'une des maîtresses du Titien et point celui de la même femme, s'il vous plaît. En Italie, la maîtresse s'appela *Donna*, ce qui est charmant. Quant à cette collection des maîtresses du Titien, il paraît convenu que les conservateurs des musées donneront invariablement comme maîtresses du peintre tous les portraits de femmes inconnues peints par le grand artiste qui leur tomberont sous la main. Pour nous, et jusqu'à preuve contraire, et pour l'honneur de l'artiste, nous maintiendrons que la célèbre Violante fut la seule Donna du Titien, comme la Fornarina fut la seule maîtresse de Raphaël.

A côté du Titien, le Véronèse et le Tintoret sont représentés à Pitti par neuf ouvrages, tableaux secondaires ou portraits. Paris Bordone, Moreno et Sébastien del Piombo y brillent aussi par de dignes spécimens de leur manière hardie et de leur coloris éclatant. Parmi les Napolitains, Salvator Rosa y écrase facilement Luca Giordano et lutte avec Ribera. L'école bolonaise s'y montre à peu près veuve de ses fondateurs, la dynastie des Carrache n'est guère représentée que par Annibal. Mais le Guerchin, le Dominiquin et le Guide nous y offriraient plus d'un sujet d'admiration et d'études, si nous n'avions déjà apprécié ces maîtres chez eux, et si nous n'avions à peu près exclusivement réservé aux peintres florentins et à Raphaël l'hospitalité d'un chapitre consacré surtout à Florence et à ses gloires.

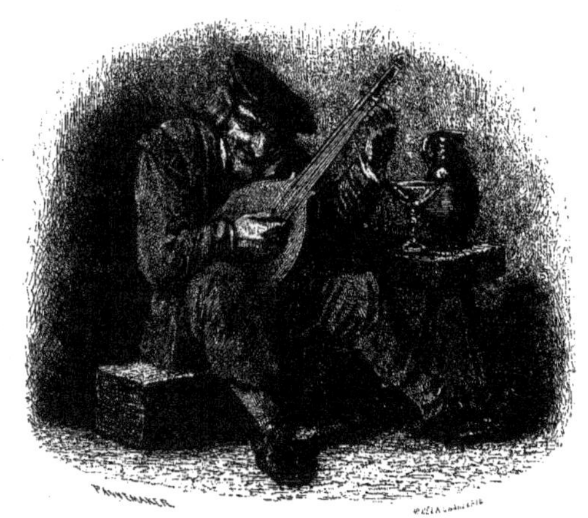

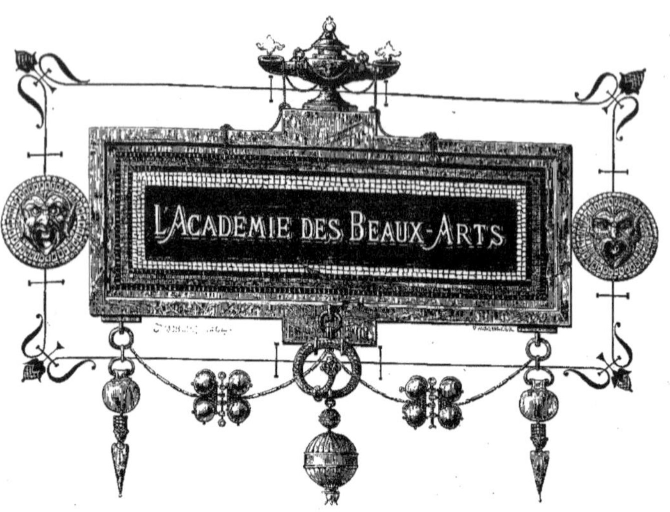

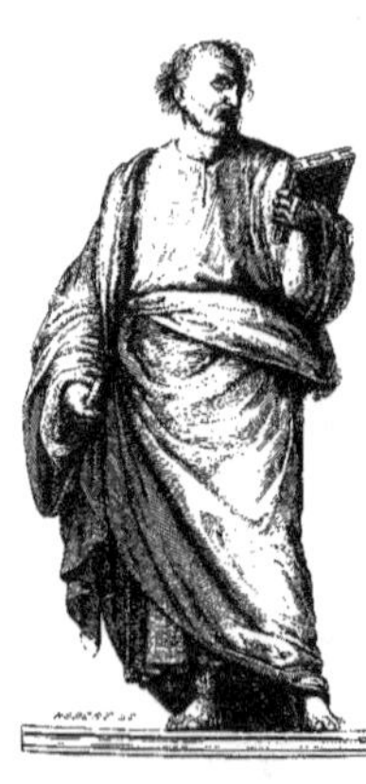

La galerie des Offices et le palais Pitti ne sont pas les deux seuls rendez-vous, à Florence, des amateurs et des artistes. L'Académie des Beaux-Arts offre à leur admiration et surtout à leur étude des éléments moins brillants, mais plus solides peut-être d'appréciation de l'école florentine, depuis sa naissance jusqu'à son apogée. On y trouve réunis plusieurs ouvrages du plus haut mérite, jadis épars dans les différentes parties de la Toscane, et dont la vue complète, pour ainsi dire, l'éducation commencée dans les deux sanctuaires privilégiés de l'art florentin. Ce n'est guère qu'à l'Académie que le lecteur curieux et consciencieux peut, en suivant le génie local dans toutes ses étapes depuis Cimabué, se rendre compte du chemin parcouru et des progrès accomplis.

L'Académie des Beaux-Arts doit sa première origine à une réunion d'artistes distingués qui, excités par le désir et le besoin de se communiquer réciproquement leurs travaux, s'associèrent vers l'an 1350; mais on peut considérer comme le principal fondateur de cette Société longtemps obscure, qui n'a jeté quelque éclat que dans le dernier siècle, le grand-duc Pierre-Léopold. C'est lui, en effet, qui, en 1784, réunit, dans le vaste édifice du ci-devant hôpital de Saint-Matthieu, le petit nombre d'écoles de dessin répandues çà et là dans la ville, dota l'Académie de divers chefs-d'œuvre, l'enrichit de tout ce qui lui était nécessaire pour l'éducation de la jeunesse, et confia enfin aux professeurs les plus distingués, la direction de cet établissement devenu célèbre.

L'Académie comprend une école de peinture, de sculpture, d'architecture, de perspective, d'ornement et de gravure. On y trouve un musée consacré aux copies en plâtre des statues les plus fameuses, antiques et modernes, une salle pour les expositions, une autre pour l'étude du modèle vivant, une troisième enfin pour les cartons et les ouvrages couronnés. Toutes ces salles, corridors et cortiles sont décorés de bas-reliefs, de statues, de fresques, de peintures dont la plupart sont dignes d'attirer les regards. Sous le vestibule sont quatre bas-reliefs en terre vernissée de Luca della Robbia. Une *Fuite en Égypte*, fresque de Jean de San-Giovanni, autrefois à la chapelle *della Crocetta*, est une des meilleures du temps; elle fut louée par le maître de l'artiste, Matthieu Roselli, malgré l'ingratitude de son élève, qui l'avait abandonné et avait exécuté cet ouvrage à son insu. On remarque encore dans la cour (*cortile*) d'autres bas-reliefs de Luca della Robbia, de ses frères et de ses neveux; on y voit le modèle original de Jean Bologne de son fameux groupe de l'*Enlèvement des Sabines*, et un autre représentant le *Combat du Vice et de la Vertu*. Enfin, on y admire une ébauche puissante de Michel-Ange en marbre, figure bien singulièrement tourmentée d'attitude, si, comme on le dit, elle était destinée à représenter saint Matthieu.

Mais entrons dans le musée des tableaux et arrêtons-nous tout d'abord devant l'initiateur de Raphaël, le chef de l'école d'Ombrie, ce Pérugin dont la vie vulgaire et mercenaire contraste si singulièrement avec les tableaux pleins de poésie et de foi qui ont immortalisé son nom. Il a eu cette mauvaise chance de n'être aimé ni de Michel-Ange, qui le traita un jour de ganache, ni de Vasari, le Plutarque partial de la peinture italienne. Il n'en est pas moins vrai que l'*Assomption* et la *Pieta* de l'Académie des Beaux-Arts sont deux purs chefs-d'œuvre, devant lesquels on songe tout naturellement aux injustices de la postérité, et à ces vicissitudes de la gloire que nul grand nom n'a subie plus complétement que celui du Pérugin. Essayons, par quelques détails biographiques, d'expliquer la cause de cette injustice de ses contemporains envers Pérugin, injustice plus que compensée, d'ailleurs, par l'enthousiasme parfois hyperbolique des nôtres.

Le Pérugin était né à Castella della Pieve en 1446. Sa famille était très-pauvre.

Il fut de bonne heure orphelin. Recueilli et élevé par charité, il connut de bonne heure la misère, et paraît avoir pris un tel souci de cette âpre ennemie, qu'il passa pour ainsi dire sa vie à préserver sa vieillesse des douleurs qu'il avait

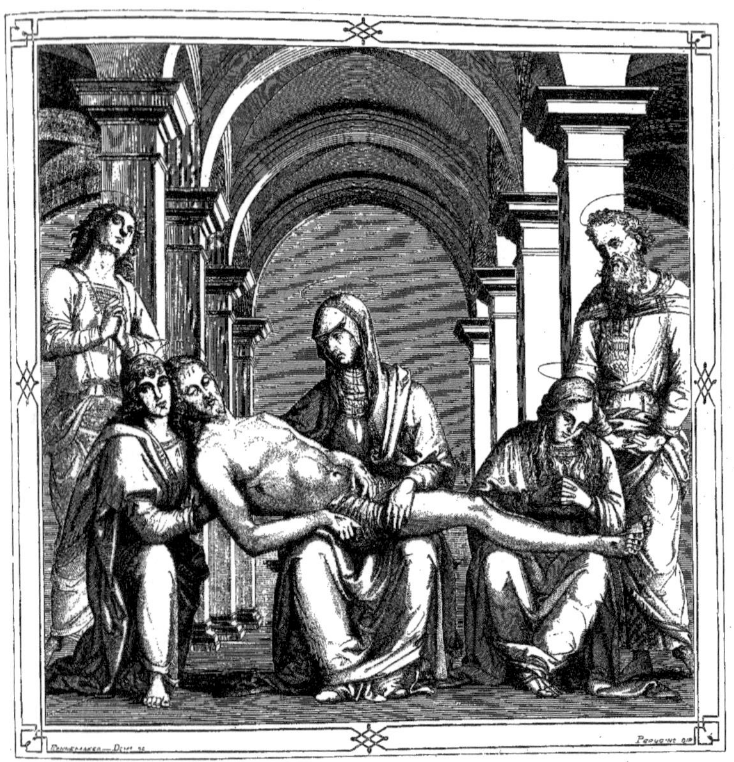

LA PIETA (PÉRUGIN).

si précocement éprouvées. Ses premiers maîtres sont inconnus. Mais Rumohr suppose avec beaucoup de vraisemblance qu'il reçut les leçons, ou du moins les conseils de Fiorenzo di Lorenzo. Il se rendit à Florence et fréquenta l'atelier de

Verrocchio, où il connut Léonard de Vinci et Lorenzo di Credi. Il avait toujours devant les yeux, nous dit Vasari, le fantôme hideux de la pauvreté. Et cette horreur se comprend quand on sait que faute de lit, il dut coucher plusieurs mois sur un coffre de bois. Il travaillait sans répit, et pour arriver, un jour, à vivre à l'aise et en repos, il brava la faim, le froid, la fatigue, les incommodités de tout genre et même la honte, a dit l'implacable Vasari. Celui-ci ajoute, sans doute hyperboliquement, qu'il mettait toute son ambition et toute son espérance dans le salaire, qu'il aurait été capable de tout pour de l'argent, qu'il ne voulut jamais croire à l'immortalité de l'âme, et que rien ne pouvait vaincre l'opiniâtreté de son cerveau de pierre. Le Pérugin, grâce sans doute à cette obstination et à cette persévérance, atteignit son but. Il amassa, toujours au dire de Vasari, de grandes richesses; il bâtit et acheta des maisons à Florence: il acquit une foule de bonnes et fructueuses propriétés à Pérouse et à Castello della Pieve. Tous ces témoignages sont sujets à controverse, ou tout au moins à interprétation. Le reproche d'impiété est dans la bouche de Vasari une imputation banale qu'il prodiguait à tous ceux de ses confrères qui ne lui plaisaient pas, à une époque où une telle accusation était encore une arme dangereuse. Quant à l'avarice du Pérugin, elle semble moins contestable. On a cherché à invoquer à sa décharge une lettre écrite par lui à Isabelle, marquise de Mantoue, en lui envoyant son tableau du *Combat de l'Amour et de la Chasteté*, où il dit entre autres choses : « Je me suis appliqué à cet ouvrage avec tout le soin suffisant pour la satisfaction de Votre Excellence et de mon honneur, que j'ai toujours préféré à tous les avantages. » Et il se trouve, contrairement à son assertion, que précisément ce tableau, que le musée du Louvre possède, est l'un des ouvrages les plus négligés qu'il ait faits. Sa déconsidération était arrivée à ce point que le conseil des Huit, devant lequel il avait cité Michel-Ange qui l'avait insulté, lui refusa, par un dédain des plus humiliants, toute réparation.

Cet homme cupide et sans conviction, si on veut, est cependant, à tout prendre, le représentant le plus distingué de la pieuse école d'Ombrie. On ne sait comment concilier un pareil caractère avec un génie très-réel et très-élevé, et on s'inquiéterait de cette contradiction si on ne savait qu'elle est fréquente dans le domaine de l'art et que cette âpreté de gain n'a pas empêché Titien, Sébastien del Piombo, le Guide et bien d'autres d'être d'excellents peintres. Tout s'expliquerait si nous ne connaissions du Pérugin que cette série de tableaux fades et béats, œuvres d'une improvisation fatiguée, qui datent des fresques de la salle del Cambio de Pérouse, et déshonorèrent les vingt dernières années de la vie du maître; mais il y a autre chose chez le Pérugin. On trouve dans ses ouvrages les moins remarquables un accent de sincérité, un sentiment religieux, une suavité,

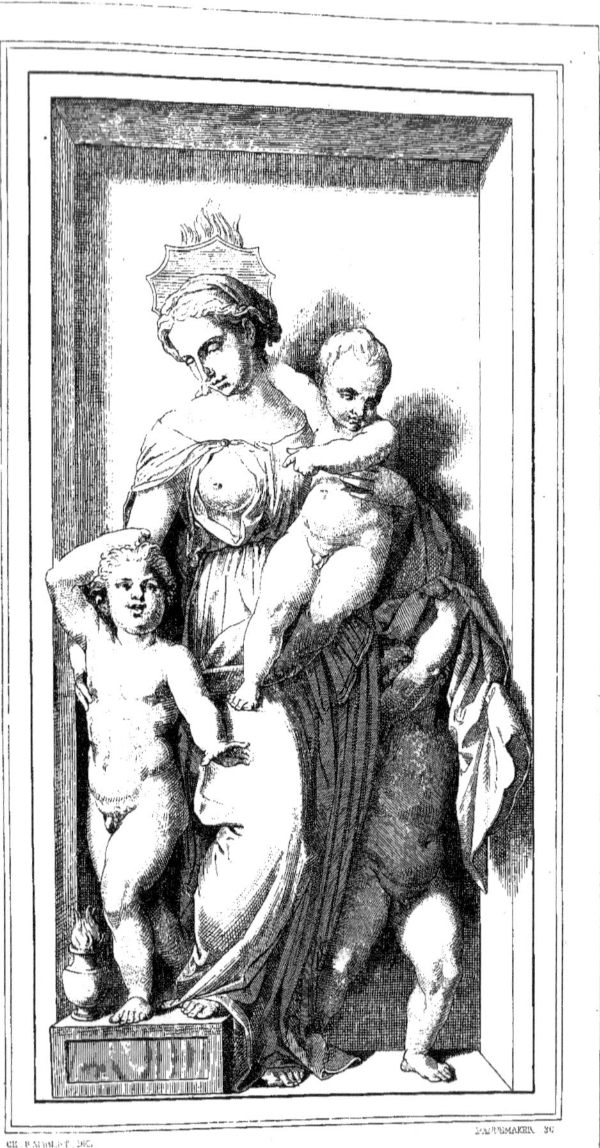

LA CHARITÉ (ANDREA DEL SARTO).

une pureté et une chasteté qu'il est impossible de méconnaître. Ces mêmes caractères sont bien plus évidents encore dans les véritables chefs-d'œuvre qu'il peignit avant 1500 : le *Sposalizio* du musée de Caen, la *Pieta* du palais Pitti, l'*Assomption* du musée de Lyon, et l'admirable fresque de *Sainte-Marie-Madeleine* de Florence. C'est à cette époque de son irrévocable apogée qu'il faut reporter *Jésus-Christ sur la croix* entre la *Vierge et saint Jérôme*, enfin, la *Pieta* que nous reproduisons, citée avec le plus grand éloge par Vasari.

Nous avons déjà eu l'occasion de parler plus d'une fois d'Andrea del Sarto. Ces occasions, à Florence, se présentent à tous les pas, et par suite de je ne sais quel irrésistible attrait de ce fécond et malheureux génie, on ne les évite jamais. Une visite à l'Académie des Beaux-Arts se complète toujours par la contemplation de ces admirables fresques du cloître de la confrérie, dite jadis des *Disciplinati*, plus souvent *del Scalzo*, parce que, dans les processions publiques, celui qui portait le Christ marchait nu-pieds. Ces peintures, consacrées à la vie de saint Jean, sont justement célèbres, non-seulement à cause de leur beauté, mais parce qu'elles attestent les progrès graduels de cet illustre artiste. C'est dans ce cloître, qu'après avoir quitté l'école de Pier di Cosimo son maître, il offrit pour la première fois au public un essai éclatant de son génie. Il acheva cet ouvrage de sa jeunesse, à son retour de France. Ces fresques sont aujourd'hui profondément altérées, mais on y distingue toujours une supériorité magistrale. Sur la porte d'entrée, on salue le buste en marbre d'André, qui semble faire les honneurs de cette multiple composition, divisée en seize compartiments, et dont la bordure a été peinte en partie par lui, en partie par son ami Franciabigio. André, né cinq ans après Raphaël, mort dix ans après lui, n'a rien produit qui égale en importance les chambres du Vatican; mais si l'on veut bien se rappeler qu'il ne disposait pas, comme Raphaël, d'une légion dévouée de disciples intelligents; si l'on veut bien ne pas oublier que, grâce au caractère impérieux et cupide de sa femme, Lucrezia del Fede, il a été obligé d'exécuter personnellement et sans aide la plus grande partie de ses ouvrages, il faudra reconnaître qu'André, réduit à ses seules forces, a tiré un parti merveilleux de son temps et des ressources de son génie.

Il faut placer en première ligne, parmi les compositions du Scalzo, deux figures allégoriques, la *Justice* et la *Charité*, qui encadrent la porte du fond. André n'a jamais rien fait de plus sévère que la Justice, de plus gracieux que la Charité. Il est impossible d'imaginer quelque chose de plus harmonieux que cette dernière figure sous le rapport linéaire. La manière simple et ingénieuse dont les enfants sont groupés avec la Charité contente à la fois l'œil et la pensée : il n'y a pas un mouvement qui trahisse l'effort ou la contrainte ; c'est une création toute spontanée, qui semble n'avoir rien coûté au génie de son auteur. Après avoir payé à la *Justice* et à la *Charité* un juste tribut d'admiration et d'éloges, il convient d'appeler l'attention sur la *Prédication de saint Jean*, sur la *Naissance de saint*

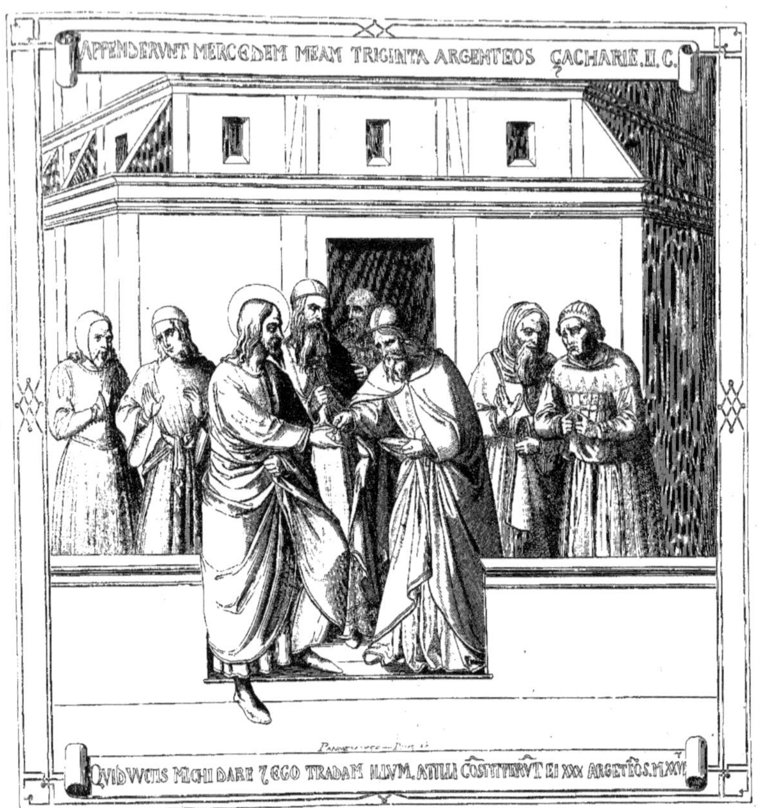

LA TRAHISON DE JUDAS (FRA ANGELICO).

Jean et sur la *Visitation de la Vierge*. Dans la *Prédication*, on peut étudier la première manière d'André, simple et vraie, mais timide et même quelque peu mesquine. Dans la *Visitation*, on assiste à la première et encore vague transformation de son style. Sa timidité s'enhardit peu à peu et ose aspirer à la grandeur sans l'atteindre pourtant. Dans la *Naissance de saint Jean* nous constatons une métamorphose plus laborieuse et plus féconde, et le style définitif triomphe des derniers scrupules de la timidité. Le style s'est agrandi, le contour s'est affermi, la physionomie des personnages s'épanouit librement. André n'a rien produit de plus savant et de plus viril que certaines parties de cette composition où l'on surprend facilement les traces d'une imitation de la manière d'Albert Durer dont les gravures, à l'époque où André termina le Scalzo, étaient répandues à Rome et à Florence.

Un artiste original, le plus original des primitifs intermédiaires, si l'on peut s'exprimer ainsi, qui n'imite personne et qui a été souvent imité, c'est ce Beato Angelico, dont l'Académie des Beaux-Arts semble être devenue le sanctuaire, puisqu'elle ne compte pas moins de quatorze de ses naïves et touchantes compositions. On y contemple successivement une *Descente de croix* qu'on peut considérer comme un de ses chefs-d'œuvre; trois Vierges et Notre-Dame portant le bambino et entourées d'une cour de saints et d'anges; enfin et surtout une *Vie de Jésus-Christ*, peinte sur huit panneaux divisés en trente-cinq compartiments. C'est un véritable poëme pour l'invention et le sentiment. Nous en avons reproduit une page, représentant la *Trahison de Judas*, traitée avec une singulière et énergique précision de détails. La scène, car on peut donner ce nom à cette composition animée et dramatique, représente avec une certaine gaucherie de perspective une des salles ou plutôt un des portiques de la Synagogue. L'apôtre reçoit des mains d'un des Anciens le prix de la trahison qu'il va commettre. Celui qui le paye écarte ses vêtements de son contact impur avec un mouvement plein de majestueuse horreur. Judas soulève d'une main crispée le pan de son manteau sous lequel il va cacher les trente deniers prix de son forfait. Les autres personnages de la scène, symétriquement rangés de chaque côté du groupe principal, expriment toutes les nuances de la surprise et de l'indignation. Cet admirable morceau, malgré ses imperfections, répond victorieusement à ceux qui ne pouvant nier les qualités d'expression, de grâce et de pureté du peintre chrétien par excellence, lui refusent l'imagination, l'invention et la variété. La *Trahison de Judas* est non-seulement variée, mais d'une variété vivante et saisissante dont les artifices sont puisés dans cette connaissance intime de la conscience humaine, que l'artiste inspiré possédait au suprême degré.

On remarque la même puissance d'expression et de vie, la même fécondité de types dans les têtes du funèbre *Cortége de Jésus-Christ* détaché de la croix et porté au tombeau par les apôtres fidèles, et dans le *Jugement dernier*, tableau très-bien conservé, riche en figures, d'une poésie et d'un sentiment admirables.

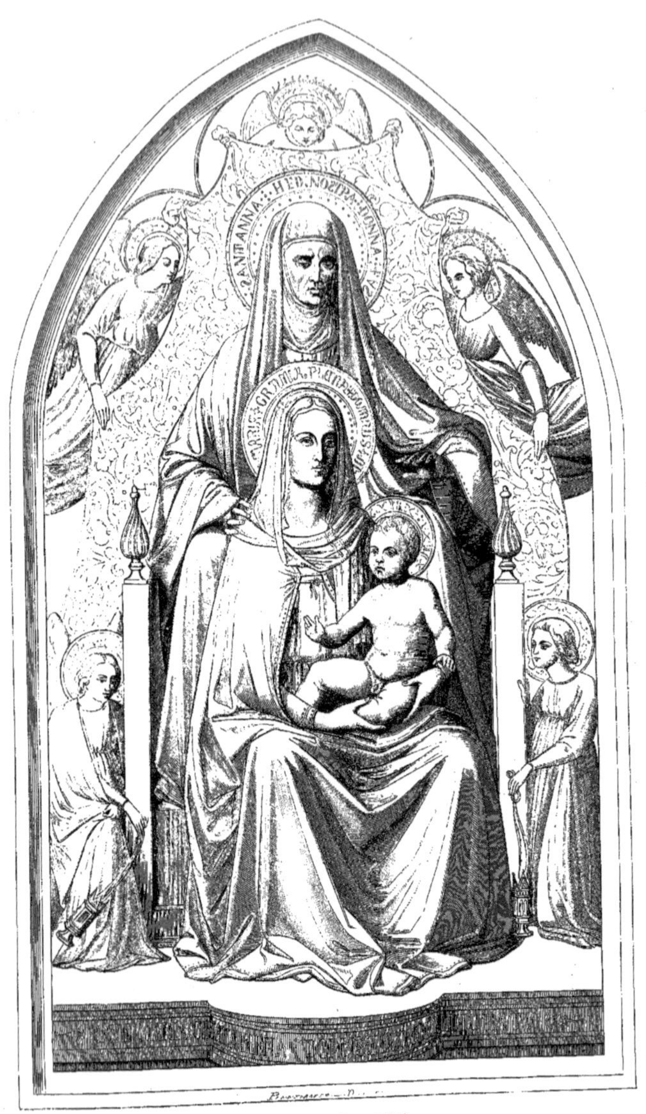

SAINTE ANNE (MASACCIO).

Il y a entre l'œuvre d'Angelico et sa vie une telle harmonie qu'on ne peut s'empêcher, après avoir admiré ses tableaux, de rechercher dans son biographe Vasari, qui les cite avec une émotion communicative, quelques-uns des traits de cette existence exemplaire.

« Plût à Dieu, dit Vasari, que tous les religieux consacrassent leur vie, comme cet homme vraiment évangélique, au service de Dieu et du prochain! Que peut-on et que doit-on plus désirer que d'acquérir le royaume du ciel en vivant saintement, et une renommée éternelle sur la terre, en produisant des chefs-d'œuvre? Du reste, un talent comme celui d'Angelico ne pouvait et ne devait appartenir qu'à un homme de sainte vie. Les peintres qui traitent des sujets pieux doivent être pieux eux-mêmes.... Fra Giovanni était d'une simplicité de mœurs et d'une naïveté extraordinaires. Un jour de jeûne, le pape Nicolas V l'ayant invité à manger de la viande, il s'en fit conscience, parce qu'il n'avait pas de permission de son prieur, oubliant ainsi l'autorité du souverain Pontife. Sans cesse occupé de peinture, il ne voulut jamais employer son pinceau qu'à représenter des sujets pieux. Il aurait pu acquérir des richesses; mais il n'en faisait pas cas, et disait qu'elles consistaient à se contenter de peu. Il aurait pu commander, mais il s'y refusa constamment, prétendant qu'il est plus aisé d'obéir. Il aurait pu obtenir de hautes dignités, mais il les dédaigna, affirmant qu'il ne cherchait qu'à éviter l'enfer et à gagner le paradis. Plût à Dieu que les hommes n'eussent jamais que cette sainte ambition! D'une sobriété et d'une chasteté extrêmes, il sut éviter les piéges du monde, répétant souvent que le repos et la tranquillité sont nécessaires à un artiste et que celui qui peint l'histoire du Christ ne doit penser qu'au Christ. On ne le vit jamais se mettre en colère, ce qui me paraît presque incroyable. Il se bornait à répondre avec douceur à ses amis et en riant. Il n'accomplissait aucun travail sans avoir d'abord demandé l'agrément de son prieur. On assure qu'il n'aurait pas touché ses pinceaux avant d'avoir fait sa prière. Il ne représenta jamais le Sauveur sur la croix sans que ses joues fussent baignées de larmes; aussi les visages et les attitudes de ses personnages laissent-ils deviner toute la sincérité de sa foi dans la religion chrétienne. »

Un autre grand Florentin, le précurseur par excellence, d'un génie plus noble et plus hardi, d'une vertu plus profane, ce fut ce Masaccio dont les fresques du Carmine ont été l'école de Michel-Ange, de Raphaël et d'Andrea del Sarto. Son mérite et sa gloire consistent même surtout dans ce magnifique privilége qu'il eut de donner l'élan à tant de grands maîtres et d'éveiller tant de beaux génies. Presque tous ses ouvrages sont perdus, et nous ne les connaissons guère que par les descriptions de Vasari. Mais ce qui en reste suffit pour faire apprécier son influence. Toutes les qualités qui constituent le peintre parfait se retrouvent dans Masaccio, réunies pour la première fois par une intime harmonie. « Masaccio, dit Borghini, est celui à qui doivent avoir obligation tous les peintres qui sont venus et qui viendront après lui; le premier il a ouvert la voie vers la bonne et moderne manière de peindre, et détruit une grande partie des im-

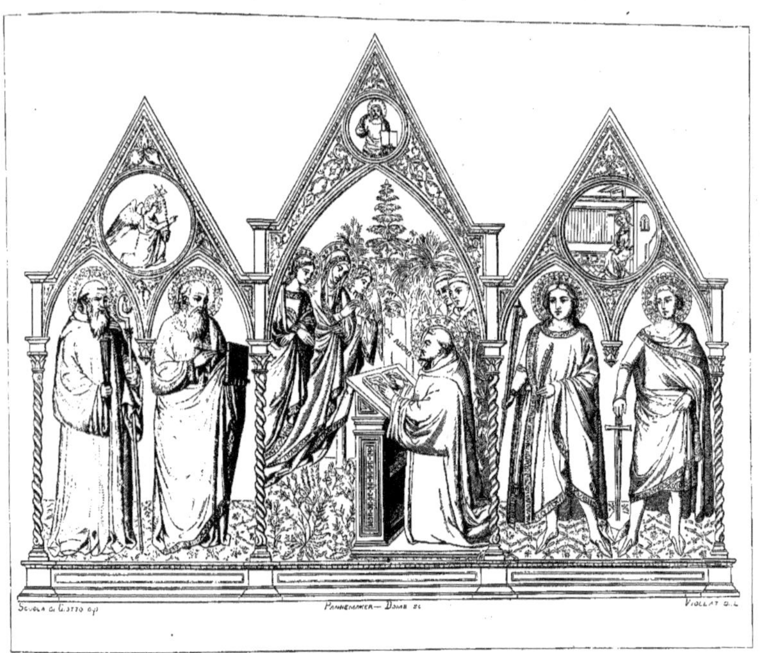

L'APPARITION DE LA VIERGE A SAINT BERNARD (GIOTTO).

perfections, et des difficultés de l'art; il fut le premier qui donna de la beauté aux attitudes, de la noblesse, du relief et de la grâce aux figures; enfin, il traita les raccourcis mieux qu'aucun de ses devanciers. » « Un jour, dit Vasari, à propos des peintures de Sainte-Marie Majeure, Michel-Ange donna en ma présence les plus grands éloges à ces figures, qui, disait-il, devaient être vivantes du temps de leur auteur. » Et il ajoute : « Tout ce qu'a fait Masaccio est vrai et animé comme la nature même. »

C'est aux fresques de Saint-Clément que nous avons emprunté ce tableau de *Sainte Anne* que nous reproduisons. Il est très-vrai que c'est là un ouvrage de la jeunesse de Masaccio, si un génie aussi précoce et aussi concentré a jamais eu une jeunesse. Mais il est facile d'y retrouver les qualités qui justifient l'influence de cet homme dont toutes sortes d'heureux hasards avaient favorisé la vie, et dont la mort fut prématurée et tragique. Le seul malheur de cette existence fut sans doute le crime qui l'a terminée avant l'heure ; car rien n'avait manqué à Masaccio des ressources de la fortune et de l'éducation ou des jouissances de la gloire. Élève de Donatello et de Ghiberti pour le dessin, de Brunelleschi pour la perspective, il fut assez heureux pour avoir dans son maître de peinture, Masolino da Panicale, un de ces précepteurs modestes et indulgents qui ne contrarient point une supériorité qu'ils respectent et se bornent à la diriger. Enfin, plus heureux que le Corrége, Masaccio avait pu voir Rome, y étudier l'antique, et rapporter dans sa patrie son flambeau de rénovateur complétement allumé. Quand il mourut, en 1443, la grande manière florentine, ce style si particulier dont il était le créateur, était née, et de nombreux chefs-d'œuvre allaient le rendre immortel.

Les mérites de Masaccio ne doivent pas faire oublier ceux de Giotto, qui fut le précurseur de Masaccio, comme Masaccio sera celui de Léonard de Vinci, de Raphaël et d'Andrea del Sarto. Giotto, mort en 1336, a été à la peinture ce que Boccace fut, un peu plus tard, à la littérature italienne; l'un rendit sa prose flexible pour toutes les formes, l'autre donna à la peinture un langage propre à traiter tous les sujets. Chez lui l'imagination n'est plus arrêtée par l'impuissance de l'expression, comme dans Cimabué et les peintres byzantins ses prédécesseurs, et l'on voit avec quel succès, presque avec quel génie il marche à cet affranchissement par l'étude de l'antique, l'observation de la nature, la recherche du vrai et la grâce naïve. Les mains, les pieds, par exemple, qui, dans le style byzantin, se terminent en pointes allongées, ont chez Giotto une forme vivante et naturelle; les figures se teignent des couleurs de la vie, les groupes offrent un ensemble harmonique, une action concordante, des mouvements animés. Il y a dans les peintures de ce grand artiste des têtes qui, par la pureté et la grâce, ne sont pas indignes de Raphaël. Ces éminentes qualités sont réunies dans le tableau que nous reproduisons de l'illustre initiateur, *l'Apparition de la Vierge à saint Bernard*, que quelques critiques ont attribuée à son école, mais qui, sans aucun doute, doit être restituée à Giotto.

Si l'espace ne nous manquait, nous aurions bien d'autres citations à faire :

une *Déposition* de Taddeo Gaddi, une autre de Giovanni da Milano, une *Annonciation* de don Lorenzo Monaco, l'Adoration de l'Enfant Jésus par sa mère, de Masolino

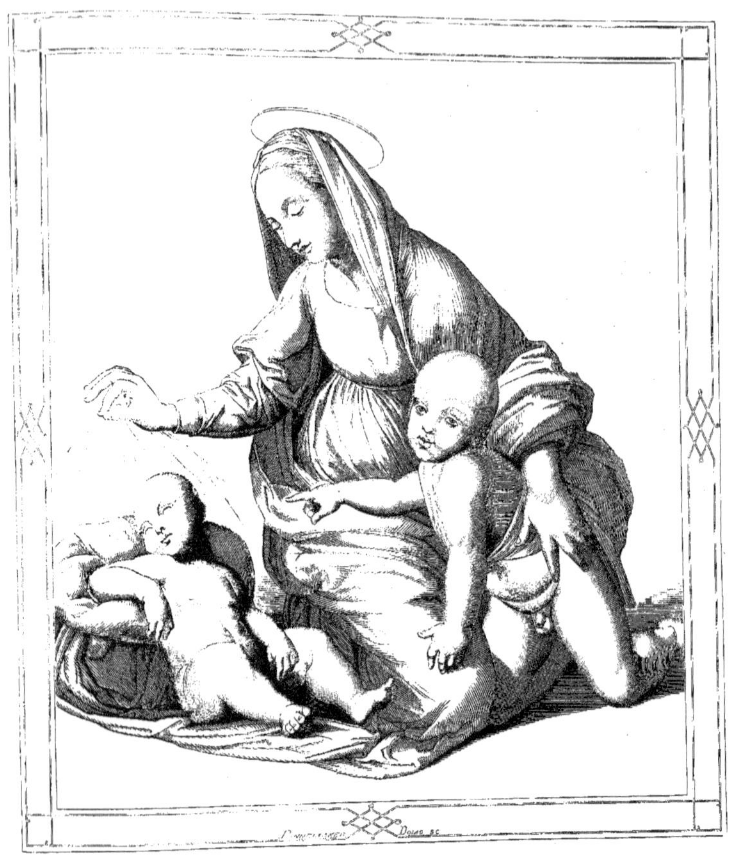

LA VIERGE AU VOILE (RAPHAEL).

da Panicale, l'Adoration des Mages de Gentile da Fabriano, toutes compositions empreintes de modestie et de grâce, et où respire la foi la plus profonde. Cette collection de l'académie, qui ne compte que quatre-vingts morceaux environ de peintres appartenant presque tous à l'école florentine, est d'un intérêt sans égal, et nous félicitons hautement ici MM. Antonio Perfetti et ses savants collaborateurs de l'édition qu'ils ont publiée à Florence de cette célèbre galerie. Avant de nous en séparer, qu'on nous permette de signaler, par les titres seulement, un saint Jérôme d'Andrea del Castagno, une œuvre remarquable d'André Verrocchio, le Baptême de Jésus, le Couronnement de la Vierge, par Alexandre Botticelli, la Vierge et son fils, de l'illustre maître de Michel-Ange, Dominique Chirlandajo; saint Pierre et saint Paul, de fra Bartolomeo.

La dernière station de notre promenade doit être réservée à cette *Vierge au voile,* un des chefs-d'œuvre de la manière florentine de Raphaël, qui résume si bien ce qu'il emprunta à ses études de Florence et ce qu'il ne dut qu'à lui-même. L'Académie des Beaux-Arts renferme le carton original de la Vierge au voile qui est au Louvre. Cette ébauche se distingue par quelques modifications de détail. Le fonds n'a pas de paysage. Le saint Jean au lieu de joindre les mains montre Jésus. Enfin le carton est plus grand que le tableau. Ce morceau dont s'enorgueillit justement l'Académie des Beaux-Arts respire entièrement le genre de Raphaël dans sa plus belle fleur. La Vierge au voile est une des œuvres les plus exquises de la manière intermédiaire de Raphaël. Elle réalise l'idéal de ce genre de composition. La Vierge est bien une mère sans péché et Jésus est bien un Dieu enfant.

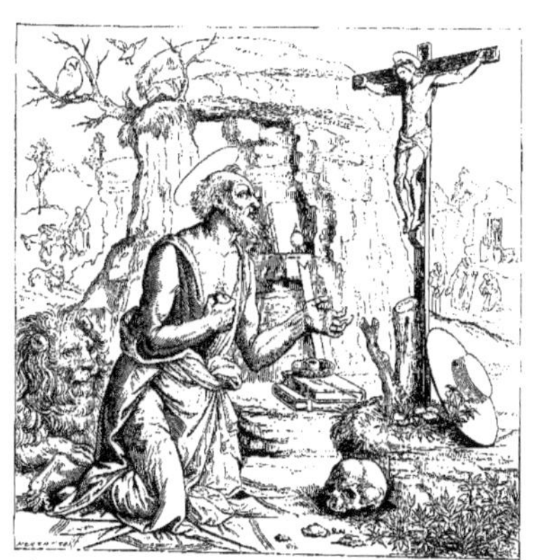

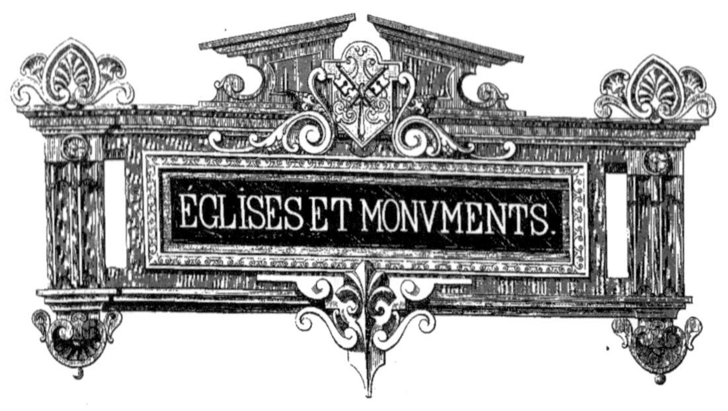

La première chose à faire quand on arrive à Florence par la route des Apennins, ces Alpes en miniature, c'est de jouir par un coup d'œil d'ensemble de ce grandiose panorama. Pour cela on se fait conduire sur les bastions du Belvédère, ou on s'arrête simplement sur les hauteurs de Fiesole que défendent encore les fortifications de Michel-Ange, tant étudiées et admirées par Vauban. De ce délicieux point de vue, le beau val d'Arno se déroule à vos pieds, arrosé, planté, fertilisé, protégé contre la violence des vents et des eaux. L'olivier au front noir et noueux, au feuillage pâle, donne à ces paysages illustres un caractère à la fois doux et grave. Une multitude de routes sinueuses, bordées de cyprès et de chênes verts, relient l'un à l'autre des villages, des vergers, des métairies, enveloppés des festons de la vigne.

Florence repose sur les deux rives du fleuve que rattachent l'une à l'autre quatre ponts construits à des époques différentes : le *Ponte-Vecchio*, d'origine romaine; le *Ponte alla Grazie*, qui doit son nom charmant à la Madone dont l'oratoire est surmonté; le *Ponte alla Carraja* et le *Ponte alla Trinita*, chef-d'œuvre d'Ammanati. Des coupoles, des tours crénelées, des campaniles, des *loges* aux vastes arcades, des cloîtres incrustés de marbre, de sombres palais, encadrés dans la verdure foncée des jardins, se pressent sans confusion dans une enceinte de peu d'étendue. Dans cette variété heureuse de monuments de tous les âges et de tous les styles, tout est ramené à l'unité, condition suprême de l'art, caractère essentiel de la physionomie du génie florentin, par le dôme imposant de Brunelleschi qui, comme celui de Saint-Pierre, à Rome, règne sur la ville et la contrée, sur le passé et le présent.

Si nous descendons de notre observatoire, nous arrivons successivement aux deux places où le génie de la République s'est exprimé avec une perfection incomparable : *la place du Dôme* et *la place du Grand-Duc*. La place du Dôme résume cette impression de Florence au point de vue religieux comme la place du Grand-Duc ou de la Seigneurie la résume au point de vue civil. C'est à ce premier rendez-vous des voyageurs curieux que nous conduisons le lecteur.

SAINTE-MARIE DE LA FLEUR, digne métropole d'une cité, dont les armes sont un lis rouge sur un champ blanc, est digne à la fois d'un grand culte et d'un grand peuple. La magnificence que les Florentins déployaient avec un si légitime orgueil dans tout ce qui tenait à cet ordre sacré de monuments, éclate et triomphe ici avec une somptuosité sans égale. Arnolfo di Cambio da Colle, plus connu sous le nom d'Arnolfo di Lappo, un des grands hommes de l'art, le créateur de l'école florentine d'architecture, fut chargé d'élever la basilique de Sainte-Marie de la Fleur, et nul n'était plus digne du choix de ce sénat qui parlait si bien le langage de Rome. Ces temples dédicatoires, il les veut « de la plus grande et de la plus somptueuse magnificence, parce que, dit le décret qui ordonne l'édification de la célèbre basilique, on ne doit entreprendre les choses de la commune (*le cose del comune*) qu'avec l'intention de les faire conformes à la majesté d'un peuple d'illustre origine et à la grandeur du sentiment public. »

Quoique non interrompus, les travaux de *Santa-Maria del Fiore* durèrent cent soixante ans; ils offrent ainsi dans leurs vicissitudes l'image de la marche de l'art lui-même, de ses progrès et de sa décadence.

L'opinion du temps attribuait les tremblements de terre à des courants d'eau souterrains. Arnolfo di Lappo, préoccupé de la durée autant que de la beauté de son œuvre, fit creuser dans l'intérieur de l'édifice des puits profonds, destinés à donner une issue à ces infiltrations destructives. « Je t'ai préservé des tremblements de terre, dit alors le fier artiste, en s'adressant à son monument; maintenant que Dieu te préserve de la foudre! »

Arnolfo eut pour successeurs Giotto, Taddeo Gaddi, Orcagna, Laurent Filippi, et enfin, l'illustre Brunelleschi, dont la prodigieuse coupole, modèle de Saint-Pierre

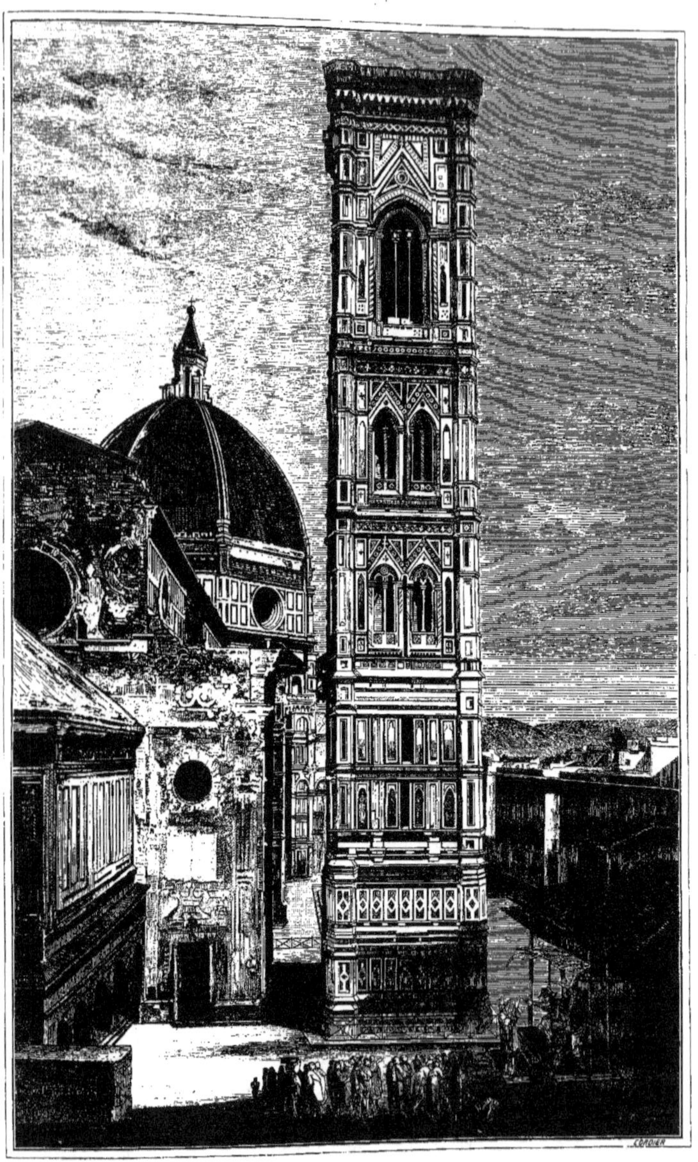

SAINTE-MARIE DE LA FLEUR. — LE CAMPANILE.

de Rome, est le chef-d'œuvre. Michel-Ange, qui savait rendre justice à ses rivaux, qui fut juste pour Raphaël, pour Andrea del Sarto, le fut aussi pour Brunelleschi. Il admirait sans restriction Santa-Maria et sa coupole, et en allant à Rome pour lui donner une sœur, il s'écria, dit-on : « Adieu, amie, je vais faire ta pareille, mais non ton égale. » Il voulut jouir encore après sa mort, pour ainsi dire, de cette contemplation qui tant de fois avait enchanté et inspiré sa vie. Il indiqua lui-même la place de son tombeau dans l'église de Sainte-Croix, de façon que les portes étant ouvertes, on pût apercevoir de là l'audacieux monument que son génie, si fier, si original, n'avait pas dédaigné d'imiter.

L'histoire nous a conservé les discours de Brunelleschi dans les conférences préparatoires où fut discuté le plan du dôme, et cet homme si prodigieusement doué de cette universalité d'aptitudes et de supériorités, qui est le caractère distinctif des grands maîtres florentins, ne se montra pas moins excellent orateur dans ces discussions souvent orageuses qu'il ne fut bon architecte, bon sculpteur, peintre, orfévre, horloger, géomètre, musicien et poëte. Son caractère était à la hauteur de son génie. Loyal, charitable et généreux, il était d'une ténacité et d'une persévérence indomptables, quand il avait le droit de son côté. La construction de Santa-Maria fut un combat où il ne gagna le terrain que pied à pied, obligé de lutter contre les obstacles que lui suscitait la divergence des opinions du comité consultatif, formé de ses plus illustres confrères d'Italie et d'Europe, et aussi de ses rivaux, parmi lesquels se distingua Ghiberti, dont il avait été, lui, au contraire, un concurrent si loyal et si généreux. Ses épreuves allèrent souvent jusqu'au dégoût, jusqu'à la retraite et une fois même jusqu'à la prison. Enfin, ayant épuisé la lie des affronts et des déceptions, victorieux de tous les obstacles, il arriva à moitié de l'édifice, prouvant ainsi en marchant, qu'il pouvait marcher. Et il triompha de la dernière contradiction, la plus acharnée et la plus redoutable de toutes en mettant Ghiberti, leur champion, au défi de prendre sa place et d'achever sans ses plans, ce qu'il avait commencé, défi que la prudence ou la honte empêchèrent celui-ci d'accepter.

L'église de Santa-Maria del Fiore n'a pas encore de façade. Cette imperfection est due aux prétentions contraires et aux stériles révoltes des successeurs de Brunelleschi, qui se disputaient le droit d'achever le monument à leur guise. Cent ans après, le devant du dôme fut peint à fresque, par quelques peintres de Bologne, pour le mariage du prince Ferdinand, fils de Cosme III, avec Violante de Bavière. Le dessin bizarre autant qu'on peut encore en juger, car la fresque était déjà en 1834 presque effacée, n'est pas sans mérite. Malgré cette lacune, Sainte-Marie del Fiore est d'un aspect extrêmement noble et harmonieux, et le marbre multicolore, dont tout l'édifice est incrusté, produit le plus brillant effet. Cette déco-

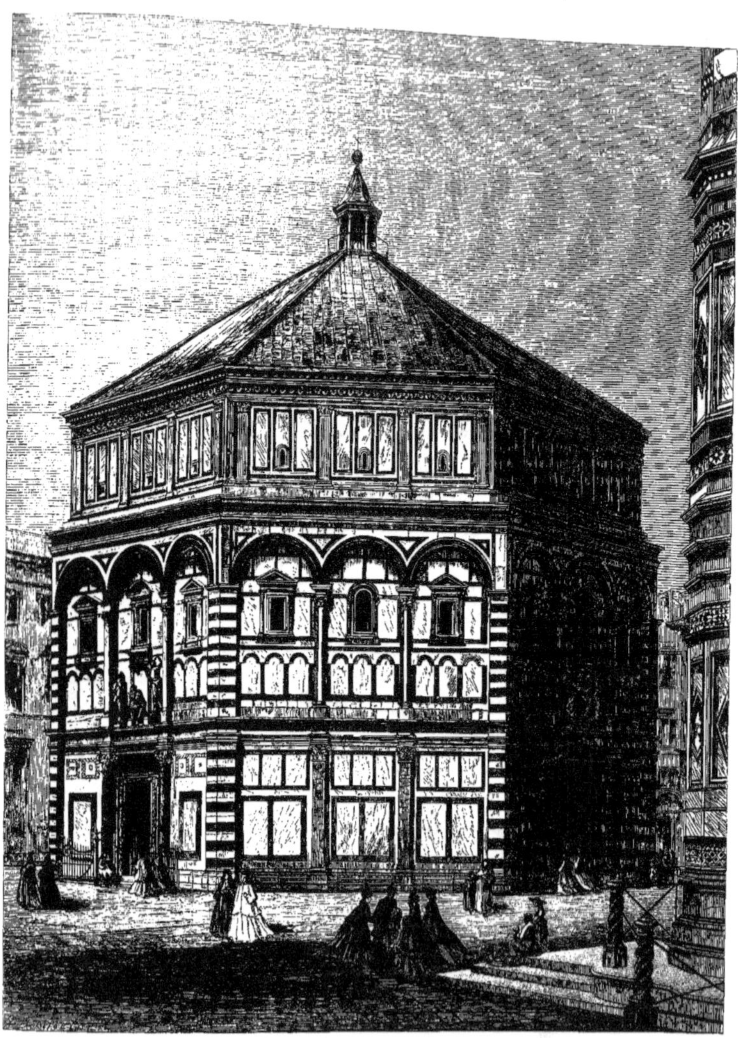

LE BAPTISTÈRE.

ration, reproduite en mosaïque sur le pavé de l'église, lui donne une physionomie particulièrement souriante, et cet immense bouquet de fleurs marmoréennes rappelle heureusement son nom.

L'intérieur de Sainte-Marie compte d'illustres tombeaux et est, pour ainsi dire, peuplé de grandes ombres : Brunelleschi, Giotto et Marsile Ficin reposent à côté l'un de l'autre dans trois mausolées votifs qui semblent symboliser la fraternité des lettres et des arts. Non loin d'eux, s'élèvent celui d'Antoine d'Orso, le valeureux archevêque de Florence, vanté par Boccace, qui parut sur la brèche à la tête de son clergé et repoussa à coups de sa crosse pastorale l'invasion d'Henri VII; ceux de Pierre Farnèse, général des Florentins, par Jacques Orcagna; du fameux condottiere anglais Jean Hawkwood, peint à fresque par Paolo Ucello, et celui enfin du fameux organiste Antoine Squasciolupi, dont son ami, Laurent de Médicis, a daigné faire l'épitaphe. Parmi les autres trophées d'art dont est remplie cette noble basilique, il faut citer la châsse en bronze de saint Zanobi, évêque de Florence, contemporain de saint Ambroise, et ornée de bas-reliefs admirables de Ghiberti. Au milieu de la multitude des statues sacrées qui la peuplent, nous signalerons *Saint Jacques Majeur*, par Sansovino, et *Saint Philippe* et *Saint Jacques Mineur*, par Jean dell Opéra, et au milieu des effigies profanes, celle du Pogge, par Donatello. Les vastes peintures de la coupole, par Vasari et Frédéric Zuccheri, tirées la plupart de *la Divine Comédie*, et qui offrent plus de trois cents figures, sont plutôt énormes que grandes et frappent surtout par leur étendue. Elles n'ont pas échappé aux épigrammes des Florentins, qui rient volontiers de tout ce qu'ils n'admirent pas. Près de la porte de la nef latérale, une vieille peinture d'auteur incertain, contre le mur, et qui paraît du temps, représente le Dante debout en robe rouge, avec une couronne de laurier par-dessus son bonnet, et tenant un livre ouvert à la main.

Le chœur, en marbre, exécuté par ordre de Cosme Ier, et orné de quatre-vingt-huit figures en bas-relief de Baccio Bandinelli et de son élève Jean dell Opéra, est magnifique. Derrière l'autel est une *Pieta* inachevée, transportée de Rome, et que Michel-Ange, son auteur, destinait au tombeau qu'il voulait se préparer à Sainte-Marie Majeure. N'oublions pas enfin cette belle méridienne tracée en 1468 par le médecin, philosophe, astronome et mathématicien Paul Toscanelli, Florentin, esprit curieux, divinateur, correspondant scientifique de Christophe Colomb, qui profita de ses recherches, et dut peut-être à ses conseils l'idée de tenter la grande découverte dont Améric Vespuce a usurpé l'honneur.

Le plan de l'église est une croix latine dont la partie principale forme trois nefs, sa longueur est de cent quarante-deux mètres, sa largeur dans le transsept de cent quatre, et la hauteur de la nef du milieu de cinquante. La coupole de Brunelleschi dépasse celle de Saint-Pierre de Rome de deux mètres trente-trois

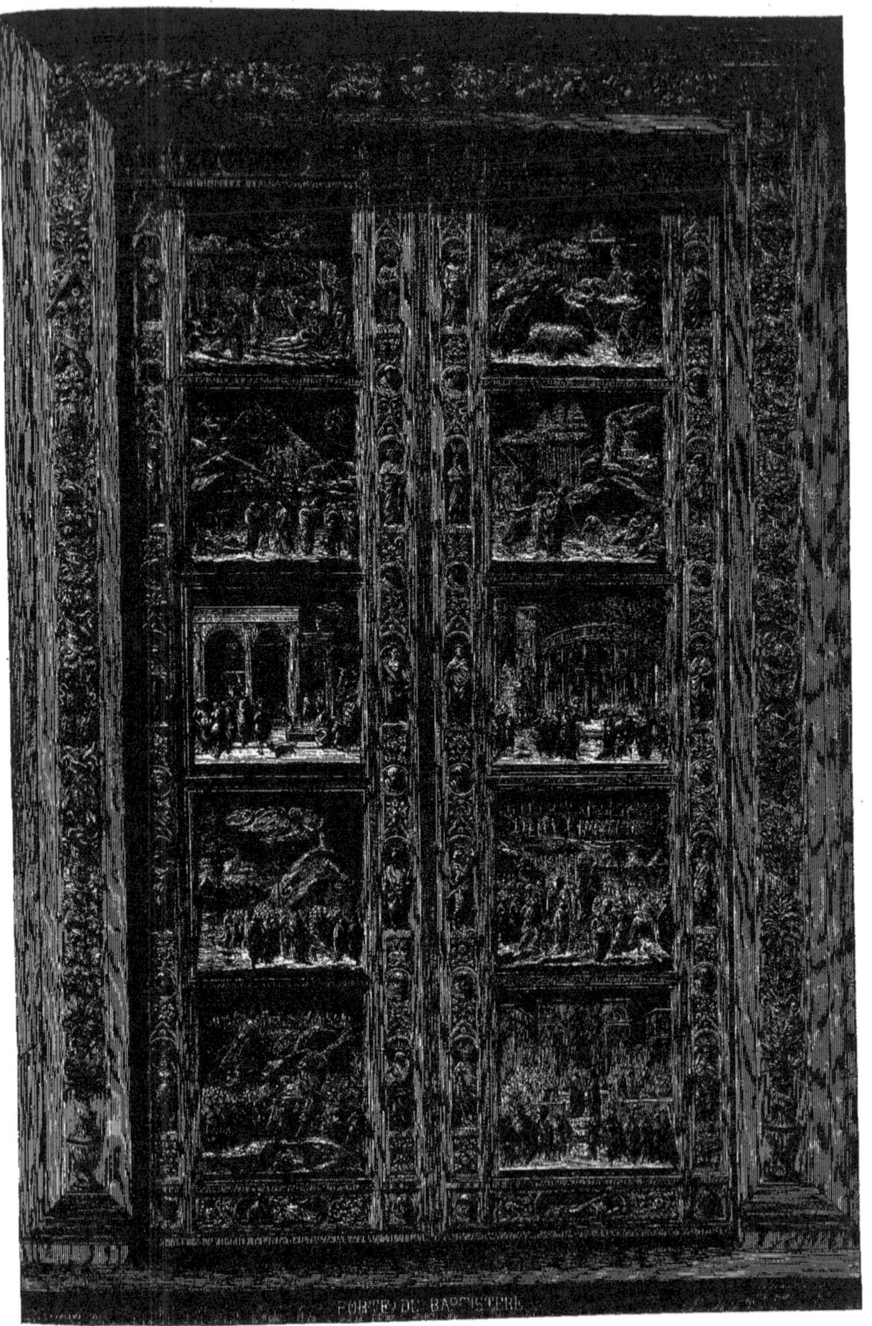

PORTE DU BAPTISTÈRE

centimètres en hauteur et en circonférence; et quoique souvent foudroyée, elle s'est maintenue intacte, tant est grande sa solidité.

Le campanile du Dôme de Florence, qui, après cinq siècles d'existence, se tient encore si robuste, si svelte et si droit, ce merveilleux clocher, si orné, si brillant, si léger, le premier des clochers et la plus belle des tours, fleur superbe d'architecture gothique italienne, est dû à Giotto, qui n'était pas moins bon architecte que peintre excellent. Commencé en 1334, il fut achevé sur ses dessins par Taddeo Gaddi. Sa hauteur est de quatre-vingt-seize mètres quarante-six centimètres; les dépenses auxquelles donnèrent lieu cette gigantesque construction s'élevèrent, d'après le relevé de Fabbri, à onze millions de francs.

Charles-Quint avait une telle admiration pour le campanile, qu'il aurait voulu qu'on le mît sous une cloche de verre ou dans un étui, et qu'on ne le montrât au peuple que les jours de fête. A Florence on dit proverbialement et fièrement : « *Beau comme le campanile.* » Le campanile est orné d'excellentes sculptures, qui trouvent un cadre des plus favorables dans la fine marqueterie de plaques de marbre blanc, rouge et noir, qui est le vêtement du Dôme et fait ressortir leurs proportions et leur blancheur. Six de ses statues sont de Donatello, notamment celle très-remarquable du frère Barduccio Cherichini, le populaire *Zuccone* (chauve), à qui il ne manque que la parole, que lui réclamait à grands cris Donatello, dans l'enthousiasme de sa création. *Favella! favella!* (Parle! parle!) Les bas-reliefs d'André de Pise, et du côté de la cathédrale, ceux de Giotto et de Luca della Robbia, complètent la décoration unique de cet unique monument.

La première fondation de l'église Saint-Jean, autrefois cathédrale et depuis *Baptistère*, est du sixième siècle. On la doit à la grande et aimable reine des Lombards, Théodelinde. Construit avec les débris énormes du temple de Mars, dont il occupe la place, le Baptistère se ressent de la pureté, de la noblesse et de la simplicité dont témoignaient encore ces débris, et l'inspiration des beaux jours du paganisme semble avoir présidé, épurée et sanctifiée, à ce monument chrétien.

Les portes et les bronzes de San-Giovanni sont regardés par Cicognara comme les plus beaux ouvrages qui soient au monde. Si le Dante, qui célèbra si éloquemment les anciennes portes, celles du midi, exécutées de 1330 à 1339 par

André de Pise, eût connu les nouvelles, que n'eût-il pas dit du chef-d'œuvre

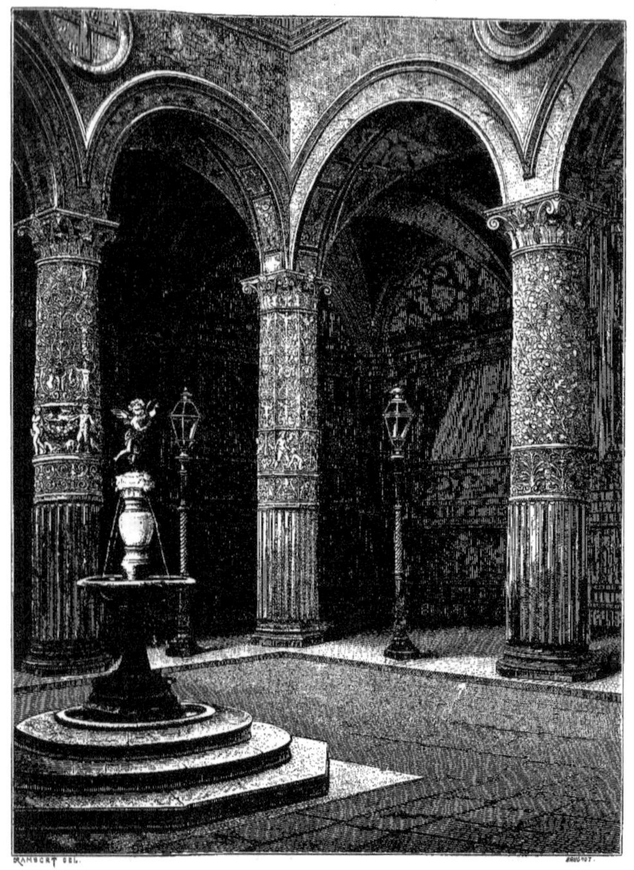

INTÉRIEUR DU VIEUX PALAIS.

de Ghiberti, et quels honneurs n'eût pas imaginés la Seigneurie pour récompenser l'artiste, elle qui était allée solennellement de son palais, accompagnée des ambassadeurs de Naples et de Sicile, inaugurer les portes d'André de Pise, fait triomphalement citoyen de Florence. La porte d'André de Pise, qui offre, en vingt compartiments, l'histoire de saint Jean et diverses Vertus, n'est pas indigne de ses voisines, quoiqu'elle n'atteigne pas à leur sublime beauté. La *Visitation*, la *Présentation* sont des compositions simples et nobles : les femmes y ont cette grâce, cette décence, cette pudeur des tableaux d'Angelico. Parmi les Vertus, on admire l'*Espérance* figure ailée, les bras tendus, accourant au-devant de la réalisation de son désir, et la *Prudence*, calme, grave, immobile, à double tête, l'une de jeune fille, l'autre de vieillard, tenant dans ses mains un serpent et un livre.

Quant aux portes du milieu, Michel-Ange prétendait, nous l'avons dit, qu'elles étaient dignes de donner accès au paradis, et il félicitait Ghiberti de ne s'être pas marié pour consacrer toute sa vie à son art et enfanter ces deux impérissables filles. Ghiberti n'avait que vingt-trois ans quand Cosme l'Ancien mit ces portes au concours. Le sujet était le sacrifice d'Abraham. L'ouvrage d'un jeune homme inconnu, sans protecteurs, enleva tous les suffrages, même ceux de ses deux concurrents, plus célèbres et plus appuyés : Brunelleschi et Donatello, qui s'avouèrent noblement vaincus. Ghiberti se mit au travail, et, s'il faut en croire Vasari, brun au premier coup de ciseau, il était déjà chauve au dernier, puisqu'il y consacra quarante ans de sa vie. La République, de son côté, ou plutôt la Seigneurie et les prieurs de la confrérie des marchands, qui décrétèrent d'accord saint Jean protecteur de la cité, après la terrible peste de 1400, racontée par Villani et par Boccace, consacrèrent à la dépense de ces portes 40 000 sequins, c'est-à-dire plusieurs millions de notre monnaie.

La porte principale du Baptistère, celle que nous reproduisons, offre, en dix grands compartiments, des épisodes du Vieux Testament : la *Création d'Adam et Eve*, *Moïse recevant les tables de la Loi*, *Josué passant le Jourdain*, etc. La porte latérale représente la *Vie de Jésus-Christ*. Le compartiment de la *Résurrection de Lazare*, notamment, est sublime. L'encadrement des deux portes est formé de nobles et sévères figures de prophètes, de sibylles, de bustes excellents, parmi lesquels la tête chauve, au milieu de la corniche, est le portrait de l'auteur, et une autre celle de son maître et beau-père Bertoluccio, habile orfèvre florentin, son collaborateur.

Les bronzes de Ghiberti, véritables tableaux auxquels il ne manque que le coloris, palpitants en quelque sorte de sentiment et de vie, sont des modèles de goût, de naturel, de délicatesse, d'harmonie : un seul trait suffirait à leur gloire. D'après Cicognara lui-même, Raphaël n'a pas dédaigné de les étudier et de s'en inspirer. Une bonne vraie statue de *saint Jean*, agenouillé et les mains jointes, de Vincent Danti, surmonte la porte ancienne du Baptistère; au-dessus de la grande, on remarque le *Baptême du Christ* et d'autres statues de Cantucci da

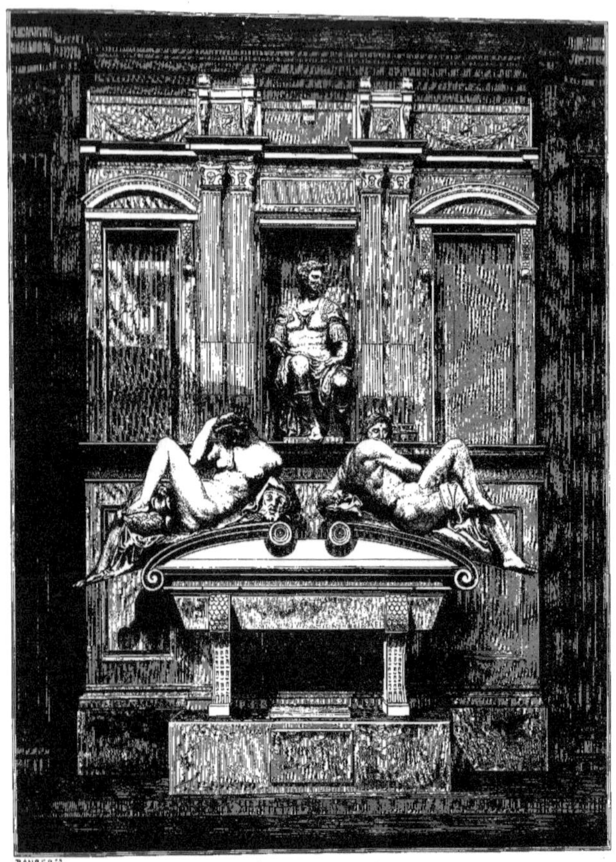

SAINT-LAURENT. CHAPELLE DE MICHEL-ANGE

Sansovino, condisciple et émule de Michel-Ange. L'ange de Spinozzi, ouvrage de décadence, est un des meilleurs de cette époque. Les trois statues de la troisième porte sont de Rustici, élève de Léonard de Vinci, qui, dit-on, lui en donna le modèle. Nous voudrions décrire l'intérieur du Baptistère, sa statue en bois de la *Madeleine*, par Donatello, celle encore plus belle peut-être de l'*Espérance*, du même, et celle de la *Foi*, de Michellozzo son émule; son mausolée du fameux pape Jean XXIII; les mosaïques de sa coupole, son splendide et éblouissant devant d'autel en argent, incrusté d'émail et de lapis-lazuli, chef-d'œuvre collectif et séculaire (1366-1477) de toute une pléiade de grands orfévres, depuis Michellozzo di Bartolomeo et Maso Finiguerra, le grand nielliste, jusqu'à Antonio del Pollajolo, mais le temps nous presse et l'espace nous manque.... Résignons-nous, et, traversant le théâtre des magnificences profanes et civiles de Florence, rendons-nous sur la place du Grand-Duc ou de la Seigneurie, pour saluer et admirer ce groupe de monuments sévères ou gracieux accouplés et quelquefois superposés, dont le contraste est si saisissant et résume si bien la vie de Florence.

La place du Grand-Duc est à Florence ce que la place Saint-Marc est à Venise. Elle est, dans tous les cas, la plus riche et la mieux ornée de la ville. C'était, aux jours des luttes orageuses de la liberté, le rendez-vous central des citoyens de Florence; c'était de ce forum aussi que l'on parlementait avec le peuple convoqué au son de la cloche; c'est encore sur cette place que mourut d'une manière tragique le célèbre frère Jérôme Savonarole, par ordre d'Alexandre VI.

La place du Grand-Duc a un aspect tout à fait caractéristique, et si le Palazzo Vecchio, avec son architecture imposante, sévère et massive, témoigne des préoccupations de la tyrannie, les monuments de l'art, disséminés dans ce forum florentin, attestent la grandeur de la vie publique qui s'y agitait et où tout, à l'exemple de ce qui se passait à Athènes, était calculé pour le peuple. Le plan tronqué du vieux Palais lui-même prouverait encore, s'il était besoin, la haine implacable de l'oppression du peuple de Florence, de ce « *popolo grosso e minuto* » qui s'appelait lui-même le peuple de Dieu, *popolo di Dio*, qui ne cédait jamais dans ses luttes contre les tyrans. On sait qu'Arnolfo di Lappo, qui fut, en 1298, le premier architecte de cet édifice destiné à la magistrature suprême, ne put jamais obtenir, pour la régularité de son édifice, qu'il s'étendît sur le terrain maudit, souillé par ces Uberti et leurs complices, tyrans passagers de cette vindicative multitude.

Cette masse impénétrable et sinistre de constructions, pareille à une immense forteresse, forme un contraste étonnant avec l'ouverture cintrée de la *loggia dei Lanzi*, d'abord corps de garde des lansquenets (*Lanzichenecchi*) des Médicis, admirable portique dû au génie d'Orcagno, l'homme double, le grand architecte-sculpteur et le grand peintre florentin. La douce lumière du ciel toscan caresse, sur cette place ainsi encadrée d'une gracieuse architecture, les formes sveltes et dessine les ombres transparentes du *Persée* de Benvenuto, des *Sabines* de Jean Bologne et de la *Judith* de Donatello. La perspective étroite et prolongée du palais des Offices, avec sa rangée de colonnes et de statues, le *David* de Michel-Ange, l'*Hercule* de Bandinelli, achèvent de donner à ces deux côtés de la place un caractère et une vie extraordinaires. La fontaine de *Neptune*, qui jette l'eau par soixante-dix bouches de tritons, de satyres et de chevaux marins, la statue équestre du duc Cosme Ier, exécutée en bronze par Jean Bologne; la gracieuse façade du petit palais Uguccioni, dessinée par Raphaël, décorent l'autre partie. Ainsi tout est contraste, et partout l'harmonie naît du contraste.

Le Palais-Vieux, forteresse en dehors, avec ses bastions, ses créneaux, son beffroi, inquiet, menaçant, armé à l'extérieur, comme presque tous les palais de Florence, est en dedans, grâce aux restaurations et aux efforts intelligents de Michellozzo et de Vasari, une magnifique résidence, un sanctuaire d'art et de volupté. Derrière ce seuil soupçonneux et sourcilleux s'ouvre un portique formé de colonnes de stuc sur un fond d'or. Les voûtes sont couvertes d'arabesques de l'école de Raphaël, et une fontaine en porphyre s'élève, surmontée d'un Amour de Benvenuto, au milieu de la cour. La vaste salle du conseil fut exécutée par ce Simone dit le *Cronaca*, à cause de ses inépuisables récits, auquel le crédit de Savonarole, son ami et son maître, la fit accorder : mille citoyens y délibéraient à l'aise sur les affaires publiques. La voûte et les murailles sont couvertes de peintures de Vasari, représentant d'un côté la guerre contre Pise, et de l'autre celle contre Sienne. Parmi les tableaux de cette salle, on remarque ceux où Ligozzi, imitateur habile de son compatriote Véronèse, a représenté la réception des douze ambassadeurs, envoyés par la France, l'Angleterre, le roi de Bohême, l'empereur d'Allemagne, la république de Raguse, le seigneur de Vérone, le *grand khan de Tartarie*, le roi de Naples, le roi de Sicile, la république de Pise, le seigneur de Camerino, grand maître de Saint-Jean de Jérusalem, à Boniface VIII, pour célébrer le jubilé de 1300, coïncidence extraordinaire qui fit dire à ce pape que les Florentins étaient un cinquième élément. Parmi les statues, il faut citer la superbe *Victoire* de Michel-Ange, inachevée (toujours!), qui devait faire partie du mausolée de Jules II, l'*Adam et Ève* de Bandinelli, et la *Vertu qui dompte le Vice*, de Jean Bologne. Parcourons rapidement la salle d'*Audience*, admirons sa porte éblouissante d'ornements et de marqueteries précieuses, sur laquelle au lieu d'armes, les patriotiques magistrats de Florence ont fait mettre les portraits de Pétrarque et de Dante. Donnons un coup d'œil aux savantes peintures de François

Salviati, les *Batailles* et le *Triomphe de Camille;* à l'appartement d'Éléonore de Tolède, femme de Cosme Ier, de tragique mémoire; enfin à la salle des *Portraits,* où les Médicis coudoient Louis XIV et Napoléon.

Revenons à cette autre moitié du monde architectural religieux de Florence, à Saint-Laurent, Sainte-Marie Nouvelle et Sainte-Croix, pour terminer ce pèlerinage de foi par un pèlerinage de gloire, parmi ces maisons et ces palais que décore un grand nom ou un grand souvenir.

La première église qui nous attire à ce double titre est celle de Saint-Laurent, reconstruite par Brunelleschi, en 1425. Ses vingt-quatre chapelles sont ornées de tableaux d'habiles artistes florentins, parmi lesquels une *Sposalitzio* de del Rosso, le peintre de François Ier; une *Maternité* de Cosme de Rosselli, un *Saint Sébastien* de l'Empoli, un *Saint Arcadius en croix* par Sogliani, au-dessous duquel sont de charmantes petites figures du Bacchiacco; l'*Enfant Jésus* et les sculptures en marbre de la chapelle du *Saint-Sacrement,* de Desiderio da Settignano, remarquables par une grande finesse d'exécution. Le crucifix de marbre du maître-autel n'est pas, ainsi qu'on le dit, celui de Benvenuto Cellini, maintenant à l'Escurial, mais celui de Baccio da Montelupo.

Au milieu de l'église, un large pavé de porphyre et de serpentine ferme le tombeau de Cosme l'Ancien, et indique la place de ce modeste monument, sur lequel on lit l'inscription suivante, d'une simplicité antique : « Ici repose Cosme de Médicis, surnommé *Père de la Patrie* par décret public ; il a vécu soixante-quinze ans trois mois vingt jours. » La vieille sacristie, élevée sur un dessin de Brunelleschi, et qui semble former à elle seule un petit temple, contient un tombeau plus riche, mais encore bien modeste, si on le compare à celui de descendants dégénérés de cette illustre maison : celui de Jean de Médicis, fils d'Averard, père de Cosme l'Ancien, et de sa femme Piccorda. Ce Jean, qui acheva la fortune et commença la gloire de sa maison, avait fondé cette belle basilique de Saint-Laurent qui renferme tant de chefs-d'œuvre. Signalons encore le mausolée en porphyre orné de bronze de Jean et de Pierre de Médicis, fils de Cosme l'Ancien, ouvrage célèbre d'Andrea Verrocchio et admirable monument de la magnificence de Laurent et de son frère Julien; une *Nativité* de Rafaellino del Garbo et un *Saint Laurent* du Pérugin, le *Martyre de saint Laurent,* belle fresque du premier Bronzino; quatre statues en marbre de Donatello, et les deux chaires de bronze, exécutées sur son dessin par son élève Bartoldo.

Mais le rendez-vous, à Saint-Laurent, de ceux qui veulent goûter dans toute sa plénitude le plaisir de l'admiration, c'est la nouvelle sacristie, le premier et l'un des bons ouvrages d'architecture de Michel-Ange, et peut-être son chef-

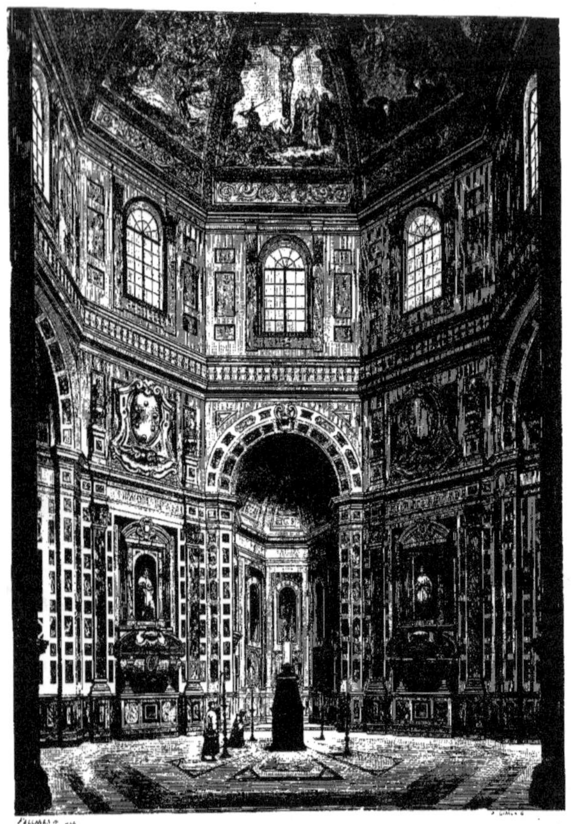

SAINT-LAURENT. CHAPELLE DUCALE DES MÉDICIS.

d'œuvre de sculpture. Il acheva cet ouvrage, souvent repris et abandonné, vers l'âge de quarante ans, sous l'impression de sentiments qui durent être, pour un monument de ce genre, une permanente inspiration. On sait que Michel-Ange fut, pendant les deux années 1527 à 1530, qui virent Florence affranchie et de nouveau courbée sous le joug des Médicis, un des chefs du mouvement émancipateur et le directeur de la défense acharnée qui arrêta durant plus d'un an, sous les murs qu'il avait fortifiés, Clément VII et les Impériaux. Partagé entre de patriotiques espérances et le mépris de l'ingrate multitude, dégoûté par l'expérience amère du commandement, tourmenté par les circonstances, qui lui faisaient un devoir de combattre dans les Médicis les descendants dégénérés de ses bienfaiteurs, Michel-Ange, durant le siége, par une contradiction touchante, descendait des murailles qui foudroyaient les assiégeants pour aller furtivement à Saint-Laurent acquitter sa dette envers les Médicis, en travaillant à leur tombeau. Quand enfin la ville fut prise, par la trahison du perfide Malatesta Baglioni (12 août 1530), Michel-Ange, proscrit, menacé de mort, dut se cacher dans la tour de Saint-Nicolas, au delà de l'Arno, et attendre le pardon du pape, qui ne l'accorda que sous la condition qu'il terminerait enfin les tombeaux de Saint-Laurent. Il ne fallut rien moins que la toute-puissance du pape pour défendre le sculpteur contre la haine de l'infâme Alexandre de Médicis.

Déçu dans ses plus chères espérances, forcé d'assister vaincu et impuissant au triomphe d'une cause qu'il détestait, irrité des dissensions de son parti, qui avaient amené une défaite que ses efforts n'avaient pu que retarder, Michel-Ange semble avoir été en proie dans ce temps à la plus grande exaltation. Sa santé était si gravement atteinte que le pape rendit un bref qui lui interdisait, sous peine d'excommunication, tout travail de peinture ou de sculpture, autre que celui qui concernait la sacristie de Saint-Laurent. Acculé à cette funèbre besogne qui convenait si bien à son génie et à ses douleurs, Michel-Ange se remit à l'œuvre avec une ardeur farouche. A la fin de 1531, les deux figures de femmes étaient achevées et les autres très-avancées. C'est une rencontre fâcheuse que celle qui donna au ciseau grandiose de Michel-Ange, pour modèle et pour sujet, deux princes chétifs, dont l'un a vécu trop peu et trop inutile pour laisser un nom dans l'histoire, et dont l'autre n'y a mérité qu'une rapide et dédaigneuse flétrissure. La statue qui domine l'un des sarcophages représente Julien, fils de Laurent, frère de Léon X, créé duc de Nemours par François Ier, qui mourut à trente-sept ans, ne laissant pour toute trace d'une vie indolente, que le suffrage des gens de lettres qu'il aimait, l'Arioste, Bembo et Castiglione. Le héros de l'autre sarcophage, bien moins digne encore des éloges de l'Arioste, est Laurent II, père de Catherine de Médicis, qui usurpa sur les della Rovere le duché d'Urbin, et gouverna Florence avec dureté. La chapelle qui renferme les monuments immortels de ces princes vulgaires et obscurs forme un carré surmonté d'une coupole. La lumière douce et paisible qui tombe de la lanterne sur les statues des tombeaux prépare et ajoute à l'impression profonde et mélancolique qu'elles produisent. Au fond se trouve l'autel; vis-à-vis, une Vierge avec l'Enfant, l'un des plus beaux ouvrages de Michel-Ange, et deux figures, *saint Côme* et *saint Damien*, qui sont en très-grande partie de la main de ses élèves Rafaello de Montlupo et Fra Agnolo, qui l'aidèrent dans ce travail. De chaque côté, dans la largeur du mur, se trouvent les deux statues de Julien et de Laurent. Michel-Ange ne s'est pas borné aux portraits de ses modèles. Dans le tombeau de Jules II, Rachel et Lia re-

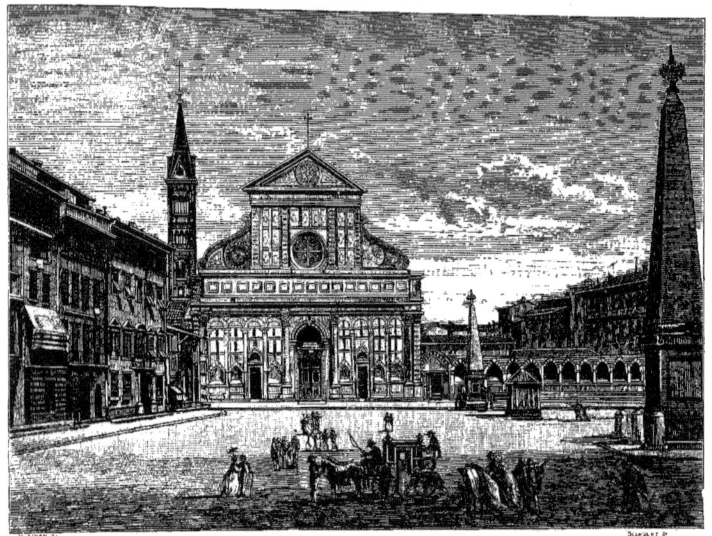

SAINTE-MARIE NOUVELLE.

présentent la vie active et la vie contemplative; dans le tombeau des Médicis, les figures de Julien et de Laurent personnifient la pensée et l'action; les quatre allégories, l'*Aurore* et le *Crépuscule*, le *Jour* et la *Nuit*, rappellent les phases principales et la rapidité de la destinée de l'homme. Les deux figures de Laurent et de Julien sont assises. Julien est jeune, noble et hardi : il est armé à la romaine et appuie son bâton de commandement sur ses genoux; Laurent est plongé dans une sombre méditation; sa tête, chargée de pensées, se courbe sur ses genoux : le doigt sur ses lèvres indique le silence, nécessaire à la réflexion. Que dire de la majesté et de la puissance de la statue du *Jour*, de la titanique beauté de la *Nuit*, de la grâce sérieuse de l'*Aurore*, qui s'éveille avec tristesse dans un monde de douleurs? Ce qu'en dit Charles-Quint, qui, dans l'éloquente naïveté de son admiration, s'étonnait de ne pas voir ces statues se lever et parler. Le peuple donna immédiatement un surnom à cette tête pensive et typique de Laurent : il l'appela le *Penseroso*, et il l'invita à parler, lui aussi, par la bouche du poëte Strozzi s'adressant à la *Nuit*. A cette invitation, Michel-Ange, on le sait, répondit par ses plus beaux vers, qui peignent si bien l'état de sa pensée en ces heures de doute amer et de dégoût désespéré. « Il m'est doux, fait-il dire à la *Nuit* interpellée, de dormir et d'être de marbre. Ne pas voir, ne pas sentir est un bonheur par ces temps de bassesse et de honte. Ne m'éveille donc pas; je t'en conjure, parle bas. »

La chapelle Ducale des Médicis, derrière le chœur de l'église Saint-Laurent, fut construite d'après le dessin d'un Médicis même, Don Jean, frère du grand-duc Ferdinand Ier. L'architecture de la chapelle des tombeaux de Michel-Ange fait un tort singulier à cette architecture de prince ; la forme octangulaire de la coupole a été beaucoup et justement critiquée. Le grand-duc Ferdinand destina, dit-on, cette chapelle à servir de sanctuaire au Saint-Sépulcre que le fameux émir Taccardin, gouverneur des Druses, venu à Florence en 1613, et qui se disait descendre de Godefroy de Bouillon, lui permettait d'enlever. Deux tombeaux de cette chapelle sont remarquables, celui du grand-duc Ferdinand Ier et celui de Cosme II : l'un ouvrage de Jean Bologne, qui a taillé la statue qui le surmonte; l'autre de Bacco, son meilleur élève. Dans le cloître de l'église se voient le tombeau et la statue, ouvrages de San Gallo, que Paul Jove s'était décernés à lui-même par son prévoyant testament.

SAINTE-MARIE NOUVELLE est une des plus belles et des plus caractéristiques églises de Florence. C'est celle dont Boccace fait le rendez-vous des sept dames florentines, qui, après la fête de 1348, vont installer à la campagne le cercle conteur du Décaméron; c'est celle que Michel-Ange appelait sa femme (*sua sposa*), c'est-à-dire celle qui l'avait pris par le cœur. Les premiers architectes de Santa-Maria Novella furent fra Ristoro et fra Sixte, tous deux religieux dominicains, et un troisième moine, le frère Jacques Talenti da Nippozano, grands architectes du treizième siècle, élèves d'Arnolfo di Lappo, dont le dernier est désigné dans le *Nécrologe* de l'église sous le titre modeste de *magister lapidum*. La porte, une des plus belles que l'on puisse citer, est d'Alberti, auquel la façade paraît devoir être attribuée. Sainte-Marie Nouvelle n'est pas moins intéressante par ses peintures et ses sculptures que par sa noble architecture. Elle est illustrée par un *Saint Laurent*, chef-d'œuvre de Macchietti, peintre florentin du seizième siècle ;

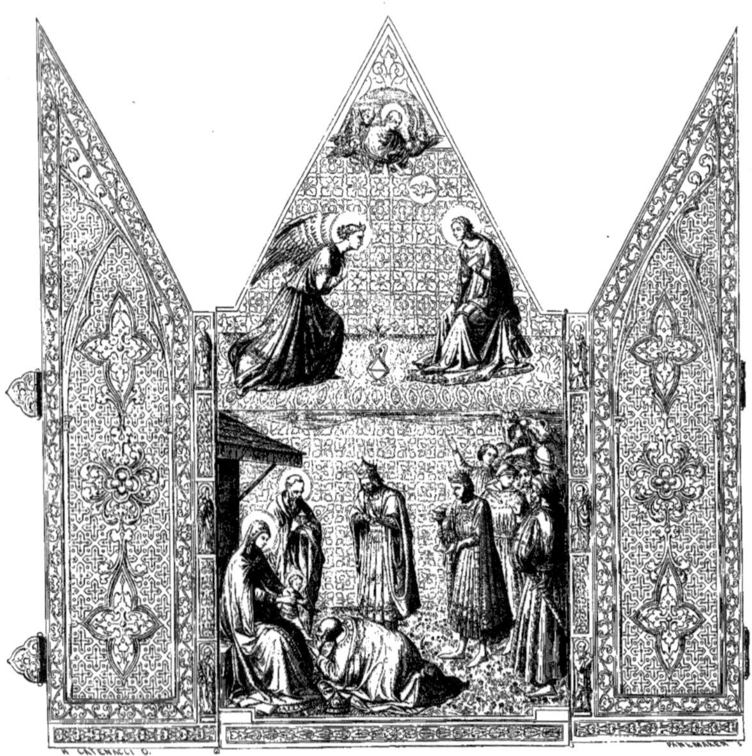

ADORATION DES MAGES (FRA ANGELICO).

par un *Saint Raymond ressuscitant aux enfers*, de Ligozzi ; par le *Martyre de sainte Catherine*, de Bugiardini, dont Michel-Ange a dessiné les soldats, et par la célèbre *Madone* de Cimabué, premier monument de la Renaissance, salué à son apparition des manifestations d'un enthousiasme idolâtre. Charles d'Anjou, frère de saint Louis, passant en Toscane après avoir été couronné par le pape roi de Sicile, vint avec toute la cour visiter cette Madone dans l'atelier de Cimabué, d'où elle fut portée en triomphe par le peuple à l'église qu'elle devait décorer. De là le nom de Borgo Allegri donné au quartier témoin de cette procession triomphale de la Madone et de cette explosion de joie.

Les fresques immenses du chœur sont de Ghirlandaïo, le maître de Michel-Ange, et sans doute celui-ci y a mis la main : on lui attribue les hommes placés à distance et appuyés contre une terrasse, du compartiment de la Vierge. Ce qui ajoute à l'intérêt de ces belles peintures dignes d'être placées à côté de celles del Carmine de Masaccio, c'est que la plupart des figures y sont des portraits. Un groupe de quatre personnages, du compartiment de la *Vie de saint Jean-Baptiste*, représente Politien qui lève la main, Marcile Ficin en chanoine, Gentile de' Becchi, l'évêque d'Avezzo, et Christophe Landino. Au compartiment de la *Vie de la Vierge*, dans le tableau de la Visitation, la jeune fille suivie de deux femmes est la célèbre Ginevra de' Benci, l'une des beautés de son temps; du même côté, l'homme en habit bleu, avec un manteau rouge, est le peintre lui-même. Ces fresques, commandées par le célèbre Florentin Jean Tornabuoni, que l'on y voit aussi avec sa femme, Françoise de Luca Pitti, furent terminées l'année même de la mort de Laurent le Magnifique. Admirons encore ce *Crucifix* de bois de Brunelleschi, si souffrant, si déchirant; les vastes fresques de la chapelle Strozzi, représentant l'*Enfer* et le *Paradis* d'André Orgagno et de son frère Bernardi; la *Samaritaine* du Bronzino, et le grand *Crucifix* au-dessus de la porte d'entrée, un des premiers ouvrages de Giotto. Admirons enfin dans la chapelle, une des plus suaves compositions de fra Angelico, l'*Adoration des Mages*, que nous avons fait graver. Sainte-Marie Nouvelle, comme la plupart des églises de Florence, est semée de tombeaux illustres. On y regarde comme le chef-d'œuvre de Benoît da Maïano, l'élégant, l'inimitable mausolée de Philippe Strozzi l'Ancien, l'ennemi des Médicis, le père du Caton florentin. Au-dessus des tombeaux des cardinaux Nicolas et Thadée Gaddi, exécutés à Rome sur le dessin de Michel-Ange, est un bas-relief de Jean dell' Opera, peut-être l'ouvrage le plus pur de cette époque de décadence. Ghirlandaïo repose aussi sous ces murs qu'il a décorés.

SAINTE-CROIX, bâtie vers le milieu du treizième siècle par le grand architecte de la République florentine, Arnolfo di Lappo, fut restaurée depuis sur les dessins de Vasari. « Cette vaste église, dit Valery, nue, sombre, austère, éclairée par de superbes vitraux gothiques, remplie d'illustres tombeaux, a été appelée à juste titre le Panthéon de Florence, et certes on ne vit jamais si bonne compagnie de morts. En contemplant à si peu de distance les mausolées de Michel-Ange, de Machiavel et de Galilée, l'humanité semble agrandie. »

Le mausolée de Michel-Ange, quoique les trois statues qui le décorent

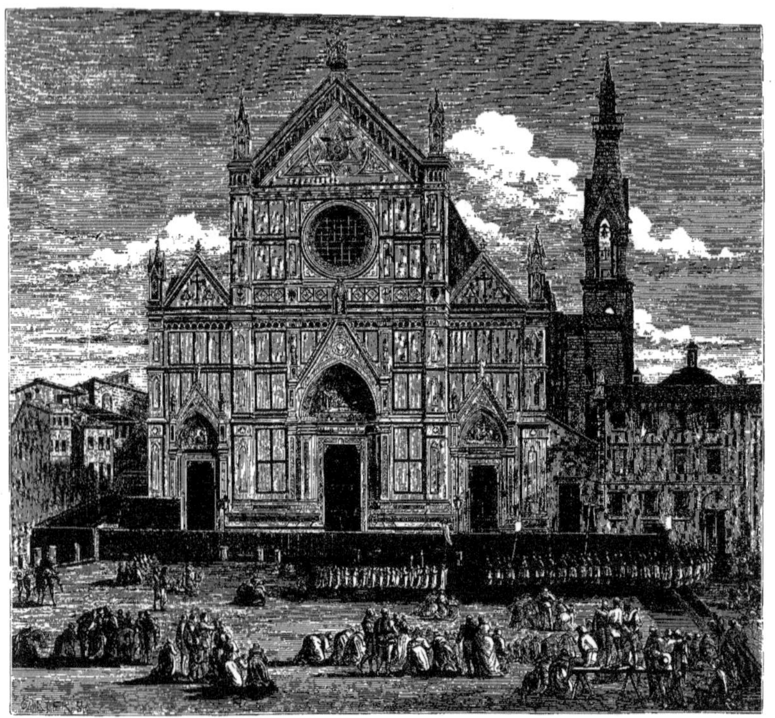

ÉGLISE SAINTE-CROIX.

soient d'habiles artistes, manque d'unité et de grandiose. La statue de l'*Architecture* est de Jean dell Opera, un des meilleurs élèves de ce *Michel, piu che mortal Angiol divino*. La *Sculpture* placée au milieu, de Cioli, paraît plutôt endormie qu'affligée. La peinture de Lorenzi est trop coquette dans sa douleur. Le corps de Michel-Ange, mort à Rome, âgé de quatre-vingt-dix ans, devait être, par ordre du pape, enterré à Saint-Pierre; mais Cosme de Médicis, jaloux d'une telle conquête, le fit enlever de nuit et transporter furtivement à Florence dans une caisse à marchandises. Il fournit les marbres du mausolée. De magnifiques et solennelles funérailles furent faites à ces illustres restes. Varchi prononça l'oraison funèbre, et pour la première fois le génie fut honoré à Florence suivant son mérite. Les tombeaux tardifs de Machiavel, de Galilée, et surtout celui de Dante, cénotaphe vide, ne sont pas des arguments contre ce juste reproche d'ingratitude adressé par le grand poëte à cette mère de peu d'amour, *parvi mater amoris*.

La cendre de Machiavel déposée à Sainte-Croix fut près de trois siècles enfouie sans honneur. Le tombeau actuel ne lui fut élevé qu'en 1789, sur l'initiative d'un Anglais, le comte Cowper, éditeur de ses œuvres, auxquels finirent par s'associer Léopold et les Florentins. L'unique figure de ce tombeau de Spinozzi, qui prétend être à la fois la *politique et l'histoire*, ne suffit pas pour faire oublier trois siècles d'oubli. Le tombeau de Galilée, par Foggini, élevé aussi en pleine décadence, se ressent de la pauvreté de l'art florentin. Le tombeau du Dante, veuf de sa dépouille, que garde encore la jalouse Ravenne, est tout moderne et presque contemporain. C'est au professeur Ricci qu'est échu cet honneur envié par Michel-Ange. A la suite des trois grands tombeaux de Michel-Ange, de Machiavel et de Galilée, il en est d'autres qui sont dignes de leur servir de cortége, notamment le vaste mausolée d'Alfieri, chef-d'œuvre de la piété de son amie, la comtesse d'Albany, et de l'art de Canova. Citons encore les mausolées du célèbre littérateur et historien Leonardo Bruni l'Arétin, deux fois chancelier de la République, par Bernard Rossellini; d'Ubertino dei Sardi, capitaine des Florentins, par Giottino, un des petits-fils de Giotto; de l'abbé Lanzi, le savant historiographe; de Nardini, célèbre joueur de violon, de la comtesse d'Albany, du sénateur Filicaia et de l'illustre graveur Raphaël Morghen.

FLORENCE n'est pas seulement riche en églises, elle possède encore des palais et même de simples maisons tantôt consacrées par des chefs-d'œuvre de l'art, tantôt ennoblies par le souvenir d'un grand homme.

C'est ainsi que, si l'espace nous le permettait, nous pourrions pénétrer successivement dans le palais Riccardi, autrefois Médicis, ouvrage de Michellozzo, et un des édifices les plus imposants, les plus caractéristiques de l'architecture florentine. Bâti par Cosme l'Ancien, il devint le berceau des sciences, des lettres et de la civilisation italienne. Le palais Riccardi, où logèrent Léon X, Charles VIII et Charles-Quint, a été vendu en 1814 au gouvernement, qui, fidèle aux traditions qu'il rappelle, y a installé la célèbre Académie della Crusca, qui y tient annuelle-

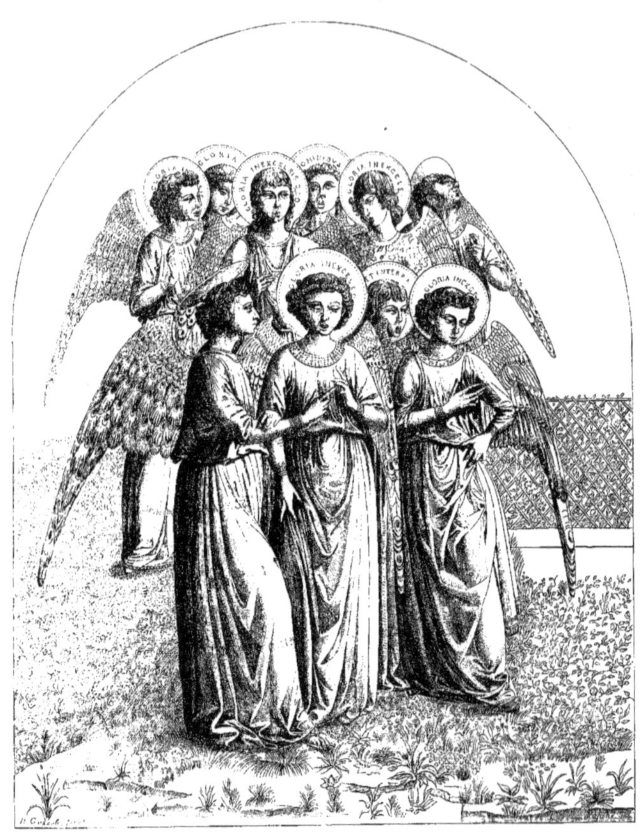

CHAPELLE RICCARDI. LE CHANT DES ANGES (BENOZZO GOZZOLI).

ment ses séances. Dans la cour, on admire huit bas-reliefs en marbre incrustés de verres et de camées antiques, travail exquis de Donatello. La galerie est célèbre par le plafond à fresque, chef-d'œuvre de l'expéditif et fécond Luca Giordano.

La chapelle offre trois ouvrages curieux de Benozzo Gozzoli, l'élève favori de fra Beato Angelico, héritier de sa suave manière; une *Gloire*, composée d'un chœur d'anges louant le Seigneur, que nous reproduisons; une *Nativité* et une *Épiphanie* dont les types, les attitudes, les costumes dorés, les meubles, les armes fidèlement copiées d'après nature, font comme une apparition du quinzième siècle. Nous pourrions encore, s'il nous était permis, parcourir le vaste palais Capponi, de l'architecte Fontana, aux patriotiques souvenirs; le palais della Gherardesca, nom immortalisé par les tragiques infortunes d'Ugolin, chantées par Dante, et dont le jardin est le plus beau de Florence; le palais Martelli, où Donatello a laissé en souvenir de la protection et de l'hospitalité qu'il y reçut, un *Saint Jean-Baptiste* et un *David* admirable; le palais Pandolfini, élevé sur les dessins de Raphaël, et le palais Borghèse, autrefois Salviati, où toute l'Europe a dansé dans une galerie de trente et un salons, les plus beaux de l'Europe. Nous ne pouvons plus que citer le palais Altoviti qui appartint au fameux Renaud des Albizzi, le palais Perruzzi, demeure des illustres et nobles marchands, rivaux, avec les Bardi et les Pitti, des Médicis eux-mêmes; le palais Sticozzi Ridolfi, autrefois Rucellai, dont les jardins et les portiques ont entendu les savantes conversations de l'Académie platonicienne, fondée par Cosme de Médicis, et où la *Mandragore* de Machiavel a été jouée sur un théâtre dont le Pérugin, Francciabigio et Ghirlandajo avaient peint les décorations; et enfin et surtout le palais Strozzi, chef-d'œuvre de l'architecture florentine, commencé par Benoît de Maïano et terminé par le Cronaca.

Aux voyageurs curieux de pèlerinages plus modestes, nous indiquerons les demeures consacrées par le nom de Michel-Ange, de Cellini, de Jean Bologne, de Machiavel, de Guichardini, de Galilée, d'Alfieri, et à défaut de la maison d'Alighieri emportée par le feu des désordres civils, celle où habitait sa Béatrice, le palais Portinari, plus tard Salviati.

MAINTENANT, nous avons hâte de terminer notre longue et insuffisante promenade, et pour en consacrer la fin comme le commencement par une station à la fois d'art et de piété, nous allons nous arrêter un moment dans cette église de l'*Annonciade*, où Andrea del Sarto a laissé un de ses chefs-d'œuvre; et négligeant, bien malgré nous, l'église de Saint-Marc de Jean Bologne, et ses tombeaux de Pic de la Mirandole et de Politien, et le couvent où vécut Savonarole, nous traverserons l'église au pas de course, pour ainsi dire, bien qu'elle renferme des œuvres de grand mérite, la *Naissance du Christ*, par Baldovinetti; une *Guérison d'enfant*, de J. Pontormo; le *Mariage de la Vierge*, de Franciabigio, la *Naissance de Marie*, l'*Adoration des Mages*, ouvrages très-remarquables d'Andrea del Sarto; une *Résurrection*, du Bronzino, et la *Vierge et des saints*, un des meilleurs morceaux du Pérugin. Mais ce qui attire irrésistiblement, c'est la fameuse *Madona del Sacco*, chef-d'œuvre d'Andrea del Sarto, admirée avant nous par Titien et par Michel-Ange, qui décore le dessus de la porte du cloître des servites qui dépend de l'Annonciade.

« Il y a à Florence un petit homme qui, s'il était employé comme toi en « de grandes affaires, te ferait venir la sueur au front. *Eghi ha in Firenze*

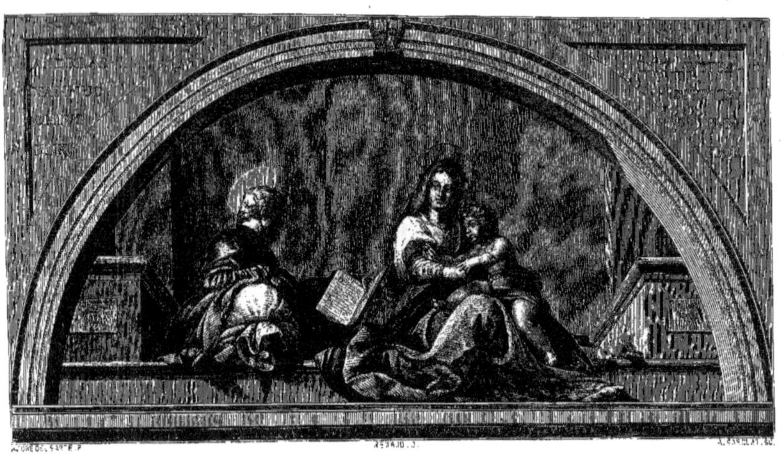

L'ANNONCIADE. LA MADONNA DEL SACCO (ANDREA DEL SARTO).

« *un omacetto, il quale se in grandi affari, come in te avvienne, fosse adope-* « *rato, ti farebbe sudar la fronte,* » disait à Raphaël Michel-Ange, un jour qu'il s'entretenait avec lui à Rome des choses de l'art. Cet *omacetto*, ce petit homme c'était Andrea del Sarto, malheureusement toute sa vie traité, en effet, en petit homme, comme l'atteste l'histoire de ce chef-d'œuvre lui-même et du surnom qui lui a été donné. Les peintures du *Scalzo*, qui sont avec le *Cenacolo* de Saint-Salvi et les fresques de l'Annonciade le plus beau titre de gloire d'André, ne lui furent payées que vingt livres par sujet, par des religieux sordides, dont on flétrirait l'avarice si on ne leur devait pas, après tout, la plupart des chefs-d'œuvre d'André. Les frères servites de l'Annonciade, dignes émules de ceux du Scalzo, ne rougirent pas de proposer un sac de blé au malheureux et besogneux artiste pour la décoration de leur portique. Il accepta le marché. Mais cette fois il voulut prendre à témoin l'univers de l'abus qu'on faisait de son indulgence et de sa modestie. Le misérable salaire figura parmi les accessoires de cette délicate et poétique composition, car André borna là son innocente vengeance, et donna d'ailleurs consciencieusement le chef-d'œuvre demandé. La chronique raconte qu'un jour Michel-Ange et Titien, chargés de biens et de gloire, se rencontrant tous deux devant ce portique, déclarèrent, d'un commun accord, que pour payer la valeur d'un tel ouvrage, il eût fallu remplir le sac de pièces d'or. Andrea del Sarto n'en mourut pas moins à l'hôpital. Et c'est ainsi que nous terminons par un souvenir mélancolique, par une pensée de regret, notre promenade à travers les monuments et les chefs-d'œuvre de cette généreuse et égoïste, de cette magnifique et avare Florence, qui, dans son partial amour, croyait ses grands hommes assez payés par la gloire de la servir et de l'illustrer, la leur faisant acheter d'avance par une rançon qui se retrouve partout dans leur histoire, celle de la misère, de la douleur et de l'exil.

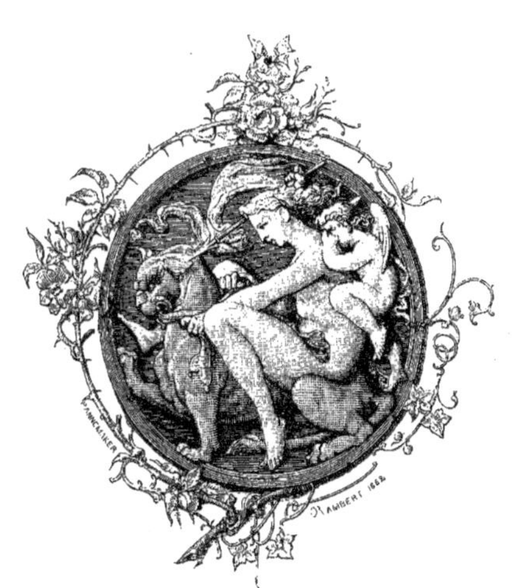

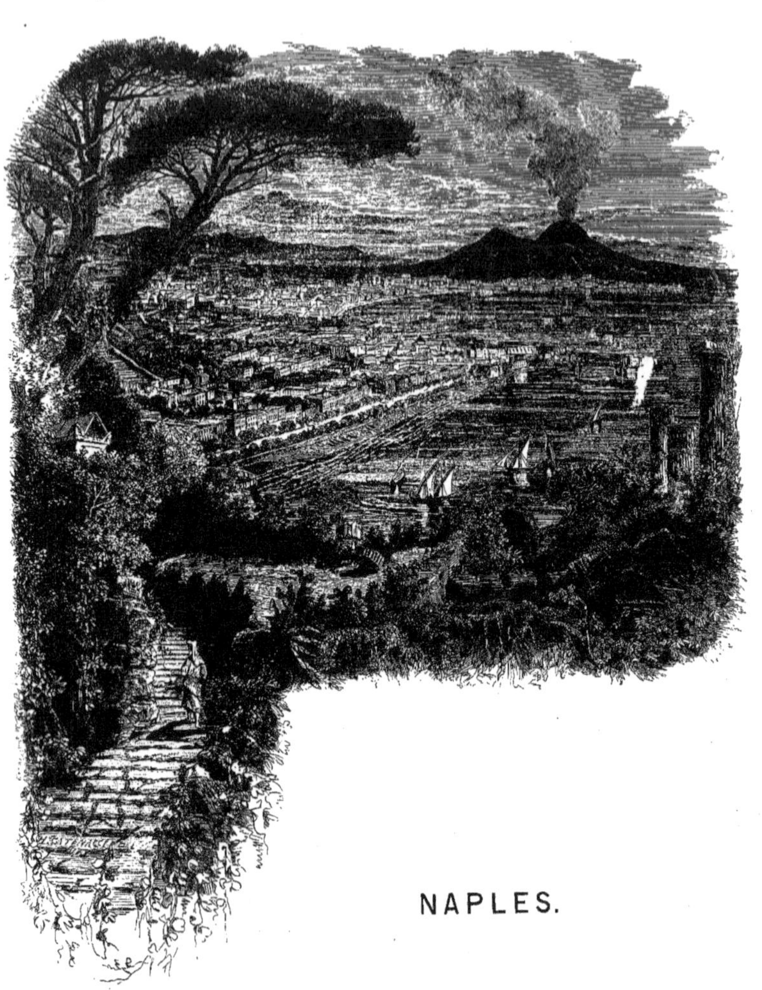

NAPLES.

Qui n'a pas vu Naples n'a rien vu, dit un proverbe qui, de napolitain, est devenu européen. Un autre ajoute : « Voir Naples et mourir. » On ne songe pas à taxer ces deux adages d'exagération, quand on arrive à Naples, de Capoue, par cette avenue de beaux arbres, enguirlandés de pampres verdoyants, sorte de colonnade de feuilles, d'architecture naturelle, qui conduit le voyageur dans une sorte d'enchantement préparatoire, à ce spectacle qui exalte jusqu'au délire la volupté de l'admiration : Naples, assise nonchalamment, sous ce soleil qui donne le *farniente*, au fond d'un bassin de deux lieues, dont l'horizon est formé, au midi, par la mer immense, et au couchant, par le mont Pausilippe; au nord, par les collines moelleuses de Capoue, et au levant, par le Vésuve.

Sur ce théâtre grandiose, dont la décoration est unique au monde, s'agite une population dramatique, à la fois vive et indolente, dont les mœurs originales mêlent les traditions de l'épicuréisme païen à l'imagination du moyen âge et à la passion moderne. Ce pays, rendez-vous des sybarites romains, semé des débris de leurs villas, et depuis traditionnel Éden du voyageur, n'a ni civilisation propre, ni caractère individuel, ni génie national. Un insoucieux éclectisme, une imitation cosmopolite y ont fait le fond permanent des habitudes, des mœurs, des idées et de l'art. La musique seule a inspiré d'une façon indépendante les Cimarosa, les Paisiello, les Bellini, les Mercadante, uniques poëtes d'une nature où la beauté est tout extérieure, où les sens jouent un plus grand rôle que l'esprit, où tout semble fondé sur le bonheur de vivre.

A Naples, comme partout en Italie, il y a de splendides monuments, des églises célèbres, des théâtres grandioses, des rues gigantesques, des tableaux admirables, des statues parfaites. Mais quel livre vaudrait la mer, quelle histoire aurait l'intérêt tragique d'Herculanum et de Pompéi, quels monuments égaleraient Cumes, Baïa, Pouzzole, le cap Misène, Caserte, Portici, Castellamare?... Quelles représentations pourraient rivaliser avec une éruption du Vésuve?

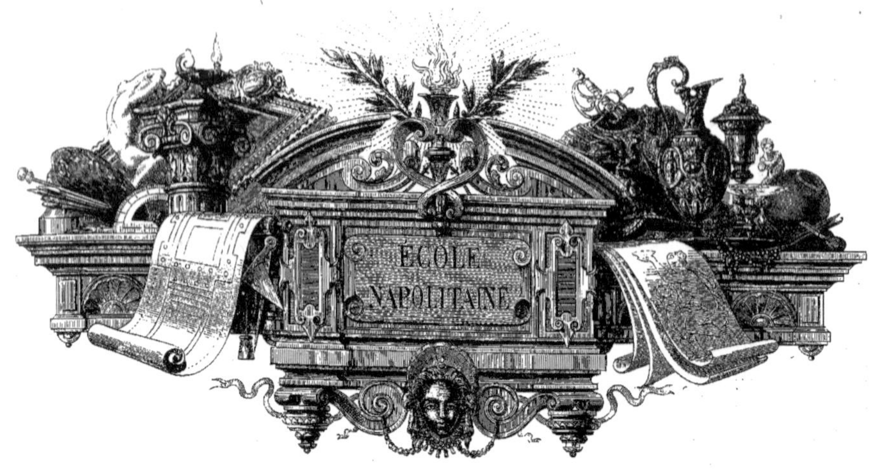

ORIGINE ET CARACTÈRES.

Il est difficile, sinon impossible, de fixer les caractères de l'école qui va nous occuper. Stendhal, esprit merveilleusement subtil, mais en même temps inflexiblement exact, a renoncé à cette tâche, et il ne daigne pas compter d'école napolitaine. C'est qu'en effet, à proprement parler, il n'y a pas eu d'école digne de ce nom. Il y a eu des influences tour à tour prédominantes sur l'esprit des artistes célèbres qui y ont successivement séjourné, mais il n'y a jamais eu de système original, de méthode invariable, de corps de doctrine enfin. Le caractère essentiel de l'école napolitaine est donc de n'en pas avoir. Les peintres napolitains, ou plutôt ceux auxquels leur séjour et leurs ouvrages leur ont fait attribuer ce nom, furent, avant tout, des éclectiques. Un coup d'œil jeté sur l'histoire politique et artistique de Naples suffit à justifier cette assertion. Les magnificences sereines d'un climat privilégié, la fastueuse hospitalité des gouverneurs et des vice-rois espagnols, l'attirante mollesse et la facilité sympathique des mœurs ont fait de bonne heure de Naples une sorte de caravansérail artistique, de paradis rêvé, de refuge de prédilection des ambitieux ou des mécontents de toutes les écoles successivement florissantes en Italie. Mais sous ce ciel d'une poésie bruyante et en quelque sorte extérieure, point de recueillement possible, de méditation féconde, d'effort harmonieux et puissant. Une sorte d'indifférence tranquille y envahit, comme un doux poison, les âmes les plus robustes et se respire avec l'air attiédi. Naples est ce pays des rêves sans but, du voluptueux oubli de toutes choses, la patrie par excellence du bonheur épicurien. Aux prises avec cette dévorante langueur qui l'enveloppe comme une atmosphère, l'âme des artistes les mieux doués s'y est amollie, efféminée. Plus de théories gigantesques, de grands coups d'aile de la pensée enivrée, plus de fougueuse indépendance. Le travail facile, le salaire abondant, l'imitation commode ont corrompu fatalement et abaissé jusqu'au présent, ce goût de l'infini, cet amour de la perfection, ce culte de l'idéal qui sont la triple inspiration des œuvres de l'art. Les plus nobles aspirations se sont éteintes d'elles-mêmes dans ce sybaritisme contagieux. Naples n'a point d'artistes originaux, ou ces artistes sont des étrangers qui n'ont fait qu'y passer et se sont amoindris sous ses influences délicieuses et enivrantes. Vivre à Naples est trop doux pour permettre de songer à la gloire et à l'immortalité, qu'on n'achète que par les martyres de la pensée. De là, cette inspiration vagabonde, incertaine, parasite, qui emprunte à tous les styles, se réchauffe à toutes les doctrines, se désaltère à toutes les sources. De là, jusque dans les chefs-d'œuvre dont Naples s'enorgueillit, ce vide moral, cette absence du beau supérieur, cette lâcheté secrète, cette indifférence superbe, cette force sans harmonie, cette grâce sans mystère, cette poésie sans règles.

Et cependant, quel admirable concours de circonstances privilégiées avait préparé à Naples le berceau d'une école puissante et féconde! Sa situation qui en faisait comme le jardin de Rome, comme le rendez-vous des muses, y avait accumulé de bonne heure les influences heureuses et les modèles parfaits. L'antiquité avait fait de Naples comme son musée de prédilection. Elle y avait enrichi de chefs-d'œuvre ces villes typiques, en quelque sorte, où l'art païen a accumulé ses merveilles ensevelies avec Herculanum et Pompéi sous un linceul de cendres, que la curiosité moderne soulève tous les jours avec une mélancolique admiration. L'école napolitaine, à son enfance, ne sut point profiter, dans son émancipation précoce, du secours de la tradition grecque, et par une sorte de punition et de vengeance, un cataclysme épique enfouit dans la lave et la cendre vomies par le Vésuve, ces sources trop dédaignées d'une inspiration que l'école napolitaine attendit jusqu'au jour où parut Giotto.

Jusqu'à cette aurore éclatante, les artistes de Naples se traînent dans une sorte de perfection mécanique de dessin, et copient, non sans révolte et sans dégoût, les bâtardises byzantines. Soudain éclate l'aube juvénile et magnifique de la Renaissance, sorte de régénération universelle, apportant à la fois au monde ébloui les premières idées de liberté, de dignité, d'humanité, et pour ne parler que de l'art, les lois de la perspective, les secrets du clair-obscur, et enfin cette grande révélation des pro-

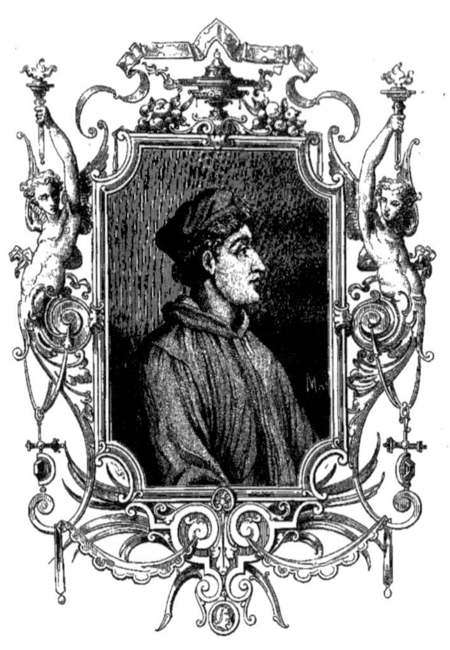

ANTONELLO DE MESSINE.

cédés de la peinture à l'huile, substituée aux sécheresses et aux trahisons de la gomme et de la cire.

Tommaso de' Stefani, qui vivait du temps de Cimabué, est l'ancêtre inexpérimenté, le fondateur naïf de l'école napolitaine, si tant est qu'il faille en reconnaître une. Il fut appelé à Naples pour y peindre la fresque des *Sept Sacrements* à l'*Incoronata*, et celle de sainte Claire (1325) aujourd'hui disparue sous le badigeon sacrilége d'une abbesse du dix-huitième siècle.

Cent ans plus tard naquit à Messine, vers 1425, Antoine ou Antonello de Messine, un des plus grands peintres du quatorzième siècle On ne sait rien de la vie de cet artiste aventureux et nomade, mais il est digne, lui aussi, du titre de chef de l'école napolitaine, ne serait-ce que par l'inestimable bienfait qu'elle lui dut d'être initiée par lui aux procédés de la peinture à l'huile. C'est à Bruges qu'Antonello apprit ou plutôt devina, en voyant peindre son propre inventeur, Jean Van Eyck, ce merveilleux secret dont la découverte pour l'art équivaut à celle d'un nouveau monde. De retour à Venise, il le communiqua à son ami Domenico, dont l'assassinat impuni rendit Andrea del Castagno seul maître de ce procédé nouveau dont il espérait exploiter seul la gloire et le profit. Son égoïste et odieux calcul fut déjoué par la générosité d'Antonello, qui initia Pino de Messine, son compatriote et son ami, à la nouvelle façon de peindre. En dehors de ses titres de précurseur, Antonello de Messine est un artiste original et puissant, qui a mêlé avec une singulière hardiesse les traditions de la peinture flamande et de la peinture vénitienne. Il a le fini des primitifs animé par je ne sais quelle prestesse, quelle vigueur de coloris tout à fait remarquable. On rend chaque jour plus de mérite à ces rares qualités, et récemment la valeur d'Antonello a reçu la consécration éclatante, peut-être excessive, du prix de cent treize mille francs attribué à un portrait signé de lui, acheté par le musée impérial du Louvre à la vente du comte Pourtalès. Il a laissé surtout à Venise des traces de son passage. Le premier tableau qu'il semble y avoir peint porte la date de 1445, et Antonello y a constaté de sa propre main, après sa signature, qu'il a été peint à l'huile (*oleo pinxit*). C'est donc à cette époque de 1445 qu'il est juste de fixer la date de l'introduction en Italie des procédés de la peinture à l'huile, mérite qui suffirait à rendre Antonello digne d'une place d'honneur dans notre galerie.

Malgré ces efforts et la précieuse importation d'Antonello, Naples ne voyait pas d'école de peinture se former dans son sein. Le seul peintre napolitain du quinzième siècle, digne d'être nommé, est le Zingaro, le Quentin Metsys de Naples, forgeron comme lui, créé comme lui, peintre par l'amour.

A défaut de peintres indigènes, Naples dut s'adresser aux peintres des autres écoles d'Italie, pour la décoration de ses églises; un des premiers, Pérugin peignit dans la cathédrale une *Assomption* qui s'y voit encore; plus tard, les disciples et les imitateurs de Michel-Ange, de Léonard de Vinci, du Titien et du Corrége y firent sentir l'influence de ces maîtres; enfin, Polydore et François Penni, deux des meilleurs élèves de Raphaël, y apportèrent le grand goût de l'école romaine.

Le premier fonda une école à Messine; le second à Naples, où il mourut en 1528. Penni avait rapporté avec lui une copie de la *Transfiguration*, parfait fac-simile de l'original. La reproduction de cet immortel chef-d'œuvre fut le modèle traditionnel de l'école napolitaine jusqu'au jour où domina l'influence tyrannique et exclusive du Caravage.

Le Caravage est une des figures capitales de l'histoire de l'art napolitain. Les peintres, ses contemporains, riches d'invention, étaient trop ignorants du dessin, et trop peu versés dans les hautes connaissances de l'art pour s'élever à une hauteur

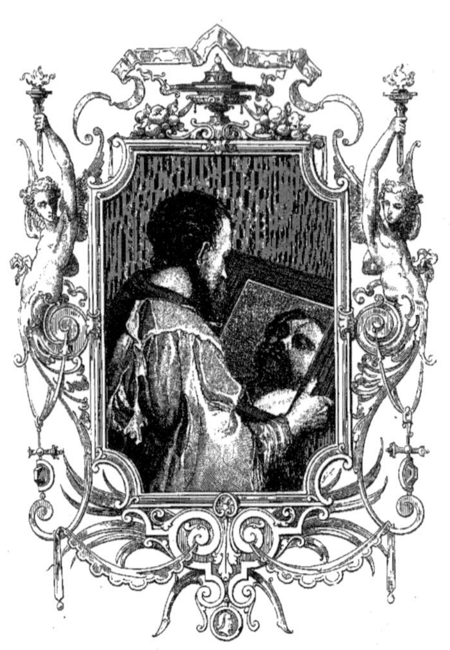

LE CARAVAGE.

indépendante. La plupart de ces artistes, groupés autour du Caravage, s'adonnèrent donc exclusivement à l'étude de la nature. A son exemple, ils prirent leurs modèles chez le peuple, cherchant le pittoresque plutôt que le beau, mais rachetant ce manque d'élévation par une splendeur de coloris presque originale. Sous ce rapport, le Caravage était un grand maître, non-seulement parmi ses contemporains, mais entre tous ses prédécesseurs. Le Caravaggio (Michel-Ange *Amerighi* ou *Morigi*), dit le Caravage du lieu de sa naissance, dans le Milanais, était né en 1569. Ce fut, avec une hardiesse plus brutale encore, le Tintoret de Naples. Il inaugura cette manière violente, sombre, monacale, qui sacrifie à l'effet toutes les harmonies et brusque l'admiration. Cette peinture farouche, presque sauvage, était l'image exacte de son caractère indomptable et de sa vie aventureuse et tourmentée. Il releva l'art en le brutalisant. Il prit la beauté d'assaut en homme impatient et âpre qu'il était. Il y a quelque chose de titanesque dans la peinture de ce grossier et sublime amant de la nature, qui n'a eu d'autre maîtresse qu'elle. Son historien Bellori frissonne en quelque sorte en parlant de ce rude et fruste génie, tyran, plutôt que maître de l'école napolitaine au dix-septième siècle. Il l'appelle avec une sorte de terreur : *Uomo intrattabile e brutale.* Ses pénibles débuts expliquent, sans les excuser, ces excès de son caractère et de son talent.

De même que son compatriote Polidoro Caldora, il prit goût à la peinture en préparant pour les fresquistes la chaux et le mortier. Sans initiateur, sans avoir étudié les grands maîtres et encore moins les statues antiques pour lesquelles il avait une sorte d'aversion, il devint habile dans son art. La nature fut son seul guide, et seule elle lui offrit des modèles. Mais cette nature si belle, dans sa variété, si riche en nobles inspirations pour qui sait la voir et l'interpréter, il la copia sans choix et sans goût. De là, les beautés ou les défauts qui distinguent ou déparent ses ouvrages. Malgré ces défauts, les tableaux du Caravage firent fureur en Italie, jusqu'au jour où le Guide, par des effets et des excès contraires, parvint à contre-balancer sa réputation. Quant aux qualités, on ne saurait trop louer sa vigueur de coloris, la vérité de son clair-obscur, le relief étonnant qu'il sait donner aux objets et l'exactitude de son imitation de la nature. Pour arriver à cet effet fier et prononcé qui lui conquit tant d'admirateurs, il peignait dans un atelier dont il avait noirci les murs, et où filtrait d'en haut l'unique rayon d'une lumière aiguë et pénétrante. C'est ce que ses ennemis appelaient « sa cave. » Exposées sous ce jour de prison et privées de tout reflet, les figures du Caravage ne pouvaient manquer d'offrir ce contraste et ce choc d'ombres opaques et de lumières vives, étroites et crues, s'entre-croisant comme une mêlée de combattants, les uns revêtus d'or, les autres de noir. Dans les portraits, cette manière étrange et puissante produisait d'irrésistibles effets; dans les compositions plus nombreuses, cette force indisciplinée échoue contre d'élémentaires obstacles; l'on y regrette le manque de proportion, de mesure, d'harmonie, et un *parti pris* trop sensible y manque le but, à force de le dépasser.

La vie du Caravage ressemble à ses tableaux. Ce fut un drame perpétuel. D'un tempérament irascible et jaloux, il ne sortait d'une querelle que pour tomber dans une autre, et ne quittait le pinceau que pour prendre l'épée. Il était venu à Naples en 1605 ou 1606 pour se soustraire aux conséquences d'un homicide. Il ne souffrait pas la moindre contradiction, et il provoqua en duel le Josépin, chef de l'école idéaliste, pour lui faire confesser, la lame sur la gorge, la supériorité du réalisme. Son rival ayant décliné toute rencontre en se fondant sur sa qualité de chevalier, le Caravage alla à Malte se faire donner le titre nécessaire à sa vengeance. Une

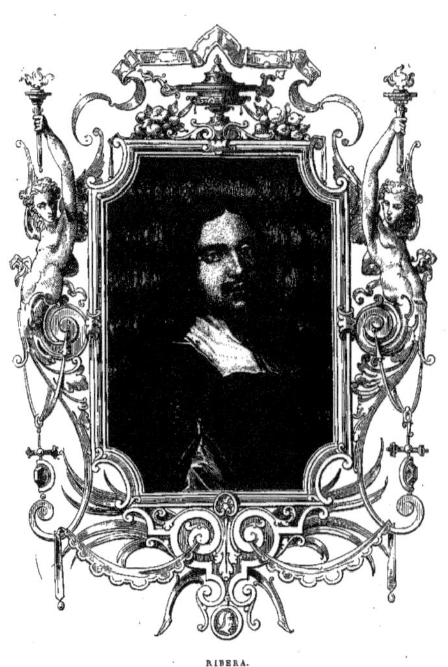

RIBERA.

nouvelle querelle qui le fit jeter en prison l'empêcha d'en profiter. Il s'échappa, erra en Sicile, revint à Naples, et dut encore s'évader blessé au visage. Il débarque à Rome, est arrêté par erreur par des soldats espagnols. Relâché enfin, il part sans ressources, presque sans vêtements, pour aller rejoindre son insaisissable adversaire et lui faire expier tant de mécomptes. Une fièvre maligne le cloue sur un lit d'auberge, et il expire à Porto-Ercole (1609). Tel fut le digne prédécesseur et le digne maître de cet orgueilleux et farouche Ribera, dit l'Espagnolet, qui allait régner à Naples par le talent et la terreur.

Presque en même temps que le Caravaggio, Annibal Carrache était venu à Naples; de sorte que les trois grandes écoles qui florissaient alors, celle de Venise, celle de Bologne et le naturalisme du Caravaggio qui s'introduisait partout, eurent à la fois des représentants à Naples. Ces trois styles furent adoptés par les trois peintres les plus accrédités, Corenzio, Ribera et Caracciolo, triumvirat despotique dont le règne, appuyé sur le poignard autant que sur le pinceau, est une des époques les plus curieuses et les plus dramatiques de l'histoire de la peinture.

L'école napolitaine, sous ce triumvirat, ressemble à une salle d'armes. On y peint l'épée au côté, toujours prêt au combat ou au guet-apens. Il fallut, bon gré mal gré, applaudir tout ce qui portait le scing de ces maîtres intolérants et inhospitaliers. Malheur à qui les critiquait et surtout malheur à l'artiste étranger qui venait accepter des commandes à Naples. Rien ne peut donner l'idée de ces mœurs féroces qui transportaient dans les sphères jusque-là tranquilles de l'art, les façons d'une sorte de banditisme. De pareils peintres ne pouvaient se plaire qu'aux sujets les plus tragiques et en quelque sorte les plus cruels, et la science de l'*écorché* ne devait avoir aucun secret pour ces monopoleurs implacables, pour qui tout étranger était un ennemi. Ainsi les plus beaux tableaux de Ribera sont des scènes de martyre. Il se complait au sang et aux bourreaux.

Joseph Ribera, né à San Felipo, dans la province de Valence, le 12 janvier 1588, devait trouver une protection entière et même partiale auprès des vice-rois espagnols. Sa supériorité et son crédit, renforcés par un riche mariage, firent de lui un grand seigneur, peintre courtisan, parvenu despotique et fanfaron. Secondé par le Grec Corenzio et le Napolitain Caracciolo, il rendit, par les moyens les plus odieux, le séjour de Naples impossible à tout talent qui excitait ses ombrages. Il accapara les églises de Naples, et traita en usurpateur tout artiste assez hardi pour lui disputer cette décoration qu'il considérait comme son privilége. Annibal Carrache, appelé à Naples pour faire les fresques des églises de *Spirito Santo* et de *Gesù Nuovo*, fut abreuvé, par l'Espagnolet et sa cabale, de tels dégoûts, qu'il quitta Naples pour aller à Rome mourir de chagrin (1609). Le chevalier d'Arpino, qui lui succéda, dut quitter ses échafaudages pour échapper à des haines qui avaient juré son départ ou sa mort. Guido Réni, qui le remplaçait, ne tarda pas à le suivre : le traitement de son valet, laissé un jour pour mort sur la place, lui présageait le sort réservé au maître. Son élève, Gessi, venu de Rome, dut y retourner seul, ses deux aides ayant disparu, expédiés sans doute par le formidable triumvirat qui s'empara enfin triomphalement de cette immense besogne de la décoration des églises, devenue leur proie. Corenzio et Caracciolo eurent les fresques, Ribera les grands tableaux d'autel. Une réaction de l'*opinion publique*, indignée contre la médiocrité de ses auxiliaires, les dépouilla de cette mission conquise par tant de trahisons et d'attentats, et les *Cavalieri deputati*, c'était le nom des administrateurs de la fabrique, appelèrent à Naples le plus grand peintre vivant, le mélancolique et débonnaire Dominiquin. La persécution recommença

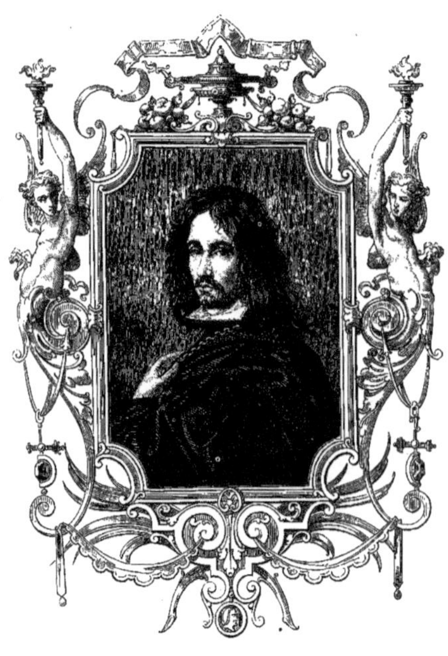

LUCA GIORDANO.

furieuse. Le premier jour de son arrivée (1629), le malheureux peintre trouva dans sa serrure un billet où on le menaçait de mort. La protection énergique du vice-roi ne put que sauvegarder sa vie, mais elle ne put empêcher les critiques, les calomnies, les articles anonymes, la cendre mêlée au crépi sur lequel il peignait ses fresques, et les insolences de Ribera, qui, fort de son titre de peintre de la cour, s'arrogeait le droit de corriger et de défigurer ses tableaux. Il n'y tint plus et se réfugia à Rome. Rappelé par ses engagements, il revint à Naples, s'abandonnant à la fatalité. Au bout de trois ans d'un martyre qui fait frémir, il mourut en 1641, non sans soupçon de poison « *fra mille crepacuori*, » dit Passeri. Enfin le châtiment arriva. En 1643, Corenzio, jeté par un vertige en bas de son échafaudage, expira sur les dalles du parvis. Ribera n'eut pas une fin meilleure. Atteint au cœur par le déshonneur de sa fille, il quitta Naples, le remords et le désespoir dans le cœur. Des pirates s'emparèrent du vaisseau qui le portait, et il mourut en esclavage, suivant une tradition qui cependant a été contestée. Ce qui est certain, c'est que ses malheurs abrégèrent ses jours en 1656.

Le reste de tradition qui avait survécu à son décès se trouble et s'achève dans une brillante décadence dont Luca Giordano (1632–1705) avec son infatigable fécondité et sa facilité insoucieuse est demeuré le représentant et le type proverbial. Il y a toute une légende, à la fois joyeuse et triste, douloureuse et comique, sur les tours de force de ce peintre qu'a puni le sobriquet ironique de *Fa presto* (Fais vite). Giordano ne se donnait ni le temps ni la peine d'être original. Il imitait aussi avec un tact, parfois avec un bonheur et une perfection capables de faire illusion. Il avait le génie mécanique de son art. Luca Giordano a copié tous les grands maîtres avec un succès si complet qu'il est difficile de ne pas y être trompé. Raphaël Mengs dit qu'il avait peint une *Sainte Famille* dans le style de Raphaël (aujourd'hui à Madrid) de façon à défier l'œil le plus exercé. Il imita avec la même habileté, la même merveilleuse rouerie, Paul Véronèse, Bassan et Titien, Albert Durer, Rubens, Guido Réni. Il avait du moins le mérite de bien choisir ses modèles. Mais ce mérite est celui de l'élève, non du maître, et malgré son génie de pasticheur, Luca Giordano n'est pas digne de ce nom. Avec lui l'école napolitaine s'éteint dans la dégradation d'une sorte de ridicule. Il n'y a rien dans l'histoire de l'art comparable à cette débauche de facilité, à cette orgie de styles et de manières qui fit le honteux et mercenaire succès de *Fa presto*. Il n'avait pas le sentiment de la responsabilité qui devait incomber à sa mémoire. Il se souciait même peu de laisser une mémoire. Tout entier au présent et à ses profits, il inondait Naples de ses produits. Il n'y a pas une église, pas un palais où on ne retrouve sa banale signature. Il racontait lui-même que, pendant son séjour à Rome, où il avait passé quelques années de sa jeunesse à étudier, sous Pierre de Cortone, il avait copié douze fois les *Stanze* et les *Loggie* de Raphaël; près de vingt fois la *Bataille de Constantin*, par *Jules Romain*, sans parler des fresques de Michel-Ange, de Polydore et de toutes les études qu'il avait faites pour son propre compte, car la plupart de ces copies lui étaient commandées par de riches étrangers qui voulaient emporter un souvenir de Rome.

C'est à croire vraiment à cette histoire d'atelier qui nous montre Luca gehenné et tiraillé par un père avare qui ne lui laissait pas un instant de repos, et qui, pour lui éviter la peine de quitter son lucratif pinceau, le nourrissait à la becquée comme un oiseau, en criant toujours : *Luca, fa presto!* La *Biographie universelle* perd la gravité jusqu'à raconter qu'un jour que Giordano était occupé à peindre un tableau

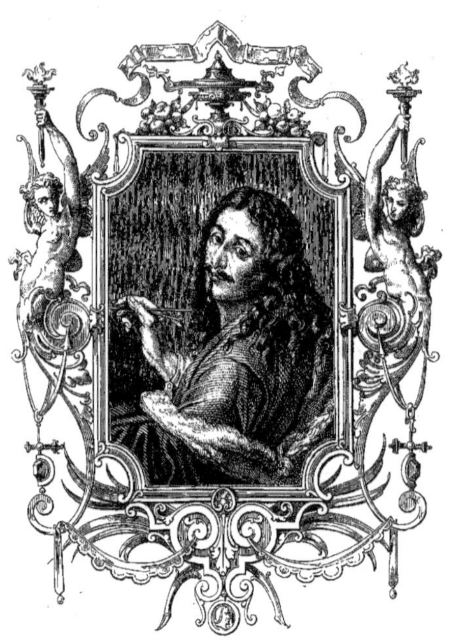

SALVATOR ROSA.

représentant *Jésus et ses disciples*, il fut interrompu par son père qui l'appelait pour dîner : « Luca, criait le père par une fenêtre, descends tout de suite, la soupe va refroidir. — Je suis à vous, répondit le fils, je n'ai plus à faire que les douze apôtres. » C'est ainsi que les destinées de l'école napolitaine, un moment à la hauteur de toutes les admirations, auraient fini devant un haussement d'épaules et un éclat de rire, sans cet intermède de passion, d'énergie et de poésie sauvages, ménagé par la venue d'un artiste original et abrupt, qui eut assez de talent pour faire jeter à la lampe un dernier éclat, mais non assez de constance et de philosophie pour faire de cette lampe le flambeau d'une école nouvelle.

Salvator Rosa arrêta la honte mais non la décadence. Ce n'était pas au plus indépendant, au plus individuel des maîtres à régénérer une tradition, et celui qui plus d'une fois méprisa les règles, n'était pas fait pour en laisser. Tandis que Luca Giordano et ses émules se faisaient, à force d'imitation, une manière tout artificielle, propice aux nombreux labeurs et aux gains vulgaires, Salvator, élève farouche de la poésie et de la nature, allait chercher dans la montagne des inspirations payées de tous les dangers. C'est à cette jeunesse vagabonde et rêveuse, à cette existence de lazzarone, et même, a-t-on dit, de bandit, que Salvator doit cette galerie de types si fiers, si intrépides, si nobles, si mélancoliques, dont on n'oublie plus la lèvre sardonique et le profond regard. C'est à ces gorges arides, à ces roches stériles, à ces arbres tordus par la tempête, qu'il a dû l'austère noblesse et l'âpre poésie de ces paysages dont la sincérité inspire une sorte d'émotion. La gloire de Salvator Rosa, comme paysagiste, sera, à côté de la nature riche et sereine du Guaspre, de la nature noble et solennelle de Claude Lorrain, d'avoir découvert et fixé sur la toile les traits ravagés de la nature irritée, de la nature tragique, en proie aux fureurs de l'ouragan, de cette nature ravinée, crevassée, calcinée, jonchée de souches desséchées, et pareille au champ de bataille des éléments.

Les débuts d'un peintre aussi profondément, aussi insolemment original, devaient recevoir, de la part de Lanfranc et de Ribera, les peintres épicuriens et satisfaits, un accueil indifférent, sinon hostile. Le caractère de Salvator, impatient de toute domination, habitué aux libertés de la vie solitaire et aventureuse, n'était pas fait d'ailleurs pour encourager beaucoup la sympathie de ces sybarites de l'art, dont il fallait payer en serviles compliments l'hospitalité, et qui voulaient, dans leurs élèves, des flatteurs toujours souriants. Salvator quitta Naples pour Rome, où il ne trouva aussi que la misère et l'oubli. Il revint à Naples, attiré du moins par cet irrésistible attrait de la patrie, même quand on y a souffert. Il entra dans l'atelier d'Aniello Falcone, un maître peu gênant, aventureux et belliqueux comme lui, où il peignit, avec une sorte d'âpre furie, ces batailles épiques, si justement admirées. Bientôt las de dépenser ses forces dans ces triomphes obscurs, épris de nouveau de la gloire du Capitole et des lauriers romains, il alla exposer au Panthéon ce *Prométhée* qui exprimait par une sorte d'allégorie les audaces et les tourments de son âme; mais par un caprice de la destinée qui peint bien les temps, ce n'est pas aux mérites controversés du *Prométhée* que Salvator dut sa première vogue et son premier succès. Cette morne expression d'une douleur surhumaine avait étonné plus encore que touché les connaisseurs praticiens et les dilettanti en bas rouges. Mais ce qui précipita la popularité de Salvator, qui avait cherché dans son talent poétique et mimique la consolation ou la vengeance de ses déceptions, ce fut son apparition durant le carnaval de 1639, sur le char Fescennin, et sa verve endiablée, les lazzi nationaux, le savoureux accent napolitain d'un boniment inépuisable, épicé, railleur, gaudrioleur, qu'il débitait dans le rôle du charlatan Coviello. Le peuple, enivré de ce spectacle, n'en voulut point d'autre. Le signor Formica fut comblé

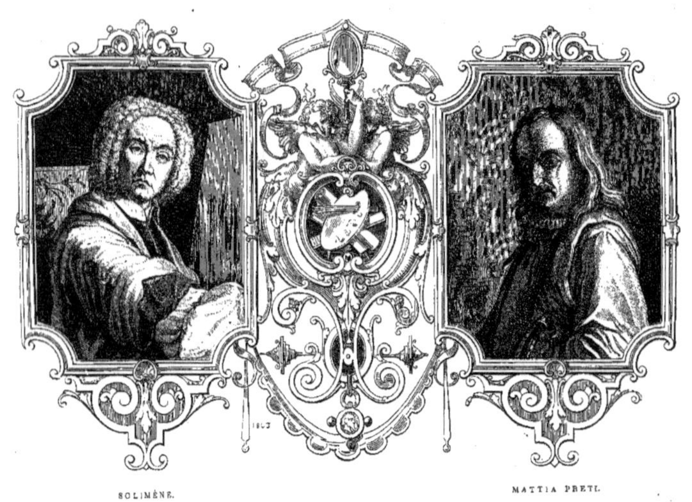

SOLIMÈNE. MATTIA PRETI.

d'applaudissements, porté en triomphe, et le délire fut à son comble quand l'idole nouvelle, ôtant son masque grimaçant, montra à la multitude la tête pâle et frémissante de Salvator Rosa. Dès ce moment Salvator fut à la mode, il devint l'improvisateur favori des *Conversazioni*, le roi de tous les festins. Il vendit ses tableaux leur pesant d'or. Il eut un palais, des chevaux, des maîtresses, des amis. Il se vengea de l'avarice et de l'ignorance des amateurs académiques. Il se vengea en jouissant des misères et des déceptions de cette première vie où il avait tant pensé et tant souffert. Un moment cette nouvelle existence ne suffisant pas à ses instincts belliqueux, subitement révélés, il alla à Naples s'enrôler dans cette *Compagnie de la Mort*, mise par Aniello Falcone, qui la commandait, au service de Masaniello et à l'avant-garde de la révolution napolitaine (1647). La réaction qui suivit et la mort du romanesque conspirateur forcèrent Salvator de revenir à Rome, où il se fixa définitivement dans sa magnifique maison du Monte-Pincio.

Mattia Preti, dit le Calebrese, et Francesco Solimène, les deux derniers peintres napolitains, n'ont rien de commun avec l'artiste énergique dont nous venons de parler, si ce n'est cependant cet esprit ferrailleur qui se rencontre chez le Calebrese comme nous l'avons remarqué dans le compagnon de Masaniello. Comme peintre, Mattia Preti est le plus remarquable des deux. Né en 1613, à Taverna en Calabre, mort à Malte en 1699, il fut d'abord l'élève de Lanfranc, puis du Guerchin, et bientôt après de tous les maîtres, dont il s'appropriait tour à tour la manière avec la même fatale facilité que Luca Giordano. Comme lui, il peignait avec une rapidité prodigieuse, et Mariette, qui l'avait vu peindre, et qui avait même demeuré chez lui, dit qu'à la façon dont il distribuait ses teintes sur la toile, et dont il maniait le pinceau, on aurait cru qu'il jouait du tambour, expression bizarre, mais caractéristique. A Naples, il tua un soldat qui lui barrait le passage, paya ce sang avec son pinceau, et finit par quitter l'Italie, non par suite de cette affaire, mais de dépit de se voir préférer Luca Giordano. A Malte, il fut, en récompense de ses travaux, fait chevalier et pourvu de la commanderie de Syracuse. Dans les dernières années de sa vie, opulent et repentant, il ne peignait plus que pour les pauvres, et c'est par ces humbles travaux, par ces obscurs mérites que finit ce qu'on peut appeler l'école napolitaine.

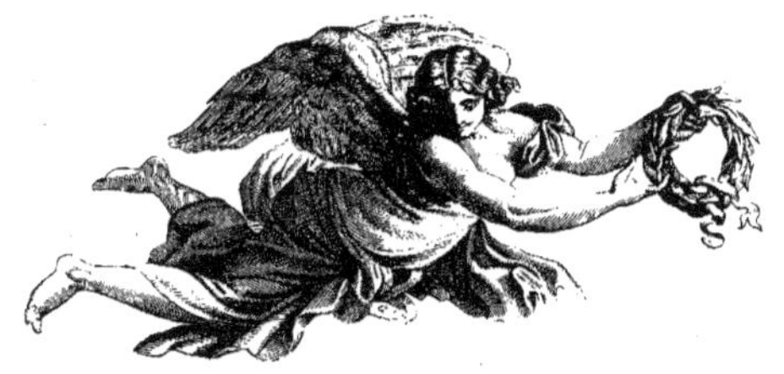

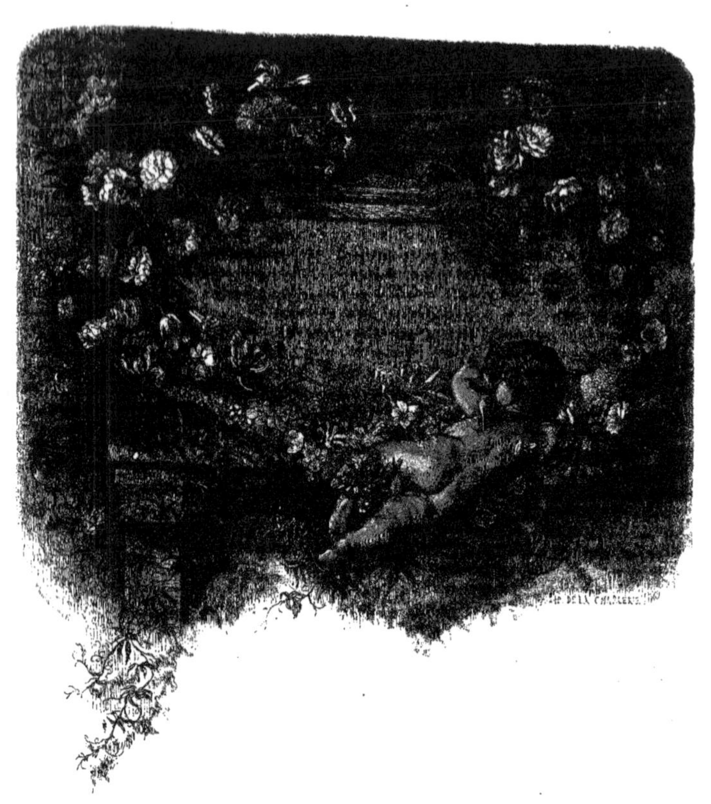

LE MUSÉE NATIONAL.

Le Musée de Naples n'a pas de caractère particulier. L'originalité de sa physionomie artistique est l'absence même de toute physionomie. En un mot, le Musée de Naples, loin d'être consacré à l'école nationale, à l'exemple des autres capitales italiennes, s'est largement ouvert à toutes les écoles, laissant cependant la place d'honneur aux Romains et aux

Lombards. Les salles du *Musée Borbonico*, dit aussi *degli Studi*, reflètent exactement, dans le choix un peu mêlé des œuvres qui leur servent de décoration, l'éclectisme fondamental de ces mœurs faciles, de cette curiosité hospitalière, de cette bienveillance insouciante, de ce goût fantasque, à la fois élevé et puéril, de cette imitation inspirée, de ce mélange enfin de qualités et de défauts qui forment la mobile physionomie d'un peuple perpétuellement soumis à la triple et énervante influence du climat, des révolutions et des étrangers.

Si l'on voulait trouver à ce riche musée une originalité, ou du moins une spécialité capable de le distinguer dans le groupe des établissements du même genre qui sont l'honneur de l'Italie, elle consisterait surtout dans une supériorité de hasard, dans la bonne fortune inouïe qui a placé aux portes de Naples trois villes surprises par l'éruption du Vésuve en plein mouvement et en pleine sécurité. Subitement ensevelies sous un linceul de laves et de cendres, qui aujourd'hui est à demi soulevé, elles offrent à la curiosité universelle le plus riche trésor d'épaves authentiques, le plus vaste amas de reliques de la civilisation et de l'art de l'antiquité, qui ait jamais été et qui doive jamais être découvert pour le plaisir de l'œil et de l'esprit. Voilà ce qui attire surtout au Musée les voyageurs qui y trouvent les dépouilles d'Herculanum, de Pompéi et de Stabia. Voilà la vraie surprise, l'attrait unique, l'étonnante fortune d'un musée qui est le chef-lieu, pour ainsi dire, de l'antiquité exhumée.

A une semblable destination, quel monument convenait mieux que cet édifice inachevé, bâti sur les ruines vulgaires de la somptueuse écurie du vice-roi espagnol, le duc d'Ossuna (1587), abri passager de l'Université en 1616, où plus tard ont siégé les tribunaux, d'où les armes ont chassé ensuite les toges, et qui ne parvint que sous le roi Ferdinand Ier, en 1816, aux termes de ses transformations humiliantes et de ses vicissitudes étranges? C'est à l'initiative de ce prince qu'est due la réunion tardive, dans un palais qui se ressent encore de ses successives métamorphoses, de toutes les collections d'art antique ou moderne. De là ce double nom, parfaitement justifié, de *Musée Borbonico* pour celui qui se place au point de vue de la reconnaissance, et de *Musée des études* pour celui qui se borne à l'utilité.

Le Musée Borbonico, qui a pris aujourd'hui le titre de Musée National, se compose de quatorze sections. On trouve au rez-de-chaussée : 1° LES PEINTURES MURALES ET LES MOSAÏQUES ANTIQUES; 2° LES OUVRAGES ANTIQUES EN MARBRE; 3° LES ANTIQUITÉS ÉGYPTIENNES ET OSQUES; 4° LES STATUES ET BRONZES ANTIQUES, LES INSCRIPTIONS; 5° HERCULE ET LE TAUREAU FARNÈSE; 6° MONUMENTS DU MOYEN AGE, VERRERIES ANTIQUES ET TERRES CUITES. Au premier étage : 7° et 8° PAPYRUS ET BIBLIOTHÈQUE; 9° GEMMES ET BIJOUX; 10° MONNAIES ET MÉDAILLES; 11° PETITS BRONZES; 12° VASES ÉTRUSQUES; 13° CABINET SECRET, LA GALERIE DES TABLEAUX.

Nous suivrons, dans notre promenade, l'ordre naturel et logique de gradation indiqué par la nature même des œuvres soumises à notre examen. C'est-à-dire qu'au lieu de remonter de l'antiquité aux modernes, et de suivre une progression

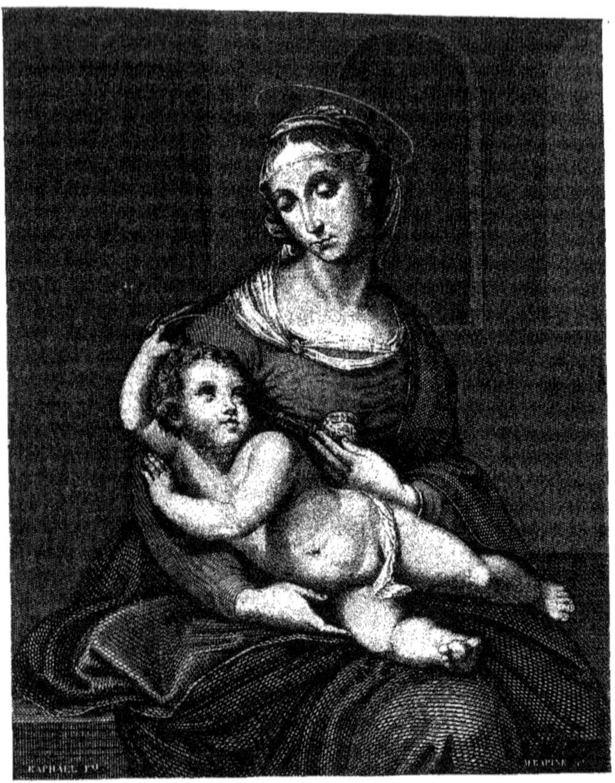

LE RÉVEIL DE L'ENFANT (RAPHAEL).

impossible entre deux périodes qui toutes deux ont touché à la perfection, et ressemblent à deux montagnes placées côte à côte, nous étudierons d'abord l'art moderne dans sa splendeur, sauf à aller ensuite chercher non des points de comparaison, mais des éléments d'appréciation dans ces débris du monde romain de 79, surpris au déclin d'une civilisation déjà corrompue et d'un art démocratisé. Le plus simple et le plus logique parti est donc de faire notre voyage en deux étapes et d'aller d'abord aux plaisirs de l'admiration, sauf à goûter ensuite ceux d'une curiosité qui, plus d'une fois, elle aussi, touchera du reste à l'admiration.

Le Musée de peinture de Naples renferme environ neuf cents toiles, dont le plus grand nombre sont des ouvrages tout à fait secondaires, en mauvais état et souvent sans cadre. Pour nous épargner, à nous et à nos lecteurs, une fatigue inutile, nous ne signalerons que les objets dignes d'être mentionnés, particulièrement ceux qui se trouvent réunis dans la petite salle dite *des chefs-d'œuvre*, où sont des morceaux vraiment et justement célèbres.

Ce plaisir de l'admiration, dont nous parlions tout à l'heure, nul artiste ne le donne d'une façon plus complète et plus légère à la fois, plus une et plus variée, en même temps, que Raphaël, dont la perfection semble toujours nouvelle à qui la sait bien voir.

Raphaël est représenté au Musée de Naples par neuf morceaux, dont malheureusement quatre ou cinq seulement peuvent lui être incontestablement attribués. Parmi ceux-là, il faut citer une Vierge avec le Bambino portant à Naples le titre : *le Réveil de l'Enfant*. Ici nous ne sommes plus dans la conjecture, quoique ce gracieux tableau ne puisse pas être considéré comme étant de la grande manière de Raphaël, et qu'il ait semblé à quelques juges une copie de la *Madone à la colonne* de la galerie Pallavicini, à Gênes. Le fond et les accessoires du tableau de Gênes ont disparu dans celui de Naples, qui n'offre ni draperie à gauche, ni échappée de vue sur la campagne au milieu, ni colonne cannelée à droite, et qui, plus vif de coloris, semble postérieur à son sosie. Dans tous les deux, la Vierge est d'une grâce achevée, et son doux visage rayonne d'un éclat à la fois virginal et maternel. La pose de Jésus est un peu maniérée ; mais il est si joli, cet enfant, si bien modelé, qu'on oublie vite ce léger défaut. *Le Réveil de l'Enfant*, que nous reproduisons, n'a pas été jugé digne, par les ordonnateurs du Musée, de la salle d'honneur consacrée aux chefs-d'œuvre reconnus, ce qui semble impliquer de leur part quelques doutes sur son entière authenticité ou sur sa complète perfection. Dans cette salle des chefs-d'œuvre, on a placé une *Sainte Famille* à la gouache, où d'une main Marie prend le menton d'un saint Jean gras et frais, et allonge l'autre vers le pied de Jésus. Celui-ci dort sur un petit lit, la tête appuyée sur un coussin en velours cramoisi. Le fond est un paysage. Le visage de la Vierge rappelle le type de la Madone de la grande *Sainte Famille* du Louvre. Mais puisque nous voilà dans la salle des chefs-d'œuvre, que nous quitterons pour y revenir, il faut s'arrêter et admirer en toute conscience et en toute

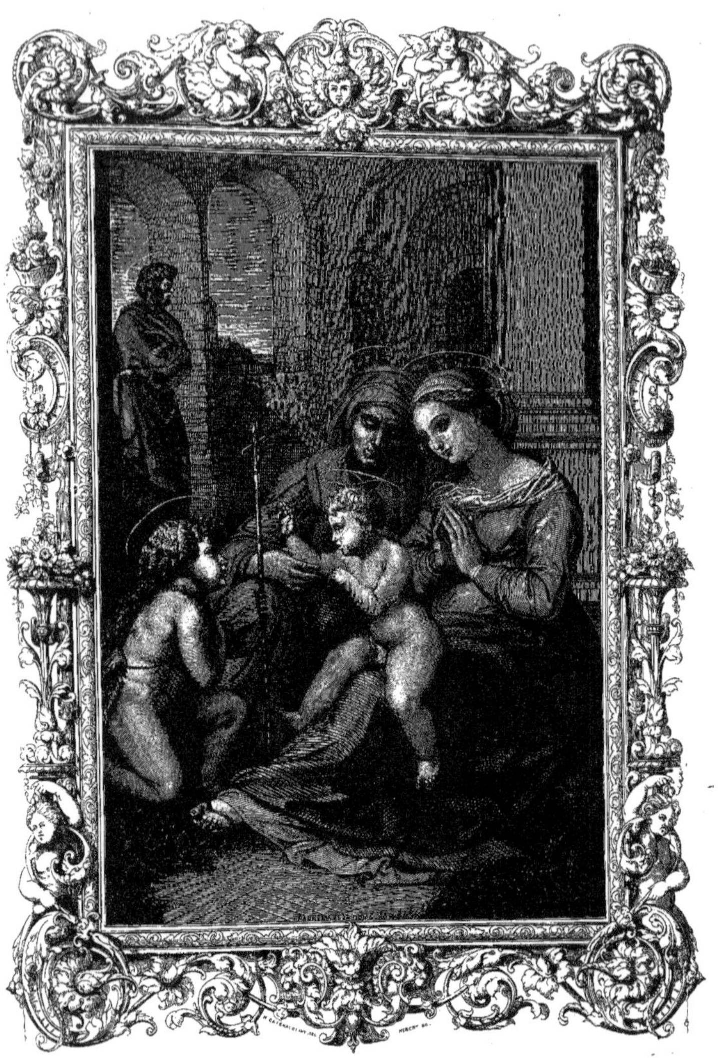

SAINTE FAMILLE (RAPHAEL).

sécurité la *Sainte Famille* dite la *Vierge à la longue cuisse*, une des perles du Musée de Naples. La Vierge assise, la jambe gauche allongée (d'où vient le nom du tableau), porte à demi échappé de son giron l'enfant Jésus, qui bénit naïvement saint Jean agenouillé, tenant à la main la prophétique croix de roseau. La Vierge joint les mains dans une expression charmante d'extase à la fois heureuse et mélancolique, et elle incline sa tête vers le visage vénérable et ridé de sainte Anne, qui contemple la scène enfantine. Dans le fond, saint Joseph, de profil, vient d'entrer et se dirige du côté du groupe familier. C'est là un pur et incontestable chef-d'œuvre, demeuré jeune et frais comme tout ce qui est immortel. Par une singulière coïncidence, Raphaël se trouve placé, dans la salle des chefs-d'œuvre, au milieu du groupe qu'on peut appeler celui de sa famille artistique, entouré du Pérugin, son maître, du Pinturicchio, de Jules Romain et de Perino del Vaga. Ces deux élèves favoris du maître se sont inspirés du même sujet, et ont cherché à le faire dans sa manière, tandis que Pinturicchio est demeuré fidèle à Pérugin. Dans cette sorte de concours où tous deux restent inférieurs à Raphaël, l'avantage a semblé, à plusieurs, devoir être accordé à Perino del Vaga, dont la *Sainte Famille* est, en effet, le meilleur tableau. L'œuvre de Jules Romain, qui se trouve aussi dans la salle d'honneur, la première qu'il ait signée après la mort de Raphaël, est, dans son infériorité, encore admirable. On l'a nommée la *Madone della Gatta*, à cause d'un chat accroupi dans un coin de cette scène, qui représente les mêmes personnages que dans le tableau de Raphaël, avec quelques variantes. Ainsi sainte Anne y est au premier plan ; la Vierge a la main appuyée sur l'épaule de sa mère, dont le visage énergique et recueilli et la main nerveuse sont traités avec une vigueur singulière. Saint Jean offre au bambino des fruits et non la croix. Saint Joseph, debout, appuyé sur son bâton devant la porte du fond, considère la scène d'un regard satisfait. Les accessoires sont d'un faire plus large et plus pompeux que dans l'école. On voit que Jules Romain s'émancipe et devient lui-même, non sans avoir tourné quelque temps du côté des Vénitiens.

Entre Raphaël, dont le Musée contient aussi d'admirables portraits qui vont nous arrêter tout à l'heure, et Titien, dont la *Danaé*, si splendidement païenne, nous attire déjà sur sa réputation ; le Corrége, divin comme eux, mérite une consciencieuse station.

La petite école de Parme est représentée à Naples, à l'égal des plus illustres et des plus fécondes, par le Corrége, le Parmesan et le Schidone. Le Musée compte quatre morceaux du Corrége, dont trois chefs-d'œuvre de délicatesse, de grâce et de fine exécution : la Madone appelée par les uns *del Coniglio* (du Lapin), et par d'autres, *della Zingarella* (de la petite Bohémienne). Elle a malheureuse-

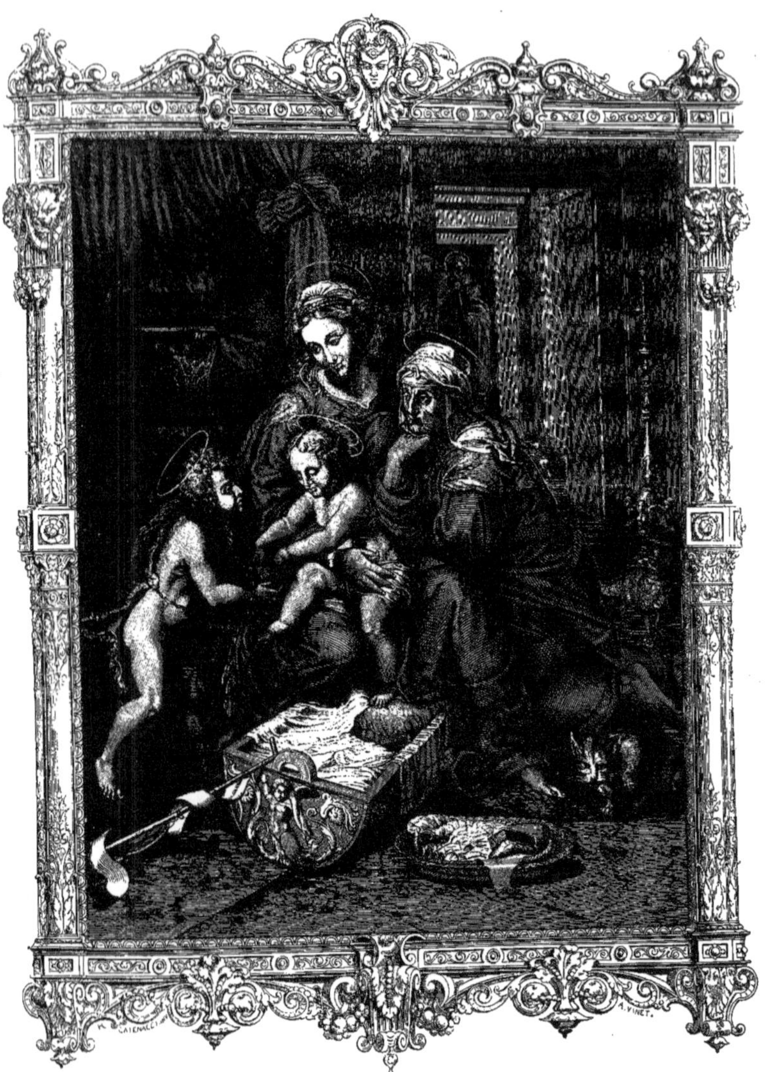

LA VIERGE AU CHAT (JULES ROMAIN).

ment poussé au noir. C'est une sorte de *Repos en Égypte*. Au milieu d'un paysage à perspective bornée, Marie, drapée des pieds à la tête et coiffée d'un léger mouchoir blanc, est assise et dort, le corps penché sur son fils endormi au giron. A gauche, un lapin blanc les regarde. Dans les airs voltige un groupe d'anges portant des palmes. *Agar dans le désert* est d'un sentiment contenu, d'un pathétique tranquille et d'une suave couleur. Quant au *Mariage mystique de sainte Catherine*, c'est un des plus beaux diamants de l'écrin pittoresque du maître. Ces trois tableaux font partie du salon des chefs-d'œuvre.

Dans un paysage adorable, la fiancée qui poussera l'amour et la fidélité jusqu'au martyre, ainsi que l'indiquent la roue et l'épée emblématique, s'incline, les yeux baissés, dans une sorte d'innocente extase de tendresse et de bonheur, vers la Madone, assise sur un tertre, et présente timidement son doigt à l'anneau que tient Jésus. Le divin enfant consulte sa mère d'un regard naïf et semble solliciter son consentement. Admirable de dessin et de couleurs, exquis d'expression, rien ne manque à ce tableau, que la gravure a tant de fois reproduit, et qui semble plus parfait à mesure qu'on le regarde. Jamais le doux ravissement de l'amour mystique des sainte Catherine et des sainte Thérèse n'a été plus chastement et plus poétiquement rendu. On sent le grand cœur à travers le grand génie dans ce morceau où Corrége s'est inspiré de tous deux. Quoique acheté depuis longtemps déjà par les rois de Naples, ce tableau fut payé vingt mille ducats.

A côté du Corrége, arrêtons-nous un moment devant son meilleur élève, parfois son émule, l'inquiet et malheureux Parmigiano, mort, à l'âge de Raphaël, des secousses d'une vie orageuse. Dresde et Naples sont les deux villes qui possèdent la plus grande partie de cet œuvre si précocement interrompu. Nous trouvons au Musée degli Studi jusqu'à six morceaux du Parmesan. Une *Lucrèce*, peinture sur bois, d'un héroïsme un peu mignard. La *Vierge caressant Jésus*, charmant groupe, souriant dans une limpide lumière. Un portrait de *jeune femme*, singulièrement parée, qui doit être la vulgaire et coquette maîtresse du peintre. Enfin trois portraits, dont un homme vêtu de noir, presque digne de Titien. Les deux autres représentent, sans contestation, le premier, Améric Vespuce, l'heureux, gracieux et élégant hâbleur florentin, usurpateur de la gloire de Colomb, et qui baptisa insolemment de son nom le nouveau monde, dont il n'était pas le père. Ce portrait fait face, dans notre galerie, à celui du maître d'armes de Raphaël, dont nous aurons occasion de nous occuper. Le deuxième portrait du Parmesan serait, suivant la tradition, celui de Christophe Colomb, mais cette attribution a été unanimement, il faut le dire, contestée. Quelques-uns vont même jusqu'à l'enlever à l'élève du Corrége. Nous ne sommes pas de cet avis. Mais nous devons reconnaître que si, comme œuvre de Francesco Mazzuola et des plus remarquables, il nous a paru complète-

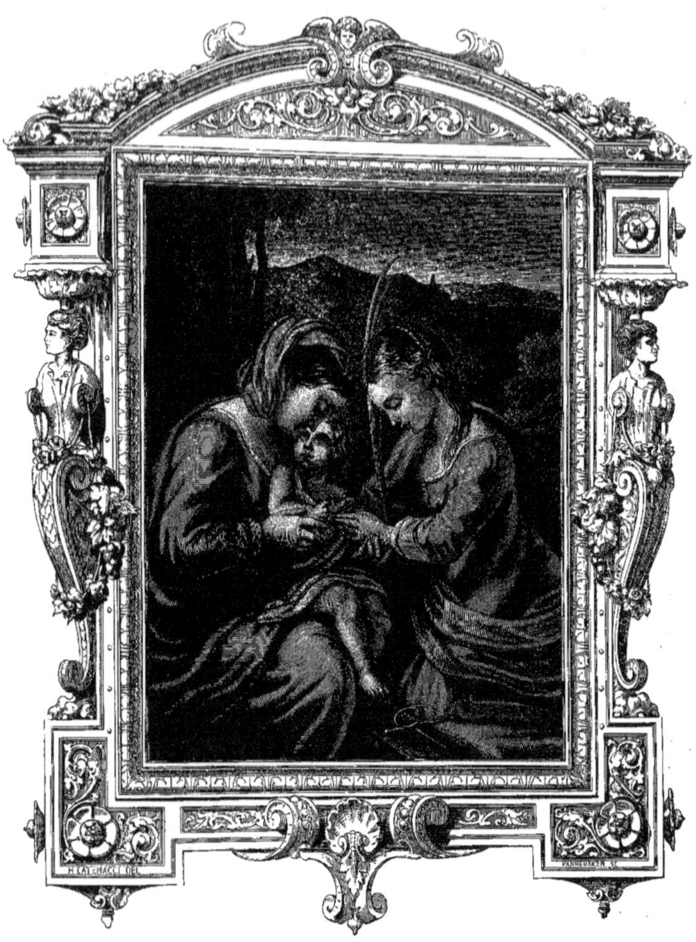

MARIAGE DE SAINTE CATHERINE (CORRÉGE).

ment digne de son pinceau, nous sommes moins affirmatifs quant à l'authenticité de l'attribution du nom du personnage. Valéry, Paul de Musset, M. Viardot regardent cette authenticité comme très-problématique. Les portraits de Christophe Colomb, que l'on voit en Espagne, et qui sont authentiques, n'ont pas le moindre rapport avec celui du Musée de Naples, auquel les dates donnent encore un démenti plus formel. Il est sûr que le Parmesan, mort en 1540, à trente-sept ans, n'avait pas encore commencé de peindre lorsque Christophe Colomb quitta son pays pour n'y plus revenir. La découverte de l'Amérique est de 1492. Ce qu'il y a de plus sûr, c'est que le portrait est beau, de grande tournure et de magistrale couleur.

Mais voici un chef-d'œuvre dont ni le sujet, ni l'auteur, ni la beauté ne sont contestés par personne, et devant lequel on jouit d'une inviolable admiration, la *Danaé* du Titien, autre perle du salon des chefs-d'œuvre. Rien ne saurait rendre la volupté sereine de cette Vénus vulgaire, accroupie sur sa couche, dont le torse étincelant se dilate en quelque sorte sous cette pluie dorée du séducteur victorieux. La poésie plastique, l'éloquence de la chair, l'harmonie de la couleur, en un mot, ne sauraient aller plus loin. La *Danaé* fut faite pour le duc Octave Farnèse, à Rome, lorsque âgé déjà de soixante-huit ans, Titien céda aux pressantes sollicitations de Paul III et se rendit à la cour pontificale, où Léon X n'avait pu l'attirer. On admira beaucoup à Rome ce tableau d'une grâce si magistrale et d'un si éclatant coloris. Michel-Ange ne partagea pas l'engouement général, il blâma le dessin, et vraiment nous osons voir là plutôt une chicane jalouse qu'une critique fondée. Car le Titien est un admirable dessinateur, et la *Danaé* est un chef-d'œuvre d'audace et de justesse à ce point de vue même. « C'est grand dommage, dit le trop célèbre sculpteur, qu'à Venise on ne s'attache pas dès le principe à bien dessiner, cet homme n'aurait point d'égal s'il eût fortifié son génie naturel par la science du dessin. »

Un des grands inconvénients des musées d'Italie est la multiplicité de ces attributions conjecturales ou suspectes. Ce n'est guère qu'avec les grands maîtres qu'on jouit du bénéfice de la certitude. Et encore, comme nous l'avons vu dans l'œuvre de Raphaël lui-même, il est demeuré des parties dans l'ombre, propices à l'apocryphe. Pour Titien nous sommes, au moins à Naples, plus heureux : il y a là de lui deux portraits de Paul III : l'un représentant l'inquiet et colérique pontife assis à son bureau et relevant le jeune prince Octave II de Parme, agenouillé devant lui; l'autre, beaucoup plus fini et d'un faire minutieux et très-inattendu dans la manière large et hardie du Titien. Signalons aussi un portrait d'Érasme et un portrait de Philippe II, jeune, excellent, admirable, et digne en tout point de rivaliser avec celui de Madrid. Ce portrait est signé : *Titianus Vecellius æques Cæsarius*. Il fut fait sans doute peu de temps après que Charles-Quint eut fait chevalier celui dont il daignait ramasser le pinceau et eut attribué à ce titre une pension de deux cents écus que doubla Philippe II à son avénement. Il y a aussi au Musée une *Madeleine* du Titien, qui n'a que le tort de ressembler un peu trop à la *Danaé*, c'est-à-dire de n'être pas assez repentante.

L'école vénitienne se groupe autour de son chef, et nous retrouvons là la plupart des noms fameux de l'armée des coloristes. Mais la place d'honneur est

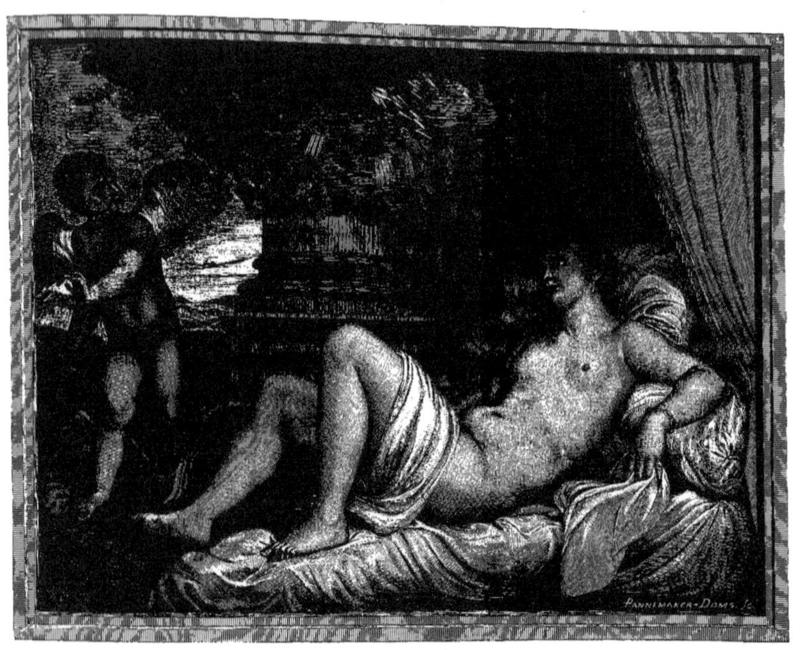

LA DANAÉ (TITIEN).

méritée par Sébastien del Piombo, dont les portraits du pape Alexandre Farnèse, et d'une *Anne de Boleyn* (assez problématique), mais surtout la *Sainte Famille*, sont dignes du Titien lui-même. Mais ni cette *Sainte Famille*, ni ces portraits, en dépit de certaines admirations excessives, ne sauraient entrer en lutte avec Raphaël dans les genres ou sujets analogues. Nous admettons volontiers que Sébastien ait été, suivant Michel-Ange, l'émule le plus dangereux de son rival, et nous comprenons que sous ce rapport la haine du grand Florentin ait pu faire illusion à son goût. Mais il n'est pas possible de nier, surtout en matière de portrait, la supériorité de Raphaël, dont les portraits sont le chef-d'œuvre de ce rapport harmonieux qui existe entre l'âme et le visage, le corps et le vêtement, l'attitude et la profession, l'expression et le caractère. Voici, par exemple, le pape Léon X, entouré des cardinaux Jules de Médicis, futur pape lui-même, sous le nom de

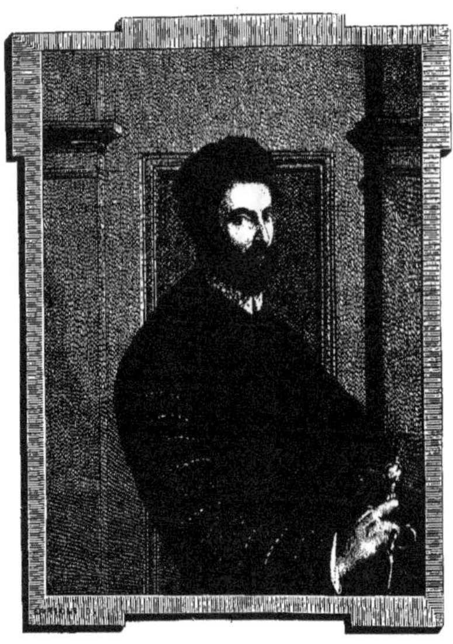

CHEVALIER TIBALDO (RAPHAEL).

Clément VII, et Louis de Rossi. Il y a dans la tête de Léon X toute l'histoire de sa vie. On y lit ses qualités et ses défauts, à livre pour ainsi dire ouvert. Et cette parfaite ressemblance morale, reflet de la ressemblance physique profondément et magistralement étudiée, n'a rien de choquant, parce que la vérité ne choque jamais. Ce qui choque, c'est le sujet ou les adjonctions faites au sujet que nous ne critiquons pas en tant que vraies, mais en tant que désagréables ou inutiles. Nous devons dire, quant à l'exécution du portrait de Léon X et des cardinaux Jules de Médicis et Louis de Rossi, que, si quelques-uns le considèrent comme une répétition du même portrait qui se trouve dans la galerie Pitti à Florence, la plupart des auteurs spéciaux n'y voient, selon le dire des Florentins, qu'une copie, exécutée par André del Sarto, admirable il est vrai, si admirable que Jules Romain, qui la vit, crut y reconnaître ses touches et ne la distingua pas de l'original. La couleur, d'une fraîcheur vive et comme rosée, caractère particulier de la manière d'Andrea, semble se joindre à la tradition pour lui

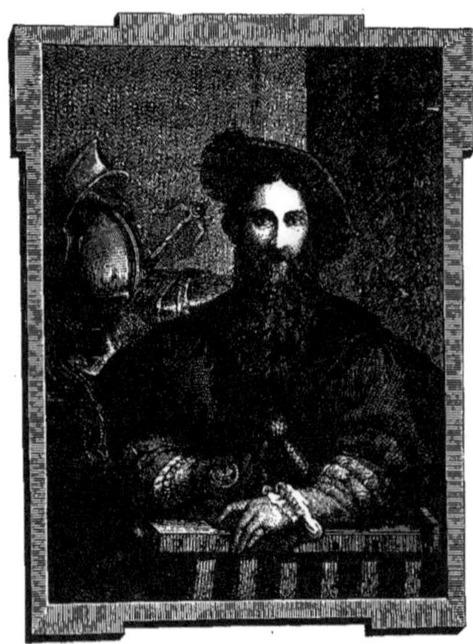

AMÉRIC VESPUCE (PARMESAN).

donner raison. Mais ce qui est bien de Raphaël, et de Raphaël seul, c'est ce portrait du cavalier Tibaldo ou Tibaldi, son maître d'armes. A ce regard fixe, à ce corps allongé, à ce costume sévère, à ces doigts nerveux, crispés sur le pommeau de l'épée, à cette attitude de force et de souplesse, à cet air *campé* enfin, qui ne reconnaîtrait un maître de cet art, qui était autrefois celui d'attaquer et qui n'est plus que celui de se défendre?

Autant cette effigie est martiale, autant le visage du cardinal Passerini, en manteau rouge et en barette noire, est vraiment ecclésiastique et diplomatique, calme, digne, noble, prudent, disert, comme doit l'être celui d'un secrétaire des brefs. Comme peintre de portraits, celui qui a le plus approché de cette grâce dans la force et de cette insinuante harmonie, c'est Van Dyck.

Si l'on veut avoir, de la bouche de Raphaël lui-même, le secret de la perfection vraiment étonnante de ces portraits, si l'on veut savoir comment, dans un genre qui semble étroit à l'ignorance, Raphaël put trouver des ressources infinies et faire de chacun de ses portraits une composition poétique, dans l'acception la plus élevée du mot, il faut se souvenir du jour où il répondit à un indiscret qui lui demandait ce secret : « Ne rien négliger. » C'est bien là, en effet, la raison de l'attrait profond de ces portraits de Raphaël, où le moindre détail concourt à l'effet général, d'autant plus sûr qu'il n'est point cherché, et résulte en quelque sorte du sujet lui-même.

Une école qui doit avoir sa place au Musée de Naples, d'un éclectisme si varié qu'un tableau de M. Ingres lui-même y a trouvé une tolérante hospitalité, c'est cette école des robustes et féconds imitateurs qui ont nourri leur génie de la moelle des maîtres, les Bolonais. Les rares prédécesseurs et les nombreux élèves de Carrache ont donc envahi en groupe serré les salles que l'école napolitaine, composée d'étrangers et d'imitateurs sans patrie et sans doctrine fixe, n'eût que médiocrement et imparfaitement remplies.

De l'école primitive de Bologne il n'y a cependant à Naples qu'un spécimen, et ce n'est pas un Francia ni un Innocenzo d'Imola, c'est le *Seigneur bénissant les enfants des Hébreux*, de Denis Calvaert, un Flamand Italien.

Mais aussitôt s'étale et court aux meilleurs rayons la procession solennelle des Bolonais. Et d'abord les trois frères initiateurs. Peu de chose de Ludovic. C'est ici Annibal qui a le pas. Voici d'abord les *Apôtres suivis des saintes femmes* portant le Christ au sépulcre à la lueur des flambeaux. A côté, la *Chute de Simon le magicien*, en présence de saint Paul et de la multitude. Dans ces deux compositions, le coloris est brillant, et les lumières heureuses. Mais les poses et les expressions manquent de noblesse et de dignité. Un tableau curieux de ce fougueux et malin Annibal, c'est une composition satirique et une charge de son rival Caravage. Cette caricature est un morceau unique dans les fastes de la peinture italienne. On ne se figure pas facilement une épigramme peinte où un artiste contemporain, de son vivant et de celui de son adversaire, est assis presque nu, en costume de sauvage, le corps velu et tout barbouillé de noir, présentant des fruits à un perroquet perché sur l'épaule d'un nain. Cette espèce d'orang-outang a lui-même un singe cramponné sur son dos; un autre, installé sur son genou, montre les dents à un carlin qui aboie après lui et cherche à escalader son retranchement. A gauche, un chien d'arrêt. Le mot de ce rébus ironique est que Caravage a abusé des procédés artificiels de l'opposition des couleurs et du jeu des lumières, et n'a fait que suivre, ou répéter

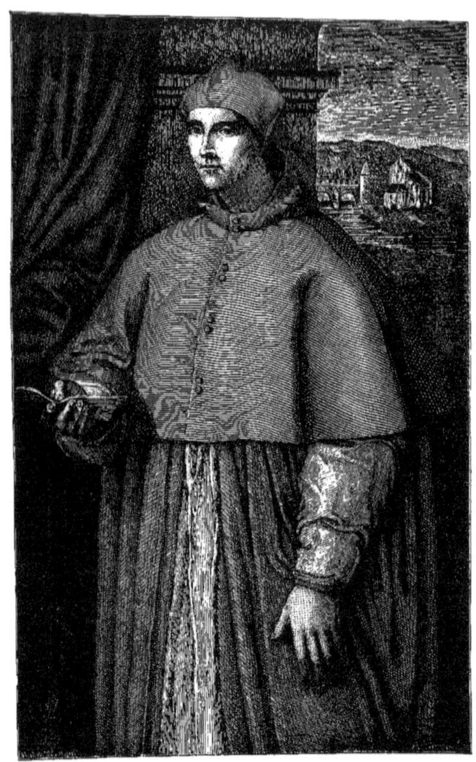

LE CARDINAL PASSERINI (RAPHAËL).

comme un perroquet, les idées des autres. Le tableau est signé de son auteur, dont la figure énergique et caustique menace le patient, assis sur la sellette. A tout prendre, il valait mieux se débarrasser ainsi d'un rival importun par une épigramme, fût-elle peinte, que par le poignard ou le poison, à la façon des Ribera et des Crescenzio, ces tyrans farouches de l'école napolitaine.

Nous devons un regard à une *Adoration de saint François d'Assise*, peinte, par une fantaisie originale, sur une agate transparente, et *Hercule hésitant entre la route de la volupté et celle de la vertu*, symbolisées par deux femmes dont l'une tient une épée et montre le ciel et dont l'autre se déshabille coquettement sur un lit. Mais le vrai chef-d'œuvre d'Annibal à Naples, c'est sa *Pieta*, dont nous donnons la gravure. Le visage du Christ est d'un excellent style, d'un galbe à la fois mâle et délicat. Le raccourci des cuisses repliées est vigoureux et bien accusé, et il s'étale hardiment en pleine lumière. Le torse est bien modelé. La Vierge éplorée, qui tient sur ses genoux le divin cadavre du futur ressuscité, est très-belle et d'une expression très-pathétique. Deux anges, dont l'un soutient doucement la main percée de clous, et dont l'autre montre en gémissant la couronne d'épines, ajoutent à l'effet simple et profond de cette composition où Annibal est enfin arrivé, ou plutôt s'est arrêté à la limite exacte et à la juste mesure de ses forces, et a proportionné, ce qu'il fait trop rarement, son élan au but.

D'Augustin Carrache, le Musée possède un *Saint Jérôme à genoux*, se frappant la poitrine avec un caillou, et *Renaud dans les jardins d'Armide*. Le héros du Tasse est couché sur le dos, un bras appuyé sur le genou de l'enchanteresse et tient de l'autre un miroir. Sa tête est presque entièrement cachée par le bras de sa maîtresse et par l'ombre de ce bras. Le corps est vigoureusement modelé, mais dans des teintes rougeâtres un peu uniformes. Le chevalier déchu est vêtu d'une robe de femme. Son cimeterre inutile gît sur le gazon. Armide, assise, se regarde de côté dans la glace, par-dessus la tête de son trop faible amant, et ajuste sa coiffure. Dans le fond du jardin, s'avancent Ubalde et le chevalier Dunois, dont on ne voit que la tête. Le Dominiquin s'est inspiré de ce tableau d'Augustin, dans celui qui est au Louvre, comme il avait copié le *Saint Jérôme* et le *Saint Pierre*, martyr, du Titien. Ce plagiaire de génie, qui manqua d'invention d'une façon si caractéristique, ou ne se donna que si rarement la peine d'inventer, est représenté au Musée de Naples par une *allégorie* plus claire et moins dramatique que sa *Notre-Dame du Rosaire* de Bologne. C'est une âme préservée de la tentation sous la figure d'un enfant se réfugiant entre les bras d'un ange qui met en fuite un démon armé d'une fourche. Le Guerchin a là, entre autres toiles, une *Madeleine* qui peut le disputer à celle du Titien pour la vigueur de l'exécution et qui lui est bien supérieure par la beauté des traits et surtout par leur expression. « Elle mérite dans l'œuvre du Guerchin, dit M. Viardot, la même célébrité que la *Sibylle Persique*. » Le Guide se montre à son rang entre ses deux illustres rivaux, par une *Atalante*

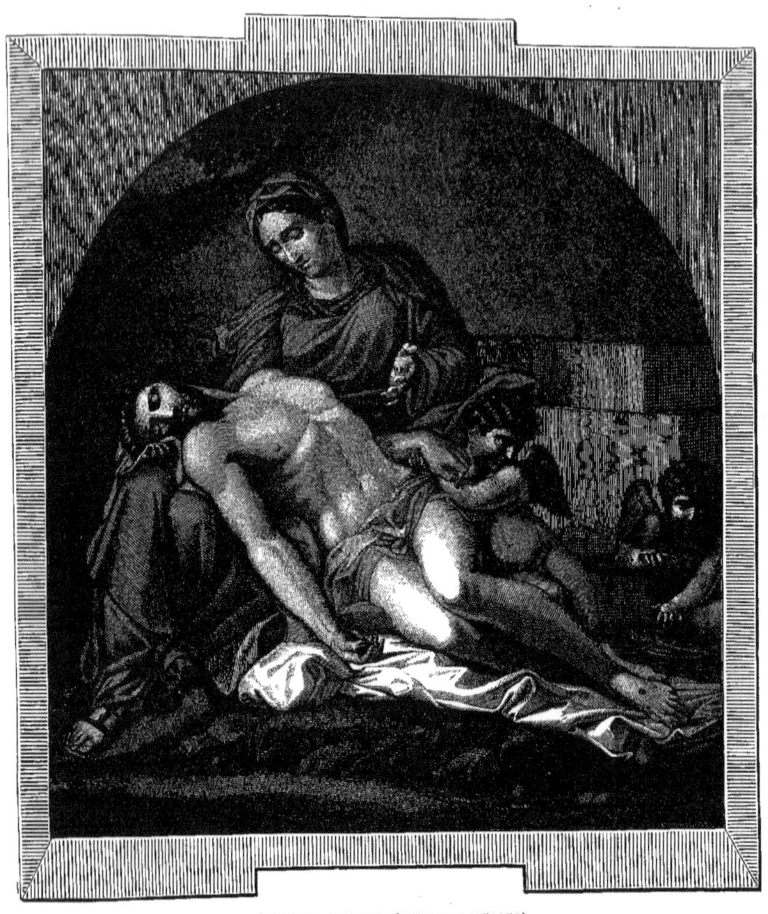

DÉPOSITION DU CHRIST (ANNIBAL CARRACHE).

vaincue par Hippomène, un *Enfant Jésus dormant*, un groupe des *Saisons*, et son allégorie de la *Modestie et de la Vanité*.

Mentionnons encore, parmi les maîtres inférieurs, six grandes compositions de Lanfranc, dont une, *Herminie couverte des armes de Clorinde*, est empruntée au Tasse; et une *Judith* du fougueux et fantasque Michel-Ange de Caravage, qui coupe le cou à Holopherne avec l'impassibilité d'une bouchère égorgeant un mouton. Hormis cette bassesse choquante ou plutôt ce défaut absolu d'expression et de noblesse, et à ne considérer que l'exécution matérielle, la *Judith* est un chef-d'œuvre de couleur et d'énergie. L'Albane, échappé à son maniérisme habituel, a peint *Rebecca et la servante* et *Sainte Rose transportée au ciel.* Lionello Spada, le meilleur élève du Dominiquin, et Francesco d'Imola ferment ce cortége, suivis du groupe des trois femmes peintres de Bologne : Lavinia Fontana, qui porte une *Samaritaine*, répétition de celle de Bologne; Artemisia Fontelleschi, qui a peint une *Judith* plus biblique, plus inspirée, plus noblement fanatique du salut d'un peuple que celle du Caravage, mais qui lui est bien inférieure comme vigueur de pinceau; et enfin la pâle et pudique Elisabetta Sirani, qui a représenté un sujet bien digne de son talent, de son courage et de sa vertu : *Timoclée au sac de Thèbes*, précipitant dans un puits, au bord duquel elle l'avait attiré sous prétexte de trésor enfoui, un capitaine thrace qui l'avait insultée.

Nous voici arrivés au terme de notre première station, qui n'est pas autre chose que la revue rapide des principales œuvres du Musée de Naples, les œuvres de l'école napolitaine exceptées. Nous avons expliqué pourquoi ces œuvres sont peu nombreuses, peu variées et peu remarquables. C'est encore dans les églises que l'école est le plus avantageusement représentée, et c'est là que nous irons chercher les Ribera, les Luca Giordano et les Solimène. Quant à Salvator Rosa, il ne brille à Naples que par son absence.

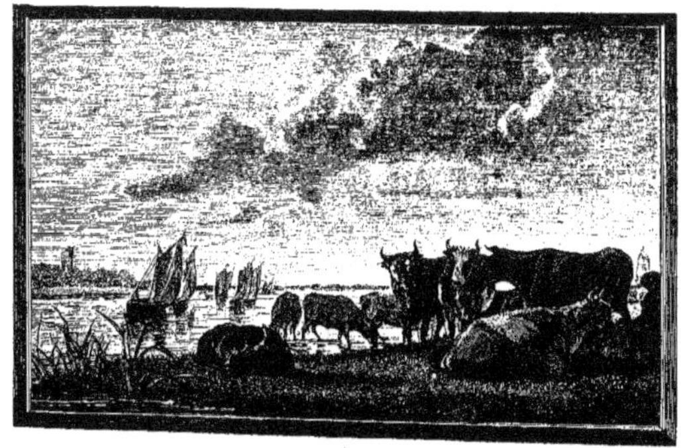

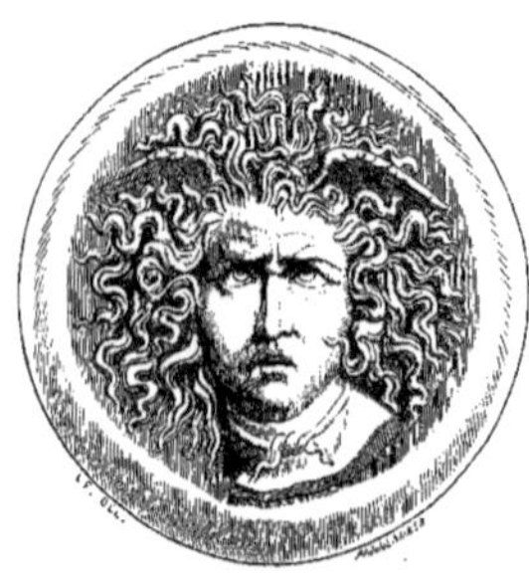

Si Naples ne peut guère montrer, en fait de sculptures italiennes, que quelques morceaux de Donatello et de Jean de Nola, en revanche elle est le musée privilégié, et en quelque sorte prédestiné, des débris encore si grandioses de l'art grec et de l'art romain, dont l'exhumation de Pompéi et d'Herculanum a déposé dans ses galeries de si nombreux et de si riches spécimens, heureux de s'épanouir, après un long ensevelissement, sous une lumière sœur de la lumière natale. C'est là, ainsi que nous l'avons dit, l'intérêt principal et pour ainsi dire dramatique du Musée *degli Studi*, le seul endroit du monde où l'on puisse apprécier l'art et la civilisation de l'antiquité sur une suite en quelque sorte progressive et à peu près complète de monuments.

Nous allons, dans ce chapitre, étudier exclusivement les reliques les plus caractéristiques, au point de vue de l'art plastique ou pittoresque, nous réservant sur les lieux mêmes, et sous l'impression profonde d'horreur, de surprise et d'admiration qui ne vous quitte pas à Pompéi, de consacrer toute notre attention aux édifices et à ces nombreux trophées de la vie publique ou domestique qui donnent à ces ruines l'intérêt saisissant de la réalité surprise dans ses moindres détails à travers une distance de dix-huit siècles. Nous ferons précéder naturellement cette promenade artistique et funèbre de l'histoire abrégée de la ville ensevelie, du récit de la catastrophe, de la découverte. Pour ce moment, supposant avec raison ces détails connus d'avance de nos lecteurs, dont pas un n'a résisté à l'attrait sympathique et impérieux de curiosité qui a multiplié les travaux et popularisé les notions sur Herculanum et Pompéi, nous entrerons de plain-pied et sans autre préparation dans les salles du Musée consacrées à ces restes, et on peut dire à ces trophées de la sculpture et de la peinture antiques.

Disons-le tout d'abord, c'est surtout dans la sculpture que les anciens, passionnés pour les formes, qui eurent la religion du beau, le culte de la force, et poussèrent si loin le respect du corps, se montrent supérieurs. C'est dans la sculpture, favorisée par cette demi-nudité et ces nobles draperies qui lui fournissaient dans une vie solennelle et en quelque sorte triomphale des modèles sans cesse renouvelés, favorisée aussi par cette lumière admirable qui semble faite pour les statues, c'est dans la sculpture surtout que l'art antique s'offre à nous dans son étonnante et inimitable perfection. Tout dans les habitudes sociales, dans les mœurs, dans les lois mêmes de la Grèce, servait l'essor des arts plastiques, considérés comme des arts nationaux et environnés d'une sorte de religieux prestige; tandis que dans la vie moderne, égoïste, individuelle, positive, tout s'oppose au développement de cette science des formes qui ne peut se passer du concours des jeux athlétiques, gardiens de la force et de la beauté, et de ce costume large et flottant, si heureux compromis entre le vêtement et la nudité.

Les monuments de la sculpture antique au Musée *degli Studi* comprennent environ cent bronzes et cinq cents marbres provenant pour la plupart des trois trésors souterrains, les deux premiers à peu près taris, de *Stabia* (Castellamare), d'*Herculanum* (Portici), et de Pompéi, carrière la plus complète, la plus facile et depuis 1860 la plus exploitée, quoique le terme soit encore éloigné où la science et l'art posséderont tout entière la ville exhumée.

Donc, pour visiter les salles consacrées aux sculptures antiques, situées au rez-de-chaussée, nous descendrons du premier étage où sont les tableaux que nous venons de visiter à l'entrée du Musée; revenus dans cette pièce carrée qui sert d'antichambre, nous poursuivrons notre promenade à travers ce monde de statues historiques et mythologiques.

Au fond de cette pièce, on a placé sur le palier d'un double escalier et par une pensée qui témoigne d'une grande illusion ou d'une grande ironie, la statue colossale de Ferdinand Ier en costume de Minerve; un des types les plus achevés du sublime ridicule. Canova, qui ne s'était résigné qu'à grand'peine à cette courtisanerie indigne de son ciseau, avait du moins le bon goût de rire de cette caricature royale, et un jour, au dire d'un de ses biographes, il s'emporta, en lui montrant ce masque bourbonien dégénéré, étalant sous le casque et l'égide de Pallas ses larges joues, son nez énorme et son rire satyrique, jusqu'à lui jeter à la tête son bonnet de papier. Colère honorable pour la mémoire d'un grand artiste qui eût mieux fait de ne pas s'exposer

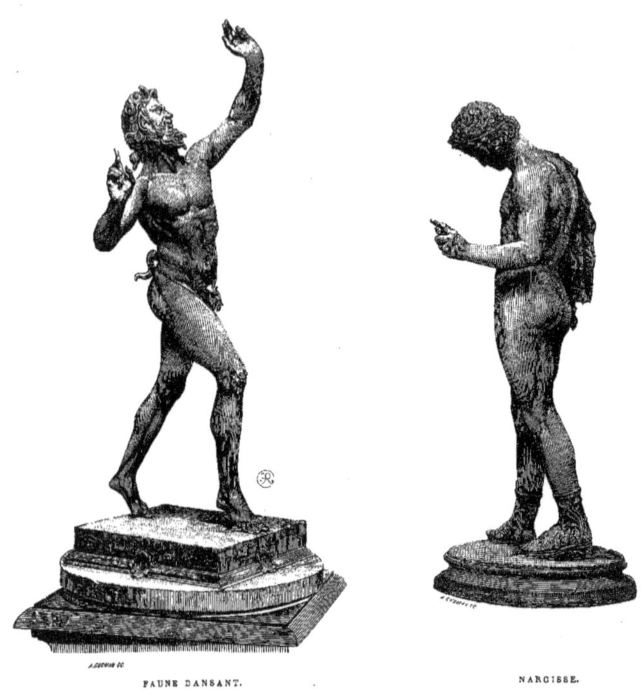

FAUNE DANSANT. NARCISSE.

à la ressentir, lui qui admirait de si bonne foi et avec un si éloquent enthousiasme ces modèles d'un art dont il a parfois retrouvé la grâce et la majesté.

Nous allons tout d'abord à la salle des bronzes, le fleuron peut-être le plus original de la couronne artistique du Musée de Naples, auquel la galerie de Florence peut opposer sa collection de médailles et ses camées, et le Vatican et le Capitole leurs bas-reliefs, leurs sarcophages et leurs statues. Mais nulle part au monde il n'est un recueil de bronzes aussi complet et aussi riche qu'au Musée *degli Studi*.

Parmi les plus beaux bronzes, il faut citer le fameux *Faune dansant*, statuette qui est un vrai chef-d'œuvre d'élégance et de vie. Il a été trouvé à Pompéi dans la maison dite du Faune, un vrai musée de mosaïques précieuses et de sculptures. « Il a, dit l'auteur ingénieux du plus récent ouvrage sur Pompéi, M. Marc Monnier, la tête et les bras levés, les épaules rejetées en arrière, la poitrine saillante, chaque muscle est en mouvement; tout son corps danse. »

Il manquait un pendant à ce petit dieu, plein de force et d'élan; les dernières fouilles l'ont trouvé dans une maison assez pauvre; c'est un frêle jeune homme plein de nonchalance et de grâces, le *Narcisse* qui entend au loin la nymphe Écho; sa tête est penchée, son oreille tendue, son doigt tourné vers l'endroit d'où vient le bruit; tout son corps écoute. Placés l'un près de l'autre au Musée, ces deux bronzes nous rendraient païens, si la religion n'était qu'une affaire d'art. » Et dire que les marchands de vins d'une petite ville antique qui avait l'importance d'une de nos sous-préfectures décoraient leurs maisons et leurs fontaines avec de pareils trésors, qui, fleur de nos épaves, ne sont sans doute que des œuvres du troisième ordre en comparaison des chefs-d'œuvre que la terre jalouse a gardés et gardera peut-être toujours dans ses entrailles! Ils témoignent d'un besoin d'élégance, d'un goût d'art, qui était devenu non plus l'apanage d'une classe et presque d'un groupe choisi comme chez nous, riche à la fois d'argent et de lumières, mais une qualité vulgaire et comme la vertu de tout le monde.

Citons encore un *Faune* endormi sur un rocher, assis le corps penché en arrière, une main sur sa tête, l'autre bras tombant, une de ses jambes repliées vers le corps, admirable image du sommeil, et un *Faune* ivre, couronné de pampres, renversé sur une peau de lion près de son outre vide et faisant claquer son pouce et ses doigts, l'idéal de l'ivrogne; *Mercure* assis sur un rocher le corps nu, dans une admirable expression de fatigue et d'essoufflement, que constate son caducée brisé; un *Hercule enfant* étouffant le serpent envoyé par la jalouse Junon; la copie de ce petit groupe est placée dans cet ouvrage à la fin de ce chapitre; un *Néron Drusus* remarquable surtout par la noblesse de ses draperies; une tête de *Sapho;* une figure intitulée, arbitrairement peut-être, *Sénèque*, mais qui répond bien à l'idée qu'on se fait de ce moraliste épicurien; une autre tête dite de *Platon*, non moins hypothétique et dont la chevelure est finement travaillée; enfin une tête colossale de cheval qui touche presque au plafond d'une salle très-haute et qui semble respirer et hennir.

Les marbres ne nous réservent point de moindres surprises et de moindres plaisirs. Cette vaste exhibition est renfermée dans sept galeries et un cabinet ouvert par deux portiques extérieurs et traversé par deux portiques intérieurs. Voici d'abord une famille entière de statues représentant neuf membres de la dynastie des Balbus,

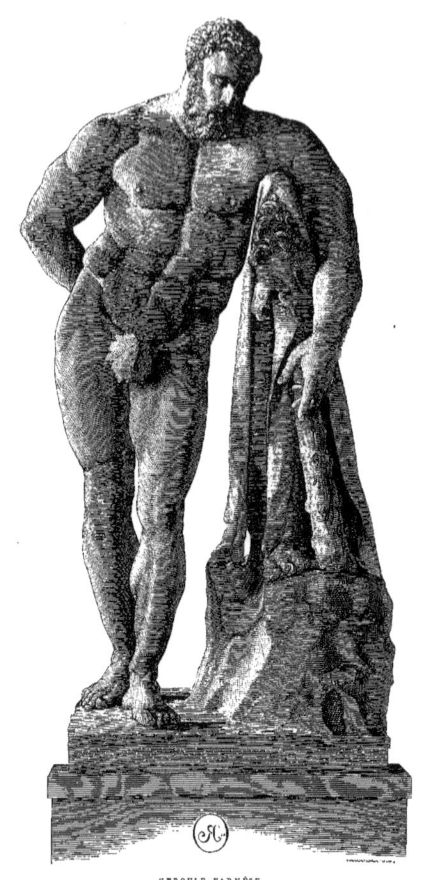

HERCULE FARNÈSE.

protectrice d'Herculanum. Le premier coup de pioche des fouilles les montra à la fois aux yeux éblouis des ouvriers. Le président de Brosses les vit à son passage.

« L'ouvrage, dit-il, en est médiocre, mais la suite en est précieuse, en cela même qu'elle fait une suite, et que nous n'en connaissons, ce me semble, que quatre parmi tout ce qui nous reste de la sculpture antique : celle-ci, l'histoire d'Achille reconnu par Ulysse chez Nicomède, que possède le cardinal de Polignac, l'histoire de Niobé et de ses enfants, par Phidias, à la vigne de Médicis, et l'histoire de Dircé au palais Farnèse. Car je ne pense pas qu'on doive donner le nom de suite à des groupes de trois figures, quoiqu'ils représentent une action historique complète, tels que l'admirable *Laocoon* du Belvédère, le chef-d'œuvre de la sculpture antique. »

N'en déplaise à de Brosses, les deux statues équestres du proconsul Marcus Marius Balbus, et de son fils, sont très-belles, très-curieuses. Les deux chevaux marchent l'amble, c'est-à-dire lèvent en trottant les deux jambes du même côté : circonstance singulière et jusqu'ici unique. La statue du fils, qui se trouvait alors à Portici, eut la tête brisée en 1799 par un boulet français, plus redoutable pour elle que le feu du Vésuve. On a refait adroitement une autre tête en imitant les débris. Les meilleures du groupe, après celles-là, sont une autre de Balbus père et celle de Ciria, sa femme, vêtue en Polymnie, costume de circonstance dans le théâtre où elle était placée comme celle d'une divinité tutélaire.

Passons avec les mouvements les plus divers de l'admiration, successivement, éveillés par cette illustre foule de marbres, demi-divine, demi-humaine, demi-mythologique, demi-historique, dont le démembrement demanderait tour à tour un Homère ou un Winkelmann, devant l'*Apollon au cygne*, le plus beau des Apollons, selon l'archéologue-poëte qui a consacré à celui du Belvédère une si belle page, le *Ganymède enlevé par l'aigle*, groupe frémissant de vie, deux bustes de *Minerve*, l'un grec, de la collection Farnèse, reconnaissable aux tresses de ses cheveux divisés et relevés sous le casque; l'autre romain, tiré d'Herculanum, dont l'égide, au lieu d'être gravée sur la poitrine, occupe le frontal du casque; une *Agrippine*, la plus belle, selon Winkelmann, du groupe des trois Agrippines; la *Vénus* trouvée dans l'amphithéâtre de Capoue, qui, au dire de M. Millingen, doit être attribuée à Alcamène ou à Praxitèle et constitue l'original dont la *Vénus* de Milo ne serait que la copie; la *Diane*, statue de marbre colorié; une autre *Diane* d'Éphèse, d'albâtre, avec la tête, les pieds et les mains de bronze.

Arrêtons-nous un moment devant l'*Hercule Farnèse*, admirable type de la force victorieuse et calme. Le colosse du sculpteur athénien Glycon avait d'abord été trouvé, privé de ses jambes, dans les thermes de Caracalla (1540). Michel-Ange fut chargé par Paul III (Farnèse) de les remplacer. Mais à peine, malgré sa résistance, en eut-il achevé le modèle en terre cuite, qu'il le brisa à coups de marteau, en s'écriant que jamais il ne voudrait ni ne pourrait faire un doigt d'une telle statue. Guillaume de la Porta, moins modeste, eut l'audace de se charger de ce travail. S'il eût vécu, lorsque plus tard, dans un puits à trois milles de la place où le torse avait été découvert, furent retrouvées les véritables jambes, que le

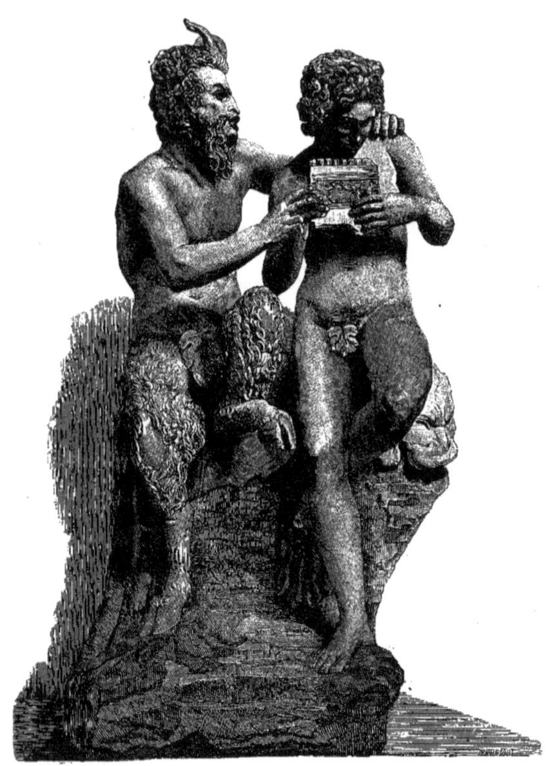

LE SATYRE ET OLYMPE.

prince Borghèse restitua généreusement au roi de Naples, il eût été bien puni de sa présomption. Il ne manque plus aujourd'hui au demi-dieu que la main gauche.

L'histoire de ce colosse typique, dont nous avons une copie assez bonne dans le jardin des Tuileries, suffit à indiquer son importance et sa beauté. « Il figure merveilleusement la force au repos, la force calme, noble, sûre d'elle-même, telle qu'Aristote en a décrit les caractères. » Ce jugement de M. Viardot est, en effet, admirablement corroboré par ce superbe portrait, qui semble une description anticipée et dont l'artiste s'est peut-être inspiré. Écoutez le maître de Platon, le philosophe d'Alexandre. « L'homme fort a les cheveux drus, le corps droit, les côtes grandes, les extrémités nerveuses, le ventre rentrant, les omoplates ni trop serrées ni trop mobiles, le cou robuste et point charnu, la poitrine vaste et pleine, les hanches fines, la jambe déliée par le bas, le front droit, renflé dans le haut, plutôt petit que grand, l'air vif et peu ouvert, etc. » N'est-ce pas là notre Hercule, avant Omphale et la déchéance de l'amour servile? L'*Hercule Farnèse* ne peut être comparé pour le travail qu'au Laocoon; mais il lui est infiniment supérieur pour la composition. En face, il faut admirer l'énorme et dramatique groupe auquel on a donné le nom de *Taureau Farnèse*, et trouvé en même temps que l'*Hercule* et dans les mêmes thermes de Caracalla. C'était, d'après Pline, Asinius Pollion qui l'avait apporté de Rhodes à Rome. Une famille entière de sculpteurs, le père et les deux fils, s'était associée pour faire le Laocoon. Deux sculpteurs grecs, Apollinus et Tauriscus, se réunirent pour l'exécution du *Taureau*, le plus considérable ouvrage qui nous soit demeuré de la sculpture antique.

C'est là, en effet, plus qu'un groupe, c'est une scène entière, d'un effet dramatique et pathétique, que les artistes grecs, admirateurs de la force sereine et de la beauté tranquille, n'ont que très-rarement abordé. Elle représente l'histoire de Dircé. Lycus, roi de Thèbes, s'étant épris de Dircé, répudia Antiope. Les enfants de cette dernière la vengèrent en attachant Dircé à la queue d'un taureau furieux, qui l'emporta sur des rochers où elle fut mise en pièces. Une autre tradition, plus clémente, veut qu'Antiope, saisie d'un bon mouvement de pitié et d'attendrissement, ait fait grâce à sa rivale.... peut-être pour la faire souffrir plus longtemps. Les quatre personnages, ainsi que le taureau, sont plus grands que nature, et la base, qui est comme le théâtre de cette scène, contient encore, sur ses bords et ses angles, un petit Bacchus, un chien, d'autres animaux et des plantes. Tout ce vaste ensemble fut sculpté, au dire de Pline, dans un seul bloc de marbre, long de quatorze palmes, haut de seize. Mais, hélas! autant est parfaite l'intégrité du marbre de l'*Hercule*, autant celui-ci a été maltraité par le temps et les restaurateurs. Le taureau est le seul morceau resté entier. Celui des fils d'Antiope qui saisit l'animal par la tête, et celui qui tire en arrière, par un bout de la corde attachée aux cornes, l'animal tortionnaire (l'autre bout étant enroulé autour de la chevelure de la patiente), ont tous deux la tête, les jambes et les bras refaits à neuf. Le premier n'avait certainement pas, comme aujourd'hui, les pieds posés sur une saillie taillée exprès dans la roche. Antiope, debout derrière le taureau, a une tête et un bras d'emprunt. Dircé, renversée par devant, et qui devait être si belle dans cette position dangereuse, a la moitié de la poitrine, la tête, les bras et les pieds restaurés. Malgré les

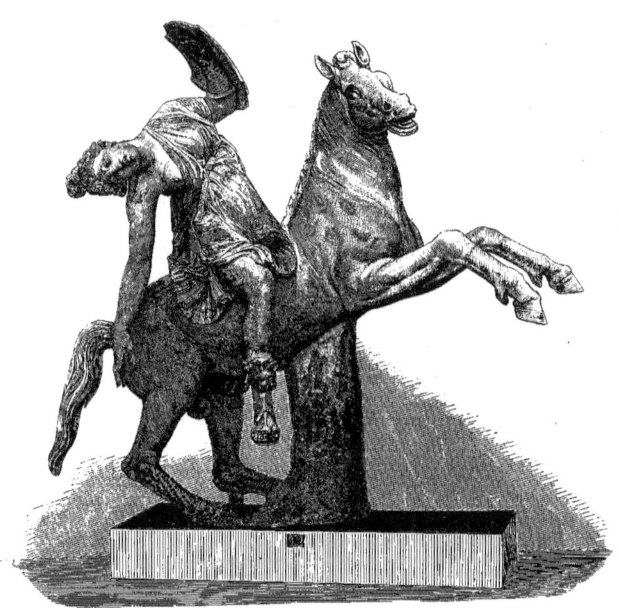

L'AMAZONE BLESSÉE.

mutilations que ce groupe a subies, les parties antiques en sont si exquises, le dessin des corps et des draperies en est si pur, il y a tant de vérité et de hardiesse de mouvement dans le taureau qui se dresse, tant de terreur dans la victime, tant de pitié dans sa rivale, que l'horreur d'un tel supplice rend subitement clémente, que l'émotion nous gagne et nous fait admirer, en frissonnant, cette scène si dramatique.

Chaque voyageur aborde le Musée des sculptures avec ses sympathies et ses antipathies, ses préventions et ses préférences. D'ailleurs, dans une telle réunion de chefs-d'œuvre, l'œil finit par trembler et la mémoire par s'endormir. C'est ce qui nous explique que tous les recueils qui ont précédé le nôtre, s'extasient les uns sur l'Annibal, noble, digne et belle statue, que Canova a tant étudiée, ou sur l'*Atlas* portant le globe du monde, monument à la fois de sculpture et d'astronomie, ou sur le *Gladiateur blessé*, ou sur le beau vase du sculpteur athénien Salpion représentant la *Naissance de Bacchus*, que Mercure confie aux Muses, chef-d'œuvre trouvé à l'ancienne Formie, dans le golfe de Gaëte, et qui longtemps enfoui dans la vase servit aux pêcheurs à amarrer leurs bateaux, mais aucun ne parle de cette *Amazone blessée* à mort, renversée sur la croupe de son cheval, si pathétique d'effet, ni du *Silène* portant au-dessus de sa tête un plateau enroulé d'un serpent, ni de ce *Satyre apprenant à Olympe*, si naïf et si gracieux, à jouer de l'instrument cher à l'églogue. Ce sont là pour nous trois chefs-d'œuvre, et nous avons tenu à mettre nos lecteurs à même de partager, nous l'espérons, notre opinion. Ne tombons pas dans l'oubli que nous reprochons à d'autres en oubliant la caressante et point du tout impudique *Vénus* Callipyge, reléguée longtemps dans le Musée secret par un excès inintelligent et qui, vis-à-vis de la liberté de l'art grec, ressemblait à une profanation.

La Vénus Callipyge nous fournit une heureuse transition pour arriver aux peintures antiques, c'est-à-dire aux fresques provenant d'Herculanum ou de Pompéi et transportées au Musée de Naples. Les principaux ornements des maisons romaines, outre les colonnes de l'*atrium*, du *triclinium* et du portique, outre les statues moulées, les arabesques, les statues de marbre ou de bronze, les fontaines, les mosaïques, étaient les peintures, non sous la forme, très-rare, de tableaux sur bois, mais sous la forme plus commode, plus économique, plus décorative de la fresque. Les anciens ne connaissaient que deux procédés de peinture : la détrempe et l'encaustique, c'est-à-dire qu'ils fixaient la couleur sur le mur avec du blanc d'œuf ou de la gomme dissoute dans l'eau, ou qu'ils l'appliquaient mêlée de cire, soit au moyen d'un fer chaud repassé sur les touches, soit plus tard, aussitôt que la perfection succéda à l'inexpérience, au moyen d'huiles volatiles dont la double propriété était de mordre sur ce stuc et de dissoudre la couleur sans l'altérer.

Les fragments de toute espèce rassemblés au Musée *degli Studi* s'élèvent à plus de quinze cents. Ce nombre prodigieux, qui sera peut-être doublé, nous donne une idée de l'état de vulgarisation de l'art, de ses moyens et de ses jouissances à l'époque où Pompéi disparut sous une éruption. Mais il nous explique aussi l'absence d'originalité, la perfection relative, l'habileté toute pratique, de ces remarquables peintures, dont cependant presque aucune, disons-le, ne touche au chef-d'œuvre dans le sens souverain que nous attachons aujourd'hui à ce mot. Si nous songeons que ces peintures abondent dans la moindre maison d'une ville de troi-

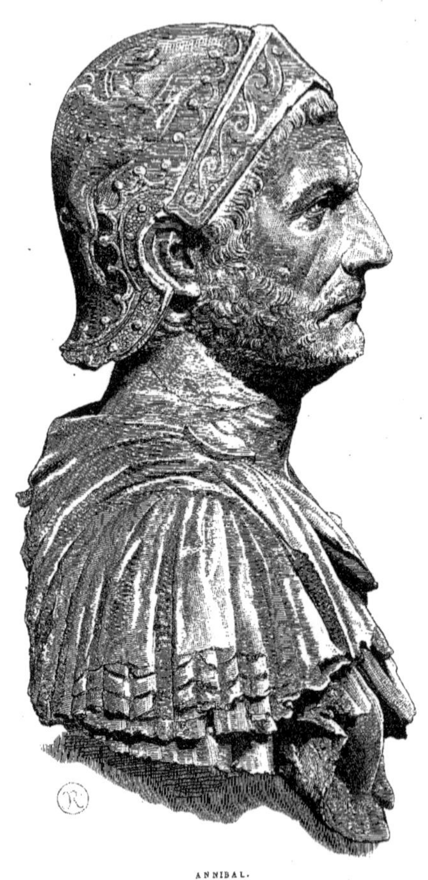

ANNIBAL.

sième ordre, qu'elles datent toutes de l'intervalle qui s'écoule entre le tremblement de terre de 63 et l'éruption de 79, qui engloutit pour dix-huit siècles la ville opiniâtrément rebâtie sur son ancien emplacement; si nous tenons compte enfin de certaines gaucheries de perspective, de l'ignorance à peu près totale du clair-obscur, nous apprécierons à leur véritable valeur, qui est encore faite pour donner à réfléchir, des peintures à peu près exclusivement décoratives, d'usage et de prix vulgaires, exécutées à la hâte par ces improvisateurs ambulants du pinceau qu'on appelait Ectypes. Aucune des peintures murales de Pompéi ne porte le nom ni n'indique la main d'un peintre de génie. Et nous ne pouvons nous faire une idée des chefs-d'œuvre d'Apelles ou de Timanthe que par une admirable mosaïque et une reproduction fidèle mais inférieure dont nous allons parler. Il en est autrement de la sculpture, dont les monuments sont beaucoup plus rares, mais plus parfaits. On avait d'ailleurs pu les transporter à Pompéi de Rome et même d'Athènes, comme le *Faune dansant*, par exemple. La peinture, à l'époque où Pompéi fut ensevelie, était devenue un art populaire, tandis que la sculpture était demeurée aristocratique et religieuse. De là l'écart énorme de perfection qui existe entre les monuments des deux genres que nous a révélés Pompéi. Ces réserves faites, il n'en demeure pas moins aux peintures exhumées ce charme d'une grande pureté, d'une grande noblesse, d'une vivacité de ton égale à la fécondité de l'imagination de leurs auteurs, et le mérite de nous initier profondément aux habitudes et aux mystères de la civilisation antique.

Les anciens, qui possédaient toutes nos couleurs, ont abordé tous les genres de la peinture moderne, excepté un seul, le portrait. On n'a pas trouvé de portrait peint à Pompéi. La sculpture semble avoir été seule jugée digne de transmettre à la postérité les traits de la figure humaine et l'image sacrée des grands hommes. Hors cette exception, conforme à la religion et aux mœurs, et qui témoigne d'un singulier respect de la dignité de l'art, compromise aujourd'hui par tant d'effigies vulgaires, les artistes pompéiens se sont inspirés de tous les sujets qui sont du domaine de l'imagination pittoresque, depuis les arabesques et les grotesques, genre dans lequel ils sont demeurés sans rivaux, et dont ils ont multiplié les créations fantasques avec une inépuisable fécondité, jusqu'aux scènes historiques et mythologiques. La peinture d'animaux, le paysage, la marine, le genre, leur ont été également familiers. Dans tous ces sujets on trouve généralement de la naïveté, de la grâce, une expression vive et vraie, et comme dans tous les ouvrages de métier, plutôt l'éclat de la couleur que la sévérité du dessin.

La découverte de Pompéi a été, on peut le dire, la découverte de la peinture antique, une révélation dans une résurrection. Parmi les morceaux de ce genre aristocratique dont nous parlons, c'est-à-dire qui attestent l'amour d'un maître, ou la reproduction d'une œuvre capitale, créée aux jours héroïques de l'art ancien, il faut citer la fresque provenant d'Herculanum, qui représente les *Enfants d'Athènes*

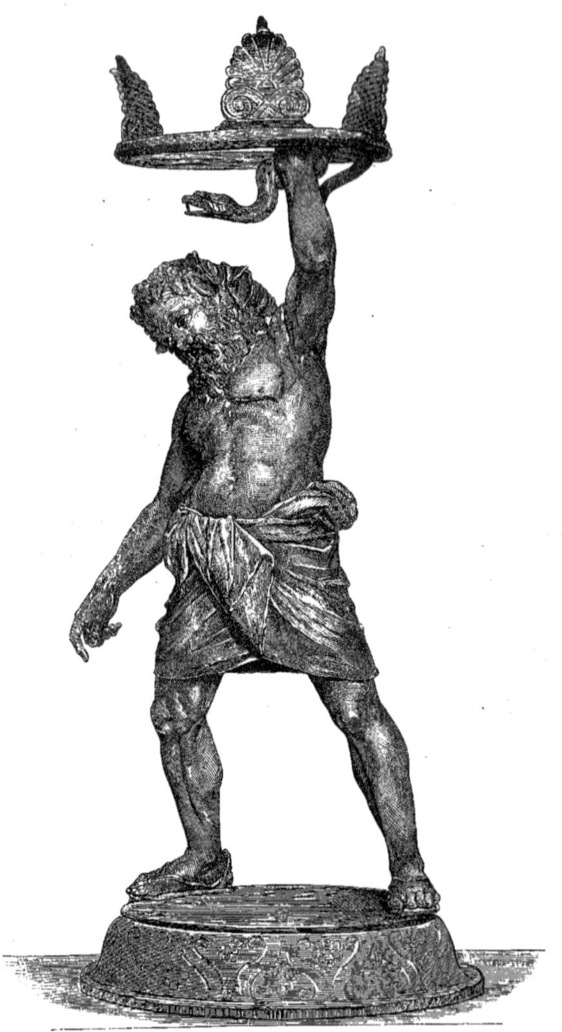

SILÈNE.

rendant grâces à Thésée libérateur. Elle a excité l'admiration du président de Brosse, qui en parle en véritable connaisseur. De son temps, et avant cette exhumation, on ne connaissait guère, en fait de peinture antique, qu'un dessus de porte, en carré long, dans une maison des Pamfili, célèbre sous le nom de la *Noce Aldobrandine*, que deux morceaux tirés du jardin de Salluste, qu'on montrait au palais Barberini, et les petits ornements de la pyramide appelés communément les *figures de Cestius*. Aujourd'hui le Musée de Naples contient près de 1600 morceaux de peinture antique, sans compter ceux qu'une prévoyante mesure a fait laisser dans les maisons même de Pompéi, où on les découvre successivement, de façon à faire

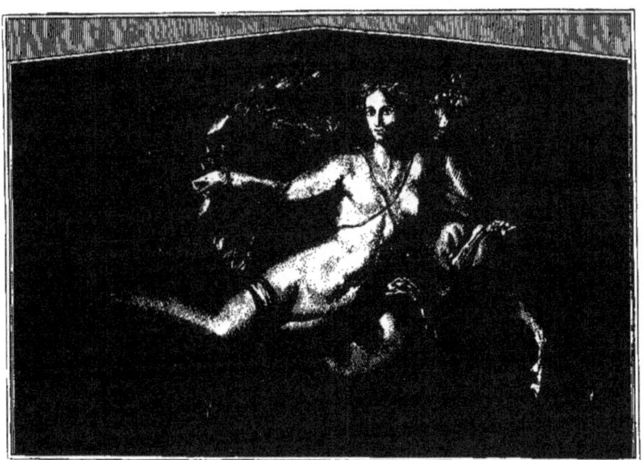

TRIOMPHE DE GALATÉE.

de Pompéi un second musée de ses antiquités, placé dans le cadre et le jour qui lui convient le mieux.

Parmi les morceaux d'élite, et dans les genres les plus divers, il faut citer la *Médée* de la maison de Castor et Pollux, qui rappelle le chef-d'œuvre du Byzantin Timomachos et la fameuse copie du *Sacrifice d'Iphigénie* de Timanthe, trouvée dans la maison dite du *Poëte*, dont les murs contiennent toute une *Iliade* illustrée. « L'ayant représentée debout près de l'autel où elle va périr, l'artiste, dit Pline, peignit la tristesse sur le visage des assistants et surtout de Ménélas; puis ayant épuisé tous les caractères de la douleur, il voila le visage du père, ne trouvant plus possible de lui donner l'expression convenable. » Tel est en effet exactement le tableau de Pompéi : la *Médée* y est de même conforme à l'original de Timomachos. Il en existe d'ailleurs plusieurs, dans des attitudes diverses et comme qui dirait avant et après le crime. Il y a de même plus de dix *Ariane* surprises par *Bacchus*, toutes différentes d'attitude, de mouvement et d'expression. Les caractères essentiels de ces peintures, comme de tous les monuments de l'art antique, sont le souci de l'expression caractéristique, l'unité admirable d'impression et d'effets, et surtout l'absence de toute exagération. L'art antique, même dans les sujets violents, a horreur de la violence. Tout y est tourné vers la dignité et

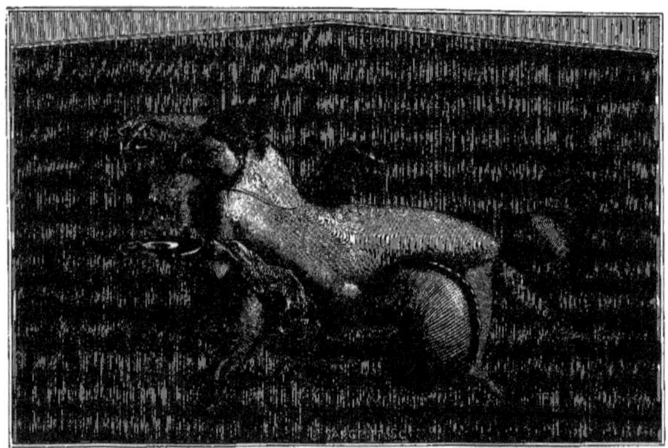

BACCHANTE PORTÉE PAR UNE PANTHÈRE MARINE.

presque l'impassibilité sculpturale. On y tue et on y meurt décemment, noblement, sans altération des lignes du visage ou des plis des draperies. Cette noblesse et cette harmonie donnent un charme profond et une grâce particulière aux moindres productions des peintres de Pompéi, et ces qualités souveraines effacent tous leurs défauts. On ne songe pas à ces défauts devant ces tableaux d'une vie si intense et si sereine à la fois : *Hylas enlevé par les Nymphes*, *Achille livrant Chryséis aux hérauts d'Agamemnon*, *Agamemnon conduisant Chryséis au navire*, *l'Éducation d'Achille par le centaure Chiron*, *Junon et Jupiter sur le mont Ida*, *Télèphe nourri par une biche*, *l'Enlèvement de Déjanire*, *Hercule et*

Omphale, *le Triomphe de Galatée*, *Énée et Didon*, *Sophonisbe et Massinissa*, scènes inspirées par la lecture de l'*Iliade*, de l'*Odyssée*, de l'*Énéide*, et traduites avec une perfection plastique digne de la perfection littéraire des vers. Mais que dire des *Flore*, des *Pomone*, des *Hébé*, des *Muses* et des *Grâces*, des *Faunes* et *Faunesses*, des *Centaures* et *Centauresses*, des *Hermaphrodites* et surtout d'une *Bacchante portée par une panthère marine* d'un mouvement si souple et d'une grâce si parfaite, qui, livrées à toute la fougue du mouvement, à toute l'ivresse de la vie, forment à ces grandes compositions mythologiques ou historiques une sorte de vivante guirlande de torses superbes ou étranges, de visages voluptueux ou chastes, et semblent conduire autour des monuments de la vie héroïque un chœur sans fin de toutes les beautés et de toutes les grâces du corps, et comme qui dirait un splendide concert plastique?

A côté de cela il faudrait citer les scènes de mœurs, si précieuses pour l'intelligence de la vie antique dans ses détails : le *Chorége faisant répéter une pièce* (mosaïque), les *Gladiateurs combattant*, et surtout les treize *Danseuses*. « Les voilà toutes avec les variétés de leurs attributs; celle qui heurte des cymbales, celle qui frappe le tambourin, celle qui tient un rameau de cèdre ou un sceptre d'or, celle qui tient un plat de figues, celle qui porte une corbeille sur la tête et un thyrse à la main. Une autre en dansant découvre le haut de son corps; une autre, la tête repliée en arrière, les yeux levés au ciel, enfle son voile comme pour s'envoler. Celle-ci enferme des touffes de fleurs dans un pli de sa robe; celle-là, qui d'une main tient un plat d'or, couvre, de l'autre, sa tête avec un pallium ondoyant comme l'oiseau qui met son cou sous son aile. Il en est qui sont presque nues, il en est qui se drapent de tissus transparents et comme tramés d'air. Quelques-unes s'enveloppent d'épais manteaux qui les couvrent toutes, mais qui vont tomber. Deux d'entre elles, se tenant par la main, s'enlèvent ensemble : autant de danseuses, autant de danses différentes, autant d'attitudes, de mouvements, d'ondulations, d'attributs divers, de voiles autrement écartés et ramenés, variations infinies sur deux notes qui reviennent de mille façons — la volupté, la grâce. » (M. Monnier.)

N'oublions pas surtout les *Trois Grâces*, dont le galbe est si délicat et si voluptueusement pudique. Les fouilles de Pompéi ont mal servi Raphaël, à qui on avait attribué la composition de ce groupe ingénieux, le plus bel ornement de la galerie de lord Ward, à Londres. Le Sanzio a tout simplement reproduit un des chefs-d'œuvre de la statuaire grecque dont il avait su se procurer le dessin. En présence de la copie trouvée à Pompéi, le doute sur ce point ne saurait exister.

Citons encore dans ces genres familiers, la *Marchande d'Amours*, composition ingénieuse, allégorie spirituelle et ironique, chef-d'œuvre de cet art badin où les anciens ne voyaient qu'une fantaisie, et dont certains peintres de l'école moderne, M. Hamon, par exemple, ont laborieusement imité les riants modèles. Achevons par la mention de ces deux tableaux monochromes, l'un représentant *Thésée*

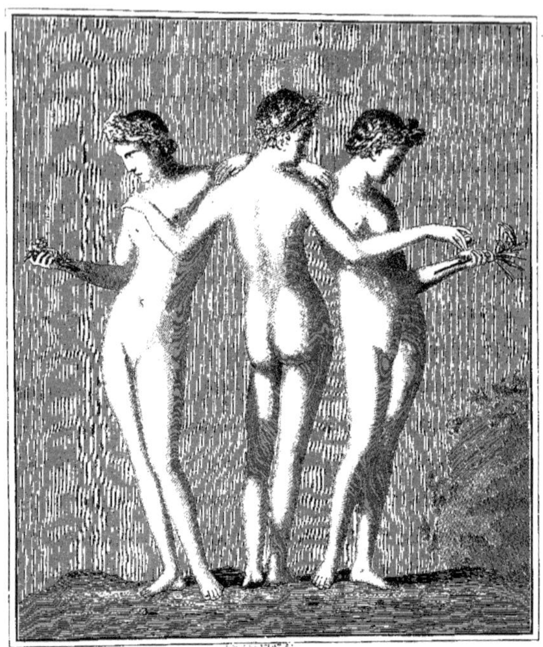

LES TROIS GRACES.

tuant le Centaure, que Canova semble avoir imité dans son groupe de ce nom, et l'autre un *groupe de dames jouant aux osselets*. Ces deux compositions, selon M. Viardot, ne sont certainement pas l'ouvrage des peintres décorateurs de Pompéi. Comme les beaux morceaux de sculpture, elles doivent être venues au moins de Rome, peut-être de la Grèce....

Toutes les peintures antiques du Musée de Naples sont d'un art exclusivement pratique et d'une destination uniquement décorative. On comprend le rôle qu'ont dû jouer sur l'imagination et les mœurs des anciens ce goût et cette habitude uniformes des jouissances que peut donner la représentation d'un sujet héroïque, bucolique ou religieux.

Tous ces tableaux, peints à fresque sur les murailles ou encadrés en mosaïques sur le pavé de l'*atrium*, du *triclinium*, du *venereum*, de toutes les pièces diverses de ce système d'appartements, si ingénieusement et si méthodiquement distribué, ont été trouvés dans les maisons successivement exhumées et rendues au soleil qu'elles n'avaient pas vu depuis si longtemps. La plupart de ces maisons appartenaient à des propriétaires vulgaires et même subalternes. C'était un marchand de vins qui possédait le chef-d'œuvre en bronze, le *Faune dansant*. La *Bacchante*, la *Médée*, les *Niobites* ornaient la maison dite *du Questeur*. Enfin, dans le *venereum* (appartement des femmes) de la maison de Salluste, on s'arrête devant un Actéon qui surprend Diane au bain; le bois de cerf lui pousse au front et les chiens le dévorent. Les deux scènes se touchent dans le même tableau, comme dans les peintures du moyen âge. On ne peut s'empêcher de sourire à la menace muette de ce tableau, placé dans l'appartement intime, comme un avis aux indiscrets.

Toutes ces fresques domestiques, bien que bâclées par des artistes secondaires pour une ville du cinquième ordre, étaient et sont encore une fête pour les yeux. Elles sont peintes de verve, ou plutôt d'habitude, avec la perfection relative que l'habitude comporte, sur ces belles parois de stuc, si soigneusement préparées, si fréquemment enduites du mortier le plus fin, si ingénieusement saupoudrées de poussière brillante, enfin tant de fois remaniées, repolies, rebattues avec des rouleaux de bois, qu'elles finissaient par imiter et par valoir le marbre. Sont-ce là bien réellement des fresques, dans le sens moderne de ce mot, ou des peintures à sec, à l'encaustique ou à d'autres procédés. C'est là une question controversée et dont le technique débat dure encore. Le savant M. Minervini a remarqué certaines différences dans les enduits qui couvrent les murs pompéiens. Il en a signalé de plus fins où, selon lui, les anciens peignaient à fresque les compositions soignées, les paysages et les figures, tandis que les simples décorations étaient peintes à *sec* par des peintres inférieurs.

Il est à observer que plusieurs de ces peintures, surtout les plus importantes, étaient rapportées et fixées aux parois par des crampons de fer; on a même remarqué que plusieurs de ces tableaux, isolés des murs, étaient aussi préservés de la corrosion qu'aurait entraînée l'humidité, inséparable de l'adhérence. Les peintures de Pompéi ou d'Herculanum partageaient les murs en trois ou cinq panneaux, se développant entre un socle et une frise; le socle étant plus foncé, la frise plus claire, l'entre-deux plus vif (rouge et jaune, par exemple, la frise étant blanche et le socle noir). Dans les maisons ordinaires, ces panneaux unis étaient partagés par de simples lignes; puis, peu à peu, la maison s'enrichissant, ces lignes devenaient des cadres ornés, des guirlandes, des pilastres, bientôt des pavillons fantastiques où l'imagination du décorateur s'ébattait librement.

« Ces peintures, ajoute M. Marc Monnier dans son excellent ouvrage sur Pompéi,

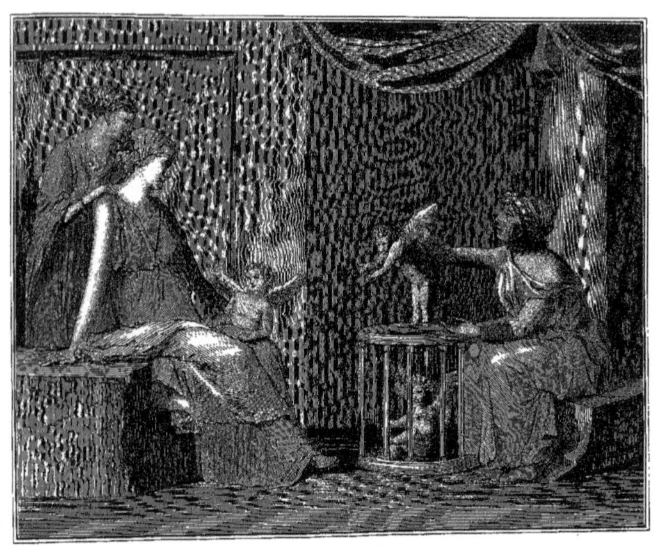

LA MARCHANDE D'AMOURS.

seront éternellement étudiées; elles nous donnent des documents précieux, non-seulement sur l'art, mais encore sur tout ce qui regarde l'antiquité, les mœurs, les usages, les cérémonies, les costumes, la maison, les éléments, la nature. Pompéi n'est pas une galerie de tableaux, c'est plutôt un journal illustré du premier siècle. On y voit des paysages singuliers : une petite île au bord de l'eau, un rivage du Nil où un âne qui veut boire se penche vers la gueule d'un crocodile qu'il ne voit pas, tandis que son maître s'efforce en vain de le tirer par la queue. Ce sont presque toujours des rochers au bord de l'eau, tantôt parsemés d'arbres, tantôt couverts de temples échelonnés, tantôt se dressant en âpres solitudes où se perd quelque pâtre avec son troupeau, quelquefois animés par une scène historique (*Andromède et Persée*). Viennent après les petits tableaux de nature morte : corbeilles de fruits, vases de fleurs, ustensiles de ménage, la collection de fournitures de bureau peinte dans la maison de Lucrétius (l'encrier,

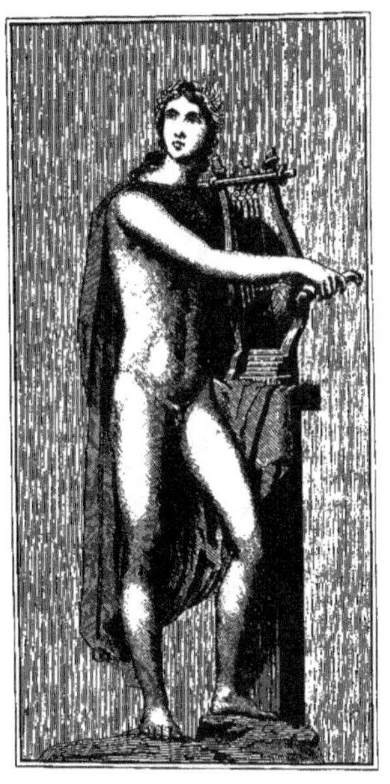

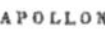

APOLLON.

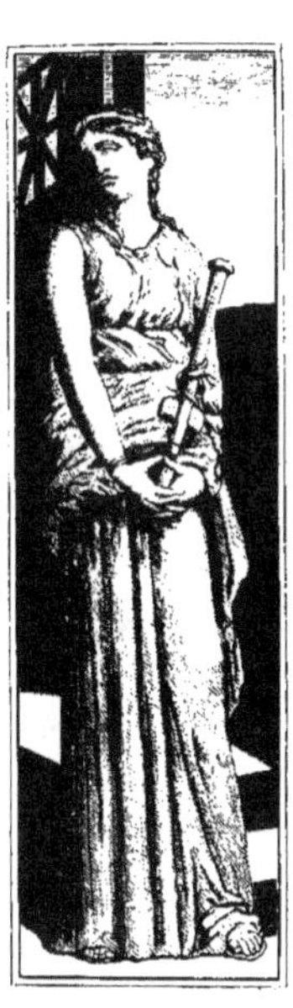

MÉDÉE.

le stylet, le couteau à papier, les tablettes et une lettre pliée en forme de serviette avec l'adresse : *A Marcus Lucretius*, *flamine de Mars*, *décurion de Pompéi*). Parfois, ces peintures ont quelque velléité d'*humour ;* il en est deux qui font pendant sur un mur, et dont l'une montre un coq et une poule se prélassant en pleine vie, tandis que sur l'autre le coq est attaché tristement : son jour est venu.

Les murs du jardin de Salluste sont décorés de bosquets entiers, de forêts au pinceau, contrastant, par leur exécution hâtive et monotone, avec la fine hardiesse des bouquets de lis, de roses et d'iris, fleurissant au milieu des guirlandes, autour des frises de l'intérieur de la maison. Les sujets d'animaux, de pêche, de chasse, les combats de bêtes fauves sont traités avec une énergie et une vivacité étonnantes, une par exemple dans cette maison récemment découverte

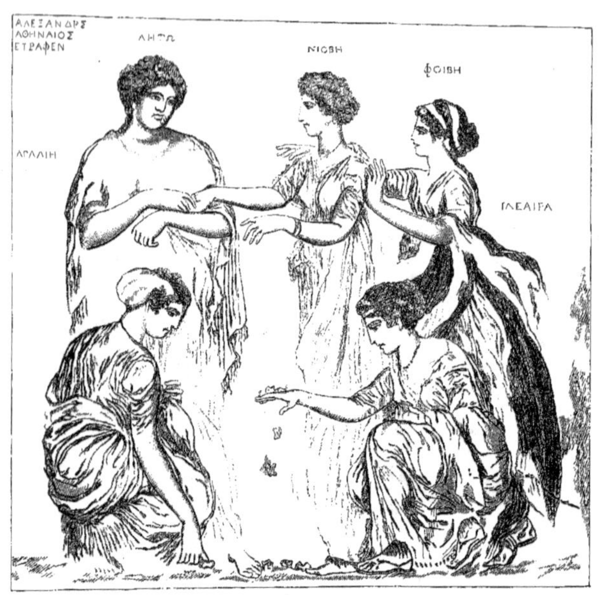

LES JOUEUSES D'OSSELETS.

et brillante d'une fraîcheur miraculeuse. L'exécution est superbe de mouvement et de caractère : un sanglier s'y rue sur un ours en présence d'un lion magnifique, olympien, qui juge souverainement ce combat entre bêtes subalternes.

Si, des sujets de nature morte ou de décoration accessoire et inférieure, nous passons à la figure, à la peinture de genre et aux scènes de fantaisie, nous nous trouvons en présence d'une fécondité, d'une exactitude, d'une ingéniosité d'invention qui ne laisse inexploré aucun des moindres coins du monde pittoresque.

Tout est là, depuis la caricature jusqu'à l'épopée. S'agit-il d'épisodes de la vie familière, voici un chariot chargé d'une outre gigantesque, aux flancs gonflés de vin, que des esclaves sont occupés à transvaser dans des amphores; voilà l'enfant qui fait danser un singe, le peintre qui copie un hermès de Bacchus, la courtisane amoureuse sur le point d'envoyer un message qu'attend une soubrette égrillarde. S'il s'agit de sujets de pure imagination, ce sont des essaims de génies ou d'amours ailés, voltigeant sur des fonds vifs et gais, tenant des couronnes, portant des guirlandes, pêchant à la ligne, chassant à coups de flèches, sciant des planches, rabotant des tables, courant sur des chars, dansant sur la corde avec des thyrses pour balanciers; l'un accroupi, l'autre agenouillé, l'autre faisant jaillir un flot de vin d'une corne dans un vase, un quatrième jouant de la lyre, un cinquième de la double flûte; ces derniers, enfin, les plus malins de tous, jouant un rôle dans cette comédie anacréontique et symbolique : la belle rêveuse lutinée par un de ces Éros que veut lui vendre la vieille marchande d'amours à tête proxénétique.

Mais nous sortons de ce domaine de la fantaisie et nous entrons dans l'Olympe. Toutes les figures de ce grand cortége mythologique passent devant nous, tantôt isolées, comme l'imposante Cérès de la maison de Castor et Pollux, comme la *Flore* si ravissante de formes, *Apollon* jouant de la lyre, *Médée* au désespoir, tantôt en groupes ou en troupes, enfin mises en action dans les scènes dont le thème offre au pinceau antique d'inépuisables variations : l'*Éducation de Bacchus*, le *Triomphe de Silène*, l'*Abandon d'Ariane*, les *Amours de Jupiter*, *Apollon et Daphné*, *Mars et Vénus*, *Adonis mourant*, *Zéphyre et Flore*. Les artistes pompéiens ont pour la tradition héroïque et homérique une prédilection marquée. *Thésée et Andromède*, *Méléagre*, *Jason*, les *Travaux d'Hercule*, son *Combat avec le lion de Némée*, sa *Déchéance aux pieds d'Omphale*, à laquelle sourit Bacchus triomphant, tels sont les sujets préférés des décorateurs, quand ils ne cherchent pas dans l'*Iliade*, l'*Odyssée* et même l'*Énéide* les éléments de leur inspiration. On voit dans la maison *du Poëte* la *Séparation d'Agamemnon et de Chryséis* et celle d'Achille et de Briséis. On y admirait justement la jolie Vénus que l'archéologue Gell n'a pas craint de comparer, pour la forme, à celle de Médicis, et, pour la couleur, à celle du Titien. Partout, à des degrés divers, triomphent un goût de la beauté, une science d'arrangement, une verve de mouvement et de vie qui, en dépit de certaines gaucheries de perspective, de certaines maladresses de dessin, de certaines inexpériences de lumière, sont faits pour remplir les critiques les plus difficiles d'étonnement et même d'admiration. »

Nous n'en avons pas fini avec les merveilles accumulées dans le Musée *degli Studi*, avec une profusion qui défie même une simple énumération. Nous ne pouvons que traverser à grands pas, en les signalant au lecteur, les statues et les peintures du *Musée secret*, petite pièce sur la porte vitrée de laquelle on lit : *Raccolta pornografica oggetti osceni.* Quand le pape Pie IX vint à Naples, le scellé fut mis sur cette porte et y est resté longtemps après; aujourd'hui l'entrée est libre. Quelques-uns des objets renfermés dans cette pièce sont d'une exécution

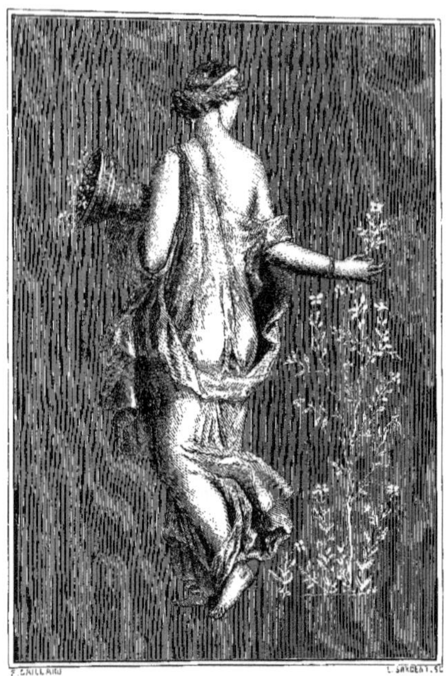

FLORA.

très-remarquable. On y trouve : la fameuse Vénus Callipyge, le dieu Pan, un sarcophage antique, une Bacchanale, un sacrifice à Priape, etc.... Ces divers morceaux ont été relégués dans cet asile par une fausse pudeur qui devrait être bannie du sanctuaire de l'art antique, dont la liberté n'a rien de commun avec la moderne licence. Le Musée secret contient aussi des vases peints extrêmement intéressants à étudier.

Dans la salle des objets précieux étincelle un éblouissant fouillis de camées antiques. La collection de Naples, dont le noyau a été formé des onze cents camées de la collection Farnèse, est la plus riche du monde. On y admire un Auguste, un Jupiter, des centaures, la représentation du fameux groupe du taureau Farnèse, et la célèbre tasse d'agate-sardoine, appelée *Tazza Farnesiana*, chef-d'œuvre unique par sa dimension et son travail, représentant, selon les uns, Alexandre important à Alexandrie la culture du blé; selon les autres, l'apothéose d'un guerrier inconnu. Les têtes d'Omphale et de Méduse, chères à l'art, y abondent avec une variété surprenante de caractères et d'expressions. Les intailles antiques ou pierres creusées et diaphanes, dont le dessin s'illumine au jour, forment aussi un des remarquables trophées de cette triomphale exhibition. Il nous reste, pour finir, à dire un mot de ces vases antiques en métal ou en verre, qui exigeraient un volume, et de la collection d'objets profanes ou sacrés qui les accompagne. Parmi les vases dits de Nola, admirables spécimens de l'industrie étrusque, au fond noir et luisant, sur lequel se détachent les figures d'un rouge de brique, avec un relief parfois fantastique, il faut citer le vase dit de Locres, le vase de Pæstum, représentant *Hercule aux Hespérides*, et les trois grands vases connus sous le nom de la scène qu'ils représentent avec tant de délicatesse ou de puissance : *Cassandre*, l'*Incendie de Troie* et l'*Orgie des Bacchantes*.

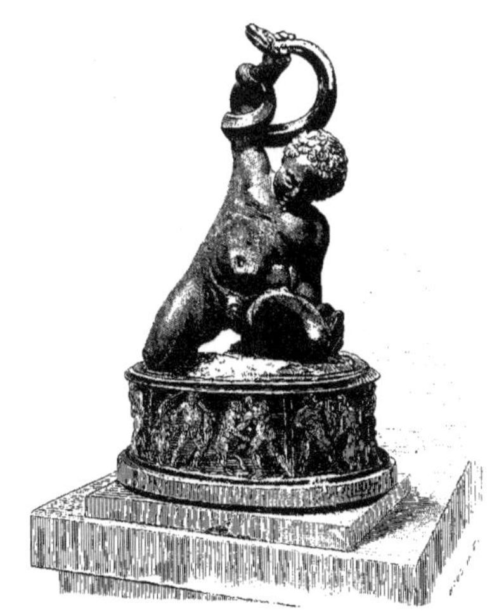

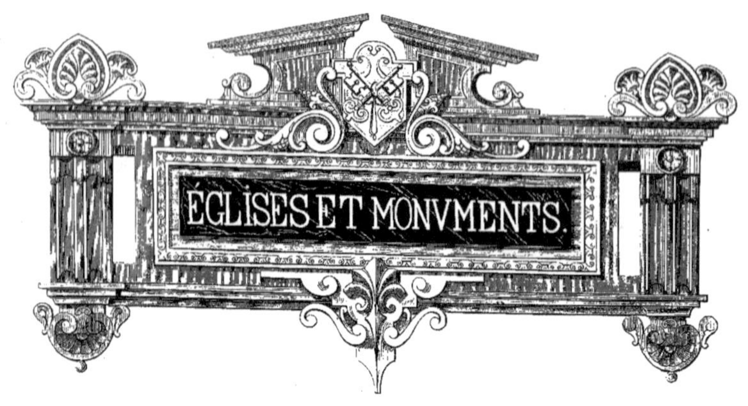

NAPLES, comme toutes les villes de l'Italie, possède des monuments, des palais et des églises; mais, par une circonstance étrange et qui ne peut s'expliquer que par l'influence délétère d'un climat d'Épicure et par celle des trente révolutions qui ont bouleversé cette ville magnifique, elle n'en possède aucun de caractéristique. Elle n'a pas plus d'art national, dans le sens héroïque du mot, en architecture et en sculpture, qu'en peinture. Dans ce pays d'enchantement et de volupté, la musique seule a fait entendre des accents originaux, et c'est en musique seulement qu'on peut dire qu'il y a une école et un génie napolitain. Oui, dans cette patrie des belles formes, pas de belles statues. Dans cette transparente atmosphère, entre ce double et magique horizon de la mer immense et du Vésuve fumant, pas d'architecture, comme si la main de Dieu avait partout fait reculer la main des hommes, et comme si la splendeur d'un ciel unique avait écrasé de son cadre tout tableau de pierre et de marbre qu'on eût voulu y enchâsser. Quant aux églises, elles reflètent dans leurs formes, et surtout dans leur intérieur, l'impuissance artistique d'une théocratie ignorante et sensuelle, régnant par la superstition sur un peuple tour à tour crédule et sceptique, insoucieux et fanatique, dont l'imagination et le culte ont conservé je ne sais quel paganisme invétéré.

Dans une promenade à travers ces monuments civils ou religieux, qui, ces observations et ces réserves faites, ne manquera cependant ni de profit, ni d'attrait, donnons la première visite, sans sortir du palais *degl'Studi*, à la bibliothèque, riche de deux cent mille volumes et de trois mille manuscrits, qui étale ses rayons dans le superbe salon du palais bâti par Fontana. Elle se compose principalement de l'ancienne bibliothèque Farnèse, transportée de Rome à Naples par Charles III; de la bibliothèque Palatine; de celle des Jésuites; d'une partie de la bibliothèque de Saint-Jean Carbonara et des autres bibliothèques des couvents supprimés. Nous n'en dirons pas davantage dans un recueil spécialement, sinon exclusivement, consacré aux merveilles de l'art. Nous nous bornerons à ajouter que Naples contient quatre autres bibliothèques publiques dont la Brancacciana, fondée en 1675, par un legs du cardinal napolitain François Brancaccio; la bibliothèque du ministère de l'intérieur, celle de la ville et celle de l'Université.

Nous voulons dire un mot en passant des théâtres qui, à Naples, ville de plaisir, passionnée pour les jeux dramatiques, ne peuvent guère être cités comme monuments, si on en excepte le théâtre San-Carlo, vaste, commode, brillant, mais d'un petit goût d'architecture et de décoration, et qu'on a assez plaisamment comparé à un gigantesque colombier doré. Une représentation de gala, à San-Carlo, est cependant un de ces spectacles dont le voyageur emporte avec lui, grâce à la salle et à sa composition, autant que grâce à la scène, un souvenir favori. Mentionnons encore le joli théâtre del Fondo, le théâtre des Florentins et celui de San-Carlino, où règne en maître ce Pulcinella si cher de tous les temps aux Napolitains.

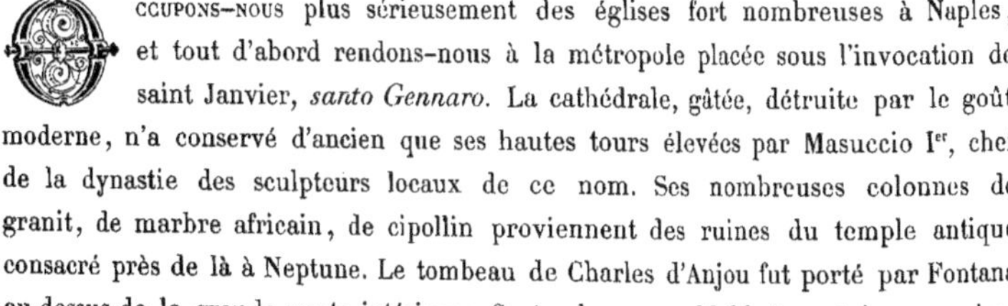

Occupons-nous plus sérieusement des églises fort nombreuses à Naples, et tout d'abord rendons-nous à la métropole placée sous l'invocation de saint Janvier, *santo Gennaro*. La cathédrale, gâtée, détruite par le goût moderne, n'a conservé d'ancien que ses hautes tours élevées par Masuccio Ier, chef de la dynastie des sculpteurs locaux de ce nom. Ses nombreuses colonnes de granit, de marbre africain, de cipollin proviennent des ruines du temple antique consacré près de là à Neptune. Le tombeau de Charles d'Anjou fut porté par Fontana au-dessus de la grande porte intérieure. Ce tombeau, semblable à un trône, convient bien à l'ombre du roi aventureux et conquérant. Un vase antique en basalte d'Égypte sert de baptistère; sur le piédestal en porphyre des fonts sacrés sont sculptés les attributs de Bacchus qu'un singulier respect ou une singulière insouciance dont nous trouverons à chaque pas les traces a conservés dans les temples hybrides de Naples. De tout temps cet éclectisme a fait partie de la tradition, a été comme la consigne secrète du clergé de Naples. Valéry cite à ce propos un sermon d'un célèbre prédicateur du seizième siècle, Cornélius Musso, évêque de Bitonto, prêché le

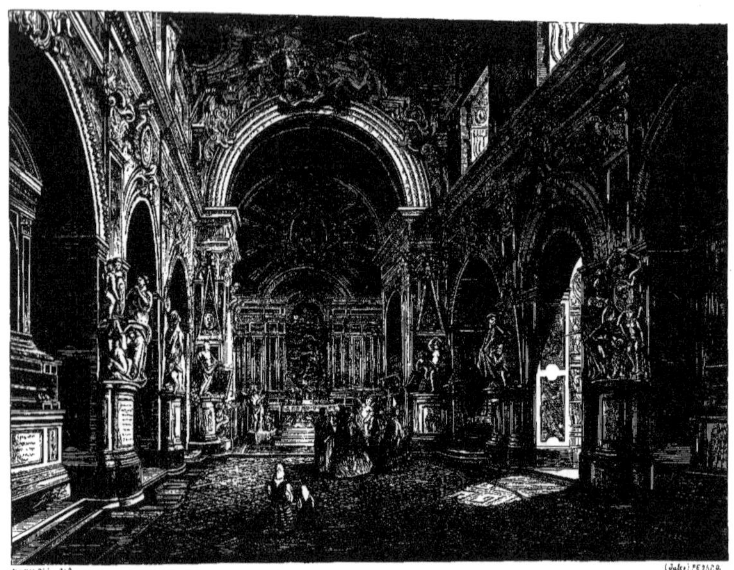

ÉGLISE SAINT-SÉVERIN.

jour de la fête du *Corpus Domini*, dans lequel il cite comme un très-bon exemple à imiter celui de la ville de Padoue où l'on promenait à la procession les images de Cérès et de Bacchus, la première portant des épis, le second du raisin, afin d'indiquer ainsi la matière du sacrement et lui faire honneur.

Dans la chapelle Minotollo, on remarque trois statues, un *Christ*, une *Vierge* et un *Saint Jean* de Masuccio Ier, et divers sujets de la *Passion* de Thomas de Stefani, le Cimabué napolitain.

Près de la porte de la Souche se trouve le petit tombeau du roi André, assommé par l'ordre ou du consentement de sa jeune, galante et tragique épouse, la fameuse reine Jeanne, demeurée populaire.

La basilique de Sainte-Restituta, réunie à l'église Saint-Janvier et bâtie sur les ruines d'un temple d'Apollon, fut longtemps la cathédrale, et fut dépossédée de cette qualité malgré des titres que le docte Mazzocchi passa sa vie à défendre, sans pouvoir les faire triompher. A cette plaidoirie inutile Mazzocchi n'a gagné qu'un tombeau dans cette église qu'il a tant aimée. C'est à Saint-Janvier que l'art a multiplié, en faveur du saint protecteur de la ville de Naples, ses trophées. L'*Assomption* du Pérugin a commencé cette pieuse et glorieuse décoration, dont le chef-d'œuvre orne la riche chapelle du Trésor, dans laquelle se conservent le buste et le sang de saint Janvier. C'est un magnifique *ex-voto* consacré par la ville à son patron, après la peste de 1526. Cette chapelle a coûté un million de ducats. Plusieurs tableaux des autels représentant des miracles du saint favori sont l'œuvre du Dominiquin, de l'Espagnolet et de Stanzioni, surnommé le Guide de Naples. Le Dominiquin a peint la *Femme guérissant une foule de malades avec l'huile de la lampe qui brûle devant saint Janvier*, une superbe *Résurrection* opérée par le saint, sa *Décollation*, son *Tombeau*. L'Espagnolet, d'un pinceau presque titianesque, nous montre le *Saint sortant de la fournaise*, et Stanzioni le *Saint délivrant une possédée*, deux admirables morceaux.

Les magnifiques fresques des voûtes, des angles et des lunettes sont encore du Dominiquin. Sans les persécutions que lui suscitèrent ses rivaux, il aurait peint la coupole, à laquelle Lanfranc ne consentit à travailler que sur l'autorisation barbare qui lui fut donnée d'effacer l'ébauche de son prédécesseur. Le Guide avait dû aussi être employé à cette chapelle ; mais il fut obligé de partir précipitamment de Naples, justement effrayé par les menaces de l'Espagnolet et du Grec Bélisaire Corenzio, son complice, qui avait tenté de l'empoisonner. Le chevalier d'Arpino fut chassé par les mêmes menées. Gessi, élève du Guide, que son aventure n'avait point découragé, visita Naples avec deux de ses élèves, qui, attirés fallacieusement à bord d'une galère à l'ancre dans le port, furent emportés par elle sans que leur maître désolé pût connaître leur sort, trop facile à deviner. C'était le temps d'anarchie, de colère et de haine, et malheureusement d'impunité, où Titien travaillait l'épée au côté, où Giorgione peignait cuirassé, et où ils n'échappaient que par ces précautions à la mort tragique des Masaccio, des Peruzzi, des Baroccio, et de tant d'autres artistes empoisonnés ou massacrés, dont le martyrologe ensanglanté par la rivalité compterait plus de cent noms.

Saint-Séverin, belle église de Marmondi, habile architecte napolitain du seizième siècle, est remarquable par ses peintures et ses sculptures. Les voûtes du chœur, de la croisée sont les meilleurs ouvrages du farouche Corenzio. C'est dans cette église même que, par une juste punition de Dieu, il périt à l'âge de quatre-vingt-cinq ans, en tombant d'un échafaud. Le *Baptême du Rédempteur* est du Pérugin. Les trois tombeaux des frères Jacques, Ascagne et Sigismond San-Severino, empoisonnés par la femme de leur oncle Jérôme, afin de posséder leur riche héritage, achevèrent la réputation de Jean de Nola, le Dominiquin de la sculpture napo-

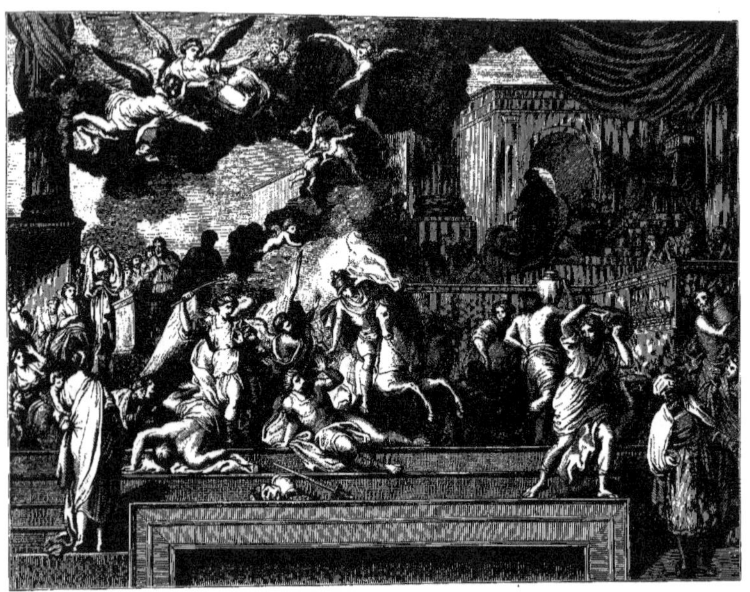

HÉLIODORE CHASSÉ DU TEMPLE (SOLIMÈNE).

litaine. Dans le cloître, on admire encore après quatre siècles la vaste fresque du Zingaro, son plus célèbre ouvrage, qui représente les épisodes multiples d'une vie de saint Bruno. Au réfectoire et au chapitre sont encore des fresques de ce Corenzio qui, expéditif comme Luca Giordano, improvisa en quarante jours une *Multiplication des pains*, qui compte cent dix-sept personnages.

A l'église *Donna Regina*, Luca Giordano a peint les *Noces de Cana*, une *Prédication du Sauveur*, et il a enrichi de fresques brillantes et faciles le grand et le petit chœur. Le Solimène a laissé là aussi un beau *Saint François*, et dans la vieille église, dite le *Comunichino*, s'élève un majestueux tombeau, taillé par le ciseau de Masuccio II, à la reine Marie de Hongrie, mère du roi Robert, morte en 1323 au couvent.

L'église du *Gesù Nuovo* ou de la Trinité-Majeure, avec son orchestre de planches peintes, ses candélabres placés entre les colonnes et supportés par des anges à figures érotiques, ressemble plutôt à une salle de bal qu'à un temple. La tristesse de la façade, que l'architecte Milizia comparait à une façade de prison, ajoute encore à ces fâcheux et décevants contrastes. Il ne reste de l'ancienne coupole, détruite par le tremblement de terre de 1688, que les quatre beaux *Évangélistes* de Lanfranc. A la chapelle Sainte-Anne est la première fresque due à ce talent précoce de Solimène, qui mania le pinceau dès l'âge de huit ans et qui acheva cet ouvrage à dix-huit ans. C'est *Héliodore chassé du temple*, vaste fresque placée au-dessus de la grande porte. Cette composition est d'une grande vivacité de ton et d'un mouvement hardi. On n'y trouve pas la noblesse d'attitudes et la vérité d'ordonnance du chef-d'œuvre de Raphaël, mais c'est un morceau qui fait honneur à la peinture napolitaine, et dont nous avons voulu mettre nos lecteurs à même d'apprécier les réelles quoique incomplètes beautés. Le Solimène est le dernier des Napolitains en peinture. C'est lui qui ferme le cortége et éteint le flambeau.

En avant de la porte Saint-Paul sont deux colonnes antiques, à peu près les seules qui se trouvent dans Naples, et qui proviennent de l'ancien temple de Castor et Pollux, situé jadis à la place de l'église. La voûte du chœur et de la croisée est le meilleur ouvrage de Corenzio; la voûte de la nef a été peinte à fresque par le Stanzioni; et les deux grandes fresques de la sacristie, la *Conversion de saint Paul* et la *Chute de Simon le Magicien*, sont regardées comme deux chefs-d'œuvre de Solimène, le héros brillant de la décadence de l'art napolitain.

Remarquons encore en passant la façade en marbre de Saint-Philippe de Néri, et entrant dans cette église, une des plus belles de Naples, arrêtons-nous devant *Jésus-Christ chassant les vendeurs du Temple*, vaste fresque vantée à plus d'un titre, de Luca Giordano; un *Saint François*, la *Rencontre de Jésus et de saint Jean*, une *Fuite en Égypte*, du Guide; un *Saint Jérôme* épouvanté au bruit de la trompette du jugement dernier, de Gessi, et enfin un *Saint Philippe en gloire*, de Solimène, d'un faire précieux comme celui d'une miniature.

Entrons encore dans l'église de Saint-Dominique-Majeur, sombre et solide monument d'architecture monacale âgé de six siècles, orné surtout de tombeaux; dans la chapelle Saint-Étienne, un beau cénotaphe du sculpteur Santa-Croce, consacré au cardinal Philippe Spinelli par son neveu; dans la chapelle Sainte-Lucie, deux tombeaux par Masuccio Ier : celui de Philippe d'Anjou, frère du roi Robert, et celui de

Bertrand del Salzo, grand justicier du royaume. Plus loin, le sarcophage du cavalier Marin, à lui élevé par le marquis de Villa-Manso, qu'il avait institué son héritier, et que rendront plus justement célèbre l'amitié du Tasse persécuté et l'hospitalité donnée à Milton voyageur. Le tableau de l'autel de la grande chapelle du Saint-Crucifix, une *Descente de croix*, est du Zingaro, le Quentin Metsys

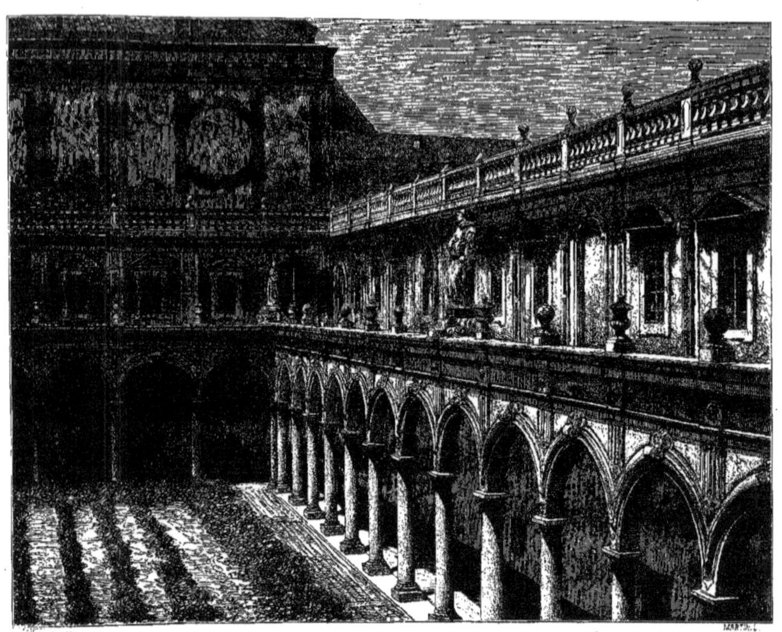

LA CHARTREUSE DE SAINT-MARTIN.

napolitain, qui, de chaudronnier ambulant, état qui fut le sien jusqu'à l'âge de vingt-sept ans, devint peintre par amour pour la fille de Col' Antonio del Fieve. Dans la chapelle de Saint-Thomas d'Aquin, dont le patron a été peint par Luca Giordano, le factotum de la peinture napolitaine, sont deux tombeaux : l'un de Jeanne d'Aquin, morte en 1300, par Masuccio II; l'autre de la princesse de Fereloto donna Vicenza d'Aquin, dernière descendante du saint, morte en décembre 1799.

La sacristie de Saint-Dominique est à elle seule un des monuments les plus importants de Naples, par ses tombeaux, parmi lesquels sont les douze mausolées des princes aragonais. Au-dessus du tombeau de Pescara est son portrait, sa bannière déchirée et une courte et simple épée de fer. Le vaillant capitaine que pleura, dans un inconsolable et chaste veuvage, la belle et éloquente Vittoria Colonna, la maîtresse platonique de Michel-Ange, est représenté vêtu en franciscain, suivant un usage de ce temps de dévotion espagnole.

Saluons encore en passant *Santa-Maria la Nova* avec son *Couronnement de la Vierge* du peintre Santa-Fede, dont le talent rendit inviolable la maison d'un magistrat poursuivi par l'émeute; la petite église de l'Incarnata, où sont de curieuses fresques de Giotto représentant le second mariage de Jeanne de Naples et des épisodes de sa vie louée par Pétrarque; Saint-Jacques des Espagnols, aux superbes tombeaux; enfin Sainte-Brigitte, où repose Luca Giordano sous les fresques de la coupole, les meilleures, dit-on, qu'il ait faites.

Parmi les deux cent cinquante-sept églises de Naples, escortées de cinquante-sept chapelles d'ouvriers ouvertes le soir, et de cent quatre-vingt-deux chapelles particulières de couvents, celle qui, grâce à sa situation unique et à ses trésors d'art, offre la station la plus attrayante, c'est la *Chartreuse de Saint-Martin*, d'où l'on domine le panorama de Naples et son golfe. C'est là un des points de vue où l'on trouve juste et sans jactance le fameux proverbe : « Voir Naples et mourir. »

La Chartreuse de Saint-Martin fut fondée au quatorzième siècle et date de 1325. Ce fut l'œuvre de traditionnelle prédilection de la maison d'Anjou, surtout du roi Robert et de sa fille la reine Jeanne Ire. L'église, bâtie sur les plans d'un certain Mazzeo di Mallotto, fut solennellement consacrée le 26 février 1368. La Chartreuse de Saint-Martin, comblée de faveurs et de privilèges par la maison d'Anjou, est demeurée, à travers bien des vicissitudes et des décadences, comme un Saint-Denis napolitain. C'est au dix-septième siècle qu'elle fut décorée de ses belles peintures. L'*Ascension* de la coupole et les *Douze Apôtres*, entre les fenêtres de Lanfranc, sont remarquables par l'expression et la vérité. Au-dessus de la porte, une *Déposition de croix* de Stanzioni porte les marques de la jalousie profanatrice de l'Espagnolet. Importuné par le voisinage de cette *Déposition*, qui faisait alors face à la sienne, il invita les moines à la nettoyer et mêla quelques substances corrosives qui l'altérèrent et la mirent dans l'état où on la voit encore, par suite du refus de la retoucher de Stanzioni, qui se borna pour se venger de son ennemi à laisser intacte la preuve de sa perfidie. Le génie de Ribera tout entier est à la Chartreuse; ses têtes de *Moïse* et d'*Élie*, ses *Douze Prophètes* au-dessus des lunettes des chapelles, sont admirables; sa *Communion des Apôtres* offre un *Saint Pierre* en raccourci d'un effet extraordinaire; mais son chef-d'œuvre, c'est sa *Déposition de croix* au Trésor. Ce morceau réunit la vigueur et pour ainsi dire l'éloquence pittoresque à l'éloquence de l'expression. La Vierge inconsolable, contemplant

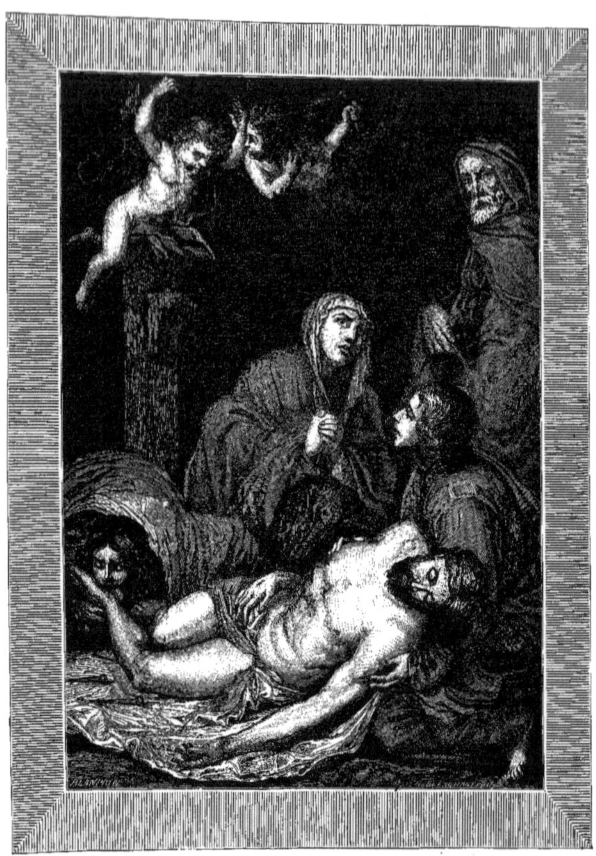

LA DÉPOSITION DU CHRIST (RIBERA).

le Christ mort, est d'un pathétique poignant et profond. C'est le désespoir de la Divinité.

Nous voulons finir par un coup d'œil donné aux palais, coup d'œil que cette boutade de de Brosses, encore vraie aujourd'hui, rendra des plus rapides. « Je ne puis souscrire, dit-il, aux éloges merveilleux que Misson et les autres voyageurs donnent aux édifices publics et à la ville en général. S'ils veulent louer les églises pour leur grand nombre et les richesses immenses qui y sont prodiguées, j'en suis d'accord; pour le goût et l'architecture, c'est autre chose : l'un et l'autre sont, à mon gré, la plupart du temps assez mauvais.... J'en dis autant des palais des particuliers que des bâtiments publics; ils n'ont point au dehors cet air de noblesse qui prévient, si l'on en excepte un petit nombre, comme ceux de Carafa, de Monte-Leone et principalement celui de Montalte, bâti avec des péristyles, galeries et colonnades sur le bord de la mer. La façade du Palais-Royal, à trois ordres de pilastres, de Dominique Fontana, est un morceau d'architecture d'une rare beauté. »

A cette courte liste de de Brosses, il y aurait peu de noms à ajouter. A Naples, partout la Nature a écrasé l'Art. Les palais, les églises, les statues, les tableaux, tout y est éclipsé par la beauté des types vivants, la splendeur du ciel et de la mer, la poésie des horizons, la variété inépuisable des paysages. Une voluptueuse admiration a paralysé, en présence de ces spectacles inimitables, la verve du pinceau et du ciseau, et la poésie seule et la musique ont paru capables de les célébrer. C'est pour cela qu'à Naples tout se met en vers ou en opéra. Ce qu'on y sent, on le chante : la Muse de Naples, c'est celle qui tient la lyre.

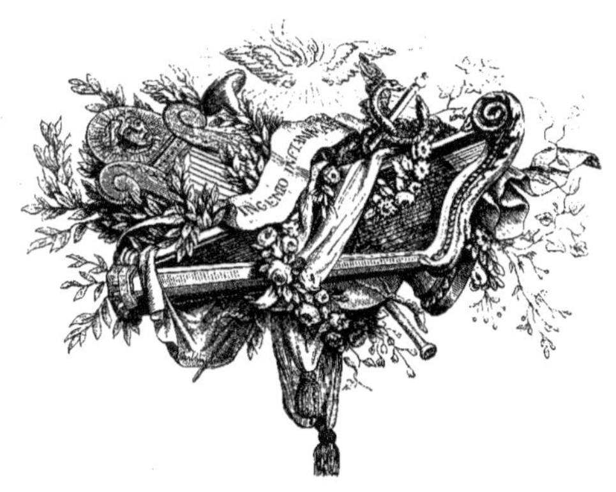

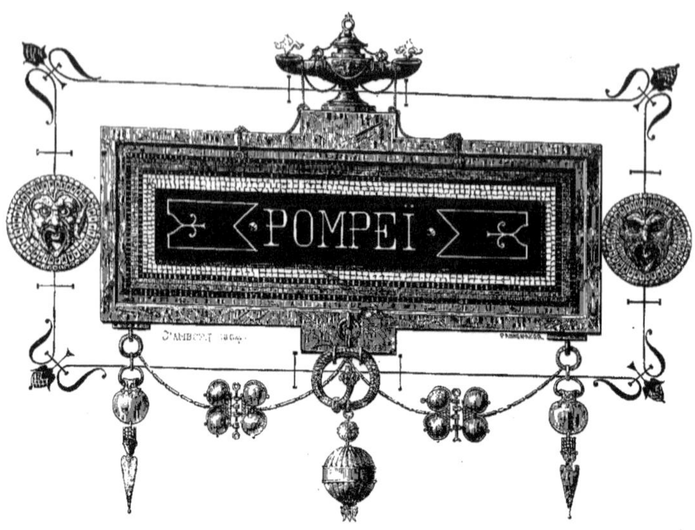

APRÈS avoir contemplé et admiré au Musée de Naples les plus belles dépouilles sorties de Pompéi, il reste au touriste consciencieux un dernier devoir à remplir, qui est aussi un suprême plaisir. Il doit aller à Pompéi même, entrer dans ces entrailles glorieuses et fécondes, d'où sont sortis tant de chefs-d'œuvre, se placer sur le théâtre même de la catastrophe, en lire le récit tracé de la main de Pline le jeune, et pénétrer ensuite dans les maisons, les temples, les édifices pour y surprendre, dans le pathétique flagrant délit du dernier jour, du dernier moment, la civilisation pompéienne, c'est-à-dire la civilisation grecque et romaine combinées.

Pompéi, cruellement éprouvée en 63 par un tremblement de terre qui bouleversa toute la cité, et qu'une éruption du Vésuve engloutit le 23 novembre 79, il y aura bientôt dix-huit cents ans, avec Herculanum et Stabia, sous un linceul de cendres, de pierres et de lave, était une charmante petite ville du troisième ordre, peuplée de trente mille habitants.

Le Vésuve, ce terrible volcan qui fume toujours, situé à huit kilomètres de

Naples, est une petite montagne très-escarpée; sa hauteur ne dépasse pas douze cents mètres, et sa base n'a pas plus de quarante kilomètres de tour. Ses pentes, cultivées depuis Pompéi jusqu'à la maison dite de l'*Ermitage*, sont d'une prodigieuse fécondité; ses vignobles fournissent le célèbre vin de *lacryma-christi*.

A présent que la situation topographique de la ville victime et de son implacable ennemi nous est connue, laissons la parole à Pline le jeune, témoin oculaire, racontant l'épouvantable catastrophe.

Tacite (quinze ou vingt ans, peut-être, après l'événement) lui demande, pour son histoire, les circonstances de la mort de son oncle; Pline le jeune se renferme, avec la rigueur de la discrétion antique, dans le cercle que lui trace cette demande; les noms mêmes d'Herculanum et de Pompéi ne paraissent pas dans sa réponse (livre VI, lettre 16). Il rappelle toutefois, pour la gloire de son oncle, qu'il a péri « dans le désastre des plus belles contrées, *comme des peuples, comme des villes*, par une fin mémorable, et comme devant vivre à jamais. » « Heureux, ajoute-t-il, ceux à qui il est donné par les dieux d'exécuter des choses qui soient dignes d'être écrites, ou d'en écrire qui soient dignes d'être lues! Plus heureux encore ceux à qui il est donné de faire l'un et l'autre! Mon oncle sera de ces derniers, par ses ouvrages et par les tiens.

« Il était à *Misène,* continue-t-il, et commandait la flotte en personne. Le neuvième jour avant les calendes de septembre (23 août), vers la septième heure (une heure après midi), ma mère l'avertit que l'on voyait un nuage d'une grandeur et d'une forme inaccoutumée. Après l'insolation [1] et le bain froid, il avait goûté, et étudiait, étendu sur son lit. Il demande sa chaussure et monte à l'endroit d'où cette singularité peut être le mieux aperçue. Un nuage se dressait sans que l'on pût dire de quelle montagne (on sut plus tard que c'était du Vésuve), semblable à un pin montant vers le ciel, comme d'une tige très-élevée, il s'élargissait en une sorte de tête d'arbre, tantôt blanc, tantôt taché et sali, selon qu'il entraînait de la cendre ou de la terre. Cela parut à un aussi savant homme une grande chose et digne d'être vue de plus près. Il commande de préparer une liburnique. Il me permet de l'accompagner; je réponds que je préfère étudier; justement il m'avait donné ma tâche [2]. Il sortait de la maison : une lettre lui est remise. Retina, femme de C. Bassus, effrayée (sa villa était au pied de la montagne, et il n'y avait de fuite que par la mer), le priait de l'arracher à ce danger. — Sa pensée change de direction, et ce qu'il avait commencé par curiosité, il l'accomplit par héroïsme. Il fait détacher les quadrirèmes et s'embarque lui-même, pour porter

1. C'est-à-dire, après sa promenade au soleil, le corps nu et huilé.
2. Pline le jeune avait alors dix-huit ans.

secours non-seulement à Retina, mais à beaucoup d'autres, car la douceur de ce rivage l'avait fort peuplé. Il se hâte d'aller à l'endroit d'où les autres s'enfuient; il se dirige vers le péril, si sincèrement libre de crainte, qu'il dicte et fait écrire tous les mouvements, toutes les apparences de ce fléau, à mesure que son regard attentif les saisit.

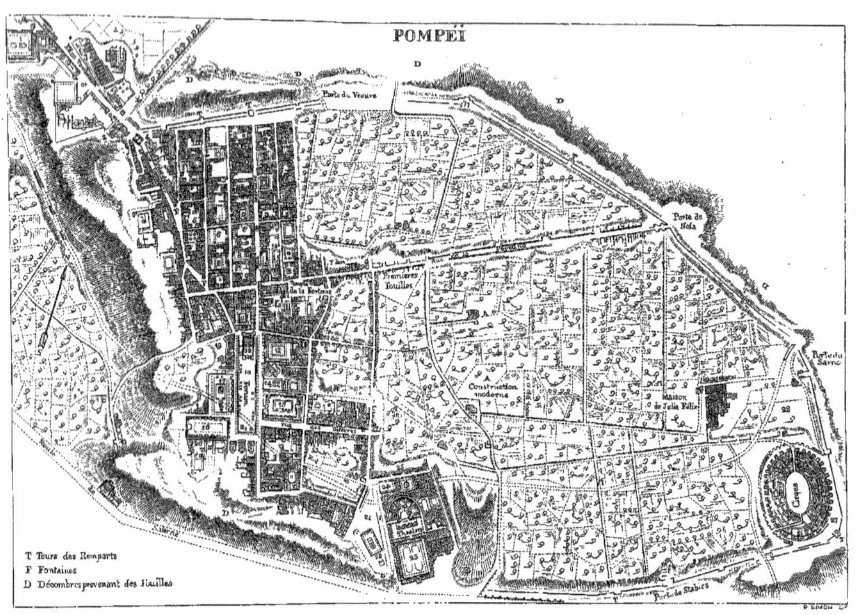

PLAN DE POMPÉI D'APRÈS LES DERNIÈRES FOUILLES (1866).

« Déjà la cendre tombait sur les navires, plus chaude et plus épaisse à mesure qu'ils approchaient davantage. Déjà s'y joignaient des ponces et des pierres noires, calcinées et brisées par le feu. Déjà même une vase subite s'élevait du fond de l'eau, et, par les éboulements de la montagne, surgissait un rivage inabordable. Il hésite un instant s'il retournera sur ses pas; puis, le pilote l'engageant à le faire : *Non*, dit-il, *la Fortune aime la force d'âme; chez Pomponianus!* —

Pomponianus était à *Stabies*, séparé de là par la moitié du golfe. Bien que le danger ne fût pas proche encore, comme il se montrait, et menaçait, en s'accroissant, de s'approcher rapidement, Pomponianus avait tout fait porter sur les vaisseaux, assuré d'une retraite, si le vent contraire s'apaisait. Porté par le même vent, pour lui si favorable, mon oncle arrive, l'embrasse tremblant, le console, l'encourage. Pour calmer sa frayeur par sa tranquillité, il se fait mettre au bain, puis prend place auprès de lui et soupe gaiement, ou, ce qui est également grand, avec l'apparence de la gaieté.

« En ce même instant, du mont Vésuve, en plusieurs lieux, les plus larges flammes, les feux les plus élevés resplendissaient au loin, d'un rouge ou d'un blanc plus vif encore par les ténèbres de la nuit. Lui, pour rassurer ses hôtes, disait que c'étaient des fermes abandonnées qui brûlaient dans la campagne. Il va se livrer au repos et s'assoupit réellement, car son souffle, que sa grosseur rendait embarrassé et bruyant, était entendu près de la porte. Mais l'area (le pavé de la salle en partie découverte), par laquelle on entrait dans sa chambre (diæta), était déjà si fort exhaussée par la cendre et les ponces, qu'en restant au lit plus longtemps, il risquait de ne pouvoir plus sortir. On l'éveille; il se lève et se joint à Pomponianus et à ceux qui avaient veillé. Ils délibèrent s'ils resteront à l'abri des murs ou s'ils gagneront la campagne. Les murailles vacillaient, ébranlées par de fréquentes et terribles secousses; comme détachées de leur base, elles allaient et venaient, tantôt d'un côté, tantôt de l'autre. A ciel découvert, on avait à craindre la chute des pierres, bien que légères et rongées par le feu. Entre ces périls, l'assemblée opte pour le dernier. Pour *lui*, des raisons sont en balance; pour les autres, des craintes. Ils sortent, après avoir fixé des oreillers sur leur tête.

« Le jour reparaissait ailleurs; mais là, une nuit plus noire que toutes les nuits durait encore, éclairée cependant par une foule de torches et par des lumières de diverses sortes. Il voulut sortir du côté du rivage et voir ce que permettait la mer, qui restait toujours agitée et déserte. Là, étendu sur un drap jeté à terre, il demande de l'eau, à deux reprises différentes, et la boit. Ensuite la fumée et l'odeur du soufre annoncent des flammes, qui mettent les autres en fuite, le réveillent. Appuyé sur deux serviteurs, il se lève et tombe aussitôt, la respiration interrompue, je pense, par un air trop épais, faible qu'il était de poitrine et facilement hors d'haleine.

« Dès que la lumière revint (le troisième jour après le dernier qu'il eût vu), son corps fut retrouvé intact, sans blessure, et couvert du vêtement qu'il portait. Son extérieur était celui du repos, plutôt que de la mort. — Pendant ce temps, j'étais à Misène, avec ma mère.... Mais je m'arrête, cela n'appartient pas à l'histoire. »

Hâtons-nous de le dire, afin que l'égoïsme du dilettente ne soit pas troublé dans son plaisir par des images funèbres, il est certain aujourd'hui que les habitants de Pompéi, que le récent tremblement de terre de 63 devait tenir dans une constante alerte, sur un perpétuel qui-vive, se sauvèrent tous, ou presque tous. Le petit nombre des cadavres retrouvés ne permet pas de mettre en doute cette consolante supposition. Tous ces cadavres étaient, en effet, dans l'attitude du sauve-qui-peut. La mort les a surpris retardataires, ayant perdu la minute du

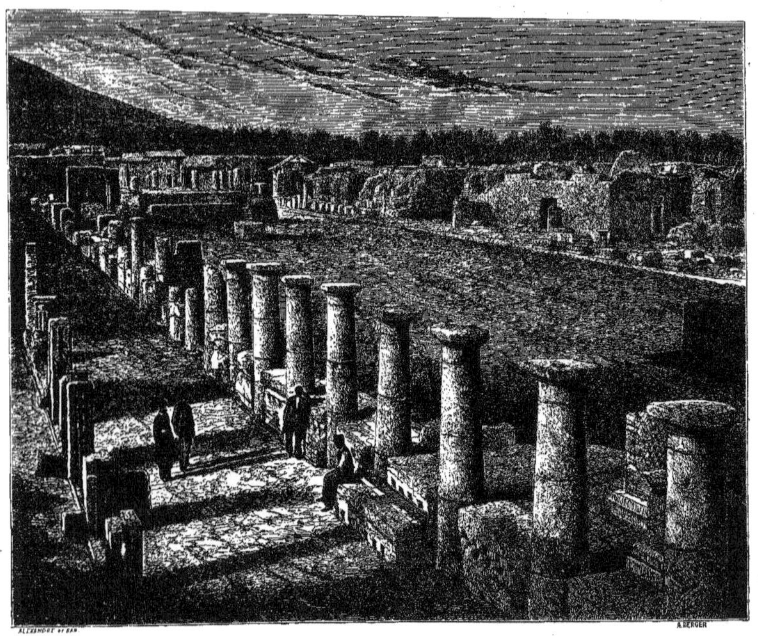

LE FORUM.

salut à emporter leurs objets les plus précieux. Peut-être même quelques-unes des victimes ne sont-elles que les corps de voleurs, qui cherchèrent à profiter de la panique pour faire leurs affaires, et qui ne les firent pas.

Quelques détails sur l'importance de Pompéi, sur les phases de la découverte et des fouilles sont de rigueur, au début de cette promenade dont le saisissant récit de Pline nous a fait connaître l'affreux ensevelissement.

Pompéi, ancienne cité d'origine osque, après avoir héroïquement repoussé le joug romain, et avoir été punie de sa résistance par deux siéges et deux sacs, devint, avec le titre et les priviléges de municipe, une cité de l'Empire romain, très-commerçante, suffisamment riche, et en vertu de son port et de sa situation salutaire visitée par les étrangers. Plus d'un de ces Romains illustres, pour qui la Campanie était le rendez-vous des villégiateurs préférés, eut là sa maison de plaisance, Cicéron, entre autres. Auguste et Claude y eurent aussi leur villa. Voilà toute l'histoire de cette petite ville à peu près indépendante, sauf le lien militaire, et administrée, comme cette Rome dont elle était la miniature, par un diminutif de Sénat composé de décurions, un abrégé d'aristocratie représenté par ses *Augustales*, correspondant aux chevaliers, enfin la plèbe ou peuple.

Pompéi, ainsi que nous l'avons dit, avait déjà été bouleversée et presque entièrement détruite par un tremblement de terre, en l'an 63. Le Sénat hésita longtemps avant de permettre que la ville fût rebâtie et repeuplée. Les Pompéiens, par suite de cette ténacité patriotique qui lie au sol natal, revinrent et reconstruisirent à la nouvelle mode leur cité renversée. A peine la ville nouvelle se pavanait-elle à un tranquille soleil que, par un beau jour de fête, le ciel s'obscurcit, et que le volcan répondit au défi de cette insoucieuse sécurité par une de ses plus terribles décharges. Pompéi fut ensevelie sous une pluie de pierres incandescentes et de cendres. Herculanum, atteinte avant elle, fut emprisonnée sous un moule de lave, de gravier et de cendres, dont les couches superposées et durcies ont presque vingt mètres de profondeur. Pompéi fut recouverte d'un linceul plus friable et qui n'a pas plus de vingt pieds d'épaisseur.

L'empereur Titus eut un moment et le premier l'idée de déblayer et de relever Pompéi; le rapport de deux sénateurs envoyés sur les lieux à cet effet semble l'avoir détourné d'un projet trop dispendieux. Depuis, Pompéi fut oubliée et le linceul de cendres qui l'enveloppait, épaissi par un rideau de vignes, de vergers, de jardins et de bois, la déroba à l'œil même des savants qui ne surent plus où la prendre. A la fin du seizième siècle, l'architecte Fontana construisant un canal souterrain pour conduire les eaux du Sarno à Torre Annunziata, traversa de ses conduits toute la ville ensevelie sans s'en douter. La tradition populaire seule, qui avait donné aux lieux le nom mi-latin de *Civita*, en garda la trace pour les futurs exhumateurs. En 1748, sous le règne de Charles III, l'attention universelle, provoquée par la récente découverte d'Herculanum, sollicita des fouilles qui furent d'abord commencées par un colonel du génie et douze forçats. Huit années après seulement on reconnut sous la cendre l'image de la cité ensevelie, qu'on prenait d'abord pour sa sœur d'infortune, Stabies. Les fouilles, lentement poussées pendant tout le dix-huitième siècle, au grand chagrin et au grand désappointement de

Barthélemy et de Winckelmann, ne reçurent une impulsion un peu énergique que sous l'occupation française et le gouvernement de Murat. De nouveau assoupi, le travail d'exhumation n'a été repris qu'en 1860 d'une façon régulière et suivie. Et depuis six ans, sous la direction intelligente et active de M. Fiorelli, successeur résolu de M. Bianchi, la ville fouillée suivant le plan même de ses rues et mise

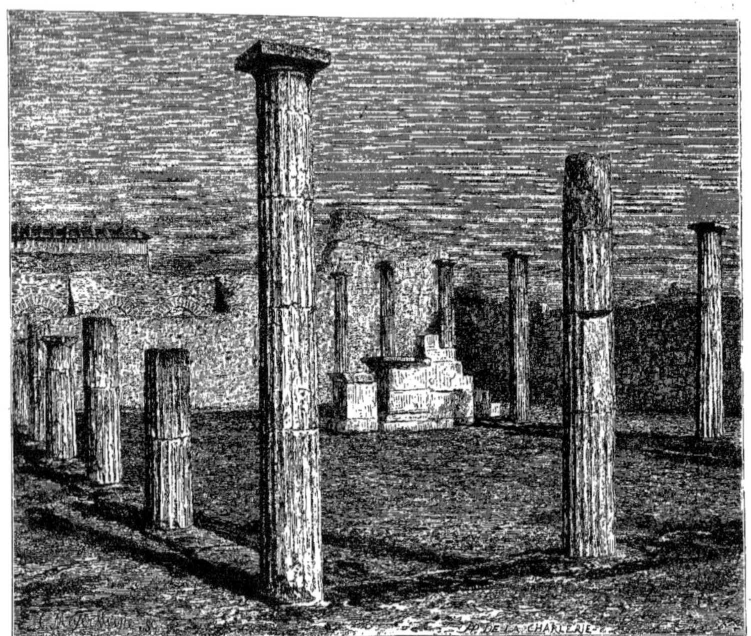

TEMPLE D'ISIS

à jour systématiquement et minutieusement, a donné à lire enfin les secrets les plus mystérieux de sa physionomie et entassé dans le Musée de Naples et le Musée de Pompéi, sa succursale naturelle, des trésors sans nombre et sans prix.

Grâce à ces récents travaux on peut maintenant déjeuner à la *popina* de Diomède, auberge contemporaine, décorée d'un nom antique. « Vous y boirez, dit M. Marc Monnier, du vin de Falerne, fabriqué chez Scala, le chimiste napolitain, et si vous demandez quelque *jentaculum* à la romaine : *aliquid scitamentorum*, *glandionidam suillam*, *laridum*, *pernonidem*, *sinciput aut omenta porcina*, *aut aliquid ad eum modum*, on vous sert un beefsteack aux pommes de terre détestable comme tout le reste. » Ce méchant repas achevé, on gravit une rampe longue et passablement escarpée, et on arrive au tourniquet du contrôle, où, moyennant deux francs d'entrée, un des gardes officiels trop légitimement préposés à la garde d'une ville que l'enthousiasme iconoclaste des touristes anglais eût fini par emporter en morceaux, vous escorte à travers la ville déserte et dirige vos pas vers les points les plus curieux.

D'après l'itinéraire invariable de ce *custode* intelligent, la première station est réservée au *Forum*. Le *Forum civil* (il y en avait deux, l'autre était un marché) est à Pompéi une place carrée, longue, fermée au fond par un tertre régulier qui s'élève entre deux arcades. Des allées latérales s'allongent à droite et à gauche entre des fûts de colonnes et des édifices délabrés. Çà et là quelques pâtés de pierres indiquent des autels ou des places de statues absentes. Le Vésuve forme la décoration du fond de cette ruine grandiose. La colonnade, à deux ordres superposés, dorique en bas, ionique en haut, et d'une exquise élégance, était occupée médialement par une galerie couverte, sorte de tribune circulaire de ce théâtre des affaires publiques. Autour du Forum se dressent des temples et des monuments d'un grand intérêt. Le *Temple de Jupiter*, où l'on a trouvé la tête du maître de l'Olympe avec les cheveux et la barbe colorés en rouge. Les *Prisons*, constatées par deux squelettes ayant aux jambes des entraves de fer. Un *Grenier public* avec les étalons des poids et mesures, un temple dédié à *Mercure*, diverses maisons particulières et quelques autres édifices plus remarquables encore, dont la description va nous occuper. En première ligne, le *Temple de Vénus*, déesse chère à Pompéi, où ses images sont multipliées, où son culte est fervent et où sa malédiction sert de menace et d'imprécation. Le temple de Vénus, dont on trouvera la gravure un peu plus loin, une des plus belles ruines de Pompéi, se compose d'une vaste enceinte encadrant un portique de quarante-huit colonnes, dont plusieurs sont encore debout. Le portique entoure lui-même le *podium* où s'élevait le temple proprement dit, la maison de la déesse. En face de l'entrée, au pied du perron, se présente l'autel pacifique, qui n'a jamais vu de sacrifices sanglants, et où ne se sont jamais étalés aux pieds de la déesse, représentée dans l'attitude pudique du chef-d'œuvre de Florence, que des offrandes de fruits, de gâteaux et d'encens. Ce temple est d'une petitesse qui surprend l'observateur, quand il ignore que le temple chez les anciens, loin d'être, comme nos églises, un lieu de réunion pour les pieuses multitudes, n'était, en réalité, qu'une niche agrandie, renfermant la statue qu'on adorait. L'étroite enceinte n'était ouverte qu'à un petit nombre d'élus et d'initiés convenablement purifiés; la foule restait dehors. A peine si cette exiguïté primitive s'est peu à peu agrandie aux proportions d'un portique antérieur, puis d'un portique extérieur reliés par des colonnades latérales.

Sur le côté oriental de la place se succèdent trois édifices considérables. Ce sont, en allant du sud au nord, le *palais d'Eumachia*, la *salle du Sénat* et le *Panthéon*. Cette Eumachia était une prêtresse qui selon son inscription « a érigé

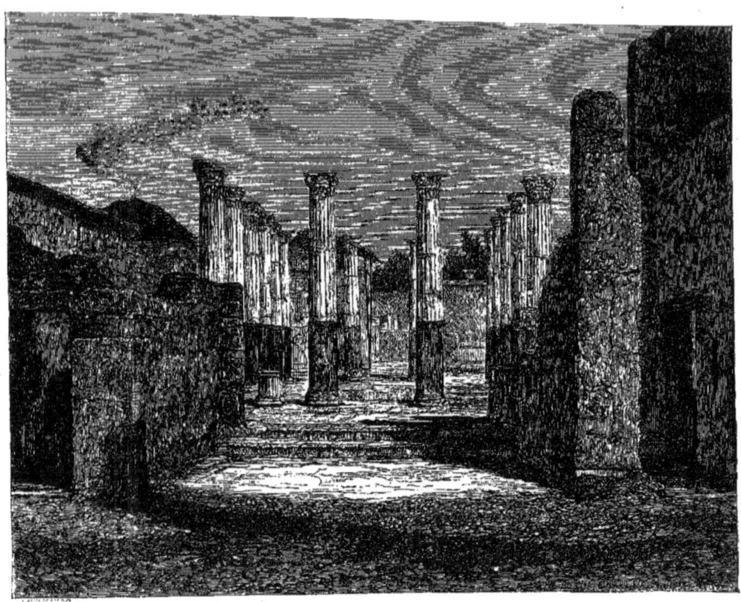

MAISON DE PANSA.

à la Concorde et à la Piété auguste, un chalcidique, une crypte et des portiques. » Ce chalcidique semble être un ensemble d'édifices plutôt commerciaux et industriels que religieux, une sorte de bourse pompéienne qui se tenait en été dans le portique, en hiver dans la crypte; le tribunal de commerce siégeait dans l'hémicycle au pied de la statue de la Concorde, élevée pour calmer les discussions mercantiles auxquelles préside Mercure. Une statue d'Eumachia, dressée dans une niche, et érigée en son honneur par les *foulons*, une des corporations importantes de Pompéi, achève de nous expliquer la destination de ce monument multiple à la fois : temple, bourse, tribunal et lieu de réunion du Sénat.

Voici le Panthéon ou temple d'Auguste, aux chapiteaux ornés d'aigles césariens. Il n'est pas parallèle au Forum, mais son obliquité fut adroitement masquée par des boutiques où l'on a trouvé beaucoup de pièces d'argent et qu'on a conjecturé être des échoppes de changeurs. Les deux portes d'entrée sont séparées par des colonnes corinthiennes, entre lesquelles se creuse une niche sans statue. Les portes franchies, on arrive dans une aire ceinte de portiques au milieu de laquelle se dressent douze bases circulairement alignées, qui portèrent, peut-être autrefois, les colonnes d'un temple ou les statues des douze dieux.

Le dernier monument du Forum, au sud-ouest, est la Basilique ou tribunal (une cour impériale), monument administratif et judiciaire grandiose, tête directrice de la cité, asile de la loi et du pouvoir, lieu de réunion des assemblées populaires, rendez-vous des oisifs, ainsi que le témoignent les nombreuses inscriptions ayant trait à toutes les préoccupations d'un Pompéien lettré et notable, depuis les plus braves jusqu'aux plus frivoles, depuis les élections jusqu'aux maximes ou épigrammes les plus futilement gastronomiques ou érotiques.

« C'est ainsi, dit notre guide ingénieux et érudit, M. Marc Monnier, que les pierres de Pompéi sont pleines de révélations sur les hommes. La Basilique est facile à reconstruire et à repeupler. Là-haut, les duumvirs, entre les colonnes corinthiennes; devant eux, les accusés; ici, la foule : les morts confient leurs secrets aux murailles, les penseurs y inscrivent leurs maximes, les railleurs y marquent leurs facéties, les esclaves, enfin les pauvres annoncent à la postérité la plus reculée qu'ils avaient au moins le jeu de paume pour se consoler de leur abjection. »

Nous voici devant le temple d'Isis, encore debout, un des édifices les plus curieux et les plus beaux; il démontre que cette déesse égyptienne était vénérée à Pompéi. On entre de côté, par une sorte de couloir, dans l'enceinte sacrée; le temple est à droite, les colonnes l'entourent, une niche voûtée dont la destination a été controversée se creuse sous l'autel. Derrière la *cella*, une autre niche contenait une statue de Bacchus, qui était peut-être le même dieu qu'Osiris. Un purgatoire destiné aux purifications et aux ablutions, descendant dans un réservoir souterrain, occupait un angle de la cour. Devant ce purgatoire, se dresse un autel sur lequel on a trouvé des restes de sacrifices. Isis fut donc la seule divinité invoquée au moment de l'éruption. Mais la statue peinte, aux longs cheveux bouclés, la croix ansée d'une main, le ciste de l'autre, ne répondit pas aux vœux suppliants qui retentissaient autour d'elle, et ses prêtres terrifiés atten-

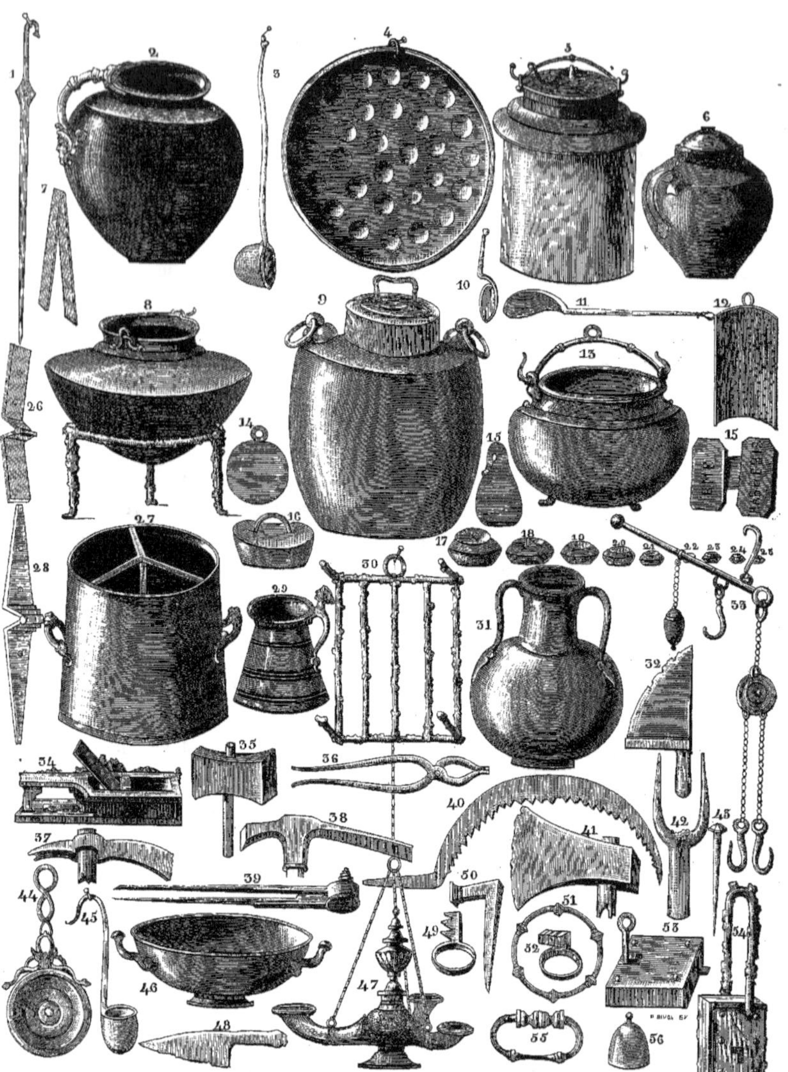

USTENSILES DE MÉNAGE, OUTILS, ETC.

1. BROCHE.
2. MESURE.
3. ÉCUMOIR.
4. POÊLE.
5 VASE.
6. POT A SOUPE.
7. PINCETTES.
8. COQUEMAR.
9. MARMITE.
10. CUILLER A SOUPE.
11. CUILLER A POT.
12. RAPE.
13. COQUEMAR.
14 A 25. POIDS.
26 ET 28. CHARNIÈRES.
27. MUID.
29. MESURE.
30. GRILLE A FEU.
31. MESURE.
32. COUTEAU A HACHER
33. ROMAINE.
34. RABOT.
35. MAILLET.
36. TENAILLE.
37. HACHE FOURCHUE.
38. PIOCHE.
39. COMPAS.
40. SCIE.
41. HACHE.
42. FOURCHE.
43. CLOU.
44. PATÈRE.
45. SIMPULE.
46. CRATÈRE.
47. LUSTRE.
48. COUTEAU.
49 ET 52. CLEFS.
50. HEURTOIRS.
51 ET 55. ANNEAUX DE MEUBLES.
53 ET 54. SERRURE.
56. SONNETTE.

dirent en vain le signe qui devait arrêter la tempête et la mort. C'est là qu'un prêtre de la déesse, enveloppé par les flammes, et ne pouvant se sauver dans la rue incendiée, perça deux murs avec la hache, et devant le troisième, exténué sans doute ou terrassé par ce déluge incandescent, rendit, en serrant convulsivement sa hache inutile, un dernier soupir désespéré!

Laissons un instant les temples et les édifices publics et essayons de donner une idée d'une maison pompéienne. Nous prendrons la plus connue pour modèle, celle de *Pansa*. Sur le seuil de la porte d'entrée une inscription sur mosaïque avec le mot *salve* (salut), la politesse est de tous les âges. A droite, la loge du portier creusée dans l'allée où ce malheureux esclave était souvent enchaîné pour s'assurer de sa présence au logis; à sa place veillait un chien ou une image de chien en mosaïque avec cette inscription célèbre, conservée au Musée de Naples : *cave canem* (prenez garde au chien).

Vous pénétrez dans l'*atrium*, grande pièce à ciel ouvert. Au milieu, un large bassin appelé l'*impluvium*, destiné à recevoir la pluie qui s'égouttait dans une citerne. Après l'atrium vient une pièce plus petite, flanquée de six cabines, trois à droite, trois à gauche; ce sont les chambres à coucher (*cubicula*) des gens de service: les hommes d'un côté, les femmes de l'autre. Dans ces pièces il n'y a place que pour un lit en bronze, en bois ou en maçonnerie, sur lequel on étendait des matelas ou des peaux de moutons; pas de fenêtres, l'air et le jour venaient de la porte.

A la suite viennent les *alæ*, les ailes disposées latéralement; c'étaient des salons pavés de marbre et entourés de siéges et de divans, où le maître de la maison recevait le matin : amis, clients, parasites. Au fond était le *tablinum*, grande pièce qui reliait les deux cours et montait par deux marches au péristyle. Dans ce Tablinum, salle d'apparat, se conservaient les archives de la famille et étaient rangées les images des ancêtres (la Pinacothèque). A gauche s'ouvrait la bibliothèque, où l'on a trouvé des volumes malheureusement détruits.

Nous arrivons au péristyle. Le péristyle était une cour ou jardin entouré de colonnes et orné d'un jet d'eau. Nous sommes ici dans la partie la plus riche de la maison. A l'aile droite du péristyle se trouve le *triclinium;* à l'aile gauche, trois chambres à coucher de maître. Le Triclinium, chambre à trois lits disposés, en fer à cheval, servait de salle à manger; on sait que les anciens dînaient couchés. Un peu plus loin était la cuisine, décorée de peintures appropriées au lieu : un lièvre, un porc, une hure de sanglier, des poissons, etc., etc. Au fond de cette pièce, une porte de sortie sur une petite rue; c'était le *posticum*, par où s'esquivait le maître pour échapper aux fâcheux. Tel était le rez-de-chaussée d'une riche maison pompéienne. Quant aux étages supérieurs, on n'en peut rien dire, le feu les ayant dévorés.

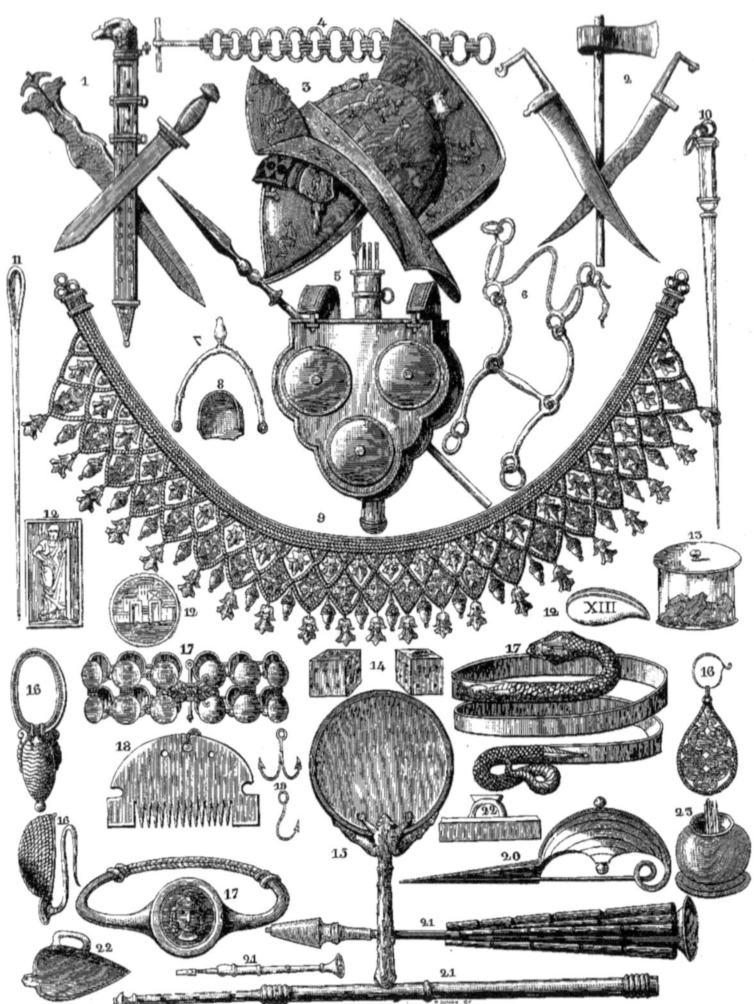

ARMURES, OBJETS DE TOILETTE, ETC.

1. POIGNARDS.
2. POIGNARDS ET HACHE D'ARMES.
3. CASQUE ROMAIN.
4. GOURMETTE.
5. ARMURE, CARQUOIS, LANCE.
6. MORS.
7. ÉPERON.
8. FER A CHEVAL.
9. COLLIER.
10. AIGUILLE DE TÊTE
11. CURE-OREILLE.
12. BILLETS DE THÉATRE.
13. POT A FARD.
14. DÉS.
15. MIROIR.
16. BOUCLES D'OREILLES.
17. BRACELETS.
18. PEIGNE.
19. AIGUILLES FOURCHUES.
20. BROCHE-AGRAFE.
21. CLAIRON, FLUTE, CHALUMEAU.
22. CACHETS.
23. PORTE-CURE-DENTS.

Les gens de service d'une riche maison de Pompéi étaient innombrables; il y avait un esclave pour la porte, un autre pour l'atrium, un troisième dont la mission était d'épousseter les meubles et de veiller à la propreté de la maison; puis venait la série de valets de chambre; le pédagogue esclave comme les autres; le cuisinier et ses aides; le maître d'hôtel et les gens de la table, sans oublier le *prægustator* qui goûtait les plats pour rassurer le maître.

Ces maisons étaient ordinairement entourées de rues sur lesquelles s'ouvraient des boutiques; l'une d'elles était réservée au propriétaire, qui y faisait vendre le produit de ses vignes, de ses terres, de ses vergers.

Nous n'avons fait jusqu'ici que tracer le plan de la maison. Pour son ameublement culinaire, nous renvoyons à notre gravure, plus particulièrement consacrée à représenter les ustensiles de ménage, qui sont exactement ceux dont nous faisons usage aujourd'hui. Si nous voulions passer maintenant aux objets de luxe et de toilette, notre étonnement serait plus grand encore. A la deuxième planche on trouvera les bijoux adoptés par le monde fashionable d'aujourd'hui, et pour le cas d'insuffisance nous inviterions le voyageur à faire une nouvelle visite au Musée de Naples, où il pourra admirer dans les bagues, les camées, les agrafes, les médaillons, les broches, les bracelets, les colliers qui s'y trouvent à profusion, de véritables objets d'art du goût le plus exquis. Que dire maintenant de pains en forme de bonnets carrés âgés de dix-huit siècles, et qui semblent sortir du four, de ces olives dans une huile qui n'est pas encore décomposée, de ces plats de prunes, de figues, de raisins, de noix que l'on prendrait avec la main; de ces bouteilles, de ces verres à vitres, *et cætera* et mille et mille *et cætera*. A l'exception des ciseaux, des gants, dont les Pompéiens ne connaissaient pas l'usage, des fourchettes et des serviettes, les anciens mangeaient avec leurs doigts et s'essuyaient à la chevelure des esclaves, nous ne savons trop ce que nous avons inventé.

Pénétrons maintenant dans les rues de Pompéi, théâtre intime des mœurs et de la civilisation des anciens Romains. Ces rues sont étroites, dallées de blocs de lave à trottoirs élevés et pavées plus ou moins richement, suivant la fonction ou le goût du propriétaire riverain. Les rues de Pompéi étonnent par leur petitesse; la plus large n'a que sept mètres; il en est qui tiennent avec leurs trottoirs dans un espace de deux mètres et demi. Entre les trottoirs se creusait la rue, pavée en blocs de lave; de loin en loin, de grosses pierres à hauteur des trottoirs, pour le passage des piétons en temps de pluie; à droite et à gauche, des sillons pour les roues des chariots. La pluie était reçue dans un canal souterrain (nos égouts) qui conduisait les eaux hors de la ville. Sur la rue s'ouvraient des boutiques de tous genres, avec leur enseigne que l'on voit encore : une chèvre en terre cuite pour une laiterie, un âne pour un meunier, une amphore pour le marchand de vin, etc., etc. Voici le charron, voilà le barbier, ici l'onguentaire ou embaumeur,

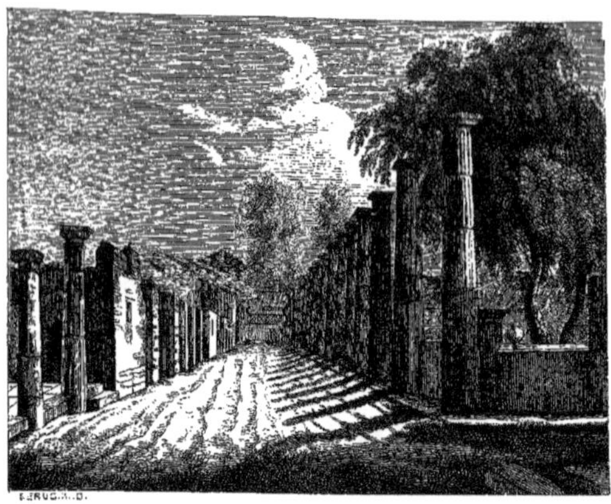

LA RUE DES TOMBEAUX.

là le pharmacien, tout près le médecin, plus loin les statuaires, les orfévres,

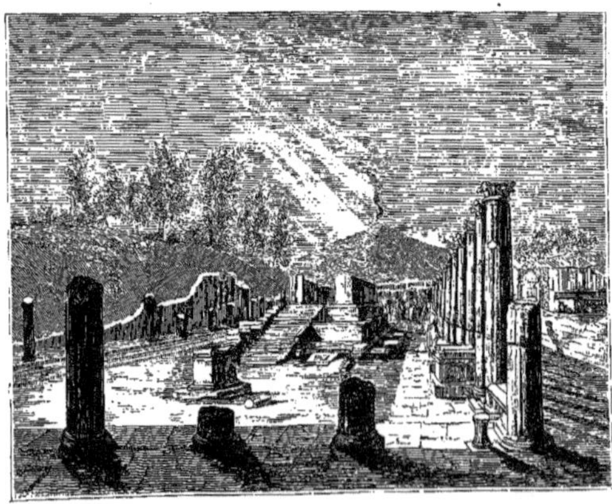

LE TEMPLE DE VÉNUS.

les marchands de couleurs. Chacune de ces demeures nous révèle mille secrets de la civilisation antique. Pour ne parler ni du médecin ni du chirurgien, dont les instruments cependant attestent une expérience chirurgicale fort subtile et fort complète : lancettes, spatules, bistouris, ventouses, speculum, voici un marchand de couleurs, une des principales victimes de l'éruption (car dans sa boutique on a trouvé quatorze squelettes), dont le laboratoire nous est ouvert et nous apprend que les artistes pompéiens employaient presque exclusivement, dans la préparation de leurs couleurs, des substances minérales, telles que la craie, l'ocre, le minium, le cinabre. Le règne végétal ne fournissait guère que le noir de charbon et le règne animal que la pourpre.

Mais voici les thermopoles, cabarets ou cafés antiques fort nombreux à Pompéi, dont il faut bien parler ; ils sont là, depuis le cercle, lieu de réunion aristocratique, jusqu'à l'ignoble et obscène taverne fréquentée par les gladiateurs, qui, s'il faut en juger par l'empreinte corrosive laissée par les verres sur le marbre du comptoir, faisaient usage de boissons très-fortes, l'absinthe de nos jours. On voit encore comme chez nous, sur les murs de Pompéi, des affiches de tout genre, les unes indiquant les spectacles, d'autres relatives aux élections, celle-ci était un avertissement donné aux passants : *Défense de rien déposer au pied de ce mur*, comme chez nous; enfin d'autres inscriptions à la pointe disaient : *Oppius le portefaix est un voleur*. On a vu sur tous les murs de Paris des inscriptions semblables. Quelquefois des déclarations amoureuses : *Angé aime Arabienus*. Enfin, faut-il le dire, les belles Pompéiennes peignaient les cils et les sourcils en noir et leur chevelure en rouge! Qu'avons-nous inventé?...

Les fontaines égayaient et rafraîchissaient partout ces rues jadis animées, où se passait la vie journalière de tous ceux que le Forum et la Basilique n'attiraient pas. La vie intérieure et domestique n'avait guère que le soir et la nuit, quand on n'allait pas au théâtre.

Un mot, rien qu'un mot sur les théâtres, il faut bien tout visiter. Pompéi en avait deux, l'un tragique, l'autre comique; l'un et l'autre ont la forme d'un hémicycle avec gradins tout autour; dans le premier on représentait le drame antique, dans l'autre, ces farces indigènes, la grosse gaieté du cru, la comédie des funambules, des acrobates, des jongleurs, des ventriloques, que l'on joue, encore de nos jours, sur les tréteaux de Naples et sur nos théâtres des boulevards à Paris, le Pantalon, le Guappo, le Croquemitaine, Cassandre et Colombine, Pierrot et Arlequin, et le Pulcinella qui vit toujours; et ces choses se passaient il y a dix-huit cents ans!...

Le grand théâtre pouvait contenir cinq mille spectateurs; les premières stalles étaient réservées aux grands de Pompéi; aux duumvirs, aux décurions, aux augustals, aux édiles. Ces théâtres étaient à ciel ouvert, la scène seule, éclairée par deux croisées latérales, était couverte; un velarium, sorte de tente qu'on déployait sur les spectateurs pour les garantir de la pluie et des ardeurs du soleil, existait vers le sommet, où l'on voit encore les anneaux destinés à le fixer.

Indépendamment de ces deux théâtres il y avait encore à Pompéi l'Amphithéâtre, cirque également entouré de gradins et à ciel ouvert comme les autres. Il était situé à l'extrémité sud-est de la ville (voir le plan). Là, pas de comédie ni de facéties, le drame en action, en réalité : ces horribles combats à mort de gladiateurs contre des tigres, des panthères, des lions, des taureaux furieux, ou entre gladiateurs armés de la lance et du bouclier. L'Amphithéâtre pouvait contenir vingt mille spectateurs, pour une population de trente mille âmes. Heureux mortels! le forum et le théâtre.

Bien que le temps nous presse et que nous touchions aux limites qui nous sont assignées, nous voulons parler encore de deux choses, les plus curieuses, peut-être, des mœurs des anciens : des *Thermes* et des *sépultures*.

Les Romains, dit M. Marc Monnier, auquel nous avons fait tant d'emprunts, étaient presque amphibies. Ils se baignaient jusqu'à sept fois par jour. Dans la partie exhumée de Pompéi, on a découvert deux maisons de bains publics. Ces bains, véritables établissements d'hydrothérapie, contenaient une foule de pièces, de cabinets, de bassins ronds et carrés, d'étuves et de couloirs. Assistons au bain d'un Pompéien : dans un couloir ouvert aux quatre vents appelé le spoliatoire, il se déshabille; un esclave prend ses vêtements tandis qu'un autre le débarrasse de ses bijoux. Nu comme une statue antique, il passe dans un cabinet voisin (l'ontuaire), où il est oint d'huile de la tête aux pieds, après quoi il va jouer à la paume dans la cour qui fait suite. Après cet exercice il passe dans le tépidaire, belle salle magnifiquement décorée, où un brasier et des conduits souterrains entretiennent une douce température; suffisamment préparé, il pénètre de là dans le caldarium, autrement dit l'étuve. En quittant l'étuve, le Pompéien, inondé de sueur, va se plonger bravement dans l'eau glacée. Sorti de cette dernière épreuve, l'intrépide baigneur appartient aux esclaves, dont l'un armé d'une strigile, sorte de racloir recourbé en faucille, lui ratisse le corps, un autre lui taille les ongles pendant qu'un troisième l'épile, un autre le masse avec une poignée de branches de bouleau, et puis l'inonde d'huiles, d'essences parfumées à la myrrhe, au nard, au cinname. Il y avait l'onguent égyptien pour les pieds et les jambes, le phénicien pour les joues et la poitrine, le sisymbre pour les bras, l'essence de marjolaine pour les cheveux et les sourcils, celle de serpolet pour la nuque et les genoux. Ces soins et ces onguents maintenaient la jeunesse et la santé. « Comment as-tu pu te conserver si longtemps et si bien? » demandait Auguste à Pollion. Le vieillard répondit : « Avec du vin au dedans et de l'huile au dehors. »

Visitons maintenant le faubourg, objet d'études dans tous les temps et dans tous les pays. Par quelle porte que vous sortiez, le premier objet qui frappe vos regards c'est l'établissement de la douane, armé de ses balances et de ses poids, la douane en 79!

. Si vous sortez par la porte d'Herculanum, vous trouvez la rue des Tombeaux, bordée d'arbres et de villas, c'était là le cimetière de Pompéi; mais ici rien n'est triste. Les Pompéiens étaient des épicuriens en religion comme dans la vie, ils évitaient de prononcer le mot de mort; ils disaient des trépassés. Voici quelques détails curieux sur les malades *in extremis*, sur les morts et les funérailles.

Quand le malade se trouvait en extrême danger, ses parents le venaient visiter, s'asseyaient sur son lit, et restaient là jusqu'à ce qu'il eût rendu le dernier soupir. Alors le plus proche d'entre eux, tout éploré, l'embrassait afin de recueillir son âme, puis il lui fermait les lèvres et les yeux. Après ces pénibles devoirs, on ouvrait les portes de la chambre, afin que parents, amis et voisins pussent venir voir le trépassé qu'ils appelaient trois ou quatre fois à tue-tête. Cette cérémonie terminée, on remettait le décédé aux chambrières, qui, après avoir lavé, oint et embaumé son corps, l'enveloppaient d'un drap blanc.

Voici le convoi. Si c'est un personnage consulaire, des licteurs ouvrent le cortége; derrière eux marchent les joueurs de flûte, les mimes et les saltimbanques, les trompettes, les tambourins et les pleureuses payées pour pousser des cris, s'arracher les cheveux. Venaient ensuite les magistrats, puis le brancard orné d'ivoire, porté par des esclaves, un maître de cérémonies; puis les parents vêtus de deuil, les amis, les bourgeois, enfin la foule.

Pour hâter le dégagement de l'âme, ou plutôt, croyons-nous, par mesure d'hygiène publique, on brûlait les cadavres et on recueillait les cendres dans des lacrymatoires. Devant le bûcher allumé les femmes s'arrachaient les cheveux, s'égratignaient les paupières et se déchiraient les joues à belles ongles.

Mais il est temps de quitter Pompéi. Malgré l'intérêt de curiosité qui n'y languit pas un seul instant, cette promenade au milieu de cette ville morte, de ces édifices, de ces maisons bouleversées, de ces cadavres retrouvés, marqués des dernières convulsions d'une atroce agonie, finit par plonger dans la tristesse que donne la permanence d'une image funèbre. La vue des objets trouvés à Pompéi et exposés au Musée de Naples devait précéder comme initiation et préparation utile celle de la ville exhumée; mais après l'excursion que nous venons de faire, nous conseillons une nouvelle visite au Musée, où ces mêmes reliques apparaîtront avec un intérêt plus saisissant encore et fixeront dans la mémoire d'ineffaçables souvenirs.

Les ruines de Pæstum sont les colonnes d'Hercule des voyageurs en Italie; c'est notre dernière station, et c'est là que nous convions nos lecteurs à nous suivre pour admirer ces restes sublimes de la science et de la sagacité des architectes grecs. Au point de vue de notre livre, nous n'avons pas à nous occuper de l'origine et de l'histoire de cette ville de l'antiquité, célèbre par ses roses chantées par les poëtes. Détruite, rebâtie et agrandie par des colons grecs de Sybaris, elle reçut le nom de *Posidonia*, et celui de *Pæstum* quand elle

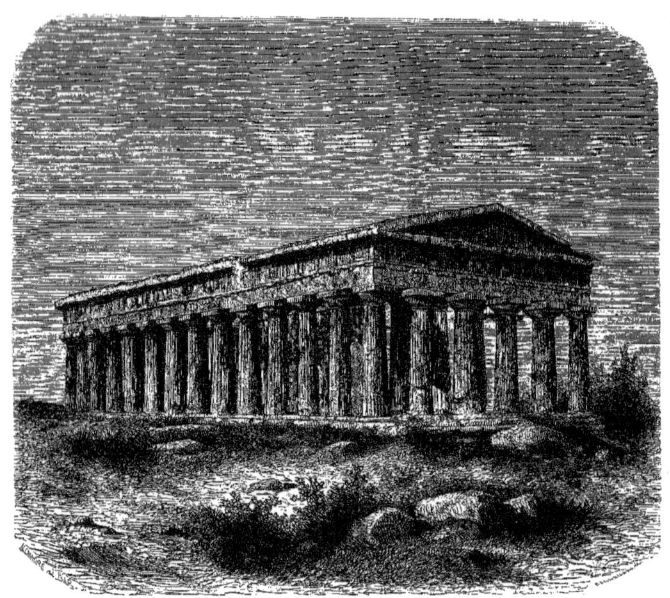

TEMPLE DE PÆSTUM.

tomba au pouvoir des Romains. Ce qui nous intéresse, ce sont ses ruines, dont les massives constructions s'élèvent à l'horizon, au milieu de la plaine basse qui s'étend au bord de la mer, et où errent des troupeaux de moutons, de porcs, de buffles et de chevaux; c'est un lieu de pèlerinage obligatoire pour quiconque veut se souvenir de l'antiquité dans un cadre digne d'elle.

Le temple de Neptune, dont nous donnons ici la gravure, plus remarquable et moins restauré que la *Basilique* et le *temple de Cérès*, forme un parallélogramme de soixante mètres soixante-dix centimètres sur vingt-cinq mètres. Il a six colonnes sur chaque face et quatorze sur les côtés; les colonnes sont d'ordre dorique. Elles ont deux mètres soixante-dix centimètres de diamètre et quatre mètres cinquante centimètres de hauteur. Elles n'ont pas de base; elles sont cannelées et coniques. A l'intérieur règne un double rang de colonnes de dimensions moindres, supportant une architrave au-dessus de laquelle était posé un deuxième rang de colonnes plus petites encore, destinées à soutenir la toiture des péristyles latéraux. Après ceux d'Athènes, le temple de Neptune est considéré comme le plus bel exemple du genre manifesté par les Grecs en architecture. M. Du Pays, auquel nous empruntons ces détails, termine ainsi cet article : « Rien ne saurait donner une idée de la profonde impression que cause la vue des grands temples de Pæstum, seuls débris restés debout sur cette plage solitaire depuis plus de deux mille ans. » Rien n'est comparable, en effet, ajouterons-nous pour notre compte, à ces restes superbes, qui donnent, encore mutilés par le temps, le plaisir de l'admiration et la tristesse du regret.

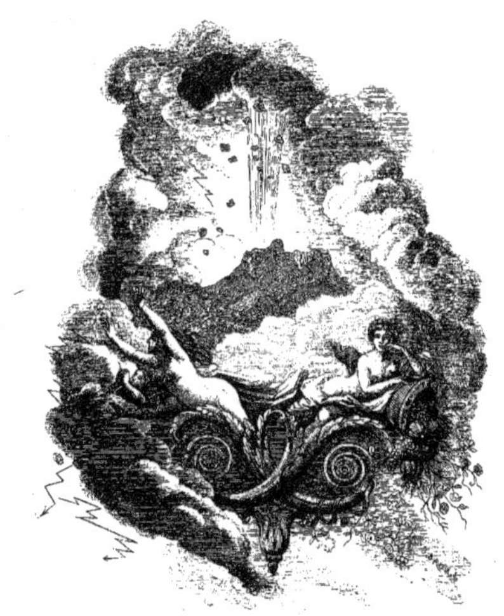

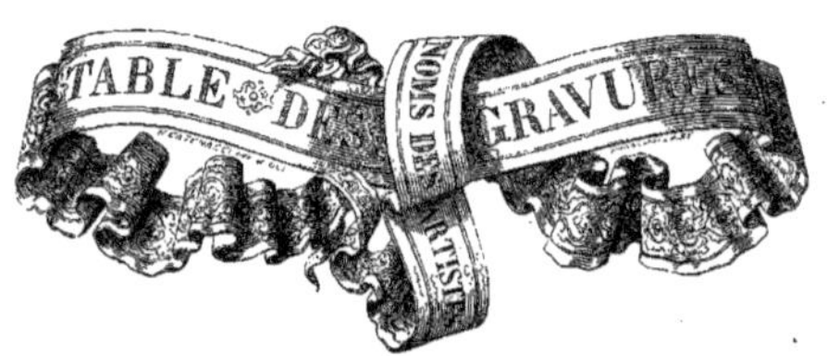
TABLE DES GRAVURES
NOMS DES ARTISTES

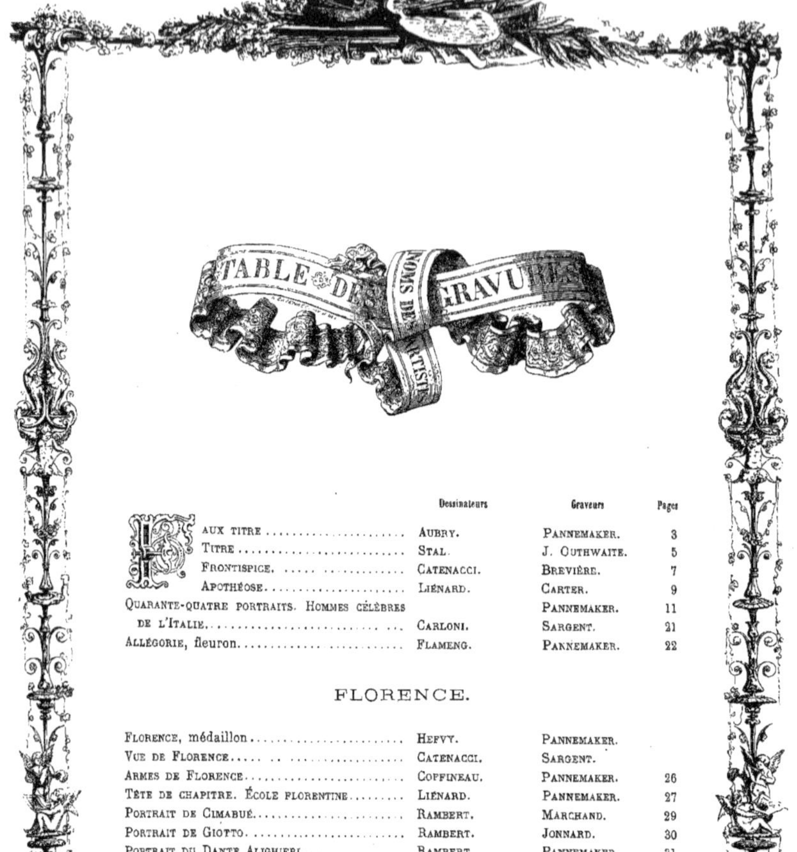
TABLE DES GRAVURES
NOMS DES ARTISTES

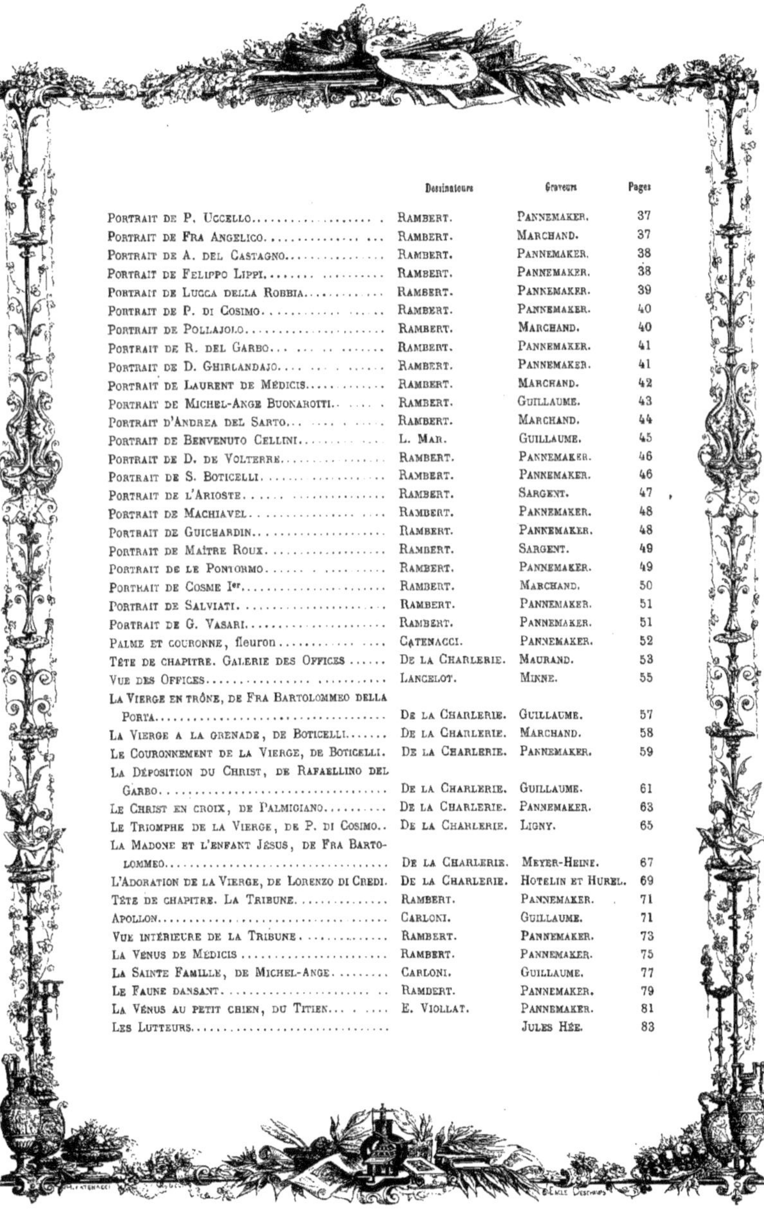

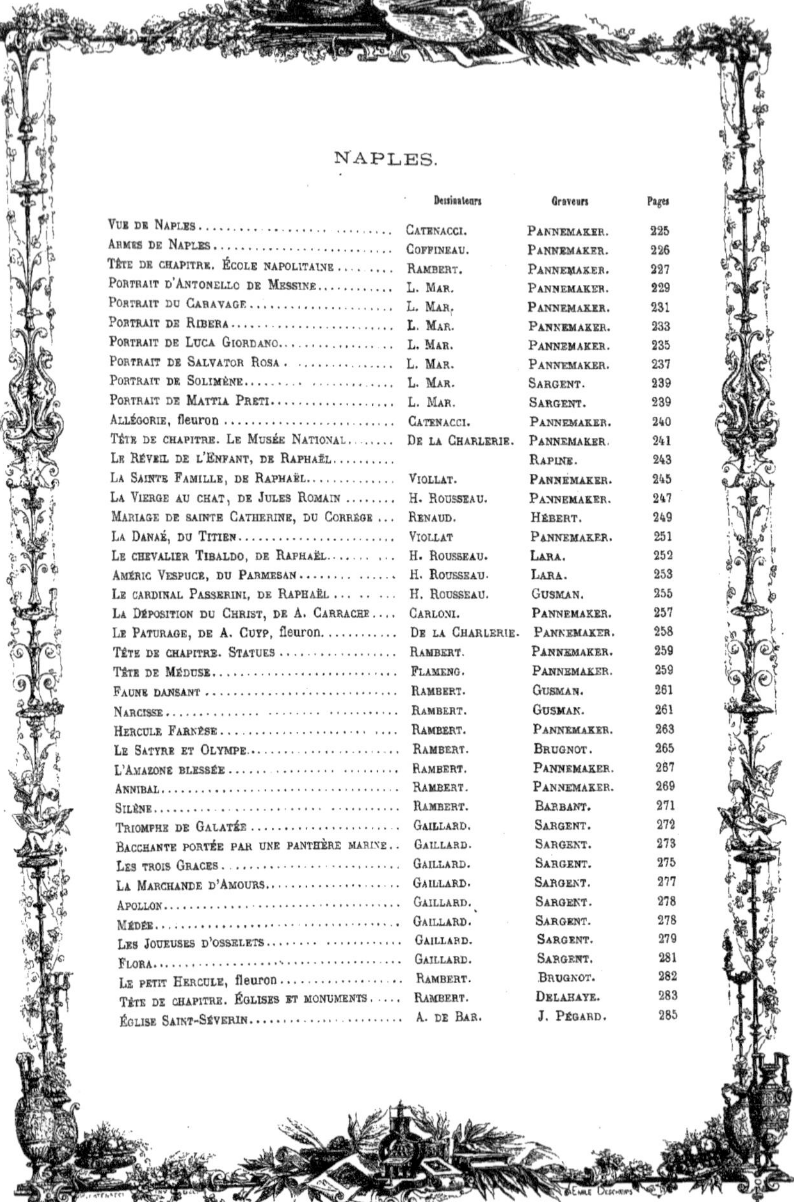

NAPLES.

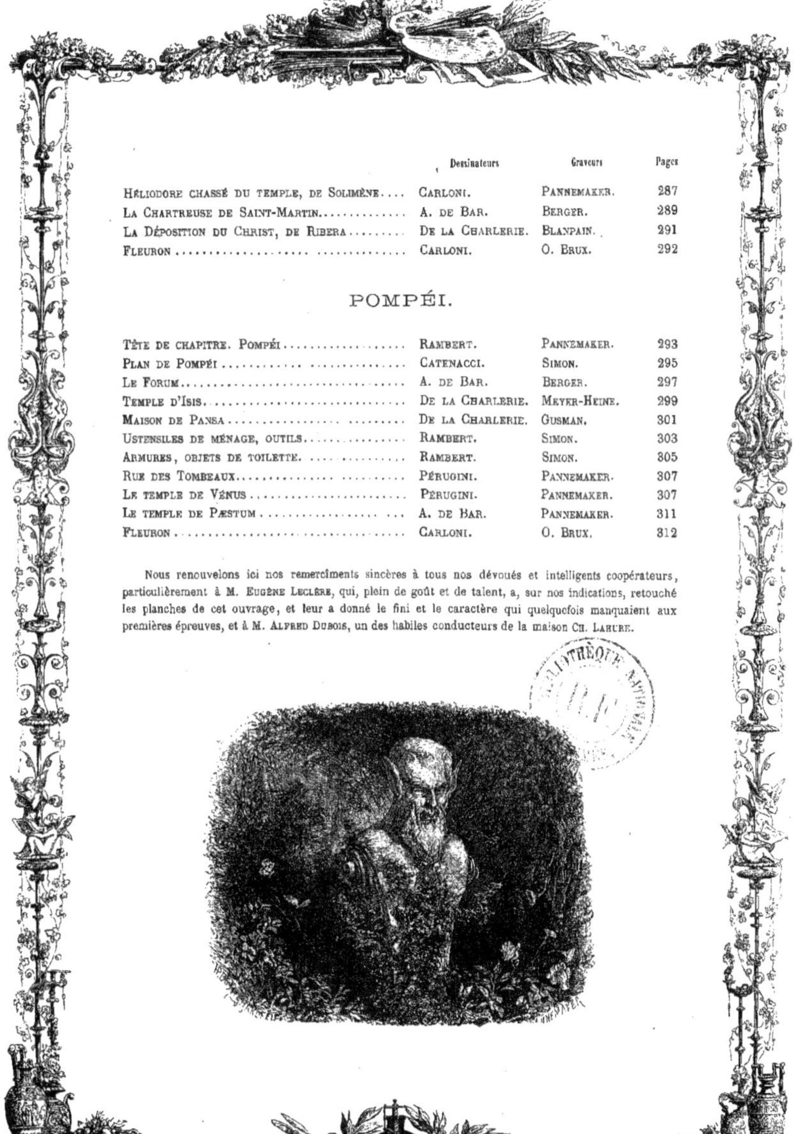

POMPÉI.

Nous renouvelons ici nos remercîments sincères à tous nos dévoués et intelligents coopérateurs, particulièrement à M. EUGÈNE LECLÈRE, qui, plein de goût et de talent, a, sur nos indications, retouché les planches de cet ouvrage, et leur a donné le fini et le caractère qui quelquefois manquaient aux premières épreuves, et à M. ALFRED DUBOIS, un des habiles conducteurs de la maison CH. LAHURE.

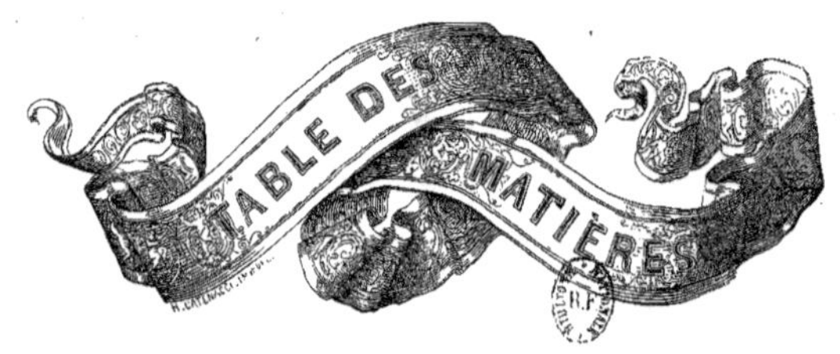
TABLE DES MATIÈRES

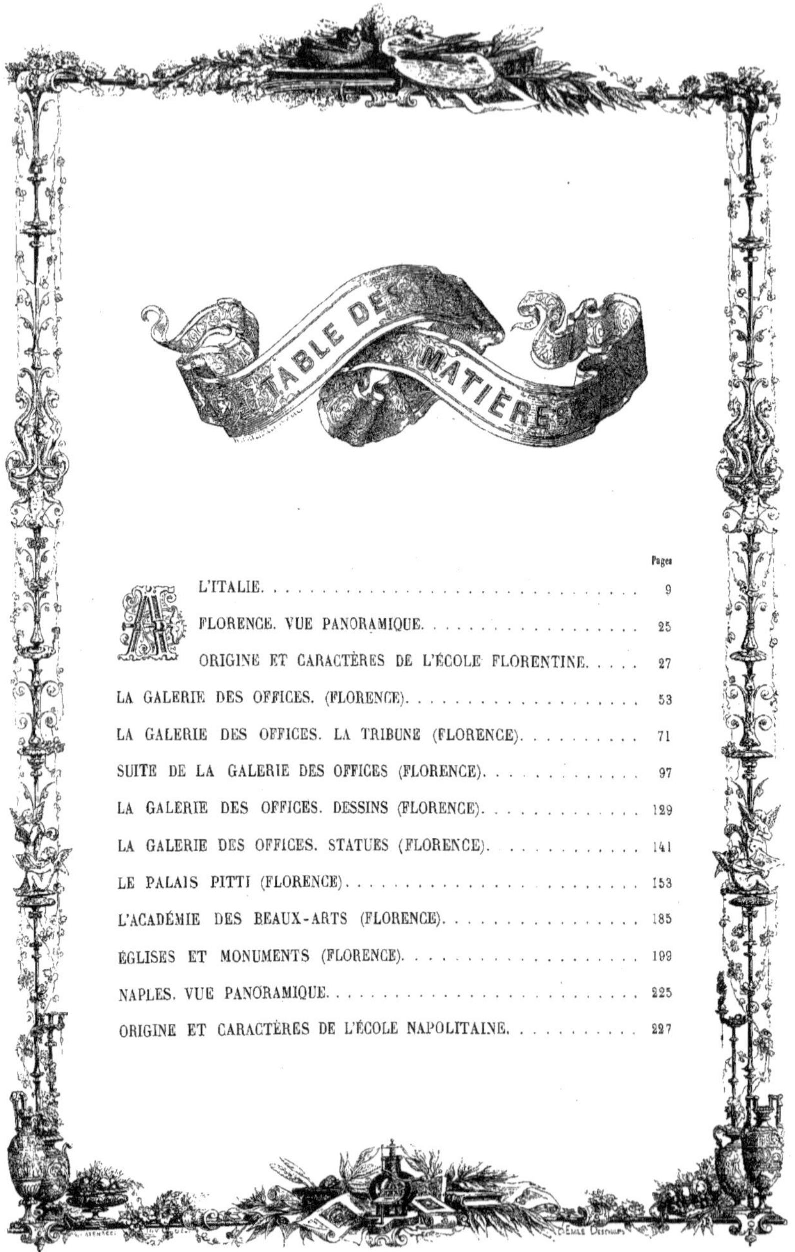

TABLE DES MATIÈRES

Pages

Pages

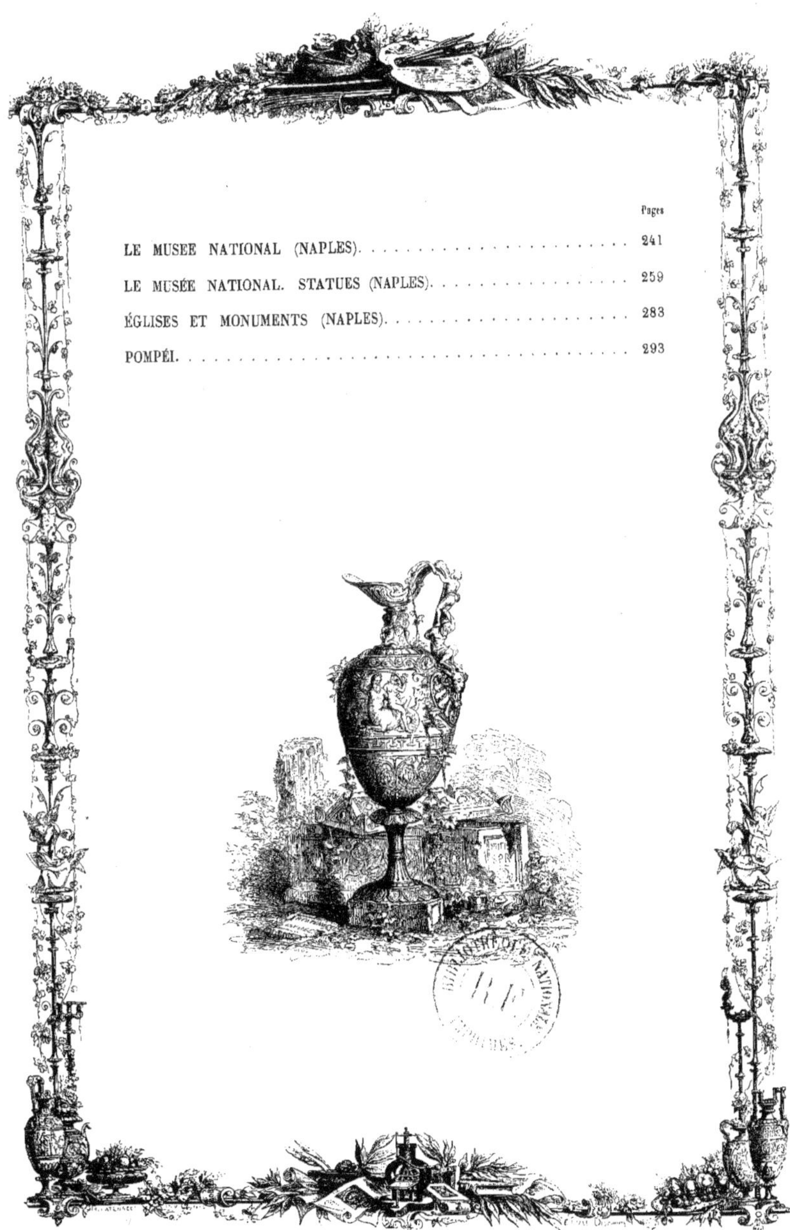

www.ingramcontent.com/pod-product-compliance
Lightning Source LLC
LaVergne TN
LVHW020617110826
845149LV00002B/495

* 9 7 8 2 0 1 2 7 3 2 2 7 8 *